Soziale Geschichte(n)

# Soziale Geschichte(n)

## Soziale Arbeit im Wandel der Zeit

Verlag Sindlinger-Burchartz

Danksagung

Wir danken allen, die in vielfältiger Weise etwas zu diesem Buch beigetragen haben.

Für die finanzielle Unterstützung bedanken wir uns sehr herzlich bei
Daniel Didavi, Fußballspieler, VfB Stuttgart, geboren und aufgewachsen in Nürtingen,
bei der Kreissparkasse Esslingen-Nürtingen und bei der Stadt Nürtingen.

Herrn Professor Dr. Thomas Meyer danken wir für sein Geleitwort und seine besondere Würdigung des Buches, Johanna Herpich und Magdalene Ware-Spehr für die Begleitung und Beratung während des Entstehungsprozesses des Buchs. Ein besonderer Dank gilt Annette Blunck und Alfred Hau für ihre Unterstützung bei Lektorat und Korrektorat.

Impressum

©Verlag Sindlinger-Burchartz
Nürtingen/Frickenhausen 2021
Layout, Satz und Umschlaggestaltung: Annette Blunck
Gedruckt in Deutschland
ISBN 978-3-928812-76-4

# Inhalt

**Vorwort** ... 8

**Geleitwort**
*Thomas Meyer* ... 12

## GESCHICHTEN ZUR EINFÜHRUNG

**Erfolgreich gescheitert** *oder* **Keine schlechte Bilanz?**
*Dieter Rilling* ... 17

**Grenzerfahrungen und Herausforderungen**
*Frieder Alberth* ... 30

## GESCHICHTEN VOM WANDEL DER HILFEN FÜR MENSCHEN MIT BEHINDERUNG

**Dettingen im Ermstal – Tansania – und zurück**
*Friedemann Salzer* ... 46

**Menschen mit Behinderung und ihre Rechte**
*Walter Lindenmaier* ... 53

**Drei Jahrzehnte Selbstbestimmung von Menschen mit Lernschwierigkeiten**
*Helmut Walther* ... 60

**Natürlich war früher alles besser! oder etwa doch nicht?**
*Helmut Braun* ... 65

**Hürden auf dem Weg ins Arbeitsleben meistern**
*Annika Post* ... 70

## GESCHICHTEN ÜBER INKLUSION

**Die Guten ins Töpfchen, die Schlechten ins …?**
*Peter Hudelmaier-Mätzke* ... 74

**Leichte Sprache als Mittel zum Zweck**
*Döndü Oktay* ... 80

**Lass mich nur machen!**
*Michael Heck* ... 85

**Jede und jeder ist willkommen!**
*Jennifer Scherr* ... 90

## GESCHICHTEN AUS DER KINDER- UND JUGENDHILFE

**Krass, dass deine Jugendamtstante dich noch kennt**
*Nora Burchartz* — *96*

**Eigentlich ist unsere Arbeit eine einzige Sternstunde**
*Julia Rieger und Pit Lohse* — *101*

**Abschied nehmen ist so wichtig**
*Mario Biel* — *106*

**Eisbrecherin und Bodyguard**
*Maren Bäumlisberger* — *110*

## GESCHICHTEN AUS DER ALTENHILFE

**Neustart mit 65**
*Inge Hafner* — *114*

**Vom beruflichen Umgang mit dem Vergessen**
*Sylvia Kern* — *119*

**Beratungsvielfalt Demenz**
*Christina Kuhn* — *123*

## GESCHICHTEN VON MENSCHEN IN PREKÄREN LEBENSSITUATIONEN

**Menschen passen nicht in Schubladen**
*Regine Glück* — *127*

**Wenn die Tage kürzer und die Nächte länger und kälter werden**
*Berthold Rath* — *134*

**Fünfzehn Mark oder ein NATO-Verpflegungspaket**
*Andreas Wolf* — *139*

**Kultur ist, wie der ganze Mensch lebt**
*Werner Bolzhauser* — *145*

**Vesperkirche**
*Bärbel Greiler-Unrath* — *149*

**Eine Messgröße sozialer Arbeit, ein Fall und die Folgerungen**
*Martin Steinbrenner* — *154*

**Schutz für die Seele**
*Heike Blankenhorn-Frick* — *158*

## SELBSTHILFE-GESCHICHTEN

**Schätze heben – Nüsse knacken**
*Gertraud Sieler* — 162

**Sozialpsychiatrie erlebt und reflektiert**
*Rainer Höflacher* — 169

**Peter Benzenhöfer, ein Pionier der Selbstvertretung**
*Döndü Oktay* — 173

## VERSCHIEDENE GESCHICHTEN

**Wie wird man Sozialarbeiter?**
*Manfred Tretter* — 177

**Bewährungshilfe im Wandel**
*Heinz Heer* — 182

**Soziale Geschichten von der Straße und von Leiderfahrenen**
*Manuel Werner* — 187

**Erfahrungen einer Rückkehrberaterin**
*Johanna Roth* — 193

**Diskriminierung und Menschenwürde**
*Anna Feldbein* — 198

## GESCHICHTEN AUS FORSCHUNG UND LEHRE

**Langer Atem**
*Lore Miedaner* — 205

**Aus der Sprachlosigkeit zur Berufung**
*Julia Gebrande* — 214

**(Selbst-)Begegnungen**
*Jo Jerg* — 220

**Soziale Arbeit – ganz selbstbewusst und unbescheiden**
*Beate Steinhilber* — 226

**Bildnachweis** — 231

# *Vorwort*

## Aus der Idee wird ein Buch

Am Anfang stand eine Idee, die immer mehr Gestalt annahm: es sollten besondere Geschichten aus dem Bereich der Sozialen Arbeit aufgeschrieben werden, um sie aufzuheben und aufzubewahren, denn sonst würden sie verloren gehen. Die Idee war, Menschen dazu zu bewegen, aus ihrem Erfahrungsschatz ihrer Tätigkeiten im Bereich der Sozialen Arbeit Geschichten zu erzählen und dabei das Augenmerk auf Interessantes, Einmaliges, Wegweisendes, Herausragendes, Kritisches oder Exemplarisches zu richten.

Diese Überlegungen verfestigten sich bei Nora Burchartz immer stärker. Schnell fanden sich mit Regine Glück und Döndü Oktay zwei für diese Idee ebenfalls begeisterte Mit-Herausgeberinnen für dieses Buch. Mit viel Enthusiasmus starteten wir zu dritt im Sommer 2020 mit unserem Buchprojekt.

„Soziale Arbeit im Wandel der Zeit" soll mit den Geschichten in diesem Buch sichtbar gemacht werden. Wie kann soziale Gerechtigkeit Wirklichkeit werden? Wie können benachteiligte Menschengruppen so unterstützt werden, dass sie Wege aus ihrem Elend heraus finden können? Wie müssen sich soziale Organisationen und Verbände weiterentwickeln, um zum Beispiel Inklusion zu verwirklichen? Wie können althergebrachte Strukturen im Bereich der Sozialen Arbeit erneuert werden, um Partizipation und gleichberechtigte Teilhabe herzustellen?

Wir haben aus unseren verschiedenen jeweiligen beruflichen Netzwerken zu potentiellen Autor*innen Kontakt aufgenommen und ihnen unsere Zielsetzung und Intention unseres Buchprojekts nahegebracht. Fast 40 der angeschriebenen 60 Kolleg*innen haben einen Beitrag geschrieben. Das war für uns überwältigend und hat uns beflügelt, und so ist aus einer Idee und einem Projekt dieses vorliegende Buch geworden. Vielerlei Soziale Geschichte(n) werden hier erzählt. Viele Bezüge gibt es zum Landkreis Esslingen und Umgebung. Es sind aber auch viele interessante Beiträge von anderen Orten dabei. Zusammen machen sie sichtbar, wie groß die Bandbreite der Sozialen Arbeit ist: Menschen mit Behinderung, die Realisierung von Inklusion, Kinder und Jugendliche in Not, Altenhilfe, Selbsthilfe, Armut, geflüchtete Menschen und nicht zuletzt die Qualifizierung der Sozialen Profession im hochschulischen Bereich haben als Kapitel Eingang in dieses Buch gefunden.

Die Einführungsbeiträge von Dieter Rilling „Erfolgreich gescheitert oder keine schlechte Bilanz" und von Frieder Alberth „Grenzerfahrungen und Herausforderungen" resümieren eindrücklich, dass Soziale Arbeit nur positive Wirkkräfte entfalten kann, wenn es den Professionellen gelingt, Halt gebende, wertschätzende und verlässliche Beziehungen mit ihren Klient*innen einzugehen. Diese Grundhaltung durchzieht alle Beiträge dieses Buches wie ein roter Faden.

Die Herausgeber*innen bringen einen großen Erfahrungsschatz aus vielen Bereichen der Sozialen Arbeit mit, der in diesem Buch zum Ausdruck kommt.

### Nora Burchartz

„Ich war in meinen fast vier Berufsjahrzehnten insbesondere in der Kinder- und Jugendhilfe und in der Behindertenhilfe unterwegs. Neben den unerlässlichen Hilfen im Einzelfall hatte ich immer auch ein besonderes Augenmerk auf die Strukturen der Hilfesysteme und die Möglichkeiten, diese zu verbessern und zu verändern. Viele Jahre war ich in der Kinder- und Jugendhilfe tätig, im Bezirks-Sozialdienst, in der Vollzeitpflege für Kinder und Jugendliche und im Adoptionswesen. Danach war ich lange Zeit Sozialplanerin für die Behindertenhilfe im Landkreis Esslingen, später kam die Sozialpsychiatrie dazu. Mitte der 1990er Jahre konnte ich eine Interdisziplinäre Frühförderstelle aufbauen, die sich besonders um behinderte und entwicklungsverzögerte kleine Kinder kümmert. Alles in allem machte ich eine Menge Erfahrungen, wie Soziale Arbeit im kommunalen Bereich gestaltet werden kann, mit allen Möglichkeiten und Grenzen. Nach meinem 50. Geburtstag bin ich dann in die freie Wohlfahrtspflege gegangen und hatte auf Landesebene beim Landesverband der Lebenshilfe für Menschen mit Behinderung e.V. Baden-Württemberg viele Gestaltungsmöglichkeiten in der Behindertenhilfe auf der Ebene des Landes Baden-Württemberg und in Kooperation mit der Bundesvereinigung der Lebenshilfe auch bundesweit. Nebenher war ich viele Jahre Lehrbeauftragte an Hochschulen für Soziale Arbeit in Baden-Württemberg, zuerst in Reutlingen, später in Ludwigsburg und danach in Esslingen. Mir war immer wichtig, Studierende der Sozialarbeitswissenschaft, die unsere nachkommenden Kolleg*innen werden würden, praxisnah die Handlungsfelder, Aufgaben und Rollen(-konflikte) der Sozialen Arbeit nahezubringen. Ein Vertiefungsgebiet meiner Lehrtätigkeit war der Bereich „Kinder und Jugendliche mit Behinderung" und ihre oftmals schwierigen Lebenskontexte mit dem leider immer noch häufig vorgezeichneten Lebensweg verschiedenster Ausgrenzungserfahrungen. Deshalb ist mir sehr wichtig, dass im Buch viele Beiträge das Augenmerk auf inklusive Prozesse richten.

Mit meinem Beitrag im Buch möchte ich persönlich aber vor allem meine Erfahrungen in meiner Arbeit für Kinderschutz und Kindeswohl festhalten, für die ich jahrzehntelang gebrannt habe."

### Regine Glück

„Ich habe mich mein ganzes Berufsleben lang mit der Thematik von Armut, Obdachlosigkeit und Ausgrenzung beschäftigt. Am Anfang stand auch hier eine Idee, und diese fand Unterstützung durch beide großen Kirchen in Nürtingen sowie durch die Nürtinger Zeitung. Aus kleinen Anfängen entwickelte sich allmählich ein differenziertes Hilfesystem mit Tagestreff, Fachberatungsstelle und Betreutem Wohnen beziehungsweise Aufnahmeplätzen für Menschen in Armut, in Wohnungsnot und sozialen Schwierigkeiten in Nürtingen. Träger war und ist bis heute die Evangelische Gesellschaft Stuttgart (eva). Ab Anfang der 2000er Jahre konnte ich zudem als Abteilungsleiterin der eva für das gesamte Hilfesystem für diesen Personenkreis im Landkreis Esslingen meinen Erfahrungshorizont und Wirkungskreis deutlich erweitern. In meine Verantwortung fiel unter anderem auch das Berberdorf, das sich weit über die Grenzen des Landkreises hinaus einen Namen gemacht hat. In dieser Zeit gelang es, das bestehende Hilfesystem zu erneuern und vielfältig auszubauen.

Menschen, die unter diesen Bedingungen leben müssen, stehen häufig am äußersten Rand der Gesellschaft. Für viele beginnt der Weg in gesellschaftliche Ausgrenzung in frühester Jugend. Sozialarbeit in diesem Berufsfeld heißt, sich mit Mangelsituationen auseinanderzusetzen: Mangel an Einkommen, an Wohnraum, an Arbeit, an gesellschaftlicher Teilhabe, an Anerkennung und Wertschätzung. Sozialarbeit versucht, im konkreten Einzelfall so weit wie möglich diesem Mangel abzuhelfen. Daher umfasst dieser Bereich Sozialer Arbeit immer auch einen – gesetzlich vorgesehenen – Anteil an politisch-gesellschaftlicher Tätigkeit im Interesse der Klientel. Viel zu oft stehen keine realen Ressourcen zur Verfügung: Wir können den Menschen weder Arbeit noch auskömmliche finanzielle Unterstützung, noch ausreichenden Wohnraum zur Verfügung stellen und oft auch nicht dazu verhelfen. Wir können nur versuchen, an verbliebenen persönlichen Ressourcen der Hilfesuchenden anzuknüpfen, diese herauszuarbeiten und zu stärken. An diesem Auftrag der Sozialen Arbeit mit Menschen in Armut und Wohnungsnot hat sich nichts geändert. Er behält seine Gültigkeit, solange das Recht jedes und jeder Einzelnen auf menschenwürdigen Wohnraum, auf Arbeit, auf auskömmliches Einkommen, auf ausreichende Grundsicherung auch im Falle physischer und / oder psychischer Erkrankungen, auf gesellschaftliche Anerkennung und Zuwendung nicht gewährleistet ist. Ungleich gravierender ist die Situation von Menschen in prekären Lebenslagen unter anderem in den osteuropäischen Ländern. Hier geht es oft um das nackte Überleben. Einige unserer Autor*innen geben Einblicke in diese Lebenswelten. „

**Döndü Oktay**

„Als Jüngere im Bunde der Herausgeberinnen möchte ich mit dem Buch aufzeigen, was Soziale Arbeit in der Vergangenheit bewirkt hat und welche Veränderungsprozesse angestoßen und umgesetzt wurden. Ich möchte aber auch einbringen, welch großes Potential junge und kreative Denkmuster, Ansätze und Herangehensweisen beinhaltet, um Soziale Arbeit noch sozialer zu gestalten.

Die Behindertenhilfe war für mich sowohl als Angehörige als auch beruflich schon immer ein wichtiger Bestandteil in meinem Leben. Meine Erfahrungen führten mich zur direkten Assistenz von Menschen mit Behinderung und zur Arbeit mit jungen Menschen während ihres Freiwilligendienstes. Anschließend entschied ich mich für die Arbeit auf der Verbandsebene des Landesverbands der Lebenshilfe für Menschen mit Behinderung Baden-Württemberg e.V., um dort Ungerechtigkeiten und Benachteiligungen auf struktureller Ebene auch sozialpolitisch anzugehen. Eine weitere Station meines Berufslebens ist nun das Fallmanagement und die Umsetzung des noch neuen Bundesteilhabegesetzes.

Wie kommt man im Rahmen gesetzter Strukturen zu kreativen Lösungen und gangbaren Wegen, damit soziale Problemlagen angegangen werden können? Wie kann Soziale Arbeit dazu beitragen, dass mehr Menschen ein gutes Leben haben können? Wie kann Soziale Arbeit Ungerechtigkeit und sozialer Benachteiligung entgegenwirken? Wir müssen Visionen weitertragen, damit sie nach und nach Wirklichkeit werden können. Diesen und vielen weiteren Fragen und Dilemmata gehen wir und unsere Autor*innen in den Beiträgen für dieses Buch nach."

Wir wünschen uns, dass Sie, liebe Leser*innen, die hier im Buch vorgestellte Vielfalt der Arbeit im sozialen Bereich erkunden und ein tieferes Verständnis für die Notlagen und Lebensbewältigungsstrategien von Menschen, die oft zu schnell in Schubladen gesteckt werden, bekommen. Menschen passen nicht in Schubladen, oft müsste man sie ja in mehrere stecken, und das geht rein praktisch gesehen wirklich nicht. Gesellschaftliche Krisen wie zum Beispiel eine Pandemie oder der schleichende Klimawandel wirken sich auf Menschen in schwierigen und prekären Lebenslagen besonders gravierend aus. Umso wichtiger ist es, dass sich Politik und Gesellschaft darum kümmern, gerade für diese Menschen den Zugang und die Erreichbarkeit der erforderlichen Hilfen zu sichern, und das schließt die materielle Absicherung mit ein. Es ist eine bleibende Aufgabe der Sozialstaatlichkeit, dass allen Menschen Menschenwürde grundgesetzlich garantiert wird. Das ist in der Umsetzung nicht immer einfach, und viele Beiträge in diesem Buch zeigen auf, dass das Zusammenspiel der Akteure auch holprig verlaufen kann und Klient*innen auf dem Weg zu Unterstützung und Hilfen bisweilen auf der Strecke bleiben. Deswegen hat Soziale Arbeit durch alle Bereiche hindurch die Aufgabe, ihre Klient*innen dabei zu unterstützen, dass sie ihr Leben mit den erforderlichen Unterstützungsleistungen so gut wie möglich meistern können. Die Mühseligkeit der Sozialen Arbeit besteht oft darin, darum hart ringen und kämpfen zu müssen. Allen Widrigkeiten zum Trotz wünschen wir uns, dass sich unsere Profession eine tiefe Menschenfreundlichkeit und einen langen Atem bewahren kann.

Regine Glück　　　Döndü Oktay　　　Nora Burchartz

# Geleitwort

THOMAS MEYER

Geschichte der Sozialen Arbeit kann auf ganz unterschiedliche Art und Weise erzählt werden. Ich erinnere mich noch genau an mein eigenes Studium der Sozialpädagogik/Sozialarbeit Anfang der 1990er Jahre, als ich im ersten Semester in einem großen Hörsaal der Vorlesung „Geschichte der Sozialen Arbeit" lauschte. Der damalige Professor, Wolf Rainer Wendt, hielt die Vorlesung, und er hält sie noch heute. Ein eigenes Buch hatte er dazu geschrieben, wir Studierende waren tief beeindruckt und haben es uns auch gleich gekauft. Zugegebenermaßen: Ein bisschen langweilig fanden wir es alle. Ganz klar, wir waren im ersten Semester und hatten bislang noch keinerlei Berührungspunkte zu wissenschaftlicher Literatur und akademischer Sprache. Es kam uns befremdlich vor, die vielen Verweise und Zitate, Autoren und Autorinnen, von denen wir noch nie was gehört hatten, historische Ereignisse und Begebenheiten, von denen wir in der Schule im Geschichtsunterricht nie was erfahren hatten. „Starker Tobak", „schwer verdauliche Kost", welche Redewendung man dazu auch immer verwenden mag. Heute denke ich natürlich anders darüber. Erst im Laufe meines beruflichen Werdegangs und meiner akademischen Karriere habe ich die wichtige Bedeutung dieses historischen Wissens schätzen gelernt. Man kann uneingeschränkt sagen: Versteht man die Geschichte der eigenen Profession, versteht man sowohl das Gewordensein der zentralen Arbeitsprinzipien und fachlichen Diskussionen als auch die aktuellen und zukünftigen Herausforderungen besser. Aktuell gehört die „historische Entwicklung der Kinder- und Jugendarbeit" zu meinen Lieblingsseminaren. An der Dualen Hochschule Baden-Württemberg, Fakultät Sozialwesen, leite ich den Studiengang „Kinder- und Jugendarbeit" am Standort Stuttgart. Ob es den Studierenden aber damit ähnlich geht, wie es mir damals ging, vermag ich nicht genau zu sagen.

Geschichte der Sozialen Arbeit kann aber auch als „Geschichten" erzählt werden: Geschichten über die Praxis der Sozialen Arbeit in unterschiedlichen Handlungsfeldern, Geschichten über markante Begegnungen mit Menschen, die sozialarbeiterische Unterstützung benötigten, Geschichten über rechtliche Veränderungen und deren Auswirkungen und Geschichten über die Reflexion des eigenen Handelns in oftmals komplexen und unübersichtlichen Situationen. All dies sind Geschichten, die das spannende und gleichermaßen oft so schwer zu durchschauende Arbeitsfeld der Sozialen Arbeit näher bringen können, die zu einem besseren Verständnis der professionellen und disziplinären Auseinandersetzung beitragen. Diesen Geschichten hat sich das vorliegende Buch gewidmet. Wer weiß, wie es mir damals – im ersten Semester meines Studiums – ergangen wäre, wenn ich genau ein solches Buch gehabt hätte. Sicher wäre es mir noch mehr gelungen, die Begeisterung für dieses berufliche Handlungsfeld zu spüren und zu verinnerlichen.

Nun zu meinem Geleitwort: Ich wurde von Nora Burchartz gefragt, ob ich nicht ein Geleitwort für dieses Buch schreiben könne. Zunächst wunderte ich mich, da es etliche Kolleginnen und Kollegen gibt, die wesentlich älter sind als ich und entsprechend über ein weitaus umfassenderes Wissen zu dieser Thematik verfügen. Allein jeder und jede einzelne der geschätzten Autorinnen und Autoren, die in diesem Band einen Beitrag geschrieben haben, würden mit Sicherheit ein tolles Geleitwort schreiben können. Umso mehr freute es mich, und ich willigte schließlich ein. Ich will jedoch keine eigene Geschichte erzählen. Stattdessen möchte ich eher den Versuch unternehmen, die Gemeinsamkeiten dieser Geschichten in diesem Geleitwort herauszuarbeiten. Gibt es Grundelemente der Sozialen Arbeit, die quasi zeitlos sind? Welche Arbeitsprinzipien und Haltungselemente zeigen sich in den verschiedenen Geschichten? Was ist der „Kern", auf den sich Soziale Arbeit im Grunde stets rückbesinnt und auch weiterhin rückbesinnen muss? Kein einfaches Unterfangen, ganz klar, aber eine Möglichkeit, die tollen Geschichten in diesem Band zu würdigen.

Zunächst fiel mir auf, dass in vielen Geschichten facettenreich über **Beziehungen** geschrieben wurde. Beziehungen zu unterstützungs- und hilfebedürftigen Menschen, pädagogische Beziehungen zu jungen Menschen, aber auch Beziehungen zu Kolleginnen und Kollegen. In diesen Beziehungen scheint eine besondere Kraft zu wurzeln, sie wirkt als „eigentliches" Instrumentarium der Sozialen Arbeit. Ganz klar, das kann ich nur bestätigen und in etlichen Reflexionsseminaren auch meine Studierenden. Was wirkt durch Beziehungen? Vielleicht ist es schlicht und einfach die damit einhergehende Annahme als Mensch, die Wertschätzung, das sich „Wertvoll-Fühlen", das Beziehungsangebot an Menschen, die andere Beziehungen längst verloren haben oder denen diese Beziehungen verwehrt wurden. Beziehungen geben den betroffenen Menschen häufig das Gefühl, sie seien „doch" etwas wert. Albert Scherr hat beispielsweise in seiner Kritik an der Methode der Konfrontativen Pädagogik (Titel des Beitrags: Mit Härte gegen Gewalt?) treffend formuliert: „Was wirkt, und zwar unabhängig von der spezifischen Methode, ist der Aufbau pädagogischer beziehungsweise therapeutischer Beziehungen (...)". Mit Hilfe von (professionellen) Beziehungen führen wir Menschen mit Unterstützungsbedarf in neue Kontexte oder holen sie überhaupt erst wieder in ein quasi-gesellschaftliches Gefüge hinein. Es können damit Brücken gebaut werden, auch zu anderen Menschen. Insbesondere letzterer Punkt erscheint mir wichtig und stellt den Unterschied zwischen einer „normalen" Beziehung und einer „professionellen" Beziehung dar: Die „eigentliche" Wirkung ist die durch die Beziehung initiierte Veränderung der Lebenssituation. In etwa das hatte wohl Franz Josef Krafeld vor Augen, wenn er in Bezug auf die Jugendarbeit schreibt: Es geht darum, die Klient*innen dort abzuholen, wo sie stehen ... damit sie irgendwann woanders ankommen. Sprich: Die Beziehung ist die Basis, das eigentliche Ziel ist jedoch eine mit Hilfe dieser Beziehung initiierte Verbesserung der Lebenslage, Horizonterweiterung, Integrationshilfe, was auch immer.

Damit kommen wir zum nächsten Kernthema: **Inklusion**. In vielen Beiträgen dieses Buchs, ob explizit oder implizit, spielen „Grenzen" und Barrieren, die Nachteile einer

Orientierung an der „Norm" im Gegensatz zu der notwendigen Orientierung an Vielfalt, und damit auch der Grundgedanke der Inklusion eine wichtige Rolle. Meiner Meinung nach ist Inklusion ein Schlüsselbegriff der Sozialen Arbeit. Inklusion möchte ich hierbei in einem umfassenden Verständnis deuten: Inklusion ist für mich nicht nur eine berufsfeldspezifische Debatte, sondern gleichermaßen eine moralische und ethische Verpflichtung mit gesamtgesellschaftlichem Gewicht. Inklusion geht uns alle an, und Inklusion kann dazu beitragen, dass sich das gesellschaftliche Zusammenleben in vielerlei Hinsicht verbessert, davon bin ich überzeugt. Insofern ist die Umsetzung inklusiven Denkens und Handelns nicht nur eine Verpflichtung innerhalb der Profession der Sozialen Arbeit, ich behaupte, die Soziale Arbeit hat hier sogar einen „Bildungsauftrag" wahrzunehmen. Mit Bildungsauftrag meine ich jedoch nicht die Perspektive auf die jeweiligen Adressat*innen der Sozialen Arbeit, ganz im Gegenteil: Der Blick muss sich auf die Gesamtgesellschaft, auf den Sozialraum, die Kommune, lokale Betriebe, die Bürgerschaft, Eltern, was auch immer, richten. Exemplarisch für diese These denke ich immer an eine treffende Überschrift eines Zeitungsartikels, der vor einiger Zeit über eine Inklusionsveranstaltung, bei der ich einen Vortrag gehalten habe, geschrieben wurde. Der Titel war: „Eigentlich braucht die Gesellschaft Nachhilfe". Interessant in diesem Zusammenhang ist, dass sich in der sogenannten UN-Behindertenrechtskonvention – neben vielen Artikeln zu den Rechten behinderter Menschen – auch ein Artikel zum Thema „Bewusstseinsbildung" findet (Artikel 8, UN-BRK). Es geht darum, gesamtgesellschaftlich ein Bewusstsein für Barrieren, für die Lebenslage und für die Belange von Menschen mit Behinderung zu schaffen. Damit ist gemeint: Inklusion geht uns alle an. Wir alle, die wir uns jahrelang „frei" von jeglicher Inklusionsverpflichtung sprechen konnten (nach dem Motto: Dafür gibt es ja schon spezielle Hilfen) müssen uns zuständig fühlen und davon überzeugt sein, dass Inklusion ein „Mehrwert" in jedem Gemeinwesen ist. Die mit Inklusion einhergehende Haltung und Veränderung nutzt keinesfalls nur sogenannten Menschen mit Behinderungen, sondern gleichermaßen auch anderen Personengruppen, die immer wieder Erfahrungen mit Barrieren oder Ausgrenzungserfahrungen machen. Ziel ist quasi ein Gemeinwesen, das sich „kümmert" (in der englischen Sprache gibt es hier den schönen Begriff „Community Care"). Dazu sollte die Soziale Arbeit sensibilisieren. Allerdings ist Inklusion keinesfalls ein triviales Unterfangen und entspricht einem radikalen Perspektivenwechsel, den Valentin Aichele vom Deutschen Institut für Menschenrechte mit den folgenden Worten treffend zusammenfasst: „Es geht nicht nur darum, innerhalb bestehender Strukturen Raum zu schaffen auch für Behinderte, sondern gesellschaftliche Strukturen so zu gestalten und zu verändern, dass sie der realen Vielfalt menschlicher Lebenslagen (…) von vorneherein gerecht werden."

Mit dem Inklusionsdiskurs einher geht ein weiterer, wichtiger Grundgedanke: Die konsequente Ablehnung einer Praxis, die die Adressat*innen Sozialer Arbeit als „unmündige" Objekte der Fürsorge sieht. Abzulehnen ist eine Praxis, in der Sozialarbeiter*innen doch stets ganz genau zu wissen glauben, was die betroffenen Menschen eigentlich brauchen. Durch eine solche Praxis stilisieren wir die Adressat*innen zu hilfebedürftigen Objekten ohne eigene „Stimme". Mit einer solchen Praxis verfolgen wir das Ziel, die Lebensweise und Lebensentwürfe unserer

Adressat*innen in sozialdisziplinarischer Diktion, wenn nicht sogar in sanktionierender Art und Weise, ständig zu hinterfragen oder zu kritisieren. Im schlimmsten Fall stülpen wir ihnen sogar unsere „Normalitätsvorstellungen" über (hier sei angemerkt, dass uns spätestens seit der Veröffentlichung der sogenannten SINUS-Milieustudie die Relativität von Lebenszielen und Geschmäckern klar sein müsste). Hingegen sollten die Adressat*innen Sozialer Arbeit aber als **mündige Subjekte** gesehen werden, mit zugestandenen, legitimen Wünschen und Vorstellungen, die uns durchaus viel zu sagen und auch beizubringen haben. Die **Selbstbestimmung** jedes einzelnen Menschen, die Wünsche und Vorstellungen, ja sogar scheinbar „schräge" Lebensentwürfe sind nicht nur anzuerkennen, sie sollten auch Ausgangspunkt und Basis professionellen Handelns sein. In einer soziologischen Perspektive macht jede Einstellung und jedes Verhalten „Sinn", man muss ihn nur finden. Demnach gibt es keine „sinn-losen" Vorstellungen oder Verhaltensweisen, es geht immer nur darum, diesen Sinn zu entschlüsseln und daraus – im besten Fall gemeinsam mit dem betroffenen Menschen – passende sozialpädagogische Interventionen abzuleiten.

Dies leitet schließlich zum nächsten Punkt über: Der Blick der Sozialen Arbeit sollte stets ein Blick auf die **Stärken** und **Ressourcen** sein. Man stelle sich nur vor, welche Herausforderungen ein Leben auf der „Straße" nach sich zieht, mit welcher unglaublichen Kompetenz manche Menschen ihre häufig nahezu aussichtslose Lebenssituation meistern, mit welchen großen und kleinen Herausforderungen einige Familien tagtäglich umgehen müssen – und wie sie dies irgendwie schaffen. Dies gilt es nicht nur anzuerkennen, sondern auch zu unterstützen, was aus meiner Sicht eine völlig unterschätzte Deutung der sogenannten Lebensweltorientierung ist: Zu erkennen, mit welcher Kompetenz Menschen in bestimmten Lebenssituationen ihren Alltag meistern. Statt permanentem Insistieren auf eine „notwendige" Veränderungsbereitschaft, dem ständigen Fokus auf „Defiziten" und Schwächen, dem Gängeln mit Forderungen, was die betroffene Person eigentlich alles noch zu lernen habe, und statt dem Traktieren mit pseudo-verhaltenstherapeutischen Konditionierungsprozessen (sogenannte „Trainings"), hilft es häufig, den Blick auf die Stärken und Ressourcen zu lenken und diese in den sozialpädagogischen Hilfeprozess miteinzubeziehen. Was nicht heißt, dass man keine neuen Impulse setzen oder Verhaltensänderung anstoßen sollte, ganz im Gegenteil: Entsprechende Interventionen sind im besten Fall einzubetten in ein Set an Ressourcen, über die die betroffenen Menschen häufig durchaus verfügen. Ressourcenorientierung und angestrebte Veränderung der Lebenslage bzw. Lebenssituation schließen sich keinesfalls aus und stellen eines der vielen Spannungsfelder der Sozialen Arbeit dar.

Last but not least möchte ich einen **selbstbewussteren Umgang** mit der **eigenen Professionalität** anmahnen. Kaum eine Profession geht wohl so selbstkritisch mit sich um wie die Soziale Arbeit. Und damit nicht genug: Von außen wird diese „Selbstgängelung" meist noch verstärkt. Sätze wie „muss man das echt studieren?" oder „das kann ja eigentlich jeder" haben wir sicher alle zuhauf gehört. Und dann muss sich die Soziale Arbeit auch häufig noch in einem Geflecht verschiedener Professionen behaupten: Mediziner*innen, Psycholog*innen, Lehrer*innen, um nur einige zu nennen, signalisieren uns tagtäglich, dass wir doch eher eine Art „Halbwissen" haben. Doch genau diese scheinbare Schwäche ist die eigentliche Stärke der Sozialen Arbeit. Zwar ist es nicht falsch, in Bezug auf die sogenannten Bezugswissenschaften von Halbwissen zu sprechen. Allerdings ermöglicht es diese Kombination an verschiedenen Wissensbeständen, vernetzt zu denken und zu planen. Auch die Arbeit in interdisziplinären Teams ist der Sozialen Arbeit alles andere als fremd. Insofern gelingt es der Sozialen Arbeit ganz hervorragend, komplexe Hilfe- und Unterstützungsprozesse zu steuern und verschiedene Wissensbestände aus unterschiedlichen Fachdisziplinen in die Planung einzubeziehen. Zudem gehört es zum Portfolio der Sozialen Arbeit, verschiedene Akteure an einen „Tisch" zu bringen oder zumindest zu vernetzen. Mit Hilfe dieser Vernetzung wird es letztlich möglich, umfassendere Veränderungen anzustoßen, anstatt an einzelnen Symptomen „herumzudoktern". Mit anderen Worten: Eine Portion Selbstbewusstsein tut der Sozialen Arbeit durchaus gut!

Mit diesen Ausführungen möchte ich mein Geleitwort enden lassen und lade Sie ein, diese Kerngedanken in den nachfolgenden „Geschichten" zu entdecken. Meine Zusammenstellung ist keinesfalls erschöpfend, genießen Sie daher die verschiedenen Beiträge und machen Sie sich auf die Suche nach weiteren „Wesensmerkmalen" der Sozialen Arbeit. In jedem einzelnen Beitrag lassen sich wertvolle Hinweise dazu finden. Hierfür wünsche ich eine interessante Lektüre.

**Prof. Dr. Thomas Meyer**, *geboren 1969.*
*Studium der Sozialen Arbeit (Berufsakademie Stuttgart) und Studium der Sozialwissenschaften (Universität Tübingen), Promotion an der Pädagogischen Hochschule Ludwigsburg (Dr. phil.). Aktuell: Professor für Praxisforschung an der Dualen Hochschule Baden-Württemberg (DHBW), Fakultät für Sozialwesen in Stuttgart. Studiengangsleiter Kinder- und Jugendarbeit (Bachelor). Wissenschaftlicher Leiter des Masterstudiengangs Sozialplanung am Center for Advanced Studies (CAS) der DHBW.*

# Geschichten zur Einführung

*Erfolgreich gescheitert* oder
*Keine schlechte Bilanz?*

Verändern werden diese Gesellschaft auch Sie nicht!

DIETER RILLING

## Die Vor-Geschichte

Wahrlich ein merkwürdiger Titel für eine positiv gedachte berufliche Lebensbilanz. Als ich nach vier Jahrzehnten kommunaler Sozialarbeit Anfang 2001 in den Ruhestand ging, hatte ich die Möglichkeit, in den Blättern der Wohlfahrtspflege unter „Was war, was hätte sein können … und immer noch sein kann" das Resümee meines Berufslebens zu ziehen. Ich konnte auf beachtliche Erfolge verweisen, die im Zusammenwirken von Staat, kommunaler Ebene, freier Wohlfahrtspflege und anderer gesellschaftlicher Kräfte erzielt worden waren, wollte aber das, was noch zu tun war und wo weiter gesteckte Ziele auf der Strecke blieben, nicht ausblenden. Dieser Dualismus zog sich wie ein roter Faden durch das Manuskript und gab dem Redakteur Anlass, jedem Abschnitt dieselbe Zwischenüberschrift voran zu stellen: „Erfolgreich gescheitert". Da hat man als Autor in eigener Sache schon zu schlucken. Freundlicherweise stand es dann in der endgültigen Fassung nur noch einmal und war anschließend in „Erfolge und ihre Grenzen" abgemildert. Am Ende seiner einführenden Notiz zog der Redakteur sogar das Fazit „Keine schlechte Bilanz".

Bei der Anfrage für diesen Buchbeitrag fiel mir spontan wieder das „Erfolgreich gescheitert" ein. Es ist mehr als ein Aufhänger und steht für das Dilemma der Sozialen Arbeit, sich mit Kreativität und Herzblut für das Wohl des Gemeinwesens und seiner Menschen einzusetzen und doch sehen zu müssen, wie unsere Gesellschaft immer wieder neue Notlagen hervorbringt. Übrigens stand diese Erkenntnis schon am Beginn meiner Amtsleiterzeit in Stuttgart. Als ich mich nach der Wahl beim damaligen Stadtrat der DKP, Heinz Laufer, für sein Vertrauen und seine Unterstützung beim ersten Wahlgang bedankte – ich erhielt überschaubare 4 Stimmen, die dann in einem zweiten Wahlgang durch Auflösung der Pattsituation zwischen den großen Fraktionen doch noch zur absoluten Mehrheit führten –, meinte er lakonisch: „S' ist schon recht Aber verändern werden diese Gesellschaft auch Sie nicht". Recht hatte er.

## Erfolgsgeschichten beim Auf- und Ausbau einer sozialen Infrastruktur

Erfolgreich gescheitert? Erfolge gab es durchaus. Nicht zuletzt unter dem Druck der nach 1968 entstandenen sozialen Bewegungen. Viele Zielgruppen, die in der Vergangenheit übersehen oder vernachlässigt worden waren, rückten ins Blickfeld der politischen Öffentlichkeit und wurden Gegenstand der kommunalen Daseinsvorsorge: Ältere Menschen, Behinderte, psychisch Kranke und Suchtkranke, Zuflucht suchende Frauen, Wohnungslose.

Im Mittelpunkt stand seit Beginn der 70er Jahre der Ausbau der **Altenhilfe**. Neben dem Aufbau von Begegnungsstätten und anderen sozialkulturellen Angeboten ging es vor allem um Dienste und Einrichtungen für betreuungs- und pflegebedürftige ältere Menschen. Aus kleinen Krankenpflegestationen entstand ein flächendeckendes Netz leistungsfähiger Sozial- und Diakoniestationen mit Kranken- und Altenpflege, Haus- und Familienpflege und Nachbarschaftshilfe. Wohnortnahe betreute Altenwohnungen und Pflegeheime mit Angeboten der Tages- und Kurzzeitpflege sollen sicherstellen, dass der älter gewordene Mensch bei nachlassenden Kräften und zunehmenden Behinderungen in seinem Stadtteil oder in seiner Gemeinde bleiben kann. Wer sich erinnert, wie dürftig in den 60er Jahren das Angebot war und zudem viele Häuser an der Peripherie und weitab im Land angesiedelt waren („*Württemberg das klassische Land der Heime und Anstalten*"), wird gerade diese Aufbauleistung nicht gering schätzen, auch wenn durch die demographische Entwicklung immer wieder Engpässe auftraten. Trotzdem habe ich ein unbehagliches Gefühl, wenn ich heute durch eine der gut ausgestatteten modernen Einrichtungen gehe. Dies liegt nicht nur am Personalschlüssel, der menschlicher Nähe und Zuwendung Grenzen setzt, sondern auch am Binnenklima, das entsteht, wenn eine Vielzahl kranker Menschen mit ihren körperlichen Einbußen, geistig-seelischen Belastungen und nicht selten auch biografischen Brüchen und Kränkungen in einem Haus zusammengeführt wird. Übrigens war die Einrichtungsgröße über Jahrzehnte ein ständiges Diskussionsthema. Noch in den 70er Jahren war man der Auffassung, unter 150 Plätzen ließe sich eine mehrgliedrige Altenwohnanlage nicht wirtschaftlich führen, im Laufe der Zeit verringerte sich diese Zahl dann über 100 auf 50 Plätze, bis glücklicherweise Ende der 80er Jahren auch Kleinpflegeheime mit 24 Plätzen im Verbund für möglich gehalten wurden. Für die Zukunft sollte es verstärkt darum gehen, initiiert und begleitet durch ein professionelles Quartiersmanagement, in der Gemeinde oder im Stadtteil ein kleinräumig organisiertes, engmaschiges Netz alltagsorientierter Hilfen aufzubauen, das ambulante, teilstationäre und stationäre Dienstleistungen ebenso integriert wie die Selbsthilfekräfte von Betroffenen, Angehörigen und Bürgerschaft. Das Ziel des selbstbestimmten Wohnens mit verschiedenen Wahlmöglichkeiten auch bei Hilfsbedürftigkeit im Alter darf nicht aus den Augen verloren werden.

Ebenso wurde in der **Behindertenhilfe,** ausgelöst und vorangetrieben durch Elterninitiativen, eine bemerkenswerte Aufbauleistung erbracht. Angefangen im Jahr 1965 mit Einführung der Schulpflicht für behinderte Kinder und dem darauf folgenden bedarfsgerechten Angebot von Sonderschulen und Schulkindergärten bis hin zu einem flächendeckenden Netz von Werkstätten und Wohnheimen, zunehmend auch individuellen Wohnangeboten. Noch Anfang der 60er Jahre gab es in Stuttgart für behinderte junge Menschen neben der Nikolauspflege für Blinde nur die damals kleine Karl-Schubert-Schule und einen „Hort für geistig behinderte Kinder". Wenn junge Gesprächspartner gelegentlich die Reformfähigkeit von Staat und Gesellschaft bezweifeln, verweise ich gern auf die Entwicklung der Behindertenhilfe, ohne zu verschweigen, dass auf dem Weg zu einem selbstbestimmten Leben noch viele Schritte zu gehen sind. Immerhin: Wenn in der Regionalbahn gelegentlich ein junger Mann mit Down-Syndrom zusteigt, ganz selbstverständlich und ohne Begleitung, geht mir durch den Kopf, dass man sich vor 60 Jahren für ihn eine Alternative zur „Anstaltsbetreuung" nicht hätte vorstellen können.

Angestoßen durch die Psychiatrieenquete von 1975 entstand auch in der **Hilfe für psychisch Kranke** über die Jahre ein differenziertes ambulantes und komplementäres Angebot. Hervorzuheben sind die Mitte der 80er Jahre flächendeckend entstandenen Sozialpsychiatrischen Dienste als Angelpunkt des ambulanten Versorgungssystems für chronisch psychisch Kranke. Ein Maßstäbe setzendes Modellprojekt in Stuttgart nahm bereits 1982 seine Arbeit auf. Hinzu kamen Wohn- und Arbeitsangebote, Tagesstätten und Möglichkeiten der ambulanten psychiatrischen Pflege. Entsprechendes gilt im Blick auf die **Hilfe für Suchtkranke und Drogenabhängige.** Alle diese Hilfen ließen sich quantitativ und qualitativ noch weiterentwickeln, wenn die unterschiedlichen Sozialleistungsträger (Kranken-, Renten- und Pflegeversicherung, Sozialhilfe) ihre Mittel in regionalen Budgets bündeln und der Steuerung durch den jeweiligen Gemeindepsychiatrischen Verbund überlassen würden.

Auf Erfolge in der **Hilfe für Wohnungslose** und in der **Jugendhilfe** komme ich später zurück.

## Sozialplanung als Motor für Reformen

Durch den auf kommunaler und Landesebene wahrgenommenen Aufgabendruck kam Mitte der 60er Jahre eine Sozialplanung in Gang. Die personellen Ressourcen dafür waren mehr als bescheiden. In der Landeshauptstadt wurde 1962 ein Mitarbeiter des Sozialamtes für ein halbes Jahr freigestellt, um die Denkschrift „Die Probleme der Altenhilfe und der Versuch ihrer Lösung in Stuttgart" zu erarbeiten. Als junger Stadtinspektor durfte ich den Kollegen in seinem Aufgabengebiet vertreten und kam so auf die „Chefetage". In der Folge betraute mich Stadtdirektor Felix Mayer, Sozialreferent des Bürgermeisteramts und in Personalunion Sozialamtsleiter, als seinen persönlichen Mitarbeiter mit „Sonderaufgaben". Dazu gehörte die Auswertung einer 1964 von der Stadt bei einem sozialwissenschaftlichen Institut in Auftrag gegebenen „Repräsentativbefragung über die Situation der über 65-Jährigen in Stuttgart". So entstand aus der Mischung von zugewiesenen Aufgaben und persönlicher Neigung die (Ein-Mann-) Dienststelle „ Sozialplanung, Gemeinwesenarbeit und Öffentlichkeitsarbeit". Als 1970 ein Mitarbeiter hinzukam - er nahm sich als Schwerpunktaufgabe des Themas „ausländischer Einwohner" an und wurde später der erste Ausländerbeauftragte der Landeshauptstadt -, meinte ein älterer Kollege zu dieser Personalvermehrung um 100 Prozent anerkennend: „Da kann man sehen, dass man aus nichts etwas machen kann." Am Ende meiner Amtsleiterzeit im Jahr 1991 waren es schon 7 Fachkräfte und heute, wieder dreißig Jahre später, dürfte die Zahl nahe bei 20 sein. Diese Entwicklung im Laufe von 60 Jahren ist kein Beleg für das Parkinsonsche Gesetz. Durch immer differenziertere und qualifiziertere Planungsgrundlagen hat die Sozialplanung in Augenhöhe mit anderen Disziplinen überall im Land wesentlich zum Auf- und Ausbau der sozialen Infrastruktur beigetragen und ist damit selbst eine Erfolgsgeschichte. Gegenüber der Anfangszeit umfasst sie heute auch Elemente von Monitoring, Evaluation und Qualitätssicherung sowie die Sozialberichterstattung. Vielleicht am bedeutsamsten ist die damit erreichte politische Öffentlichkeit: *„Durch die Planung wird der Bürger sehend, die Planung schafft Verantwortung"* (Basler politische Schriften 3, hrsg. unter anderen von Max Frisch), ein Satz, den ich mir vor sechs Jahrzehnten merkte und der bis heute aktuell ist.

    Maßgeblich beeinflusst wurde die kommunale Sozialplanung durch Landkreistag und Städtetag sowie die beiden Landeswohlfahrtsverbände und den später daraus entstehenden Kommunalverband Jugend und Soziales. Ein Glücksfall war dabei die personelle Kontinuität, verkörpert durch Werner Frank und Roland Klinger, die von den 60er Jahren bis in die jüngere Zeit nacheinander Sozialdezernenten des Landkreistags und anschließend die Verbandsdirektoren waren. Mit ihnen, aber auch mit anderen Kolleg*innen aus Städtetag und Landkreistag, Städten und Landkreisen entstand unter Einbeziehung von Referent*innen der Spitzenverbände der freien Wohlfahrtspflege ein kollegial-freundschaftliches Beziehungsgeflecht, das wesentlich zu konstruktiven Arbeitsergebnissen beitrug. Vor Ort in Stuttgart war die partnerschaftliche, von Vertrauen und Verlässlichkeit geprägte, sich gegenseitig zu Innovationen ermutigende Zusammenarbeit mit den freien Trägern ein wertvolles Sozialkapital. Die qualifizierte Mitwirkung ihrer Mitarbeiter*innen hat ebenso wie die engagierte Unterstützung durch die beiden großen Kirchen mit zum hohen Standard der sozialen Infrastruktur in der Landeshauptstadt beigetragen.

## Marktwettbewerb versus gewachsene Zusammenarbeit

In der Rückschau schmerzt, dass dieser in Jahrzehnten bewährte Korporatismus auf der Grundlage des Subsidiaritätsprinzips seit den 80er Jahren durch eine unterkomplexe Ökonomisierung (*„Verbetriebswirtschaftlichung"*) in Frage gestellt wurde. Korporatismus steht für Absprachen zwischen Staat und gesellschaftlichen Gruppen bei der Erfüllung öffentlicher Aufgaben. Konkret in der Sozialen Arbeit: Die Kommunen als öffentliche Träger der Sozialhilfe und der Jugendhilfe beteiligen freie Wohlfahrtspflege, Kirchen und sonstige gemeinnützige Vereinigungen an Planungsprozessen und übertragen ihnen bei gleichzeitiger finanzieller Förderung bestimmte Aufgaben. Dahinter steht der gesellschaftspolitische Gedanke der Subsidiarität. Der Staat soll keine Aufgaben an sich ziehen, die auf einer unteren Ebene erledigt werden können. Das gilt nicht nur im Blick auf die kommunale Selbstverwaltung, sondern auch für deren Verhältnis zu den gesellschaftlichen Kräften im Gemeinwesen. Nicht zuletzt stützt der Subsidiaritätsgedanke die Bedeutung der Familie und damit die Pflicht von Staat und Gesellschaft, sie zu stärken und zu fördern. Planungshoheit und Gewährleistungsverpflichtung bleiben bei den Stadt- und Landkreisen. Durch Förderrichtlinien und Instrumente der Qualitätssicherung stellen sie eine einheitliche Aufgabenerfüllung sicher. (*„Verwaltung ist aktive Sozialgestaltung"*. Diesen Satz hat der junge Verwaltungskandidat in seinem Lehrbuch für das allgemeine Verwaltungsrecht dick unterstrichen.) Im Gegensatz zur bisherigen Praxis rückte der neoliberale Zeitgeist das Effizienzprinzip mit dem Primat der Wirtschaftlichkeit in den Vordergrund. Ein vorgegebener „Output" sollte mit möglichst minimalem „Input" erzielt werden und umgekehrt der festgelegte „Input" einen möglichst hohen „Output" erreichen. Soziale Dienstleistungen wurden als Produkte gesehen und zur Ankurbelung eines Wettbewerbs zur Vergabe ausgeschrieben. Den Zuschlag sollte der billigste Anbieter erhalten. Dabei wurde ausgeblendet, dass Interaktionen in der Sozialarbeit eben keine marktförmigen Dienstleistungen sind. Schon allein wegen ihrer Abhängigkeit von der „Co-Produktion" der Klient*innen oder Kooperationspartner*innen. So waren viele der auch mit der Privatisierung öffentlicher Güter angestrebten Sparerfolge nicht zuletzt unter dem Gesichtspunkt der Prävention höchst fragwürdig. (*„Sparen, egal was es kostet."*) Nimmt man sie näher unter die Lupe, wird deutlich, dass sie überwiegend zu Lasten Anderer gehen: bei Qualitätsabstrichen zu Lasten der „Kunden", bei Einsparung von Personalkosten mit der damit verbundenen Arbeitsverdichtung zu Lasten der ohnehin nicht angemessen bezahlten Mitarbeiter*innen und bei Unterlassung von Investitionen zu Lasten einer leistungsfähigen, nachhaltigen Infrastruktur. Glücklicherweise wurde in der Folge wohl nicht so heiß gegessen wie gekocht.

## Erfolge in der Hilfe für Wohnungslose und in der Jugendhilfe zeigen zugleich die Grenzen der Sozialen Arbeit auf

Die Sozialgeschichte zeigt, dass seit dem Spätmittelalter bis weit ins 19. Jahrhundert der Umgang mit Unterschichten und Randgruppen durch Disziplinierung, Unterdrückung und Abschreckung gekennzeichnet war. Der französische Soziologe Robert Castel nennt diesen repressiven Umgang mit Unterschichten *„den kürzesten Weg von der Unmöglichkeit, eine Situation zu tolerieren, zur Unmöglichkeit, sie grundlegend zu verändern"*. So gesehen reichte in der **Hilfe für Wohnungslose** das Mittelalter bis in die 80er Jahre des 20. Jahrhunderts. Trotz eindeutiger Rechtsgrundlage in § 72 des Bundessozialhilfegesetzes von 1961 fehlte es an Ressourcen für eine wirksame und nachhaltige Hilfe. *(„Rechte zu haben, aber über keine Mittel und Leistungen zu verfügen, ist ein grausamer Scherz."* Julian Rappaport 1981). Keine staatliche Ebene wollte sich wirklich der Aufgabe annehmen. Heute würde man das Politikverweigerung nennen. Als wir Anfang der 80er Jahre in Stuttgart gemeinsam mit Mitarbeiter*innen des „Innovationsprojekts Nichtsesshaftenhilfe", gefördert von der EU und getragen vom Psychologischen Institut der Universität Tübingen, eine Konzeption für das Modellprojekt eines Sozialpsychiatrischen Dienstes entwickelten und im Sozialministerium vorstellten, riet uns der zuständige Psychiatriereferent dringend davon ab, in der Projektbeschreibung eine Verbindung zur Nichtsesshaftenhilfe herzustellen. (Dieser Tage steht in der Süddeutschen Zeitung, 90 Prozent der Obdachlosen seien psychisch krank!) Ein anderes Schlaglicht: Noch Ende der 70er Jahre konnte man im Verwaltungsbericht eines Landkreises in der Region Stuttgart etwa lesen: „*Seit das Übernachtungsheim in … geschlossen wurde, ist in unserem Landkreis das Problem der Nichtsesshaftigkeit gelöst"*. So war es nicht überraschend, dass nach einer Stichtagserhebung Ende 1980 von den 2.605 Hilfeempfänger*innen mit besonderen sozialen Schwierigkeiten in Baden-Württemberg sich nicht weniger als 63 % in der Landeshauptstadt aufhielten. Nachdem wir in Stuttgart mit einer veränderten Hilfepraxis vorangegangen waren, leitete die 1982 von den kommunalen Landesverbänden vorgelegte Denkschrift über die Nichtsesshaftenhilfe in Baden-Württemberg die dringend notwendigen Reformen ein. Wichtige Sätze darin: Jeder Sozialhilfeträger hat für die in seinem Bereich auftretenden Nichtsesshaften grundsätzlich sämtliche Hilfemöglichkeiten des Bundessozialhilfegesetzes und anderer Sozialleistungsgesetze in vollem Umfang zu erschließen. Hilfe zum Lebensunterhalt ist grundsätzlich unbefristet zu gewähren. (Vielerorts gab es die schon in der Antike geübte Praxis, „Hilfe für Durchreisende" auf drei Tage zu beschränken.) Die Neuregelung erfuhr durch ein Urteil des Bundesverwaltungsgerichts, erstritten aus den Reihen der Sozialarbeit in Stuttgart, die wichtige Klarstellung, dass auch Wohnungslose einen Anspruch auf Geldleistungen haben. Nach dieser nicht mehr zu umgehenden höchstrichterlichen Entscheidung entsprach es schwäbischer Mentalität, wenn schon Geld, dann auch richtig auszugeben. So wurden überall im Land die rechtlichen und strukturellen Reformvorschläge der Denkschrift nach und nach umgesetzt. Ein Mitarbeiter der Erlacher Höhe vergleicht Ende der 90er Jahre die Situation mit dem Beginn seiner Berufstätigkeit: „*Heute arbeiten wir mit detaillierten Hilfeplänen als Arbeitsmittel zur Überwindung der Wohnungslosigkeit, bieten Einzelzimmer im Aufnahmehaus als Standard an oder vermitteln Menschen in Mietwohnraum mit sozialarbeiterischer Nachsorgemöglichkeit, und das eingebettet in ein funktionierendes Hilfenetzwerk. Eine unglaublich positive Entwicklung hat sich … vollzogen".* Alles richtig und doch neige ich Heinrich Holtmannspötter, dem langjährigen Geschäftsführer der Bundesarbeitsgemeinschaft Wohnungslosenhilfe, zu, der etwa zur gleichen Zeit schreibt: „*(Sozialarbeit und Wohlfahrtspflege halten) nur noch mit dem Wachstum der Probleme Schritt, so dass nur alles größer, komplexer und in sich differenzierter, aber nichts gelöst erscheint. Der Mangel oder gar das Fehlen der Ressourcen zur Absicherung der so viel beschworenen Lebenswelt als der selbstbestimmten Vernetzung von Arbeit und Einkommen, Wohnen und gesellschaftlicher Teilhabe wird (ohne Recht auf Arbeit und Wohnung) im Recht auf individuelle Sozialhilfe zur Ressource für die Selbstproduktion von Sozialarbeit und Wohlfahrtspflege, die jedoch ebenso* wenig wie ihre Klientel über die existentiellen Ressourcen verfügen. (Zusammenfassend nennt Holtmannspötter das) 'Alte Armenhilfe' im großen gesellschaftlichen Maßstab".

Erfolge gab es auch in der **Jugendhilfe.** Ausgehend vom 8. Jugendbericht von 1990 und vorangetrieben durch eine engagierte Jugendhilfeplanung wurde daran gearbeitet, einen Teil der durch die Heimerziehung gebundenen Ressourcen mit Ausbau der ambulanten und teilstationären Hilfeangebote soweit als möglich in die Lebenswelt der Familien und jungen Menschen zu verlagern. Im Landkreis Tübingen etwa wurden 1991 immer noch rund 5 Millionen DM und damit die Hälfte der gesamten Jugendhilfeausgaben allein für die Fremdunterbringung von rund 100 Kindern aufgewendet. Niederschwellige Beratungs- und Hilfestrukturen im Gemeinwesen wie Familienzentren, Kinder- und Jugendbüros und andere Formen von Jugendhilfestützpunkten sollen die für Kinder und Jugendliche tätigen Institutionen vor Ort vernetzen, um die Zielgruppe möglichst zu erreichen, bevor das Kind in den Brunnen gefallen ist. Kindergärten und andere Kindertageseinrichtungen sowie die Tagespflege wurden erheblich ausgebaut, um die Vereinbarkeit von Familie und Beruf zu gewährleisten, aber auch, um Kindern mit besonderem Erziehungs- und Förderbedarf besser gerecht zu werden. Diesem Ziel dienen auch die zahlreich entstandenen Ganztagsschulen. Ein besonderer Aktivposten ist die nahezu flächendeckende Einführung der Schulsozialarbeit, die Schule und Sozialarbeit erstmals in einen unmittelbaren Arbeitszusammenhang bringt. Dagegen mangelt es der Kinder- und Jugendarbeit bis heute weithin an der bedarfsgerechten Ressourcenausstattung. Insgesamt ist die Jugendhilfe immer noch weit von dem anspruchsvollen Gesetzesauftrag in § 1 Sozialgesetzbuch VIII entfernt: *„Jeder junge Mensch hat ein Recht auf Förderung seiner Entwicklung und auf Erziehung zu einer eigenverantwortlichen und gemeinschaftsfähigen Persönlichkeit. Zur Verwirklichung dieses Rechts soll Jugendhilfe insbesondere … dazu beitragen, positive Lebensbedingungen für junge Menschen und ihre Familien sowie eine kinder- und familienfreundliche Umwelt zu erhalten und zu schaffen".* Die Soziale Arbeit allein ist damit überfordert, denn im Blick auf die Handlungsnotwendigkeiten der Jugendhilfe sind es eben nicht nur subjektive Überforderung von Eltern und individuelle Entwicklungsbedürfnisse von Kindern und Jugendlichen, sondern *„objektive gesellschaftliche Mangelsituationen wie Arbeitslosigkeit, Armut, Wohnungsprobleme und damit verbundene soziale Verwerfungen, die als Risikofaktoren der Vernachlässigung (von Kindern) zu identifizieren sind. Sie lassen sich nicht sozialpädagogisch bearbeiten, sondern sie erfordern eine Politik, die den Anspruch erhebt, Lebensbedürfnisse für alle Familien mit Kindern positiv zu gestalten"* (Reinhard Schone).

## Nach 60 Jahren Bundessozialhilfegesetz fehlt es immer noch an einem nachhaltigen Konzept zur Überwindung von Armut

Eine der ersten Definitionen der Sozialen Frage beschreibt diese als *„den zum Bewusstsein gekommenen Widerspruch der volkswirtschaftlichen Entwicklung mit dem als Ideal vorschwebenden und im politischen Leben sich verwirklichenden gesellschaftlichen Entwicklungsprinzip der Freiheit und Gleichheit"* (Hans von Scheel 1871). So gesehen ist die soziale Frage bis heute nicht beantwortet. Dabei lag 1961 eine solche Aufbruchsstimmung im Saal des Hotels Herzog Christoph, wo die Mitarbeiter*innen des Stuttgarter Sozialamts mit dem neuen Bundessozialhilfegesetz vertraut gemacht wurden. Hohe Töne wurden angeschlagen: *„Aufgabe der Sozialhilfe ist es, dem Empfänger der Hilfe die Führung eines Lebens zu ermöglichen, das der Würde des Menschen entspricht. ...* (Aber es waren auch gleich relativierende Sicherungen eingebaut:) *Die Hilfe soll ihn soweit wie möglich (!) befähigen, unabhängig von ihr zu leben. ... Zu den Bedürfnissen des täglichen Lebens gehören in vertretbarem Umfang (!) auch Beziehungen zur Umwelt und eine Teilnahme am kulturellen Leben"* (§ 1 Bundessozialhilfegesetz). Mit den Hilfen in besonderen Lebenslagen war gegenüber dem bisherigen Recht der öffentlichen Fürsorge sicherlich ein Fortschritt verbunden. Aber die Hilfe zum Lebensunterhalt und spätere Formen der Grundsicherung haben den Anspruch, über das bloße Existenzminimum hinaus einen sozialkulturellen Mindestlebensstandard sicherzustellen, nicht eingelöst. Selbst die von jeher bescheidenen Regelsätze wurden in den 80er Jahren gekürzt oder nur ungenügend den gestiegenen Lebenshaltungskosten angepasst. So haben Alleinerziehende mit Kindern unter 16 Jahren zwischen 1981 und 1984 einen realen Einkommensverlust von 13 Prozent zu verkraften gehabt. Positive Ermessensspielräume wurden eingeschränkt, Freiwilligkeitsleistungen abgebaut. Sicher darf nicht übersehen werden, dass gerade meine Amtsleiterzeit von 1973 bis 1991 finanziell schwierige Jahre waren. Mit der Ölkrise 1973 begannen wiederholte Konjunktureinbrüche. Die Zahl der Arbeitslosen und Sozialhilfeempfänger*innen stieg ständig. Der Ende der 80er Jahre einsetzende Zustrom ausländischer Flüchtlinge und die unorganisierte Zuwanderung von DDR-Bewohner*innen in der Wendezeit 1989/90 stellte die Kommunen finanziell, personell und organisatorisch vor seit 1945 nicht mehr da gewesene Herausforderungen. Trotzdem hätte man beim Sparen andere Prioritäten setzen müssen. („*Da es für alle nicht reicht, springen die Armen ein"*. Ernst Bloch).

Armut hat viele Ursachen und Erscheinungsformen. Vor allem aber entsteht sie durch den Vorrang der Kapitalverwertungsinteressen bei der Verteilung des Arbeitsertrags. Mit Handauflegen seitens der jeweils herrschenden Volkswirtschaftslehre ist er im Laufe der Jahrhunderte zum nicht mehr hinterfragten Naturgesetz geworden. Das Streben des Kapitals nach einer höchstmöglichen Rendite geht zu Lasten der Arbeitnehmer*innen, vor allem derjenigen in unteren Lohngruppen und prekären Beschäftigungsverhältnissen. Bis heute erreicht deren Arbeitseinkommen oft nicht einmal das Existenzminimum, von den materiellen Voraussetzungen für ein Leben in Eigenverantwortung und Selbstsorge ganz zu schweigen. In der Vergangenheit hat das sogenannte Lohnabstandsgebot zwischen den unteren Lohngruppen und den Empfänger*innen von Hilfe zum Lebensunterhalt die Regelsätze weiter nach unten gedrückt. Mittlerweile müssen paradoxerweise Arbeitseinkommen durch die Grundsicherung aufgestockt werden. Um dieser Entwicklung gegenzusteuern, ist der gesetzliche Mindestlohn nur ein bescheidener Anfang. Natürlich gibt es im Leben von Menschen auch *„schieres Unglück oder Schicksal"*, wo allenfalls sozialpädagogische, therapeutische oder rehabilitative Hilfen etwas verändern können. Bedauerlicherweise finden Arme in ihrer desolaten Lebenslage zu diesen Hilfen oft keinen Zugang. Ein Schweizer Sozialpolitiker bringt es für seine Zeit auf den Punkt: *„Arme Psychopathen werden Vagabunden; reiche Psychopathen reisen von einem Kurort zum anderen"* (Pflüger 1913).

Es geht um eine Grundsicherung, die aus der *"Zone der Verwundbarkeit"* (Robert Castel) hinausführt und es jedem Menschen ermöglicht, auf Dauer ein befriedigendes und erfülltes Leben zu führen, nicht nur frei von zermürbenden Existenzängsten und ohne die ständige Erfahrung von Mangel, Entbehrung und Not, sondern mit voller Teilhabe am gesellschaftlichen, kulturellen und politischen Leben. So steht nach 60 Jahren Bundessozialhilfegesetz als Herausforderung für die Zukunft immer noch eine ganzheitliche und nachhaltige Konzeption zur Überwindung von Armut im Raum: es geht um einen bundesrepublikanischen *New Deal* als Mischung von sozialer Bewegung aus der Mitte der Zivilgesellschaft und einem Kraftakt aller staatlichen Ebenen. Diese Konzeption muss alle Bereiche der Daseinsvorsorge und die gesamte Wirtschafts- und Rechtsordnung mit einschließen. Dass es am Geld dafür fehlt, mag man seit der Bankenrettung in der Finanzkrise 2008 und angesichts der jetzt in der Corona-Pandemie bereitgestellten Mittel nicht mehr glauben (*„Geld ist immer da, es wechselt nur die Taschen".)*

Im Mittelpunkt eines ganzheitlichen Politikansatzes aus armutsfester Grundsicherung, sozialer Infrastruktur und persönlicher Hilfe hat die unabdingbare Umsetzung der Menschenrechte auf Arbeit und Wohnen zu stehen. Anstelle von Lohnersatzzahlungen ist jedem Erwerbsfähigen – mitfinanziert aus den für die Grundsicherung bereit gestellten Mitteln – verbindlich ein reguläres Beschäftigungsverhältnis anzubieten. Da dies erwiesenermaßen auf dem allgemeinen Arbeitsmarkt nicht ausreichend möglich ist, sind auf kommunaler Ebene im Rahmen von lokalen Bündnissen für Ausbildung und Arbeit gesellschaftlich notwendige und sinnvolle Tätigkeiten in gemeinwirtschaftlichen Strukturen zu organisieren. Das Menschenrecht auf Wohnen erfordert guten und bezahlbaren Wohnraum nicht zuletzt für benachteiligte Bevölkerungsgruppen. Hinzu kommen muss flächendeckend ein entwicklungsförderndes Wohnumfeld mit einer auf Veränderung hinarbeitenden sozio-kulturellen Infrastruktur in benachteiligten Quartieren und sozialen Brennpunkten.

Angesichts solch utopisch erscheinender Sätze taucht in meiner Erinnerung eine der vielen von mir besuchten Akademietagungen in Bad Boll auf. Als „*Ort der Besorgnis und der Hoffnung*", wie ich die Ev. Akademie für eine Jubiläumsschrift bezeichnete, konnte man von dort immer wieder neue Impulse mitnehmen. Es muss Mitte der 60er Jahre gewesen sein, als der Referent visionäre Vorstellungen über die positive Veränderung eines Gemeinwesens durch Bürgerbeteiligung vortrug. Aus dem durch den Saal gehenden Raunen artikulierte sich ein Seufzer zum Zwischenruf: *„Das dauert doch 50 Jahre!"* Die damals eher salopp erscheinende Antwort des Referenten habe ich nie vergessen: *„Was sind schon 50 Jahre bei 5000 Jahren Geschichtsschreibung!?".* Inzwischen sind die 50 Jahre vergangen und die visionären Gedanken von damals Allgemeingut (*„Utopien sind wie ein Blick mit dem Fernrohr in die Realität von morgen."*) Übrigens: Beim Nachdenken über diesen langen Zeitraum wird mir wieder mal bewusst, dass bei Beginn meiner Berufstätigkeit im Jahr 1960 das Ende des Zweiten Weltkriegs gerade anderthalb Jahrzehnte zurück lag. Und doch war das Lebensgefühl damals, in einem intakten Staat und wohlgeordneten Gemeinwesen zu leben. Es verdient Respekt, ja Bewunderung, was in diesen 15 Jahren seit Kriegsende vor allem auf dem Gebiet des Wohnungsbaus und der Eingliederung von Millionen Vertriebener und Flüchtlingen geleistet worden ist. So auch in „meinem" kleinen Land Württemberg-Hohenzollern mit Hauptstadt und Regierungssitz Tübingen (!).

## Von Grund auf gegen ererbte Armut

Die nächsten 50 Jahre haben bereits begonnen. Zeit, um das Problem der von Generation zu Generation weitergegebenen Armut anzupacken. Ein Schaubild im ersten Sozialhilfebericht der Landeshauptstadt von 1990 steht mir vor Augen. Darin geht es um den permanenten Kreislauf der Armut auf Grund ungünstiger Sozialisationsbedingungen und geringer Bildungschancen in sozial schwachen Familien: „*unzulängliche Kindererziehung – soziale, emotionale und intellektuelle Benachteiligung der Kinder – Schulversagen – unqualifizierte Tätigkeiten oder Arbeitslosigkeit – nicht genügend Geld und fehlende Unterstützung, um aus der sozialen Benachteiligung herauszukommen – instabiles und unbefriedigendes Ehe- und Familienleben – unzulängliches Elternhaus – unzulängliche Kindererziehung ...*". Hier muss ein lebensweltorientiertes Konzept integrierter Bildungs-, Kultur- und Sozialarbeit auf Gemeinde- und Stadtteilebene ansetzen. („*Fangen wir von vorne an, bei den Kindern!*" Astrid Lindgren) Von klein auf ist der Grund zu legen für die Entstehung von Selbstvertrauen als Voraussetzung zur selbst bestimmten und selbst verantworteten Lebensführung und zum einfühlsamen und solidarischen Umgang mit anderen. Es geht um Anreize zur Aneignung von Kreativität und Ästhetik ebenso wie um die Vermittlung und Einübung von Sozialkompetenz, angefangen bei Schlüsselqualifikationen wie Sorgfalt, Zuverlässigkeit und Durchhaltevermögen bis hin zur Fähigkeit, aktiv an der Gestaltung von Staat und Gesellschaft mitzuwirken. Hervorragendes Ziel muss sein, für jeden jungen Menschen durch individuelle Förderung und Unterstützung den Einstieg in das Berufsleben zu erreichen und so Fundament und Perspektive für die weitere Lebensplanung zu schaffen. All dies gehört zu einer „Kultur des Aufwachsens". Bei einer Begegnungstagung mit Bürger*innen und gesellschaftlichen Institutionen einer Tübinger Kreisgemeinde meinte eine Lehrerin in diesem Zusammenhang: „*Ich habe verstanden. Sie wollen das Sommerferienprogramm das ganze Jahr über machen!*"

## Vom Fall zum Feld?

„*Vom Fall zum Feld*" las ich einmal als Schlagzeile in einer Fachzeitschrift. War damit eine Kehrtwendung der Sozialen Arbeit gemeint, erschiene sie mir fragwürdig. Der „Fall" ist ja keine Akte, sondern ein Individuum, das Hilfe braucht und für den Menschenrechte einzulösen sind. Wie sich an der Entwicklung der Wohnungslosenhilfe zeigt, kommt die Infrastruktur oft nur voran, wenn subjektive und einklagbare Rechtsansprüche als Treiber dienen. Besser wäre „*Mit dem Fall ins Feld*". Es geht um Rechtsverwirklichung *und* Organisationsentwicklung im Gemeinwesen. Nur in dieser Verbindung kann für den Rat- und Hilfesuchenden erreicht werden, was der Gesetzgeber im Bundessozialhilfegesetz vorgibt und so selten eingelöst wird: „*Teilnahme am Leben der Gemeinschaft*".

Erste Erfahrungen mit Gemeinwesenarbeit haben wir in Stuttgart ab Mitte der 60er Jahre in den Neubaugebieten Freiberg, Lauchhau und Neugereut gesammelt. Die dabei entstandene enge Zusammenarbeit zwischen Stadtplanungsamt und Sozialamt war damals nicht selbstverständlich. (Mein mir wohlgesonnener Chef stellte kritisch fest: „Immer wenn man den Herrn Rilling braucht, ist er beim Stadtplanungsamt, dabei haben wir hier so viel zu tun!") Das Ziel, Soziale Arbeit und Sozialhilfe gemeinwesenorientiert zu organisieren, ging später nie mehr verloren. In den 80er Jahren wollten wir - die Leiterin der Sozialen Dienste beim Jugendamt, und ich - in einem Gespräch bei Oberbürgermeister Rommel sondieren, ob die Verwaltungsspitze einen uns vorschwebenden „großen Wurf" mittragen würde. Wir nutzten dazu die Urlaubszeit, erhielten ohne Probleme einen Termin und konnten dem Oberbürgermeister ausführlich unsere Pläne vortragen. Erwärmen konnte er sich dafür nicht: „Wenn ich es richtig verstehe, wollen Sie in jeden Stadtbezirk einen kleinen Marxisten setzen!" (Dabei hätte es sicher auch andere Frauen und Männer mit analytischem Verstand gegeben!) Diese kleine Reminiszenz wird allerdings der Persönlichkeit von Manfred Rommel nicht gerecht. Seine souverän-unaufgeregte, humorvolle und menschenfreundliche Wesensart hat in meiner Amtsleiterzeit das Arbeitsklima in der Stadtverwaltung wohltuend geprägt. Noch heute bin ich ihm dankbar, dass er mir in aufgeheizten Haushaltsdebatten die notwendige Zeit dafür einräumte, die zur Finanzierung heranstehenden Projekte und Programme sach- und fachgerecht zu begründen. In Zeiten knapper Kassen – andere habe ich nicht kennengelernt – machte man sich damit bei großen Teilen des Gemeinderats nicht beliebt. Sozialen Belangen gegenüber war Oberbürgermeister Rommel aufgeschlossen. Einer „präventiven Sozialpolitik", wie er sie verstand, konnte er allerdings nichts abgewinnen. Nachzulesen in seinem Buch „Trotz allem heiter". Vielleicht hätte ihn eine fundierte Berechnung überzeugt, die für einen längeren Zeitraum die Kosten einer nachhaltigen Prävention dem unproduktiven Aufwand für die „verwaltete Armut" gegenüberstellt. Dafür fehlte im Drang der Alltagsgeschäfte wie für vieles andere leider die Zeit.

Bis heute wurden in der Landeshauptstadt immer mehr vorbildliche gemeinwesenorientierte Hilfestrukturen aufgebaut. In dieser Richtung könnte es überall im Zusammenwirken staatlicher und gesellschaftlicher Kräfte weitergehen. Anstelle bürokratischer Apparate braucht es soziale Netzwerke und gemeinwirtschaftliche Strukturen, die den Selbsthilfekräften des Einzelnen und des Gemeinwesens Raum geben und in denen Arbeits-, Bildungs-, Beratungs- und Kommunikationsangebote zu neuen Formen von Gemeinschaft werden.

## Erfolge, Scheitern, Grenzen – Hoffnung

Erfolg gehört nicht zum Vokabular der Sozialen Arbeit. Wesensmerkmal des Erfolgs ist, dass bei seinem Ausbleiben die aufgewendete Mühe und Arbeit als umsonst gilt. Damit kein Missverständnis entsteht: Menschen in der Sozialen Arbeit haben nichts gegen Erfolgserlebnisse. Sie sind wie alle, die von ihrem Tun überzeugt sind, „*ins Gelingen verliebt*" (Ernst Bloch), sogar wenn sie zumindest zunächst nicht auf Gegenliebe stoßen. Sie wissen aber: Soziale Arbeit trägt ihren Sinn und Wert in sich und deshalb ist ihr Tun sinn- und wertvoll auch dann, wenn es nicht zum Erfolg führt. Deshalb kann Soziale Arbeit auch nicht scheitern. Ziele und Werte Sozialer Arbeit lassen sich im Begriff der

Humanität zusammenfassen. Zur Begriffsklärung lohnt ein Blick in den Großen Brockhaus : *„Humanität, eine Bildung des Geistes und die Verwirklichung der Menschenrechte vereinigende Gesinnung, als solche häufig Norm für die Gestaltung zwischenmenschlicher Beziehungen und gesellschaftlicher Praxis. Kennzeichnend sind eine teilnehmende und hilfsbereite Einstellung gegenüber den Mitmenschen".* Unter diesem Dach können sich alle „Menschen, die guten Willens sind", versammeln, gleichgültig ob sie von der jüdisch-christlichen Ethik, dem Geist der Aufklärung oder den Idealen des Sozialismus herkommen. Diese Gesinnung strebt große Ziele an, wird aber kleine Schritte nicht verachten. Dass dazu auch an sich unzulängliche Überlebenshilfen gehören, hat mir schon früh ein Gedicht von Bertolt Brecht (1931) bewusst gemacht: *„Ich höre, dass in New York / An der Ecke der 26. Straße und des Broadway / Während der Wintermonate jeden Abend ein Mann steht / Und den Obdachlosen, die sich ansammeln / Durch Bitten an Vorübergehende ein Nachtlager verschafft.// Die Welt wird dadurch nicht anders / Die Beziehungen zwischen den Menschen bessern sich nicht / Das Zeitalter der Ausbeutung wird dadurch nicht verkürzt / Aber einige Männer haben ein Nachtlager / Der Wind wird von ihnen eine Nacht lang abgehalten / Der ihnen zugedachte Schnee fällt auf die Straße.// Aber die Welt wird dadurch nicht anders …".* An dieses „der ihnen zugedachte Schnee fällt auf die Straße" habe ich oft gedacht, wenn bei Wintereinbruch auf dem Cannstatter Wasen mangels besserer Alternativen wieder Wohncontainer aufgestellt werden mussten.

Soziale Arbeit hat aber mehr zu bieten. Aus meinem eingangs erwähnten Aufsatz in den Blättern der Wohlfahrtspflege zitierte der Redakteur in seiner einführenden Notiz die Sätze: *„Ohne der gesellschaftlichen und wirtschaftlichen Entwicklung wesentlich gegenzusteuern, hat Soziale Arbeit bei vielen Menschen Not lindern, zu mehr Lebensqualität beitragen und Entwicklungschancen eröffnen können".* Sein Kommentar dazu : *„Keine schlechte Bilanz".* Oft bleibt die Wirksamkeit unseres Tuns im Verborgenen oder wird erst später sichtbar. Aber wir wissen aus der Resilienzforschung, dass ein Mensch benachteiligte und belastende Verhältnisse überwinden kann, wenn es jemanden gibt, der ihm in einer verlässlichen, wertschätzenden und emotional warmen Beziehung Halt gibt und für ihn da ist. Ein Theologe beschreibt solche Frauen und Männer als *„Menschen mit einem Überschuss an Liebe, an Klugheit, an Treue und Erbarmen"* (Ernst Lange 1968). Es war das große Glück meines Berufslebens, dass ich in der Sozialen Arbeit viele solcher Menschen kennengelernt habe. Glücklich und zufrieden macht übrigens auch zu sehen, wie nachrückende Generationen das, was im Laufe der Jahrzehnte entstanden ist, mit Phantasie, Kreativität und Energie weiterentwickeln.

Auf Grenzen werden wir immer wieder stoßen. Es hilft nichts, gegen sie anzurennen wie Don Quijote im Kampf gegen Windmühlenflügel. Aber die Grenzen wahrnehmen und sie gegenüber der politischen Öffentlichkeit bewusst machen, müssen wir schon. Man kann versuchen, sie an der einen oder anderen Stelle zu dehnen. „Schöpferische Rechtsgestaltung" nennt man das. Aber überwinden und abbauen lassen sie sich nur im politischen Raum. Wenn ich in der „Tagesschau" oder bei „heute" die Vertreter der Gewerkschaft der Polizei oder des Deutschen Bundeswehrverbandes sehe, wie sie in einer Art Gegenregierung ihre mehr oder weniger überzeugenden Statements zur *inneren* und *äußeren* Sicherheit abgeben, frage ich mich manchmal, warum die Heerscharen von Angehörigen sozialer Berufe sich nicht in gleicher Weise organisieren können, damit Fragen der *sozialen* Sicherheit ebenso Gehör finden.

Erfolge, Scheitern, Grenzen - Hoffnung. Albert Schweitzer sagt: „Alles wertvolle Wirken ist Tun auf Glauben". In unserer Zeit Fulbert Steffensky: „Hoffen heißt darauf vertrauen, dass es sinnvoll ist, was wir tun. Hoffnung ist der Widerstand gegen Resignation, Mutlosigkeit und Zynismus". Solche Hoffnung hat uns über Durststrecken hinweg geholfen. Schließlich: „Die Hoffnung kann lesen. Sie vermutet in den kleinen Vorzeichen das ganze Gelingen". Meine Rückschau auf die vergangenen 50, 60 Jahre zeigt, dass wir über *kleine Vorzeichen* schon hinaus sind. Es kann und wird in Richtung *ganzes Gelingen* weitergehen.

**Dieter Rilling**, *geboren 1938 in Tübingen. Aufgewachsen in Wannweil, einer Gemeinde mit damals 2000 und heute 5500 Einwohnern im Albvorland zwischen Tübingen und Reutlingen. - 1954 bis 1960 Ausbildung für den gehobenen Verwaltungsdienst mit Abschluss an der Staatl. Verwaltungsschule Haigerloch. - 1960 bis 1991 Mitarbeiter und seit 1973 Leiter des Sozialamtes der Landeshauptstadt Stuttgart. - Mit Rückkehr in den Heimatort Wannweil 1991 bis 2001 Dezernent für Soziales und Gesundheit beim Landkreis Tübingen. - Seit 2001 im Ruhestand. Gleich zu Beginn Fußreise von Tübingen nach Santiago de Compostela. Nach der Rückkehr bis 2007 Gasthörerstudium im Fach Geschichte an der Eberhard-Karls-Universität Tübingen. Beides, die Zeit zum Nachdenken auf dem Jakobsweg und das anschließende Studium, half, ein langes Berufsleben in historischer Dimension und sozialwissenschaftlich reflektiert nochmals anders zu sehen und zu bewerten.*

# Grenzerfahrungen und Herausforderungen

## Ein Lebenswerk des Aufbaus neuer Hilfestrukturen

FRIEDER ALBERTH

**Arbeit mit Freiwilligen Krisenhelfer*innen in Nürtingen und Kirchheim**
Manchmal sind es zufällige Begegnungen, die Neues entstehen lassen. Ende der 1970er Jahre entstand in Göppingen eine Ehe-, Familien- und Lebensberatungsstelle. Ein Studienkollege, der dort hauptamtlich arbeitete, gewann mich für die Gruppenarbeit. Die Begegnung mit einer Kollegin dort wurde zu einer der wichtigsten in meinem Leben. Einige Jahre lang gehörten wir beide zum Team der Beratungsstelle. Dann wurden Personalstellen gekürzt, und es wurde uns beiden gekündigt.

Es blieb der Wunsch, weiterhin zusammenarbeiten. In Tübingen entstand damals der erste Arbeitskreis Leben (AKL). Mitarbeiter*innen der Telefonseelsorge wollten in suizidalen Krisensituationen einen direkten Kontakt zum Ratsuchenden herstellen können, und gründeten einen Arbeitskreis. Das Prinzip war, und so ist es auch heute noch, durch das Angebot einer Begleitung durch ehrenamtliche Menschen in einer Krise beizustehen. Vor allem Menschen nach einem Suizidversuch sollen ermutigt werden, sich Unterstützung zu holen. Ebenso wird den Menschen, die Nahestehende durch Suizid verloren haben, Hilfe angeboten. Neben der Beratung durch Fachkräfte und Begleitung durch geschulte ehrenamtliche Krisenbegleiter*innen bieten die AKL für Interessierte und Fachkolleg*innen Fortbildungen und Informationsveranstaltungen an. Das Konzept war überzeugend, und so entstand der Wunsch, ein solches Angebot auch im Raum Nürtingen einzurichten.

Durch persönliche Beziehungen gelang es, Fördermittel für den Start eines neuen Projektes in Nürtingen und Kirchheim zu finden. Das deutsche Vereinsrecht fordert sieben Vereinsgründer. So trafen wir uns in meinem Wohnzimmer, Freund*innen, Bekannte und meine Schwester und wir gründeten den Arbeitskreis Leben Nürtingen-Kirchheim unter Teck. Das Advent-Wohlfahrts-Werk gab für drei Jahre eine monatliche Unterstützung, und am Anfang der Arbeit konnten die Räume der Advent-Gemeinden in Kirchheim und Nürtingen benutzt werden.

Gleich nach der Gründung wurden die ersten Gruppen für ehrenamtliche Krisenbegleiter*innen angeboten. Das Besondere in den Gründungsjahren des AKL war eine Mischung von Beruflichem und Privatem. Die Begeisterung für eine Idee, die Offenheit für weiterführende Begegnungen, das Engagement so vieler, die bereit waren, ihre mitmenschlichen Kompetenzen vor dem Hintergrund eigener Krisenerfahrungen mit einem Teil ihrer Freizeit Menschen in Lebenskrisen zur Verfügung zu stellen, es war schön zu erleben, wie so ein Projekt entstand und sich weiterentwickelte.

*Alles was man im Leben lernen kann, ist in drei Worte zu fassen: Es geht weiter* (Friedrich Schiller)

Nach Ablauf der Projektphase stellten wir einen Antrag für einen Zuschuss als Beratungsstelle. Eine Psychologin hatte uns besucht und gab eine Stellungnahme beim Landkreis ab. Wieder war es eine zufällige Begegnung bei einem Vortrag vom großen Psychotherapeuten Carl Rogers in Stuttgart. Durch Zufall saß die Leiterin der Sozialen Dienste vom Landkreis neben mir, und wir kamen ins Gespräch. Meine Kollegin und ich wurden anschließend zu einem Gespräch ins Landratsamt eingeladen. Der Zuschuss wurde genehmigt. Es entstand eine wunderbare Kooperation. Gespräche, gegenseitiges Offen-Sein, Kennenlernen und Vernetzung sind in der Sozialarbeit so wichtig. Der AKL ist längst ein unverzichtbares Angebot im Beratungsnetzwerk Nürtingen und Kirchheim unter Teck.

## Aids-Arbeit in Augsburg – Positiv zusammenleben (Wahlspruch der Deutschen Aids-Hilfe)

In einer Wohngemeinschaft in Augsburg sollte die Augsburger Aids-Hilfe gegründet werden. Nachdem ich Erfahrungen in Vereinsgründung hatte, wurde ich gebeten, unterstützend tätig zu werden. Ab Sommer 1986 engagierte ich mich in der Aids-Arbeit, und baute den Verein auf. Waren wir am Anfang zwei Honorarkräfte, waren es bei meinem Weggang im Jahr 2000 fünf Personalstellen mit einem Beratungsangebot für HIV-Infizierte, Aids-Erkrankte und in der Aids-Präventionsarbeit.

## Frühjahr 1987: Berlin, Deutsche Aids-Hilfe

Die Aids-Hilfe ist aus der Schwulenbewegung heraus entstanden. Es gab hoch engagierte Menschen, es gab keine Medikamente, es starben viele, in allen Städten der Bundesrepublik entstanden Selbsthilfegruppen. Bei der Mitgliederversammlung gab es hoch emotionale Diskussionen über Strukturen, über Anträge, über politische Arbeit. Das Recht, einen Beitrag zu leisten, der von den anderen auch angenommen wurde, war von folgender Hierarchie geleitet: 1. musste man selbst infiziert sein, 2. musste man schwul sein und 3. musste man bereit sein, ehrenamtlich zusammenzuarbeiten. Erst danach bekam man die Chance, als Hauptamtlicher, Nichtinfizierter und Nichtschwuler einen Beitrag zu leisten. Ich war zum Zuschauen verurteilt.

## Herbst 1991: Büro der Aids-Hilfe, Augsburg

1989 gelang es mit Unterstützung des Arbeitsamtes, einen Hauptamtlichen einzustellen, schließlich auch Zivildienstleistende – im Alter meiner Söhne. Da wurde mir klar, dass ich mich in meiner Sozialarbeit ständig auf dem Weg befand. Ich hatte nicht das große Ziel vor Augen. Mein Weg war mein Ziel. Ich konnte gut beobachten, was um mich herum geschah und welche Möglichkeiten es für ein Handeln gab. Und immer entscheidend waren meine Wegbegleiter. Was ist wichtiger? Der Weg oder das Ziel? Es sind die Frauen und Männer, die diesen Weg mitgehen.
Die rote Schleife wurde eingeführt, Symbol der Solidarität mit den Aids-Kranken. Heute kaum vorstellbar, dass es Anfang der 90er Jahre fast unmöglich war, sich als schwul zu outen, HIV-infiziert oder an Aids erkrankt zu sein. Das Outing der Promi-

nenten war damals ungemein wichtig für unsere Arbeit, Prominente, die sich zu ihrer Krankheit bekannten und damit auch zu einer Lebensweise, die von vielen, auch in Deutschland, letztlich nicht für richtig gehalten wurde. Das Engagement der Betroffenen, die Unterstützung aus der Bevölkerung wurde immer größer. Doch es gab noch keine Medikamente, die das Sterben verhinderten. Jeden Monat starben Klient*innen und ich musste gelegentlich auch bei Beerdigungen mithelfen.

### Mai 1993: Zentralklinikum Augsburg

Wir waren in Erwartung unseres vierten Kindes. Meine Frau kam für einige Tage in die Klinik. Zur gleichen Zeit lag Rainer, ein junger Mann, 25 Jahre alt, der in Brasilien von einer deutschen Frau adoptiert wurde, auf der Infektionsstation mit Aids-Erkrankung. Es gab noch keine Therapie, wie sie später möglich wurde, lediglich Schmerzmittel. Rainer konnte kaum mehr sehen. Ich pendelte zwischen den beiden Krankenzimmern hin und her. Rainer lernte meine Familie kennen und ich seine. Einige Monate vorher war bereits seine Zwillingsschwester Karin an Aids gestorben. Beide hatten in ihrer Heimat Brasilien eine kurze Drogenkarriere hinter sich und hatten sich dabei infiziert. Ihre Mutter schickte sie nach Deutschland zur besseren ärztlichen Versorgung. Für Rainer gab es keine Hoffnung. Wenige Monate später gab es die ersten Aids-Medikamente. Für ihn war es zu spät. Unsere Tochter Judith wurde gesund geboren. Rainer sagte: „ich schau euch von meiner Wolke zu!"

Dieses Wandern zwischen den beiden Welten, das Sorgen um meine Familie und der Kontakt zu einem Klienten war eine große Spannung. Privates und Dienstliches verfließt. Aber nur so konnte ich diese Arbeit machen. Für mich stand stets das Engagement für die Klient*innen in ihrer Lebenswirklichkeit im Vordergrund und nicht die Abgrenzung.

### Herbst 1998: Sozialausschuss der Stadt Augsburg

Die Aids-Arbeit wurde immer umfangreicher, benötigte mehr Mittel. Die Sozialarbeit in der Beratungsstelle musste ausdifferenziert werden, es wurden Schwerpunkte gesetzt in den Zielgruppen. Diese waren Drogengebraucher, Männer, die Sex mit Männern haben, Schüler, Prostituierte, Gefängnisinsassen. Schließlich wurde ich als Geschäftsführer in den Sozialausschuss im Augsburger Stadtrat eingeladen. Hier wurde deutlich, dass Sozialarbeit in diesem Bereich gleichgesetzt wurde mit ehrenamtlichem Engagement. Für die Ausschussmitglieder war es schwierig zu verstehen, warum eine solche Beratungsstelle professionalisiert werden soll und finanzierte Personalstellen von Fachkräften dazu notwendig sind. Letztendlich wurde unser Antrag auf Aufstockung der Mittel jedoch genehmigt.

Warum ist mir dies gelungen? Es waren die Geschichten der Lebenswirklichkeit von Menschen am Rand der Gesellschaft. Bei meiner Arbeit im AKL wusste ich immer, jeder kennt aus seinem Umfeld einen Menschen, der selbstmordgefährdet war oder sich umgebracht hat. Und in der Aids-Arbeit waren es die Geschichten der Betroffenen, denn jeder kannte einen Schwulen. Für die Drogengebraucher war eine Solidarität nicht so wichtig, die waren nach der Meinung der Gesellschaft selbst schuld. Aber die Gesellschaft, konkreter die Stadträte oder Abgeordneten, waren letztlich froh, dass sich jemand um diese Menschen kümmerte. Ganz anders konnte ich das die Jahre später in der Ukraine erleben. Die hauptbetroffenen Gruppen dort waren und sind die Drogengebraucher. Und für diese braucht man nichts zu investieren, wie mir ein ukrainischer Arzt sagte.

### Herbst 1999: Kloster Irsee bei Kaufbeuren

Auf einer Fortbildungsveranstaltung im Kloster Irsee zum Thema"HIV und Aids international" lernte ich den damaligen Oberarzt in der Tropenklinik in Tübingen kennen, stellte ihm die Arbeit der Aids-Hilfe mit den Zielgruppen Schwule Community, Drogengebraucher und Prostituierte vor. Aufgrund seiner Erfahrung schlug er vor, wenn wir aktiv werden wollen, sollten wir unseren Blick nach Osteuropa wenden, aufgrund der gleichen Zielgruppen, die dort betroffen sind, und da hier bisher jegliche Unterstützung fehlte.

## Internationale Aids-Arbeit im Osten

### April 2001: Berlin, Bundesverband der Psychologen und Psychologinnen in Deutschland

Nun wollte ich eine Organisation aufbauen für die Unterstützung internationaler Aids-Projekte. Die Auszahlung einer Lebensversicherung gab die notwendige finanzielle Grundlage. Bis Oktober wollte ich Zeit dafür investieren. Konzepte aufstellen, Gespräche führen und viel reisen, vor allem nach Berlin.
  Wieder sitzen sieben Leute zusammen und gründen einen Verein.: „Connect plus", Connect als die Verbindung und das Plus auf den Hinweis für HIV+. Der Untertitel: Kompetenztransfer zur Aids-Prävention und Selbsthilfe.

### August 2001: Kiew in der Ukraine

Ukraine? Wo liegt das denn? Kiew ist das nicht in Russland? Nachdem der Verein Connect plus gegründet war, flog ich mit Jürgen von der Drogenberatungsstelle La Strada nach Kiew. Eine Mitarbeiterin der EU-Vertretung in Kiew bat um Unterstützung für das gerade gebildete Netzwerk der Menschen mit HIV und Aids in der Ukraine. Vladimir und Irina seien die Ansprechpartner. Beide konnten nicht englisch und ich nicht russisch. Dass es auch ein Ukrainisch gibt, habe ich eigentlich erst zwei Jahre später richtig begriffen.
  In Kiew wurden wir am Flughafen von Vladimir abgeholt, der uns eine Woche lang begleitete. Besuch im Gesundheitsministerium, Treffen mit Mitarbeiter*innen aus der obersten Etage des Ministeriums. Wir bekamen eine Liste vorgelegt mit Wünschen der ukrainischen Regierung an die deutsche Regierung. Wir stellen fest: Die postsowjetischen Länder und auch Russland haben keine Verbindung nach Deutschland mit Projekten. Diese Staaten sind für Deutschland keine Entwicklungsländer. Es gab auch keinen Haushaltstitel, aus dem Projekte hätten finanziert werden können. In anderen Ländern übernehmen auch Kirchenwerke wie „Brot für die Welt" oder „Misereor" Projekte. Diese sind jedoch in den Nachfolgestaaten der Sowjetunion nicht vertreten. Wir trafen auf eine Lücke, ohne finanzielle Mittel und ohne Ansprechpartner*innen in

Deutschland, die sich zuständig gefühlt und denen wir hätten berichten können. Mühsame Pionierarbeit.

Mit Vladimir und Irina reisten wir im Nachtzug nach Odessa und nach Poltava, der Partnerstadt der Filderstädte in der Nähe von Stuttgart. Das Gesundheitssystem in der Ukraine ist vertikal, zentralistisch ausgerichtet. In jedem Oblast, so ähnlich wie ein Bundesland, gibt es ein Aids-Zentrum, mit einem Chefarzt, manchmal einer Kinderärztin und ein kleines Labor. Keine Medikamente. Wir lernten Professionelle kennen, die keine Ahnung hatten, aber auch solche mit hoher fachlicher und persönlicher Kompetenz. Wir erlebten engagierte Menschen, die mit HIV und Aids leben mussten. Über zehn Jahre habe ich dann Kolleg*innen begleitet. Meist waren es ehemalige Drogenabhängige. Oft haben sie sich bei der Therapie kennengelernt. Es gab zwei Geburtsstätten für das „Ukrainisches Netzwerk der Menschen mit HIV und Aids": in Poltava und in Odessa. Diese beiden Städte wurden in den ersten Jahren der Schwerpunkt unserer Arbeit.

## Februar 2002: Kiew

Bei einem Seminar der Friedrich-Ebert-Stiftung in Kiew lernte ich Igor kennen, er sprach ein akzentfreies Deutsch und wurde meine „russische oder ukrainische Stimme", wie es einmal ein Mitreisender formulierte. Er blieb es, und begleitete mich in den nachfolgenden Reisen nach Moskau, St. Petersburg, nach Novosibirsk, nach Minsk, und in viele Städte in der Ukraine, nach Sevastopol auf der Krim, nach Donezk, nach Czernowitz und nach Poltava und Odessa sowieso. Es gelang uns, für Ärzte und Sozialarbeiter Seminare anzubieten, wir konnten Fachkräfte und Aktivisten zur Fortbildung nach Deutschland bringen. Die Stiftung der Aktion Mensch, die Robert-Bosch-Stiftung, später auch die deutschen Ministerien, Sternstunden (Hilfsprojekt des Bayerischen Rundfunks) unterstützten unsere Arbeit. Im fremden Land, in mir noch völlig verschlossenen Systemen und Hierarchien, in einer Lebenswelt, die so weit weg war von mir, hatte ich mit Igor einen Menschen gefunden, dem ich vertrauen konnte. Während der DDR-Zeit hatte Igor seine Kindheitstage in den russischen Kasernen in Schwerin verbracht. Und so wusste er ein wenig, wie die Deutschen ticken, wie wir Dinge verstehen und die Welt sehen. Ich hatte einen Verbündeten gefunden, der mir Sicherheit in dieser fremden Welt gab.

## August 2005: Belaklava bei Sevastopol auf der Krim

Inzwischen war ich in Simferopol, in Sevastopol, nochmals in Odessa, in Poltava, in Luzk, Lemberg, Dnipropetrowsk, in Kiew, Hamburg, Stuttgart, Berlin und Konstanz als Reisender für Aids-Projekte. Die Tage und Wochen hatten eine große Dynamik. Jetzt in Belaklava. Bis vor einigen Jahren eine verbotene Stadt auf der Krim. Wir besuchten die Teilnehmer*innen, die wir innerhalb von eineinhalb Jahren immer wieder in Sozialarbeit unterrichteten, vor Ort in ihren Einrichtungen.

## Juli 2008: Odessa

Die Fernsehanstalten meldeten sich. Für den Bayrischen Rundfunk wurde in Odessa ein Film erstellt („Erste Hilfe für Odessa"), der Südwestrundfunk begleitete mich nach Kiew und Poltava („Volles Risiko – ein Mann im Einsatz gegen Aids"). Ein freier Journalist wollte einen Film machen über Sextouristen nach Odessa und die Aids-Epidemie dort. Ich war für die Schattenseiten zuständig: Drogen, Sex und Aids.

Am Morgen waren wir in der Aids-Klinik. Es war nicht sicher, ob wir eine Drehgenehmigung bekommen. Aber diesmal standen alle parat: sogar der Chefarzt, der seit Jahren hier arbeitet. Das Bayerische Haus in Odessa hatte den Kontakt vermittelt und um den Termin gefragt. Da waren sie alle da, weil bald ein Projekt starten sollte, an dem die Ärzte einiges verdienen konnten. Der Vertrag war noch nicht unterschrieben, deshalb war es eine Werbeveranstaltung für die Klinik. Wenn man die zwei Ärzte reden hörte, dann war alles einfach super in dieser Klinik. Solange der Journalist die Eingangsgespräche führte (er sprach russisch), schaute ich mich im Arztzimmer um. Seit sieben Jahren war dies die Anlaufstelle, wenn ich zu Besuch kam. Beim ersten Besuch durften wir gar nicht rein, jetzt wurden hier die Formalitäten geregelt.

Der leitende Arzt der Klinik hatte letztes Jahr von den „Subjekten der Gesellschaft" geredet, die er hier behandeln müsse, und die Worte „Arbeiten, Arbeiten, Hitler und Autobahn" hatte ich dann auch noch verstanden. In diesem Jahr saß er nicht hinter seinem Schreibtisch, dort saß der Chefarzt, der sonst in der Stadt residierte. Beim Gang durch die Klinik sahen wir viele kranke junge Menschen. Dieses Jahr waren bisher 84 Betroffene in diesem Haus gestorben. Zu Beginn des Jahres wird man wieder von vorne anfangen zu zählen, dann werden es wieder 150 im Jahr sein. Wir besuchten noch die Kapelle mit dem orthodoxen Priester, denn viele kommen am Ende ihres Lebens wieder auf die Religion zurück. Als wir mit dem Auto wegfuhren, winkten die Ärzte uns nach. Unglaublich, aber es war wirklich so.

Abends erfuhren wir von einer Sozialarbeiterin und Patientin, dass man natürlich auch im Aids-Zentrum etwas auf den Tisch legen müsse, um behandelt zu werden. Man müsse schon eine Leistung erbringen, damit der Arzt sich Mühe gebe. Nach der Klinik waren wir noch im Community-Center in der Stadt. Wir trafen Kosta vom Straßenkinderprojekt „Wayhome". Eine hilfreiche Anlaufstelle für Straßenkinder in Odessa.

Es gibt viele Diskussionen und auch fast so viele Ansichten über die Aids-Aktivisten in der Ukraine. Sie hatten einen großen Einfluss auf die Aids-Politik des Landes, sie verwalteten viel Geld und versuchten ihr Bestes zu geben, wie sie dachten, dass es gut sei. Sie waren keine ausgebildeten Sozialarbeiter*innen oder Sozialmanager*innen, sie waren „Betroffene" wie man sagt (ein komisches Wort: Be-Troffen) und versuchten für die Positiven etwas zu tun. Eine Studie zeigte, dass nur jeder fünfte oder achte HIV-Positive an eine Organisation angebunden war. Alle anderen versuchten für sich allein mit dem Virus zu leben. Menschen, die aus den Mülltonnen nach Essenresten suchten, gehörten zum Straßenbild, auch immer wieder Menschen, die auf der Straße oder in einer Ecke liegen. Schliefen sie nur, waren sie betrunken und schliefen ihren Rausch aus oder waren sie vor Hunger oder einer Krankheit zusammengebrochen? Wie verhalte ich mich als Ausländer, als Besucher? Ein holländischer Arzt bei „Ärzte ohne Grenzen" kannte diese Not und hat sich während seiner Zeit in Odessa oft hilflos gefühlt. Er verzweifelte fast an der Ohnmacht dieser Situationen. Mit dieser Ohnmacht leben zu müssen war die größte Herausforderung für mich.

Immer wieder die Frage: Was treibt mich in die Fremde, warum tue ich mir das an? Es ist die Neugierde, es ist das Hinschauen und das Abklären für mich, was kann ich tun, wo kann ich ansetzen, um zumindest im konkreten Fall Hilfe oder Unterstützung zu geben. Ich habe erlebt wie Neues entstehen kann. Das fasziniert, das ist für mich Ansporn, an die Ränder zu gehen.

Und dann die Herausforderungen mit den deutschen Zuschussgebern. Die GTZ (Gesellschaft für technische Zusammenarbeit des Entwicklungsministeriums) und die Stiftungen wollten Programme, die auch nach Jahren noch existieren. Sie wollten Ausbildungsprogramme, den Aufbau von Strukturen, die nachhaltig sind. Und das in einem Land, das von unten nach oben korrupt ist und jeder am finanziellen Zuschuss beteiligt sein will, ohne etwas leisten zu müssen. Der genehmigte PC für die Beratungsstelle in der Aids-Klinik war ganz schnell im Büro in der Stadt. Viele Ärzte waren nur bereit zu einer Fortbildung zu kommen, wenn sie dafür ein Sitzungsgeld bekamen. Die Ansprüche der Geldgeber sind berechtigt, aber kann man dann überhaupt irgendetwas auf den Weg bringen?

## Februar 2008: Czernowitz in der Ukraine

Am Flughafen von Chernivtsi erwartete uns Vladimir, der Koordinator des Ukrainischen Netzwerkes der Menschen mit HIV und Aids. Er selbst war nicht HIV-positiv, einer der ersten, der sich beruflich für diese Menschen engagierte, auch wenn er selbst nicht direkt betroffen war. Aus kritischer Distanz beobachtete er das Wirken und die Aktivitäten der Zentrale in Kiew. Das „All-Ukrainische Netzwerk der Menschen mit HIV und Aids" war einer der Empfänger des Geldes aus dem „Global Fund" der großen UN-Stiftung für die Länder, die finanzielle Unterstützung brauchen, um gegen die Aids-Epidemie anzukämpfen. Viel Geld wird dort verteilt. Selbst Mitarbeiter*innen aus den großen internationalen Organisationen, wie WHO oder Weltbank, werden mit mehr Gehalt in diese Organisation gelockt. „Hier unten kommt wenig an" erzählte uns Vladimir.

In der Ukraine lebten damals über eine halbe Million Menschen mit dem Virus. Wer das Glück hat, in den westlichen Ländern zu leben, hat heute eine sehr lange Lebenserwartung. In der Ukraine gab es zu wenig Medikamente – nicht, weil das Geld dazu nicht da war. Es fehlten Medikamente, weil es der Staat und all die nichtstaatlichen Organisationen nicht schafften, die Logistik und die Ausbildung für die Ärzte auf die Reihe zu bekommen. Es wurden nicht einmal alle gezählt. So lange ein angeblich anonymer Test mit einer Registrierung verbunden war und vor den Suchtkliniken die Polizei wartete, um die Drogengebraucher, die HIV-infiziert waren, mitzunehmen, solange ging keiner, der nicht unbedingt musste, zum Test. Und selbst dann, wenn er nicht nur HIV-infiziert war, sondern aidskrank, kamen die wenigsten in die Aids-Zentren. Weil viele Ärzte zu wenig wussten und die vorhandenen Medikamente auch nicht anforderten. Mindestens 30.000 Menschen brauchten damals die lebensverlängernde „Anti-Retrovirale-Therapie" – es waren aber nur 6000 Personen im Programm.

Das Aids-Zentrum war versteckt in einem Hinterhaus, ohne vernünftige sanitäre Anlagen, in verschimmelten Räumen. Der Chefarzt führte uns in ein Zimmer, in dem es kalt war und einige Stühle standen. Dort erzählte er uns vom Kampf, den er führte. Auch er wusste zu wenig über die Behandlung und die Nebenwirkungen. Wenigstens wusste er, dass er zu wenig wusste. Seine Kolleg*innen in Aids-Zentren in den anderen Oblasten dachten oft, sie wüssten alles. Vor allem glaubten sie zu wissen, wie man mit Drogengebrauchern umgeht. Ein Kollege, in einer anderen Stadt im Süden der Ukraine, sagte: „Schauen Sie sich diese Subjekte an, die wir hier auf Station haben. Das ist der Abschaum der Gesellschaft. Die haben nie gelernt zu arbeiten, liegen uns nur auf der Tasche. Hitler hatte recht: Arbeiten, Arbeiten!" Der Atem stockt, wenn ein Arzt dies erzählt, unumwunden und direkt. Der Chefarzt in Czernowitz sah das anders. Er freute sich, wenn er Hilfe und Unterstützung bekam. Er brauchte Geräte und Diagnosemöglichkeiten, er wollte lernen und fragte nach. Aber Englisch konnte er auch nicht. Fast undenkbar für Ärzte, die im Aids-Bereich arbeiten. Ein Aids-Arzt muss fit sein, sich ständig bei Kongressen und im Internet informieren und weiterbilden.

Am nächsten Morgen trafen wir in der Halle des Hotels Bukowina einen Sozialarbeiter, er sprach Deutsch und Englisch und war seit vielen Jahren im Aids-Geschäft. Ein Profi. Zuerst arbeitete er für die Caritas, dann für andere Sponsoren. Er erzählte von seinen 60 Mitarbeitern, die Spritzen tauschen und beraten. Er war perfekt im Umgang mit den Westlern und lieferte alle Fakten, die für eine Stiftung oder ein Projekt notwendig sind. Und dabei vermittelte er nie den Eindruck, er sei darauf angewiesen. Ja, er habe auch unter den 60 Mitarbeiter*innen Leute mit Hochschulausbildung. Die Buchhalterin zum Beispiel. Er wusste genau, dass westliche Sponsoren eine transparente und klare Abrechnung brauchen. Dies wurde gewährleistet durch eine Buchhalterin mit Hochschulabschluss. Er kannte alle in diesem Arbeitsbereich – und wusste, wie man Gelder akquirieren konnte.

### September 2008: Abschlussfeier in Czernowitz

Ich saß in der Hotelhalle in Bukowina in Czernowitz. Es war wie „und täglich grüßt das Murmeltier". So wie viele Abende in den vergangenen Monaten saß ich da. Meine innere Welt hatte eine Eigendynamik entwickelt. Die täglichen Erlebnisse waren so intensiv, so vielfältig, dass ich diese gar nicht weitergeben konnte. Es hatte für mich eine Gewohnheit, eine Gewöhnung. Weil ich das so oft machte, ich habe nachgeschaut, es war meine 77. Reise in die Ukraine, war vieles vertraut. Aber durch die ständigen Projekte und Ortswechsel war es immer wieder neu, immer wieder mit anderen Erfahrungen und mit anderen Menschen.

Wir feierten den Abschluss eines mehrwöchigen Seminars für Schulsozialarbeiter*innen. Die Leiterin des Lehrer-Fortbildungs-Instituts war mehr eine Kulturschaffende als eine Direktorin. Sie hatte eine festliche Stunde gestaltet. Das Haus hatte ich schon einmal im Film gesehen. Ich schaute mir an der Treppe die abgeschliffenen David-Sterne an, das hatten die Deutschen damals gemacht. Ein solcher geschliffener David-Stern, umgearbeitet zum Hakenkreuz, wurde als Mahnmal, als Erinnerung gelassen. Den Saal kannte ich auch vom Film. Es war für mich ein sehr tiefes Erlebnis, hier als Deutscher zu stehen. Als ein Lehrer, als ein Deutscher, über den man sich freute. Fast alle Teilnehmer*innen waren da, und es mussten viele Fotos gemacht werden. Manche trauten sich nicht, uns anzusprechen. Die Direktorin hatte ein Streichquartett engagiert, und es wurde schöne Musik gespielt. Da war alles dem Profanen enthoben, es war für mich in diesem Zusammenhang heilig. Solche Erlebnisse hatte ich viele, immer mit anderen Kolleg*innen. Ich erlebe es, ich speichere es, als ein inneres Bild, das ich irgendwann wieder abrufen kann.

### Mai 2011: Besprechungsraum der sozialen Dienste in Kiew

Wieder ein kleines Projekt für Connect plus: Im Rahmen des Projektes „Qualifizierung in der medizinischen Arbeit der Städtepartnerschaft München mit Kiew" fand ein Gespräch zum Abschluss statt. Die hohe Fluktuation bei den Projektpartnern war anstrengend. Immer wieder sich auf neue Leute einstellen, sie kennen lernen. Die Teilnehmer*innen der Runde waren von Connect plus, der Münchner Aids-Hilfe, der Stadt München und dem Gesundheitsamt der Stadt München. Und natürlich Igor. Die Kollegin der sozialen Dienste der Stadt Kiew berichtete über die aktuelle Arbeit: Betreuung der Kriegsflüchtlinge aus dem Donbas und der Krim, die Arbeit mit Witwen und Waisen von gefallenen Soldaten, mit Kriegsrückkehrern und mit Jugendlichen, die vom Militärdienst kommen und Probleme mit Drogen und Alkohol haben. Mit unserem Projekt haben wir Sozialarbeiter*innen und Fachleute aus dem medizinischen Bereich als Trainer*innen ausgebildet. Die Zusammenarbeit zwischen der staatlichen Stelle und den freien Trägern wurde intensiviert, es entstand ein größeres Vertrauen. Ebenso wurde die Zusammenarbeit mit dem jüdischen Zentrum in Kiew verbessert. Diese Beratungsstelle wurde für 500 Familien aus Kiew angeboten. Die Kolleg*innen wünschten sich dringend eine Fortbildung, Fortführung und Unterstützung sowohl in fachlicher wie finanzieller Hinsicht von der Stadt München. Leider konnte München vorerst kein weiteres Projekt finanzieren. Das nun abgelaufene Projekt wurde mithilfe eines staatlichen Programms aus Deutschland, zu dem die Stadt München Zugang hatte, finanziert.

### Dezember 2011: Augsburg

Die Bundesregierung hat alle Programme für die Ukraine eingestellt. Die Kolleg*innen, die unsere Arbeit in der Ukraine mit getragen hatten, mussten sich nach anderen Jobs umsehen. Keiner jedoch war ausschließlich für Connect tätig, nur ich. Der Vorstand kündigte mir zum Jahresende. Es gab keine neuen Projekte. Die gesamte Arbeit wurde eingestellt. Ich wurde arbeitslos.

## Vormund und gesetzlicher Betreuer für junge Menschen in Not

*Man braucht nur eine Insel, allein im weiten Meer. Man braucht nur einen Menschen, den aber braucht man sehr.* (Mascha Kaleko)

Zehn Monate, nachdem ich arbeitslos geworden war, meldete ich mich beim Familiengericht und beim Betreuungsgericht und habe mich als freiberuflich tätiger Sozialarbeiter für Vormundschaften und rechtliche Betreuungen beworben. Aufgrund meiner Ausbildung in der Sozialarbeit bekam ich natürlich die schwierigen Leute. Drogengeschichten oder jugendliche Systembrecher, wie es dann später hieß.

### April 2015: Ein Pressebericht in der Augsburger Allgemeine: „Geistig behinderter 15-Jähriger wurde fast obdachlos"

„Ein geistig behinderter Jugendlicher darf wegen seiner Aggressivität nicht in einer Wohngruppe bleiben. Für den 15-Jährigen begann so eine Odyssee.

Mehr als 40 Einrichtungen hat Frieder Alberth auf der Suche nach einem Wohnplatz für den 15-jährigen, geistig behinderten Daniel R. (Name geändert) kontaktiert – monatelang vergebens. Eine Wohngruppe in Günzburg nimmt ihn schließlich für einen Monat auf. Danach setzte sie ihn am 9. Februar aber praktisch „auf die Straße – obwohl ich endlich eine andere Einrichtung gefunden hatte. Die wollte Daniel R. Anfang März aufnehmen. Es ging um ganze vier Wochen", so Alberth. Nur der Einsatz seiner Familie habe den behinderten Jugendlichen schließlich vor der Obdachlosigkeit bewahrt. Wegen seiner Behinderungen braucht der minderbegabte, leicht autistische Jugendliche eine Einszueins-Betreuung. Ständig muss ein Mitarbeiter in seiner Nähe sein. Denn er wird manchmal aggressiv, randaliert und greift andere an. Daher können ihn nur spezialisierte Einrichtungen angemessen betreuen, so Alberth, der – vom Gericht bestellt – als „Ergänzungspfleger" weitgehend die Aufgaben eines Vormundes wahrnimmt. „Als ich Daniel gegen Abend in die Wohngruppe bringen wollte, wurde uns der Zutritt verweigert", so Alberth. „Es war eindeutig ausgemacht, bis wann Daniel R. in unserer Wohngruppe bleiben konnte. Danach wurde er in die Hände des Sorgeberechtigten übergeben", begründete der Leiter der Einrichtung sein Vorgehen. …

Beim Bezirk Schwaben, von dem sich Alberth Hilfe erhoffte, war in den Abendstunden niemand erreichbar. Auch bei der Polizeiinspektion Günzburg konnte man ihm nicht helfen. Ein Notfall-Mitarbeiter des Jugendamts Günzburg suchte drei Stunden nach einem freien Platz in einem Heim, konnte aber auch keinen finden. Notgedrungen nahm Alberth Daniel mit in seine Wohnung in Augsburg. Eine Tochter räumte ihr Zimmer, in dem Daniel einquartiert wurde. Die Familie stellte sicher, dass rund um die Uhr jemand da war, der den 15-Jährigen beaufsichtigte. Nach einigen Tagen und zahllosen Telefonaten fand Alberth eine private Pflegestation, die bereit war, den Jugendlichen vorübergehend aufzunehmen.

„Einen schwierigen Jugendlichen wie Daniel in meinem Haus zu betreuen – das geht nicht. Er muss von Fachkräften betreut werden, nicht von meiner damit überforderten Familie", so Alberth. Er fragt sich, warum eine große, auf Menschen mit geistigen Behinderungen spezialisierte Einrichtung keine Möglichkeiten hat, sich um schwierige Bewohner fachgerecht zu kümmern. Abgesehen davon sei es ein Skandal, dass der Leiter der Wohngruppe Daniel einfach auf die Straße gesetzt habe. Das Günzburger Jugendamt habe sich bemüht, zu helfen. …. Mittlerweile lebt Daniel R. in der „Camphill Schulgemeinschaft" nahe des Bodensees. „Dort hat er seine Probezeit bestanden und fühlt sich wohl", schildert Alberth das versöhnliche Ende."

**Sommer 2015: Augsburg Aichach Günzburg Krumbach**

Ich bekam einen Anruf vom Familiengericht. Ob ich bereit wäre, Vormundschaften für minderjährige Flüchtlinge zu übernehmen. Ich nahm an und ging zu einer neu eingerichteten Clearingstelle, einem alten Gasthaus mit Übernachtungsmöglichkeiten an der Autobahn. Manchmal kamen fünf bis sechs Kinder täglich dort an. Vom Jugendamt gebracht. Traumatisiert, ohne Eltern, Verwandte, Freund*innen, müde von der Anstrengung der Flucht, die manchmal Jahre dauerte. Gefoltert und missbraucht, meist im Durchgangsland Libyen. Sie hatten große Träume: Der Ziegenhirtenjunge wollte Arzt werden oder der Schüler aus Syrien Automechaniker. Und jetzt in einer Aufnahmestation mit Jugendlichen aus vielen Ländern in Afrika, aus Syrien, aus Afghanistan, dem Irak oder Iran. Nach vier Wochen dann ein Clearingbericht, der einiges über die Geschichte und den Charakter der Jugendlichen aussagte. Danach wurden sie auf Wohngruppen verteilt. Meistens wurden diese Wohngruppen ganz schnell neu gebildet, mit fürchterlicher, hektischer Unübersichtlichkeit. Ganz selten wurden Flüchtlinge in Wohngruppen mit deutschen Jugendlichen gebracht, es waren fast immer eigenständige nur für Flüchtlinge. So wurde eine Wohngruppe draußen auf dem Land eingerichtet, weitab vom Leben, ohne WLAN. Die Verbindungen nach draußen sind doch so entscheidend für Flüchtlinge.

Zur Anerkennung als Flüchtling musste ein Asylantrag gestellt werden. Zuerst war das BAMF (Bundesamt für Migration und Flüchtlinge) in Nürnberg oder München zuständig. Dann wurde eine Außenstelle in Augsburg eingerichtet. Aus verschiedenen Behörden wurden Mitarbeiter*innen im Schnellkurs auf die Anhörung vorbereitet. Es gab dann auch spezielle „Anhörer" für Jugendliche. Eine Anhörung konnte bis zu sechs Stunden dauern, und es war entscheidend, welchen Eindruck der Jugendliche auf den Anhörer machte. Da ich fast 100 Anhörungen miterlebt habe, bin ich der absoluten Überzeugung, dass es auf die Haltung der Anhörer ankam, ob sie einem Jugendlichen glaubten oder nicht. Dann trafen sie die lebenswichtigen Entscheidungen für die Zukunft der Jugendlichen.

In der Arbeit mit den Jugendlichen und jungen Männern wurde deutlich, dass nur der Aufbau einer persönlichen Beziehung eine gute Chance für die Integration ermöglicht. Nach Jahren der Arbeit mit den Jugendlichen musste ich feststellen, dass die meisten einen Kontakt zur einheimischen Bevölkerung kaum herstellen können, dass sie in ihrer Peer Group und ihrer community bleiben. Sobald aber Freizeit- oder Beratungsangebote kommen, auch nach Ende der Vormundschaft, werden sie von den Jugendlichen gern angenommen. Einladungen zu Gartenfesten oder zusammen zu kochen waren bei den Angesprochenen sehr willkommen.

Ein großes Problem ist noch immer das Anerkennungsverfahren beim BAMF mit allen seinen Auswirkungen. Manche erhalten eine Aufenthaltsberechtigung und können dann eine Ausbildung beginnen oder eine Arbeit suchen oder vielleicht auch eine eigene Wohnung. Andere aber, die keine Anerkennung bekommen und auch keine Identitätsnachweise erbringen können, dürfen zwar die Schule besuchen, aber keine Ausbildung beginnen oder eine Arbeit annehmen. Sie müssen weiter in der Gemeinschaftsunterkunft leben, sobald sie von der Jugendhilfe aus den Wohngruppen entlassen wurden. Nach deutschem Recht kann die Jugendhilfe bis zum 21. Lebensjahr gewährt werden. Die zuständigen Jugendämter aber haben in aller Regel die Jugendhilfe mit dem 18. Lebensjahr beendet. Nur in sehr seltenen Fällen gelang es, die Jugendhilfe um einige Monate zu verlängern.

Aufgrund ihrer Lebensgeschichten haben fast alle eine posttraumatische Belastung. Manche von ihnen sind in therapeutischer Behandlung, andere lehnen dies ab. Diese Belastungen, die sich vor allem auch in Schlafstörungen und Rückzug äußern, verhindern oft ein leichteres Leben und eine Kontaktaufnahme zu anderen. Die Stimmung in der Bevölkerung, die Erwartung der Flüchtlinge an uns, die Möglichkeiten, eine Anerkennung zu bekommen, eine Ausbildung oder einen Arbeitsplatz zu finden und vor allem eine Wohnmöglichkeit außerhalb der Jugendhilfeeinrichtung und der Gemeinschaftsunterkünfte zu finden, hielt ich für die Hauptprobleme in dieser Arbeit. In allen

Städten gab es Angebote der Unterstützung und Beratung für Flüchtlinge. Jedoch wurde dies von den Jugendlichen, die vorher in einer Jugendhilfeeinrichtung waren, kaum wahrgenommen.

Nach der umfassenden Betreuung in den Jugendhilfeeinrichtungen waren die Jugendlichen auf sich selbst gestellt und damit oft überfordert. Obwohl sie 19 oder 20 Jahre alt waren, hatten sie nicht richtig gelernt, sich in Deutschland zurechtzufinden. Die Mitarbeiter*innen in den Wohngruppen waren auch schlichtweg überfordert. Es gab so viel im Alltag zu klären, dass viele Möglichkeiten der Jugendhilfe gar nicht umgesetzt werden konnten. Aufgrund meiner persönlichen Beziehungen und natürlich auch, weil ich als Vormund verantwortlich war, konnte ich immer wieder kleine Treffen organisieren. Hier gelang es dann, im privaten Bereich auch Kontakt zu deutschen Jugendlichen aufzubauen. Mein Alter und meine Erfahrungen brachten die Jugendlichen dazu, mich als einen Ersatz-Papa zu sehen. Das war mitunter meine Chance, aber für sie auch die Möglichkeit, einen Generationenkonflikt an mir abzuarbeiten.

**August 2017: Ein Pressebericht in der Augsburger Allgemeine: „Fehlende Dokumente werden zur Zerreißprobe"**

„Für Frieder Alberth ist die Situation nicht einfach. In den vergangenen drei Jahren hat er in Augsburg etwa 35 Jugendliche, die als minderjährige Flüchtlinge nach Deutschland gekommen sind, als Vormund betreut. Einige von ihnen haben eine Anerkennung bekommen, können eine Ausbildung machen oder in die Berufsschule gehen. „Viele jedoch bekamen eine Ablehnung vom Bundesamt für Migration und Flüchtlinge, das sie nicht als Flüchtling anerkennt." Diese lebten nun in Unsicherheit, manchmal in fürchterlichen Unterkünften, und sie hofften irgendwie, dass sie nicht in ihr Heimatland abgeschoben werden, schreibt er.

Derzeit betreut Frieder Alberth 17 minderjährige Flüchtlinge. „Als Vormund trete ich an die Stelle ihrer Eltern", sagt er. Er kennt die Sorgen und Nöte der jungen Geflüchteten genau: Manche hätten keine Identitätspapiere bei sich, keinen Reisepass, keine Geburtsurkunde. Das belastete die Flüchtlinge zusätzlich, die Angst hatten, ohne solch ein Dokument, schnell zurück ins Heimatland zu müssen. Doch da warte oft niemand auf sie. „Für viele gibt es dort keine Familien, keine Netzwerke, kein Zuhause mehr."…

Gerade die nicht geklärte Identität eines Asylbewerbers ist mit das größte Hindernis auf dem Weg, eine Berufsausbildung zu beginnen. …. Frieder Alberth hat schon viele Flüchtlinge zu Anhörungen bei der Bundesbehörde für das Asylverfahren begleitet. „Ich habe faire und unfaire Anhörer beim Asylverfahren erlebt", berichtet er. Oft habe er die Entscheidung nicht verstehen können – aus Textbausteinen zusammengesetzte Begründungen der Ablehnung auf vielen Papierseiten, wie er sagt. „Immer mit dem Grundton: du schaffst das auch in deinem Land, du warst doch nicht verfolgt, du hast uns angelogen. Geh schnell nach Hause", schreibt er. So würden junge Leute, ehemals hoch motiviert, in ein tiefes Loch geworfen. Alberth betreut auch deutsche Jugendliche als Mündel…. Sie würden Hilfen des Staates erhalten, der sie mit Förderprogrammen zum Schul- oder Ausbildungsabschluss bringen will. Alberth: „Das ist richtig und wichtig. Und gut, dass unser Staat sich dieses leisten kann. Nur bei den jugendlichen Flüchtlingen gilt dieses nicht. Dies ist unendlich traurig."

## September 2017: Kinderheim Augsburg

Sein Papa war gestorben, ganz plötzlich. Der 13jährige wohnte mit ihm zusammen, nach der Trennung seiner Eltern, bei der Oma. Diese war suchtkrank, oft betrunken. Nach der Beerdigung und wegen der Vernachlässigung durch die Oma rief er beim Jugendamt an und fragte, warum ihn niemand da raushole. Ein Besuch vom Jugendamt folgte, und ich wurde als Ergänzungspfleger vom Familiengericht eingesetzt. Beim Hausbesuch stellte sich heraus, dass er dort nicht bleiben konnte. Es begann eine Heimplatzsuche, Gespräche mit der Mutter, der Oma, dem Jugendamt und einem möglichen Heim folgten. Dann fand sich eine Wohngruppe, und ich fuhr mit ihm zum Vorstellungsgespräch. Seine Mutter, die weit weg wohnte, war auch mit dabei. Sie konnte ihn nicht bei sich aufnehmen, fühlte sich überfordert. So musste er in eine Wohngruppe in einem Kinderheim. Bei der Aufnahme weinte er bitterlich.

Immer wieder müssen von Jugendämtern, oder von mir als Vormund Entscheidungen getroffen werden, Kinder oder Jugendliche aus ihren Familien herauszunehmen. Dies muss sehr gut überlegt und abgewogen werden, denn es ist ein massiver Eingriff. Die nachwachsende Generation der Sozialarbeiter*innen hat es gelernt, sich nach allen Seiten abzusichern. Die Befürchtung, hier zu spät zu handeln, ist immer zu spüren. Das Familiengericht in Augsburg bestimmt sehr oft nicht das Jugendamt zum Vormund oder Ergänzungspfleger, da es an diesen Nahtstellen oft zu einem internen Konflikt kommt. Der Sozialarbeiter hat ein Doppelmandat. Er soll die Gesetze umsetzen, und er muss sich für die Klient*innen (hier Kinder oder Jugendliche) einsetzen.

## September 2019: Augsburg

Wir saßen im Café der Kinder- und Jugendpsychiatrie. Kalil (Name geändert) kam gerade aus der Therapiestunde, die er wöchentlich besuchte. Er hatte es geschafft, die wöchentlichen Stunden bei einer Therapeutin wahrzunehmen. Sein Start war nicht gut. Er kam ursprünglich aus Westafrika. Irgendwann kam er nach Karlsruhe. Bereits dort wurden ihm Drogen zugesteckt, und es gab später eine Anhörung bei der Polizei. Diese war nicht weiter schlimm. Dann kam er in unsere Stadt. Er begann zu trinken. Bier, aber auch harte Alkoholika. Unweigerlich kam es zu Konflikten. Zweimal musste er eine Jugendhilfe-Einrichtung verlassen. Schließlich landete er in einer Gemeinschaftsunterkunft für Asylbewerber im Gewerbegebiet. Dort lebte er in einem Vierer-Zimmer. Weil die andern ihn nervten, sie räumten nicht auf und ließen alles nur liegen, schlief er im Gemeinschaftsraum.

Die ersten Monate waren für die Betreuer und für mich als Vormund schwierig. Viele Gespräche, immer wieder Anhörungen bei der Polizei wegen verschiedener Delikte, meist kleine Vergehen. Kalil war unpünktlich, hatte meistens in der Mitte des Monats kein Geld mehr. Zum wiederholten Mal hatte er seinen Geldbeutel und sein Handy verloren. Eben die typischen Eigenschaften eines Süchtigen. Irgendwann, ich kann jetzt nicht genau sagen ab wann, hatte er mit dem Trinken aufgehört. Zuvor hatten wir über Monate versucht, ihn stationär in der Suchtabteilung einer Jugend-Psychiatrie unterzubringen. Das ging nicht, weil er dazu noch nicht krank und süchtig genug war. Aber eine ambulante Therapie mit wöchentlichen Terminen wurde genehmigt. Zu seiner Therapeutin bekam er einen guten Kontakt. Er hörte auf zu trinken und machte einen kalten Entzug. Nun fing er an, alles neu zu ordnen. Er bat mich, sein Geld wöchentlich auszuzahlen, damit er es nicht sofort ausgab. Dadurch hatten wir jede Woche Kontakt. Nun lernte ich einen ganz anderen jungen Menschen kennen: einen feinfühligen, einsamen, kämpfenden jungen Mann. Das Vertrauen zwischen uns wuchs, auch das zu meinem Mitarbeiter. Dieser schenkte ihm ein paar neue Turnschuhe. Dieses Strahlen in seinem Gesicht, diese Freude. Überwältigend und so schön.

Einige Wochen zuvor fand seine Anhörung beim Bundesamt für Migration und Flüchtlinge statt. Sein Vortrag war gut und ehrlich. Aber seine vorgetragenen Gründe berechtigen ihn nicht zu einem Aufenthalt in unserem Land. Wieder traf ich mich mit Kalil. Er hatte ein preiswertes neues Handy bekommen, das er in Raten abzahlen würde. Ein Handy ist für die Flüchtlinge so wichtig, um in Kontakt zu bleiben: mit Freund*innen, Betreuer*innen hier und auch mit Verwandten im Heimatland, wenn es sie denn noch gibt. Wiederum ist er uns um den Hals gefallen und hatte sich so gefreut. Dann musste ich ihm die Nachricht überbringen, dass das Bundesamt seinen Antrag als offensichtlich unbegründet abgelehnt hatte. In einem solchen Fall wird sofort die gesamte Akte an den Betroffenen geschickt. Es gibt kaum eine Möglichkeit mehr, hier weiter etwas zu tun. Mit dem Bescheid kam die Aufforderung, innerhalb einer Woche das Land zu verlassen. Ich musste es ihm sagen und in ihm brach alles zusammen. Ich war ratlos, ich war hilflos.

Bald würde er volljährig werden. Aufgrund einer speziellen Regelung, die meist in Bayern angewandt wird, war ich für ihn noch bis zu seinem 21. Lebensjahr zuständig, da er in seinem Heimatland erst mit 21 Jahren volljährig werden wird. Solange galt er hier als minderjährig. Wir wussten nicht, wie das Ausländeramt reagieren würde. Könnte er bleiben? Oder stünde demnächst morgens um sechs die Polizei vor der Tür, um ihn in sein Heimatland abzuschieben? Wir wussten es nicht. Es gelang mir, ihn übers Wochenende zu seinem Freund zu bringen, der in einer Jugendhilfeeinrichtung wohnte. Die Kolleg*innen dort nahmen ihn übers Wochenende auf. Sollte er am Wochenende eine Krise haben, würden sie mich anrufen.

## Juni 2020: Nachricht von Ahmad, Flüchtling aus Syrien, 21 Jahre

Frieder: Hallo, du wolltest dich mal mit mir treffen
Ahmad: Ja, tut mir leid. Mir geht es nicht gut, sorry, ich kann nicht telefonieren.
Frieder: Okay, was kann ich tun?
Ahmad: Habe heute mitbekommen, dass mein Vater tot ist.
Frieder: Das tut mir sehr leid.
Ahmad : Es tut weh. Gestern wurden 5000 Bilder von toten Gefangenen veröffentlicht. Nur von einem Gefängnis (in Syrien). Mein Onkel und mein Vater sind mit dabei.
*Er schickt ein Bild seines Vaters* Ahmad: Ist er nicht wunderschön. Das ist mein Vater.
Frieder: Du gleichst ihm!
Ahmad: Das ist schön zu hören.
Frieder: Ich denke viel an dich.
Ahmad: Danke.

## München Flughafen: Dezember 2020

Vor vier Jahren kam der 13-Jährige aus Syrien mit seinem Onkel und drei Cousins über die Türkei nach Deutschland. Die Eltern und drei jüngere Schwestern blieben in der Türkei hängen. Jahrelang haben wir gemeinsam daran gearbeitet, die Eltern im Wege der Familienzusammenführung nach Deutschland zu holen. Im Frühjahr 2020 durfte der Papa kommen, zugewiesen nach Baden-Württemberg, obwohl der Sohn in Bayern wohnte, im Dezember kam auch die restliche Familie. Vier Jahre arbeiteten wir daran, mit einer Unmenge von Gesprächen, Stellungnahmen, Anträgen, Telefonaten. Warum sind so viel Erfahrung und fachliche Kompetenzen, so viel Wissen um Recht und Umgang mit Behörden, so viel Ausdauer und Engagement notwendig, damit eine Familie, geflüchtet vor einem Krieg, wieder zusammen sein kann? Manchmal kann man am deutschen Staat verzweifeln.

## Spuren auf meinem Weg

Jahrzehnte berufliche Sozialarbeit. Das hat mich verändert, immer wieder. Ständige Grenzerfahrungen und Herausforderungen. Von der kommunalen bis zur internationalen Arbeit, Vereine aufbauen in Nürtingen, in Augsburg und in Berlin. Einsatzorte in vielen Städten in Deutschland, in der Ukraine und auch in Russland. Die Spannung zwischen Theorie und Praxis auf der kommunalen, der Bundes- und auch der internationalen Ebene zu erleben, war entscheidend für meinen Berufsweg. Die Theorie zu kennen, zu wissen wie das Recht in der Praxis angewandt werden soll, wie Gruppen sich verhalten, wie notwendig politisches Bewusstsein ist und dann die Praxis zu erleben – das war oft verwirrend.

Warum ging ich diesen Weg? Ich hätte auch beim Finanzamt bleiben können. Warum ging ich immer wieder ein Risiko ein, vor allem auch finanzieller Art für meine Frau, meine vier Kinder, für meine Familie? Ich kann es nicht richtig beantworten. War es Neugierde, oder waren es Menschen, mit denen ich zusammenarbeiten wollte? Warum hatte ich immer wieder Visionen? War es meine religiöse Erziehung, die mich antrieb, die Not anderer zu sehen und darauf zu reagieren? Ich weiß es nicht. Mein Schulfreund, der beim Finanzamt blieb, sagte zu mir, als er in Pension ging: „Frieder, du hattest einen interessanten Job und hast nicht so viel verdient, bei mir war das umgekehrt."

Was kann ich bewirken? Ich kann Spuren hinterlassen, manchmal an einem kleinen Rad drehen und manchmal jemandem helfen, Wege ebnen, Da-sein. Ich habe viel gelernt von den Ehrenamtlichen, von Kolleg*innen, von Klient*innen und vielen Menschen, denen ich begegnen durfte. Ich konnte das Leid und die Not sehen, ich stand oft vor unlösbaren Problemen und musste mit ansehen, wie schlecht es Menschen ging, und ich konnte ihnen nicht helfen. Ich habe viel gelernt über unseren deutschen Staat, habe mich oft mit Verwaltungen und Behörden auseinandersetzen müssen. Da gäbe es so vieles zu verbessern. Aber immer mehr habe ich unser Land auch geschätzt. Ich bin aufgewachsen in der Zeit des Wirtschaftswunders, ich habe den Umbruch in den 1968er und 1970er Jahren erlebt. Ich musste nie Hunger leiden, und es gab nie einen Krieg in meiner Heimat. Ein so großes Geschenk!

Das Fremde, die Ränder der Sozialarbeit haben mich neugierig gemacht, haben mich fasziniert. Immer wieder waren es die Menschen, die in meiner Lebenswelt nicht vorgekommen sind, die mir so fremd waren. Diese Spannung zwischen der Vertrautheit und Sicherheit in meiner Familie und in meinem Freundeskreis und den Menschen mit ganz anderen Lebensentwürfen und in einer ganz anderen Welt faszinierte mich und forderte mich heraus.

*Gib mir die Gelassenheit, Dinge hinzunehmen, die ich nicht ändern kann, den Mut, Dinge zu ändern, die ich ändern kann, und die Weisheit, das eine vom anderen zu unterscheiden* (Reinhold Niebuhr)

Immer wieder stellte sich mir die Frage: Weggehen oder Dableiben? Aushalten und Aussitzen? Reden oder Schweigen? Ignorieren oder anpacken? All das sind mögliche Reaktionen, jede davon kann ein guter Weg sein. Die Bandbreite der Möglichkeiten macht das Leben aus. Es gibt nicht nur zwei Möglichkeiten, oft liegt es dazwischen. Gerettet haben mich immer wieder meine Visionen, meine Entwürfe für mich, für die Familie und für die Arbeit. Ich konnte Begegnungen nutzen, ich fand Verbündete und war bereit Risiken einzugehen. In meiner Arbeit und auch in meiner privaten Lebenswelt gab es immer wieder zufällige Begegnungen. Oft war ich darauf nicht vorbereitet, manchmal aber konnte ich die Chancen sehen, die sich daraus entwickeln würden. Wie antwortet Herr Keuner bei Bert Brecht auf die Frage, was er tut, wenn er einen Menschen liebt: „Ich mache einen Entwurf von ihm und sorge dafür, dass der Mensch dem Entwurf ähnlich wird." Dieser Herausforderung habe ich mich gestellt. Entwürfe machen, Ideen entwickeln, mit der Familie, mit Freund*innen. Und immer wieder versuchen, eine Änderung zu erreichen, und dabei muss sich der Entwurf entwickeln, es ist kein Bild! Auf diesem Weg habe ich mir das Fremde vertraut gemacht. Immer wieder ist mir das gelungen. Oft aber auch nicht. Geholfen und unterstützt haben mich meine Familie, Freund*innen und Kolleg*innen. Dafür bin ich dankbar.

**Frieder Alberth**, *Jahrgang 1952*
*Ausbildung zum Diplomfinanzwirt beim Finanzamt Reutlingen. Danach Studium der Sozialpädagogik in Reutlingen und Tübingen. 1982 Gründung des Vereins Arbeitskreis Leben e.V., Krisenberatungsstelle für Suizidgefährdete in Nürtingen. Von 1985 bis 2002 Koordinator, später Geschäftsführer der Augsburger Aids-Hilfe. Im April 2001 Gründung des Vereins Connect plus e.V. (Kompetenztransfer zur Aids-Prävention und Selbsthilfe) in Berlin. Beratung zahlreicher Aids-Einrichtungen und Nichtregierungsorganisationen in der Ukraine, Russland, Rumänien, Ungarn und Belarus.*
*Er lebt mit seiner Frau und seinen vier Kindern (drei aus Brasilien adoptiert) in Augsburg. 2004 Ehrung für sein Engagement in Osteuropa mit dem deutschen Medienpreis BAMBI. Seit 2011 hauptberuflich gesetzlicher Betreuer und Vormund.*

# Geschichten vom Wandel der Hilfen für Menschen mit Behinderung

*Dettingen im Ermstal – Tansania – und zurück*

FRIEDEMANN SALZER

Mit dem Bubenbaden fing es an

Vorsichtshalber stelle ich meinen buntbemalten 2CV in einem Kilometer Entfernung von der Behindertenhilfe-Einrichtung, gut versteckt im Schatten eines Baumes ab. Schließlich will ich meine Bewerbung auf einen Ausbildungsplatz zum Landwirt nicht gefährden. Nach einem einjährigen Aufenthalt in Westafrika bin ich zu der Erkenntnis gekommen, dass Kenntnisse im Bereich Landwirtschaft für partnerschaftliche Beziehungen zu Dritte-Welt-Projekten sinnvoll wären.

Im Schatten eines gewaltigen Lindenbaumes sitzen braungebrannte Männer, erschöpft von der Arbeit auf den Wiesen. Schließlich läuft gerade die Heuernte. „Wollen Sie zum Chef?" ruft mir ein trotz sengender Hitze gut gelaunter Mann, erkennbar mit Downsyndrom, zu. „Der ist oben im Büro!" Frohgemut steige ich im stattlichen, denkmalgeschützten Gebäude die hölzerne Treppe nach oben. Ich klopfe erwartungsfroh an einer Türe mit der Beschriftung Büro. Nach dem leise gerufenen „Herein" betrete ich ein Minibüro, das mit einem hölzernen Schreibtisch raumgefüllt wirkt. „Sie wollen also bei uns eine Lehre machen", kommt es aus dem Mund eines mir damals älter erscheinenden Herren entgegen. „Leider haben wir alle Ausbildungsplätze schon belegt, aber wir brauchen dringend jemanden, um die Buben zu baden." Nach zwei Jahren Arbeit in einem Unfallkrankenhaus im Bereich Pflege auf der Männerstation hatte ich ohne Zweifel eine gewisse Kompetenz im „Bubenbaden". Irgendwie war ich über diese Auskunft einerseits etwas verwundert, aber andererseits faszinierte mich das gesamte Erscheinungsbild des Hofes und die sympathischen Männer unter der Linde.

Schon einen Monat später im Jahre 1985 stehe ich um 7 Uhr in der Frühe parat zum „Bubenbaden". Aber montags baden die Buben nicht, „das machen wir am Mittwoch und Samstag", erklärte mir vor dem Gebäude der Traktorist des Hofes. Der Chef kommt aus der Türe und verkündet ohne jedwede Willkommensformel: „Sie gehen jetzt mit zum Futterholen." Das gefällt mir, aber wo sind denn nun die Buben? Schon sitze ich mit etlichen Männern auf einem Traktoranhänger und rumple auf eine nahe gelegene Wiese. Mit Handrechen ziehen wir frisch gemähtes Gras zusammen, und wenig später kommt der Traktorist des Hofes mit Traktor und Ladewagen angerattert und lädt das frische Grün.

Ich stolpere von einer Verwunderung zur anderen: Alle werden geduzt, meist mit einem Spitznamen angesprochen. Beim Betreten des „Bubenbades" entdecke ich zwei Badewannen und im Vorraum vier Waschbecken. Schon am ersten Bubenbadetag kommt mir die Erleuchtung: Die Buben sind allesamt ausgewachsene Männer, die beim Baden mehr oder weniger Assistenz brauchen. Das ganze „Bubenbaden" läuft unter Zeitdruck. In der rechten Wanne wird ein Mann „eingeweicht", beim zweiten in der linken Wanne werden die Haare schamponiert, der dritte steht schon am Waschbecken vor dem Spiegel und wartet darauf, von mir geföhnt zu werden. Ein vierter hält mir gespannt seinen elektrischen Rasierapparat entgegen.

Tatsächlich, es ist zu schaffen! Elf Männer erhalten von mir an diesem Vormittag eine Wäsche und verlassen das Bad geföhnt, rasiert und frisch eingekleidet. Spät am Abend spreche ich mit der Heimleitung und berichte über weitgehend verbreiteten Fußpilz. Da muss man was machen. Ich bin erstaunt, man lässt mir Freiraum, lässt mich Vorschläge machen und auch umsetzen.

Nach wenigen Wochen mache ich meinen ersten Nachtdienst. Im altehrwürdigen denkmalgeschützten Haus der Einrichtung gibt es eine massive Mäuseplage. Ich mache deshalb kein Auge zu, die ganze Nacht, höre dabei jedoch, wie viel im Haus herumgetapst wird.

Zu den wichtigsten Aufgaben am Abend gehört, spätestens um 21 Uhr die Tür zwischen Frauenbereich und Männerbereich zu schließen. „Wehret den Anfängen", lautet die Parole. Erst drei Jahre später, ich bin inzwischen Wohnbereichsleiter, kann ich mich durchsetzen. Die Tür bleibt auf, im Speisesaal sitzt man gemischt, bei Ausflügen darf im Bus gemischt gesessen werden. Es bilden sich wenige Pärchen, die, wie ich heute weiß, für den Rest ihres Lebens wunderschöne Beziehungen pflegen. Ich bin tief beeindruckt von dieser Welt, auf der es auf der einen Seite einen sehr intensiven Kontakt zu den Hausbewohnern gibt und alles aus einem Guss ist: leben, arbeiten und Freizeit, zugleich ist es eine Welt voller Reglementierungen und der stets gelebten Überzeugung: „Wir wissen sehr gut, was für dich gut ist!" Raucher unter den Bewohnern bekommen am Abend eine abgezählte Menge an Zigaretten. Taschengeldausgabe ist am Freitagabend. Alle bekommen 3 DMark. Damit kann man im hauseigenen Kiosk auch sofort Schleck kaufen, aber es gibt keinen Anreiz, mal in die Stadt zu gehen und sich dort was zu gönnen.

## Zartes Pflänzchen Inklusion

Im Laufe der Jahre sind alle älter geworden, einige Bewohner*innen arbeiten bis zum siebzigsten Lebensjahr auf dem Bauernhof, andere ziehen es vor, bei Erreichung der gesetzlichen Altersgrenze in Ruhestand zu gehen. Der landwirtschaftliche Betrieb wird stark mechanisiert, die Mitarbeiter*innen mit Behinderungen müssen zunehmend unsinnige Arbeiten ausführen, nur um beschäftigt zu sein. Plötzlich regen ausgebildete Mitarbeiter*innen der Landwirtschaft an, aus dem konventionellen Betrieb einen Bioland-Betrieb zu machen. Intensive Auseinandersetzungen beginnen, die Angst um die Wirtschaftlichkeit ist groß. Andererseits sehen alle, dass von den ehemals über 30 Beschäftigten nur noch sieben übrig geblieben sind. Die meisten Bewohner*innen arbeiten inzwischen in einer klassischen Werkstattgruppe und verbringen den Tag damit, Kinderknet zu verpacken. Viele Gespräche mit den Vorständen unseres Trägers führen am Ende zum Erfolg. Der landwirtschaftliche Betrieb wird Bioland und dabei komplett umstrukturiert. Jetzt lautet die Fragestellung: Was machen wir im Betrieb, damit Frau Maier trotz regelmäßiger aggressiver Durchbrüche jeden Morgen mit großer Freude zur Arbeit kommen kann? In ihrem Fall war es dann eine Freilandhühnerhaltung. Ein Schwein wird angeschafft, in dessen großzügigem Gehege ein Autist einen Liegestuhl aufstellt und dort regelmäßig neben der glücklichen Sau sein Mittagsschläfchen macht. Mit Augustin und Tequilla, den beiden Lamas, werden täglich Spaziergänge gemacht. Alle Maschinen werden so umgebaut, dass möglichst viele Beschäftigte daran eingesetzt werden können. Gemüse- und Kartoffelanbau wird zum Schwerpunkt des Betriebes.

In wenigen Jahren arbeiten wieder 30 Menschen mit den unterschiedlichsten Behinderungen auf dem Hof. Die Direktvermarktung der Bio-Produkte sorgt dafür, dass viele Menschen zum Einkaufen auf den Hof kommen. Plötzlich sind die Beschäftigten permanent mit Menschen aus den umliegenden Gemeinden in Berührung, in der Kommunikation. Es entstehen Freundschaften und Kontakte, die selbstverständlich sind. So entsteht eine ehrenamtliche „Kaffeegruppe".

Sonntags füllen wir mit zwei bis auf den letzten Platz belegten VW-Bussen die Kirche, der die Einrichtung zugehört. Alle Bewohner*innen sind sonntäglich geschniegelt und gestriegelt. Alle haben einen Stammplatz in der Kirche. Jahre später, als ich den Gottesdienstbesuch als Angebot definiere, haben wir Mühe, einen VW-Bus zu füllen. Beliebt sind vor allem die Feste und Gottesdienste, die wir selbst organisieren und gestalten. Die örtliche Gemeinde, Angehörige und Freunde der Einrichtung kommen zuhauf zu diesen besonderen Gottesdiensten, bei denen die Bewohner*innen immer eine wichtige Rolle innehaben. Hier sind schon sehr früh Ansätze von Inklusion zu verspüren: Ihr gehört zu uns, wir feiern gerne gemeinsam, auch wenn der gewohnte Ablauf ständig durch kurze Schreie oder auch Gejammer begleitet wird. Jahre später trage ich den Bürgermeistern der drei umliegenden Städte und Gemeinden die Idee vor, alle zwei Jahre ein diakonisches Festival abwechselnd auf ihren Marktplätzen zu veranstalten. Die Herren sind begeistert, und wir starten fulminant mit einem Bühnengottesdienst und einem Konzert mit der Gruppe „Fools Garden". Der Marktplatz ist rammelvoll, und wir verkaufen an vielen Ständen Getränke und Kulinarisches. Die Botschaft kommt an: „Wir wohnen noch draußen in den Einrichtungen, aber heute sind wir mitten unter euch." Zugleich ist es auch der Startschuss für neue Wohnformen in den Gemeinden. Offene Hilfen, ambulant betreutes Wohnen, kleine Wohngemeinschaften. Alles geht an den Start. Es gelingt sogar, in einer Gemeinde eine Kleinsteinrichtung zu etablieren, in der man unabhängig vom Schweregrad der Behinderung leben kann. Man muss nur von hier sein. Ein Förderverein unterstützt, zahlreich bieten Ehrenamtliche aus dem Ort ihre Dienste an.

Noch heute durchläuft mich ein Schauer, wenn ich an die Beerdigungen von Bewohner*innen des Hauses denke. Klar war, alle kommen mit, zum einen wegen echter tiefer Trauer, zum anderen, weil man an diesem Nachmittag nicht in der Landwirtschaft schuften musste. Gesungen wurden meist die drei gleichen Lieder, zumal die alle auswendig kannten. Gesungen wurde mit voller Inbrunst, als ob man so seine Trauer hinausschreien könnte. Beim Gang zum Grab und beim Absenken des Sarges gab es kein Zurückhalten jedweder Gefühlsäußerungen. Heftiges Schluchzen, Schreie, letzte Worte. Beim nachfolgenden Leichenschmaus im Speisesaal durfte jeder und jede noch sagen, welche schönen Erinnerungen er oder sie an den Verstorbenen hat. Für die Weiterlebenden wurde so erlebbar, dass es immer einen würdevollen Abschied gibt.

Irgendwann beginne ich am späten Abend meine Gedanken aufzuschreiben. Für einige schwerstmehrfach behinderte Klient*innen skizziere ich einen Hilfeplan. Das Wort „Teilhabe am gesellschaftlichen Leben" gibt es noch nicht, erst Jahre später höre ich gespannt und erwartungsvoll von Inklusion.

## Inklusionsreise nach Tansania

Schnell hat es sich in der ganzen Einrichtung herumgesprochen. Es wird eine Reise geben nach Tansania, jede*r darf mit. Fast jede*r, denn die Angehörigen sollten zustimmen, die Gesundheit muss es zulassen und man muss es finanzieren können. Grad der Behinderung spielt keine Rolle. Es gibt zwar eine spendable Stiftung, die für jeden Reisenden mit Behinderung einen Teil der Reisekosten übernimmt, dennoch, der größere Teil der Kosten muss selbst getragen werden. Diese Regel gilt für die Mitarbeiter*innen der Einrichtung gleichermaßen wie für die Klient*innen.

Bald liegen 20 Anmeldungen vor, der Reisetermin steht fest. Die Altersspanne der Teilnehmer*innen geht von 25 bis 84. Die Art der Behinderungen, das ist absehbar, werden zur Herausforderung. Schon bei der Zugfahrt auf den Flughafen in Frankfurt trifft uns mit voller Härte die barrierereiche Welt des Reisens. Nur mit Hilfe der zehn nichtbehinderten Mitreisenden schaffen wir es in der vorgesehenen Zeit des Zugstopps, alle Gehandicapten und sämtliche Koffer hineinzuhieven. Dummerweise begeben wir uns in Frankfurt zum falschen Terminal. Zwölf Minuten nach geplantem Abflug erreichen wir den richtigen Check-in-Schalter. Sofort wird mit dem Kapitän des Flugzeuges telefoniert. "Warten!, die 20 sind da." An Bord sind wir in der ganzen Maschine verteilt. Die von Assistenz Verwöhnten sind sich selbst überlassen. In Dar es Salaam steigen alle wohlbehalten aus, nur eine von Inkontinenz geplagte Dame unserer Gruppe hat sich und den Passagiersitz durchnässt.

Aus dem nasskalten April-Deutschland kommend, schlägt uns in Tansania 35 Grad nassfeuchte heiße Luft ins Gesicht. Unsere kostensparende Unterkunft kennt keine Klimaanlage, dafür Stehklos. Da müssen wir kräftig assistieren.

Am anderen Morgen, noch bei Dunkelheit, starten wir in einem großen Linienbus auf die 800 km Reise in den Westen Tansanias, wo wir in den Livingstone-Mountains unser Ziel, ein Diakoniezentrum der lutherischen Kirche, erreichen wollen. Beim Besteigen des Busses erkläre ich dem Busfahrer, dass wir unbedingt regelmäßig Pinkelpausen brauchen. Was ich ihm nicht sage, ist, dass unser autistischer Mitreisender den Tag schon mit heftigem Durchfall begonnen hat. Es kommt, wie es kommen muss: Clemens (Name geändert) macht die Hosen voll. Der Bus hält mitten im Busch, direkt am Bus reißt sich Clemens die Klamotten vom Leib, und wir kleiden ihn unter den Augen aller Reisenden neu ein. Es gibt bei dieser Aktion viel Gelächter, aber keine Klagen.

Völlig erschöpft erreichen wir am späten Abend in stockdunkler Nacht das stromlose und lichtlose Diakoniezentrum. Ein gewaltiger Empfang wird uns bereitet: Chöre singen, Jugendliche tanzen, Pfarrer und Bürgermeister halten überschwängliche Reden, und Essen wird aufgefahren. „Erstmalig in der Geschichte treffen sich Menschen mit Behinderungen aus Europa und Afrika, werden zusammenleben, zusammenarbeiten, singen und tanzen!" so bringt es Elikana Kitahenga, der Leiter der Einrichtung, auf den Punkt. Mit Taschenlampen ausgestattet finden spät in der Nacht alle im Gästehaus der Diakonie ihre Betten. Mit Sonnenaufgang beginnt lautes Klappern und geschäftiges Treiben im Flur. Vor jeder Zimmertür steht dampfend warmes Wasser für die Morgenwäsche. Alle sind überrascht, wie kalt es in der Nacht geworden ist. Schließlich befinden wir uns in einer traumhaft schönen Bergwelt auf 2000 Metern Höhe. In warmen Jacken finden wir uns zur Morgenandacht und zum darauf folgenden Frühstück ein. Dabei stellen wir fest, dass sich zu unserer Gruppe noch zehn Menschen mit Behinderungen aus Tansania gesellt haben.

Zedekia, ein tansanischer Diakon, der seine Ausbildung in Deutschland gemacht hatte, erläutert uns in gutem Deutsch, dass wir nun eine Woche lang in einem Seminar für Menschen mit Behinderungen Körbe flechten und Stoffe batiken lernen werden. Tatsächlich hatte am Ende der Woche jeder einen Korb aus Bambus geflochten und einen wunderschönen Stoff gebatikt. Noch viel schöner jedoch sind die Freundschaften, die an diesen stressfreien Tagen entstanden sind, mit wenigen Worten, ohne Einrichtungsreglementierungen, aber mit viel Berührung, Lachen, Tanzen und Singen. Die Seminarwoche wurde abgeschlossen mit einem dreistündigen Gottesdienst mit Chören und vielen Grußworten. Klar, alle haben vor dem Altar getanzt und so Gott die Ehre erwiesen. Auch hier hat Elikana Kitahenga in einem Grußwort alles trefflich auf den Punkt gebracht: „Mit unserem gemeinsamen Leben und Arbeiten hier im Diakoniezentrum habt Ihr alle gezeigt, dass insbesondere Menschen mit Behinderungen die Ebenbilder der Vielfalt Gottes sind."

Nach einem reichlich gefüllten Sonntag mit Verabschiedungen und fünf Mahlzeiten, einer Tanzshow unseres Reisemitglieds Friedl und Segensworten sinken wir in unsere Betten für eine sehr kurze Nacht, denn morgens um 5 Uhr setzen wir unsere Reise in Geländefahrzeugen fort. Über unwegsames Gelände holpern wir durch die Berge an das Nordufer des Malawisee. Hier sind wir wieder in tropischer Hitze, können uns jedoch zur Abkühlung jederzeit in die kühlen Fluten des Malawisees stürzen. „Das ist der Garten Eden!", so bringen wir es auf den Punkt. Tagsüber frisches Obst, abends frisch gebruzzelter Fisch, nachts hören wir von der naheliegenden Flussmündung das Grunzen der Nilpferde. Das ist nun wirklich Afrika pur.

Auch diese Reise geht zu Ende. In Dar es Salaam fahren wir mit kostensparenden Pick-ups zum Flughafen. An einer roten Ampel, an der unser Fahrer ausnahmsweise anhält, greift ein junger Mann von der Straße nach der Armbanduhr unserer 84-jährigen mitreisenden Anneliese. Die wehrt sich, packt ihrerseits den Dieb am Handgelenk,

so dass dieser ein gutes Stück hinter dem bereits wieder fahrenden Pick-up herrennen muss. Wir klatschen vor Begeisterung. Anneliese stellt fest: „Nächstes Mal möchte ich wieder mit nach Tansania." Tatsächlich wird sie uns bei zwei weiteren Inklusionsreisen begleiten.

## Resümee

Naja, das Leben in einer Einrichtung, egal welcher Lebensform, ist keine exotische Reise. Aber die Reisen nach Afrika haben allen Teilnehmenden gezeigt: Armut befördert Behinderung und Behinderung befördert Armut. Mit dieser Erkenntnis erwächst eine gewisse dankbare Grundhaltung. Für Menschen, für die das Leben in einer Einrichtung die bessere Lebensform ist, muss dennoch ein Optimum an selbst gewünschter Teilhabemöglichkeit vorhanden sein und möglichst oft eine Inklusionsreise. Inklusion ist viel mehr, als „nur" für Menschen mit und ohne Behinderung ein gemeinsames Leben zu ermöglichen.

Deshalb ist Inklusion ein langer, schwieriger und dynamischer Prozess. Gegenseitiges Verständnis im Sinne des Verstehens, nicht des Wegschauens, ist die Grundlage, um den Weg gemeinsam zu gehen. Auf diesem Weg sind gemeinsame Urlaube, Reisen und Ausflüge für alle Beteiligten eine sehr intensive Erfahrung. Diese Erfahrungen sind oft schwer in den Alltag zu übertragen. Aber man bekommt eine detaillierte Sicht auf die behinderten Mitreisenden. Das prägt die innere Haltung: Alle sind Menschen mit unantastbarer Würde.

**Friedemann Salzer,** *Jahrgang 1956. Studium mit Abschluss Diakon, Karlshöhe Ludwigsburg. 1977–1980 Jugendreferent in der evangelischen Kirchengemeinde Aalen; 1981–1983 LKW-Fahrer; 1983–1984 Fahrradreise von Deutschland nach Afrika. Von 1985 bis 2012 in verschiedenen Bereichen der BruderhausDiakonie Reutlingen tätig, zuletzt als Dienststellenleitung der Behindertenhilfe Neckar-Alb der BruderhausDiakonie. Berufsbegleitend Akademiekurs für leitende Mitarbeiter\*innen bei der Diakonischen Akademie der EKD und Führungskräfte-Qualifizierung beim Diakonischen Werk Württemberg. 2012 bis 2020 Geschäftsführer der Kreiskliniken Reutlingen GmbH. Danach freiberufliche Tätigkeit als Projektmanager im Gesundheitswesen. Politisch engagiert im Ortschaftsrat Neuhausen (Landkreis Reutlingen) und im Kreistag Reutlingen.*

# Menschen mit Behinderung und ihre Rechte

## Von der Unmündigkeit zur gleichberechtigten Teilhabe

WALTER LINDENMAIER

Nach dem Ende der nationalsozialistischen Diktatur 1945 und dem Ende der Ermordung von geistig und psychisch behinderten Menschen konnte mit dem Neuaufbau der Behindertenhilfe begonnen werden. Zunächst stand dabei die Beseitigung der größten Not im Vordergrund. Menschen aus den zerstörten Städten und Angehörige der geflüchteten Menschen mussten wenigstens provisorisch versorgt werden. Die Rückgabe des beschlagnahmten Eigentums und Entschädigungszahlungen waren langwierig. So wehrten sich beispielsweise die Gemeinden Stetten und Rommelshausen heftig gegen eine erneute Nutzung als Einrichtung für Menschen mit Behinderung. Individuelle Wiedergutmachungsleistungen zum Beispiel wegen Zwangssterilisationen konnten sogar erst ab 1980 beantragt werden.[1] Ab 1958 bildete sich mit der Gründung der Lebenshilfe mit maßgeblicher Unterstützung durch Tom Mutters (Niederlande) eine Gruppierung, die die Bedürfnisse der behinderten Menschen (zunächst der Kinder) und ihrer Eltern in die Öffentlichkeit brachte. Dies geschah unter teilweise heftigem Widerstand. Die Vorurteile gegen Menschen, die in irgendeiner Art anders waren, wirkten weiter.

*Erinnerung an 300 ermordete Menschen mit Behinderung in Stetten 2010.*

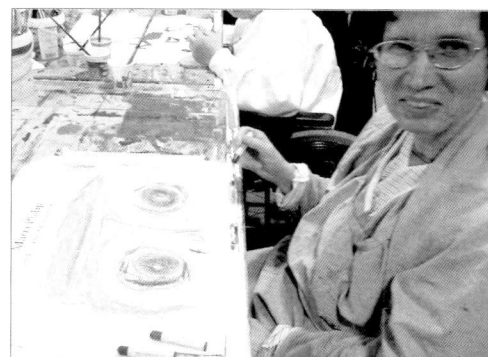

*Frau Goschau zeichnet eine Husse für die Erinnerungsaktion Grafeneck.*

---

1 Dazu als Beispiel die Anstalt Stetten in Gudrun Silberzahn-Jandt, „…und da gab es noch ein Tor, das abgeschlossen war…" Herausgeber: Vorstand Diakonie Stetten e.V. Kernen-Stetten 2018, S. 15 ff.

## Beispiel Hangweide

Gleichzeitig wurden neue, innovative Konzepte für das Wohnen von Menschen mit geistiger Behinderung realisiert. Ein Beispiel dafür ist die Hangweide der Diakonie Stetten. Ein neues Dorf mit neun Häusern, in denen etwa 360 Menschen mit geistiger Behinderung lebten, wurde 1958 fertiggestellt.[2] „In diesem Dorf wurden nicht nur neue Wohnungen geschaffen, sondern gleichzeitig auch ein neues, für die damalige Zeit innovatives Konzept für das Wohnen von behinderten Menschen umgesetzt …. Im Gegensatz zu großen Schlafsälen sollten familienähnliche Gruppen mit Mitgliedern unterschiedlichen Alters, mit einer ständigen Mitarbeiterin als „Elternersatz" und der Möglichkeit, einen eigenen Gruppenhaushalt zu gestalten, die Beziehungen der behinderten Menschen untereinander stärken und ihr Selbstbewusstsein heben." [3]

Im Alltag zeigten sich aber schnell Mängel. Besonders die geringe Wohnfläche war problematisch. Privates Eigentum konnte nur in minimaler Weise selbstständig benutzt werden. Fast alles wurde abgeschlossen aufbewahrt. Der große Schlüsselbund war ein wichtiges Symbol für die Mitarbeiter*innen. Auch die Sanitäranlagen waren nicht ausreichend. So konnte Intimität nicht gewährleistet werden. Beides hatte konkrete Auswirkungen auf das Bild von Menschen mit geistiger Behinderung, ständige Aufsicht und ein durchstrukturierter Tages- und Wochenablauf für alle waren wesentlich wichtiger als individuelle Ziele von Selbstbestimmung, Eigenverantwortlichkeit oder Intimität.

Aber nicht nur in den Gruppen war viel abgeschlossen. Auch zwischen Männer- und Frauenhäusern verlief ein hoher Zaun. Sexuelle Beziehungen zwischen Männern und Frauen durfte es nicht geben. Erst 1970 wurde der Zaun abgebaut. Aber in den Köpfen der Frauen und Männer blieb der Zaun noch jahrelang erhalten. Ein anderer Zaun, der um die gesamte Anlage gebaut war, blieb auch real erhalten. Natürlich sollte er verhindern, dass desorientierte Menschen in den Feldern und Wäldern der Umgebung verloren gehen.

Gleichzeitig schloss der Zaun aber die Hangweide auch gegenüber der Gemeinde Rommelshausen ab. Sie bildete einen eigenen Kosmos. Bis in die 1980er Jahre wurde die Infrastruktur mit einer Werkstatt, Therapieangeboten, Sportstätten und Freizeiteinrichtungen immer weiter ausgebaut. Man blieb autark. Ähnliches galt auch für viele andere Komplexeinrichtungen. Die Lebenshilfe mit kleineren Wohnheimen in den Gemeinden war da schon weiter.

Natürlich blieben die Heime von der rechtlichen Fortentwicklung der Behindertenhilfe z.B. durch das Bundessozialhilfegesetz oder das Heimgesetz nicht unberührt. Die weitreichenden Reformentwicklungen im sozialen Bereich in den 1970 Jahren veränderten auch das Leben der behinderten Menschen. In der Alltagspraxis in den Wohngruppen für Menschen mit einer geistigen Behinderung spielten lange Zeit Rechtsthemen und -probleme nur eine marginale Rolle. Pädagogische, psychologische und medizinische Themen standen deutlich im Vordergrund. Es wurde gefragt, wie das Leben von Menschen mit Behinderung anregender und reichhaltiger werden kann. Wie gelingt es, dass Menschen mit Behinderung selbständiger ihren Alltag gestalten können, wie können sie ein relativ normales Leben mit Trennung von Wohnen, Arbeit und Frei-

---

2   Ines Bader, Wohnen auf der Hangweide in 50 Jahre Hangweide 1958–2008, Herausgeber Vorstand der Diakonie Stetten e.V., Redaktion Ines Bader, Walter Lindenmaier, S.6 ff, 2008
3   Ines Bader, S. 6

zeit führen. Das waren zweifellos Diskussionen, die die Lebensqualität von Menschen mit Behinderung erheblich verbessert haben. Aber sie blieben immer noch Objekte einer Gesellschaft, die besser wusste, was für sie richtig und gut sei. Dagegen wurde nicht gefragt, was steht dem Menschen mit Behinderung zu, was sind seine Rechte und schon gar nicht, was gerecht ist im gesellschaftlichen Umgang mit Menschen mit Behinderung.

## Die UN-Behindertenrechtskonvention

Erst mit dem Inkrafttreten der UN-Behindertenrechtskonvention, in Deutschland am 26. März 2009, wurden rechtliche Fragestellungen aktueller, besonders weil die Behindertenrechtskonvention auch deutlich von Defizitvorstellungen über Menschen mit Behinderung abrückte und die Rechte von Menschen mit Behinderung im Rahmen der universellen Menschenrechte darstellte. Dadurch erhielten Konzepte zur Selbstbestimmung, Inklusion und Teilhabe am gesellschaftlichen Leben ein neues Gewicht. „Die für Deutschland verbindliche Konvention enthält Prinzipien (zum Beispiel Nicht-Diskriminierung, Chancengleichheit, Selbstbestimmung, Inklusion), Verpflichtungen (zum Beispiel Partizipation, Bewusstseinsbildung, Zugänglichkeit) und Einzelrechte (bürgerliche und politische sowie wirtschaftliche, soziale und kulturelle Rechte). Ziel der Konvention ist der volle und gleichberechtigte Genuss aller Menschenrechte und Grundfreiheiten für alle Menschen mit Behinderungen."[4]

## Fortbildungen für Menschen mit einer geistigen Behinderung

Auf diesem Hintergrund hat die Lebenshilfe Baden-Württemberg ab 2012 Seminare zu Rechtsfragen mit dem Titel „Was mir zusteht" für Menschen mit einer geistigen Behinderung ausgeschrieben. Allerdings zeigte sich bei der Ausschreibung und den zögerlichen Anmeldungen dazu, dass das Thema nach wie vor sowohl bei Mitarbeiter*innen als auch bei Bewohner*innen nicht sonderlich populär war.

## Die Ausschreibung des Seminars: „Was mir zusteht"

Das Recht spielt im Leben eines behinderten Menschen eine besondere Rolle. Was steht in der UN-Behindertenrechtskonvention über die Rechte von Menschen mit Behinderung? Was steht dazu im Grundgesetz der Bundesrepublik? Wie wirken sich diese Vorgaben aus beim Wohnen, bei der Arbeit, in der Freizeit? Was bedeuten diese Rechte für die Zusammenarbeit mit den gesetzlichen Betreuer*innen, mit den Mitarbeiter*innen, mit den Sozialämtern? Welche Gesetze und Regeln gibt es sonst noch? Was macht man, wenn es Streit gibt? Was passiert bei Gericht? Wie kann man seine Rechte einfordern? Die Themen werden mit vielfältigen Methoden bearbeitet. Es gibt viele Informationen zu den Gesetzen und was sie im wirklichen Leben für eine Bedeutung haben.

## Zum Ablauf der Seminare

Nach der Begrüßung und einer kurzen Darstellung, wie die Seminarleiter*innen sich den Ablauf des Seminars vorstellen, wurde für jede*n Teilnehmer*in ein Plakat mit einem Foto von sich selbst angefertigt. Darauf malten die Teilnehmer*innen ihre Wün-

---

4   Deutsches Institut für Menschenrechte, Monitoringstelle, o. J.

sche, Probleme und Erwartungen. Sie erfüllten sich mit der Teilnahme am Seminar den Wunsch nach persönlicher Weiterbildung und Entwicklung. Auf diese Weise wurde vermittelt, dass ihre eigenen Erfahrungen ernst genommen wurden und sie die notwendige Wertschätzung erfahren.

Die Teilnehmenden hatten dann ein großes Spektrum an Problemen und Erwartungen, die von Konflikten oder Meinungsverschiedenheiten mit Eltern, gesetzlichen Betreuer*innen und Mitarbeiter*innen über Konflikten mit Mitbewohner*innen bis zu Diskriminierungen und Unverständnis in der Öffentlichkeit reichten. In einer ausführlichen Vorstellungsrunde konnten die Teilnehmenden dann ihre Probleme und Wünsche noch einmal mündlich erläutern.

Die Probleme: Konkret ging es dabei oft um Einschränkungen in der Mobilität, wie zum Beispiel „Du kannst nicht allein in die Stadt", oder um Einschränkungen im Hinblick auf Beziehungen: „Du musst erst mal fragen, bevor dein Besuch mit Einschränkungen kommen kann, oder abstrakt „Warum darf ich nicht heiraten?" auch wenn ein konkreter Partner noch gar nicht vorhanden war. Auch Diskriminierung spielte eine Rolle: „Ich werde immer so komisch angeguckt." Wichtig war alles, was die Selbstbestimmung betraf. Das führte zu diversen Konflikten mit „Autoritätspersonen".

Die Wünsche: Die Wünsche und Erwartungen gingen besonders in Richtung „normales Leben". Das reichte vom Wunsch nach einem Handy über die Haltung eines Haustiers, über Kinobesuche bis zur eigenen Wohnung. Wir notierten die einzelnen Themen auf Metaplankarten. Bei den Spannungen zwischen Teilnehmenden und den Personen, die für Ihre Betreuung zuständig sind, Angehörige, gesetzliche Betreuer*innen , Mitarbeiter*innen der Heime und Werkstätten ging es, allgemein formuliert, auch um die Differenzen und Ambivalenzen, die in Begriffen wie Assistenz, Erziehung und Aufsichtspflicht angelegt sind. Viele Beispiele bezogen sich auf den Bereich der Barrierefreiheit. Interessant war, dass damit nicht nur Barrieren bei der Mobilität, sondern ganz ausdrücklich auch Barrieren in der Kommunikation angesprochen wurden. Ein konkreter Wunsch war beispielsweise, dass die Institutionen, in denen die Teilnehmer*innen wohnen und arbeiten, für ihre Kommunikation leichte Sprache verwenden.

Ein weiteres Problemfeld waren Störungen im Zusammenleben mit anderen in Wohngemeinschaften oder Gruppen. Da ging es um Themen wie Belästigung, Beschädigung oder Diebstahl von Eigentum. Gemeinsam wurden die Themen aufgeschrieben.

### Was bedeutet die UN- Behindertenrechtskonvention für Menschen mit Behinderung ganz konkret

Mit Hilfe der UN-Behindertenrechtskonvention in leichter Sprache (Schattenübersetzung, Deutsches Institut für Menschenrechte) und einer Auswahl von „Freiheit mit Unterstützung", (Herausgeber Bundesverband evangelische Behindertenhilfe), wurde untersucht, inwieweit es für die Bedürfnisse und Probleme der Teilnehmer*innen Rechtspositionen gibt. Dabei ging es um einzelne Inhalte der Behindertenrechtskonvention:

Bereich Arbeit: Die Teilnehmenden waren im Prinzip mit ihrer Arbeitssituation zufrieden. Es war ihnen aber dennoch wichtig, ein Recht auf einen selbstbestimmten Wechsel des Arbeitsplatzes zu haben, die Chance zur innerbetrieblichen Weiterbildung, die Chance auf einen Wechsel in Integrationsbetriebe oder den ersten Arbeitsmarkt mit einer entsprechenden Assistenz. Insgesamt war aber für die Teilnehmenden von besonderer persönlicher Bedeutung, dass sozusagen die Rollen der betreuenden Mitarbeiter*innen und der Mitarbeiter*innen mit Behinderung diffus sind. Die Funktionen der betreuenden Mitarbeiter*innen als Vorgesetzte, als Assistent*innen und besonders als „Erziehende" verwischten sich aus der Sicht der Mitarbeiter*innen mit Behinderung häufig. Damit konnten sie auch für sich keine eindeutige Rolle finden. Sie wussten nicht genau, ob sie schwerpunktmäßig als Arbeitnehmer*innen, als Menschen mit Hilfebedarf oder als Menschen, die besonderer Aufsicht bedürfen, behandelt werden, und erlebten deshalb einige Handlungsweisen der betreuenden Mitarbeiter*innen als grenzüberschreitend für Arbeitnehmer*innen.

Bereich Wohnen: Das Thema Wohnen war stark bestimmt von der Frage, wie weit die Privatsphäre geschützt ist. Damit wird, ähnlich wie bei der Arbeit, nach der Rolle von betreuenden Mitarbeiter*innen, gesetzlichen Betreuer*innen und Angehörigen gefragt. Dazu gab es einen kleinen Exkurs ins Bürgerliche Gesetzbuch, in dem die „gesetzliche Betreuung" und die Bereiche und Funktion der „gesetzlichen Betreuung" geregelt sind. Bei Teilnehmenden, die in Gruppen wohnten, war gleichzeitig auch das Verhältnis zu Mitbewohner*innen bedeutsam. Im Mittelpunkt stand dabei die Verletzung der Privatsphäre durch unerwünschte Besuche im Bewohnerzimmer oder ständigen Lärm.

Bereich Barrierefreiheit: Erfahrungen mit Barrieren erlebten einige Teilnehmer*innen direkt (elektrischer Türöffner, Rollstuhl WC, fehlende Handläufe an Treppen). Wichtig war aber auch die Barrierefreiheit in der Kommunikation. Die Teilnehmenden besprachen verschiedene Beispiele, z.B. Fernsehnachrichten in Gebärdensprache, Texte in leichter Sprache, Infosysteme für Sehbehinderte. Ein konkreter Wunsch war, dass Einrichtungen ihre Informationen in leichter Sprache zugänglicher machen.

Ebenfalls angesprochen wurden das Recht auf Bildung, besonders der beruflichen und Erwachsenenbildung, das Thema der medizinischen Versorgung und die Frage, wie Rechte in Anspruch genommen werden können, inklusive des Zugangs zur Justiz.

Als Abendprogramm gab es den Film „Me too – wer will schon normal sein", bei dem die Liebesgeschichte zwischen einem jungen Mann mit Downsyndrom und einer nicht behinderten Frau erzählt wird. Der Film enthält in gewisser Weise alles, was an Wünschen an die Zukunft auch für die Teilnehmenden eine Rolle spielt, eine gute Ausbildung, einen Arbeitsplatz in einer Firma oder Institution mit nicht behinderten Kollegen, die einen schätzen, und als Höhepunkt die intime Beziehung zu einem anderen Menschen: „Ich will einen Menschen an meiner Seite fühlen, ich will überhaupt etwas fühlen."[5]

---

5  Me too – wer will schon normal sein – Zitate aus dem Film.

## Dauerbrenner zwischenmenschliche Konflikte und deren Bewältigung

Gemeinsam wurde überlegt, wie normalerweise im Alltag Konflikte gelöst werden. Die Erfahrungen der Teilnehmenden zeigten, dass fast alle Konflikte sozusagen intern geregelt werden und nur selten externe Instanzen, zum Beispiel die Justiz, beansprucht werden. Dabei wurde überlegt, welche Möglichkeiten zur Konfliktlösung vorstellbar sind.

Bei Konflikten zwischen Gruppenmitgliedern oder mit Nachbarn erwarteten die Teilnehmenden, wenn sie sich als Opfer fühlten, dass Bezugspersonen für sie Partei ergreifen. Wenn sie selbst sich als Täter fühlten, hofften sie, dass die andere Partei zum Beispiel Entschuldigungen akzeptiert. Es war ihnen aber auch bewusst, dass so die Probleme manchmal nur sehr oberflächlich gelöst sind.

Mit dem Modell des Täter-Opfer-Ausgleichs wurde eine Form angesprochen, mit der Konflikte dieser Art verbindlichere Lösungen ermöglichen. Die Teilnehmenden gingen dabei davon aus, dass meistens die Mitarbeiter*innen dabei als Mediator*innen hilfreich sind und besonders bei Konflikten innerhalb der Gruppe von beiden Parteien akzeptiert werden können.

Bei Konflikten, bei denen es um die Durchsetzung von Selbstbestimmungsrechten gegenüber Mitarbeiter*innen usw. geht, die ihr Handeln mit Fürsorgepflichten begründen, überlegten wir, ob nicht eine Form von informellem Hilfeplangespräch, eine Art Zukunftsplanung, an dem die Betroffenen selbst, aber auch andere Personen aus dem Beziehungsnetzwerk der Beteiligten teilnehmen, hilfreich ist. Als Chance wurde die Möglichkeit gesehen, dass mehr Verständnis für die Beweggründe der Beteiligten, in der Form zu handeln, wie sie es eben tun, die emotionalen Verhärtungen und Charakterisierungen der anderen ein Stück weit auflösen kann. Damit wäre dann der Weg frei, um zu beschreiben, wie Bedürfnisse und Wünsche in Teilzielen und Maßnahmen realisiert werden können.

Auch dabei ist die Frage der Mediator*in für die Teilnehmenden besonders bedeutsam, von ihr/ihm wünschen sie sich ein Grundverständnis, wie es im Zitat von Metzler, Rausch formuliert ist: „Selbstbestimmung heißt, sein eigenes Leben zu leben. Sein eigenes Leben zu leben heißt, selbst zu entscheiden, wie und wo man leben will, ob man eine Lebenspartnerin bzw. einen Lebenspartner, einen Ehepartner, Kinder haben möchte, welchen Beruf an welchem Arbeitsplatz man ausüben will. Selbstbestimmung schließt auch das Recht auf das Risiko ein, Fehler zu machen, zu scheitern und evtl. daraus zu lernen."[6]

Als weitere Information dazu lernten die Teilnehmenden, dass im Gesetz steht, dass bei allen wichtigen Wünschen an die Gestaltung der Zukunft die Träger der Sozialhilfe zu einer individuellen Hilfeplanung verpflichtet sind. Dabei kann es um das Persönliche Budget gehen oder der Wunsch, anders zu wohnen.

Zum Abschluss des Seminars kommentierte jeder Teilnehmende die Veranstaltung. In einer Wandzeitung wurden die die Dinge, die den Teilnehmenden wichtig waren aufgeschrieben. So wurde die Vielschichtigkeit noch mal für alle Teilnehmenden sichtbar.

---

[6] Heidrun Metzler, Christine Rausch: Teilhabe als Alltagserfahrung in geistige Behinderung 42. Jahrgang, 03/03

## Nachklänge des Seminars: Ein Leben ohne Diskriminierung sowie Gleichbehandlung

Einen der damaligen Teilnehmer des Seminars treffe ich regelmäßig in der Kunstwerkstatt Esslingen. So konnten wir uns sechs Jahre später über das Seminar unterhalten. Er erinnerte sich an seine Teilnahme und auch im Einzelnen noch an den Film „Me too" und an ein Rollenspiel „die Gerichtsverhandlung". Beides hat ihn emotional sehr berührt. Die Gerichtsverhandlung ist für ihn ein wichtiges Instrument, um Gerechtigkeit herzustellen, wobei besonders wichtig ist, dass der Schuldige auch seine gerechte Strafe bekommt und Unschuldige in Schutz genommen werden. Man kann annehmen, dass, zumindest für ihn, Gerechtigkeit ein bedeutsames Kriterium in seinen Beziehungen zu anderen Menschen ist. Der Film zeigt in gewisser Weise einen deutlichen Kontrast zu seinem eigenen Leben und bildet sehr wohl Wünsche und Sehnsüchte ab, die er aber für sich nicht gut zulassen kann, weil sie von seiner eigenen Lebensrealität weit entfernt sind und immer auch das Risiko von Enttäuschung beinhalten. So hält er sich an ein Zitat des Films „wofür das alles, wenn ich am Ende doch nicht glücklich bin." Dagegen war die Erinnerung an die (rechtlichen) Regeln, die die Rahmenbedingungen für seinen aktuellen Alltag bilden, nur schwach, so auf dem Niveau, da war ja auch noch was. Für ihn ist wichtig, dass sein aktueller Status mit dem Leben im Heim, mit dem er zufrieden ist, erhalten bleibt. Das vertritt er auch so in seiner Hilfeplanung. Dabei erlebt er die neue gesetzliche Regelung durchaus als positiv. Das liegt unter anderem auch daran, dass er die Mitarbeitenden des Sozialamts als sehr empathisch erlebt.

Gerechtigkeit ist für ihn ein Leben ohne Diskriminierung, mit Gleichbehandlung und Fairness. Das hat aber auch für andere Menschen mit geistiger Behinderung im Alltag sehr große Bedeutung: In der alltäglichen Praxis wird das immer noch zu wenig thematisiert. Fortbildungen wie diese sind daher vor allem im Zusammenhang mit anderen Seminaren und Kongressen zu verwandten Themen wie Teilhabe, Hilfeplanung oder Beziehungen wichtig. Sie bieten Diskussionsmöglichkeiten für Menschen mit Behinderung außerhalb ihres Alltagslebens, erfüllen den Wunsch nach Erwachsenenbildung und bieten ganz nebenbei auch durch die mit Empathie und Vergnügen durchgeführten Veranstaltungen Möglichkeiten, sich solidarisch zu erleben und Kontakte mit vielen anderen interessanten Menschen zu bekommen.

**Walter Lindenmaier,** *Jahrgang 1945, Studium an der Pädagogischen Hochschule Esslingen. Lehrer an einer Grund- und Hauptschule und Fachlehrer für Grundschuldidaktik an der Pädagogischen Hochschule Esslingen, Diplomstudium Erziehungswissenschaft. Von 1976 bis 1993 im Therapiezentrum Hangweide der Diakonie Stetten tätig, anschließend bis 2008 Wohnbereichsleitung an verschiedenen Standorten der Diakonie Stetten, zuletzt in Esslingen. Mitarbeit in verschiedenen Beratungs- und Fortbildungseinrichtungen des Diakonischen Werks Württemberg. Nach der „Wende" Beratung von Wohnheimen in Thüringen. Mitwirkung in verschiedenen Gremien des Diakonischen Werks Württemberg, beim Sozialamt der Stadt Stuttgart und im Landratsamt Esslingen. Seit 2008 im Ruhestand. Seitdem ehrenamtliches Engagement bei Fortbildungen für Menschen mit Behinderung und bei der Kunstwerkstatt Esslingen.*

# Drei Jahrzehnte Selbstbestimmung von Menschen mit Lernschwierigkeiten

## Entwicklungen und Stolpersteine

HELMUT WALTHER

Rund 30 Jahre Diskussion, Theoriebildung und Ausprobieren hat die Leitidee „Selbstbestimmung" in der Hilfe für Menschen mit kognitiven und mehrfachen Beeinträchtigungen (zukünftig: Menschen mit Lernschwierigkeiten) nun mindestens schon hinter sich. Die heiße Phase der Diskussionen ist vorbei, das Wichtigste dürfte im Wesentlichen wohl gesagt sein. Zeit für einen Rückblick:

### Vom Betreuer zum Begleiter

Der Diskussion in Deutschland gingen internationale Initiativen und soziale Bewegungen in den 60er Jahren voraus, insbesondere wohl die Independent Living Bewegung, deren Protagonisten sich als Teil der Bürgerrechtsbewegungen in den USA sahen. In Deutschland haben insbesondere die Aktionen der „Krüppelbewegung" in den 80ern das Thema in die (fachliche) Öffentlichkeit gebracht, mit denen sich Menschen mit körperlichen Beeinträchtigungen gegen die Bevormundung in den Institutionen und durch die Fachleute wehrten. Mit dem Konzept des „Assistenzmodells" bzw. der „persönlichen Assistenz" (Adolf Ratzka) wurde den Agierenden in der Behindertenhilfe ein Beziehungsmodell verordnet, nachdem sie nun „nur" noch Assistenten sein sollten und die Regiekompetenz (bestehend aus Finanz-, Personal-, Anleitungs-, Raum- und Sozialkompetenz) bei den Betroffenen zu liegen hatte.

Außerhalb der Behindertenhilfe entstanden in der allgemeinen Pädagogik die Konzepte Antipädagogik (Ekkehard von Braunmühl) und non-direktive Pädagogik (Wolfgang Hinte) oder nicht-direktive Erziehung, in der humanistischen Pädagogik und Psychologie die Konzepte selbstgesteuerten Lernens (Carl Rogers, etc.). Im Bereich des Rechts veränderte das Betreuungsrecht die Rechtsstellung erwachsener Menschen mit Beeinträchtigung, die „gesetzliche Betreuung" löste das bis dahin geltende Konstrukt der Vormundschaft ab. Die strukturellen Behinderungen, denen Menschen mit Beeinträchtigungen ausgesetzt waren, wurden erkannt und die Beseitigung von Barrieren wurden im Behindertengleichstellungsgesetz zumindest mal für öffentliche Gebäude festgeschrieben. Die Konzepte des „Universal Design" und des „Design für alle" wurden in Zusammenhang mit Barrierefreiheit gebracht und Regeln für die Gestaltung von Produkten, technischen Geräten und des öffentlichen Raumes entwickelt, um die Nutzbarkeit durch möglichst viele Menschen zu erreichen. Das Übereinkommen über die Rechte von Menschen mit Behinderungen der Vereinten Nationen wurde verabschiedet, und die unterzeichnenden Nationen sollten die Regelungen in die nationalen

Gesetzgebungen übertragen, was später mit dem Bundesteilhabegesetz geschah. Der Grundgedanke der Selbstbestimmung wird als übergeordnetes Ziel im Sozialgesetzbuch IX festgeschrieben.

Aber auch in der Lebenswelt der Menschen mit Lernschwierigkeiten gingen Initiativen und Diskussionen voraus, welche die Selbstbestimmung auch für diese Gruppe zum Thema machten oder in direktem Zusammenhang gesehen werden können wie das Normalisierungsprinzip (Dänemark), die People-First-Bewegung (Schweden, England, Kanada), self advocacy (USA) etc. Im Jahr 1993 erarbeitete das Comittee Self Advocacy der Internationalen Liga von Vereinigungen für Menschen mit geistiger Behinderung Grundsatzaussagen in Utrecht. Im Jahr 1994 veranstaltete die Bundesvereinigung Lebenshilfe einen Kongress „Ich weiß doch selbst, was ich will" in Duisburg. Das Assistenzkonzept diente auch Menschen mit Lernschwierigkeiten als Blaupause und wurde mit der Fokussierung auf die Beziehung zwischen betreuender und betreuter Person in abgewandelter Form zur Formel „vom Betreuer zum Begleiter".

## Vom Betreuten zum Kunden

Das am Defizit orientierte Weltbild, welches sich die Betreuer über die Betreuten gemacht hatten, sollte abgelöst und der Blick auf die Würde der Person gerichtet werden. Es ging darum, die Bevormundung zu beenden, und das Recht, die eigenen Angelegenheiten selbst zu bestimmen, den Betreuten nicht mehr vorzuenthalten, ihnen die „Regiekompetenz" (Assistenzkonzept) zurückzugeben. In den stationären Angeboten wie den Heimen wurden strukturelle Ursachen der Bevormundung erkannt, beispielsweise dann, wenn sich Duschen, Essen oder Schlafengehen etc. nach den Dienstzeiten der Betreuer zu richten hatte und nicht nach den Wünschen der Betreuten. Um dieser Falle zu entkommen, forderten die Betroffenen ambulante, offene Assistenzangebote, aus denen sie die aus ihrer Sicht erforderliche Unterstützung frei auswählen können; die „Offenen Hilfen" entstanden und boten die Perspektive, stationäre Angebote abzulösen. Die Aussonderung in den Sondereinrichtungen wurden hinterfragt, und die Tür zur Teilhabe am Leben in den Institutionen der „normalbehinderten" Gesellschaft sollten geöffnet werden. Kognitive Beeinträchtigung sollte nicht mehr um jeden Preis „weggefördert" werden müssen, sondern akzeptiert und das Augenmerk auf die Bereitstellung der erforderlichen Unterstützungsangebote gelegt werden. Behinderung sollte vom Etikett der Unzulänglichkeit einer Person zu einem normalen Bedarf an Dienstleistung werden, wie ihn die „Normalbehinderten" ja auch in vielen Bereichen haben und nutzen; Metzgerei, Bäckerei, Kfz-Werkstatt usw.; inklusiv Qualitätsanspruch und Verbraucherschutz, wohlgemerkt; Leistung gegen Geld, nichts weiter. Das „Kundenmodell" schaffte den Sprung in die Fachdiskussion der Behindertenhilfe und hatte das Zeug dazu, den Begriff „Behinderung" als verallgemeinerndes Etikett fast überflüssig zu machen. Keiner kann alles und jeder braucht doch irgendwie Unterstützung.

## Ein anderes Menschenbild entsteht

Die Forderungen der Menschen mit Lernschwierigkeiten waren eindeutig und leicht verständlich: „Wir möchten unsere Entscheidungen selbst treffen!", „Wir müssen als Person behandelt werden!", „Wir müssen Risiken selbst tragen!", „Wir haben ein

Recht zu lernen!", „Wir haben etwas zu sagen, ihr müsst uns zuhören!", „Redet nicht über uns, sondern mit uns!" (Comittee Self Advocacy). Die Forderungen der Betroffenen sowie derjenigen Betreuenden, welche sich für die Ziele der Selbstbestimmt-Leben-Bewegung einsetzten, ließen sich verdichten zur Forderung nach einer Änderung der Haltung und des Menschenbildes der Betreuenden. Die Bevormundung resultierte mutmaßlich aus der Vorstellung der Betreuenden, gerade Menschen mit Lernschwierigkeiten könnten die Verantwortung für ihre Person und ihre Interessen nicht selbst übernehmen, und man müsse daher stellvertretend für sie tätig werden (und ihnen sagen, was das Beste für sie sei). Die Prämisse, dass auch Menschen mit Lernschwierigkeiten Verantwortung für sich und ihre Wünsche und Interessen übernehmen können, entpuppte sich dann in den folgenden Jahren als – manchmal auch zäher - Dauerbrenner in den Diskussionen und stößt bis heute immer noch auf eine gewisse Skepsis. Während die Befürworter den Fokus darauf legten, den Willen der Person achtsam und feinfühlig zu respektieren und fehlendem Wissen und Können mit Unterstützung und Ermutigung zu begegnen, reagierte die andere Seite mit dem Argument der Realitätsferne oder gar der Verwahrlosungsgefahr.

Mit dieser Haltungsänderung verbunden war die Forderung nach einer Änderung des Selbstbildes bzw. der Rolle, die dem Betreuenden nun zukommen sollte. Er sollte zum Assistenten werden, welcher der Person zur Seite steht, sie lediglich begleitet und auf Anforderung seine Unterstützung anbietet.

*Schulbegleitung*

*Theatergruppe ECHT*

Die Rolle als Bestimmender, Entscheider und ununterbrochen initiativ Agierender und Steuernder, der alles im Blick hat, galt als überholt. Mit dieser Rollenänderung wurden nicht-direktive Methoden verbunden: sich zurücknehmen, zuhören (auch wenn es länger dauert), Entscheidungen nicht wegnehmen, sich nicht ungefragt einmischen, verstehen, Verhalten entschlüsseln (z.B. sogenannte Verhaltensauffälligkeiten), ermutigen, fehlerfreundlich sein, moderieren, usw. Diese Assistentenrolle einzunehmen, stellte die Betreuenden vor hohe Anforderungen an ihre berufliche Identität und Persönlichkeit und gelang nicht jedem. Bis heute nicht.

## Wege zu einer ernsthaften Beteiligungskultur

Als einer der wirksamsten Ansätze war die Beteiligung der Betroffenen, und das ist er bis heute. Wenn Menschen mit Lernschwierigkeiten in Vorständen, Ausschüssen oder Beiräten reguläre Mitglieder sind, ist ein Status „auf gleicher Höhe" schon mal grundsätzlich gesetzt, und beide Seiten können lernen, wie sie miteinander agieren können. Ich erinnere mich noch gut an die integrativen Fachtagungen des Landesverbandes der Lebenshilfe in Baden-Württemberg. Als wir alle in den verschiedenen Workshops bunt gemischt zusammensaßen, ging es einfach nicht mehr, „über sie" zu reden. Es wäre zu peinlich gewesen. Wir stiegen um auf die direkte Ansprache und stellten unsere Fragen direkt an die, die es anging. „Redet nicht über uns, sondern mit uns!" – so einfach und schnell ging das. Zermürbende Diskussionen über Haltung und nicht-direktive Methoden: überflüssig. Und wenn Ihnen als Begleiter niemand mehr den Satz sagt „Ich bewundere Sie, wie Sie diese schwere Arbeit machen!" und womöglich noch einen 10-€-Schein in die Hand drückt, dann sind wir gesellschaftlich auch schon wieder ein Stück weiter.

## Umfassende Barrierefreiheit

Mit der aufkommenden Diskussion um Barrierefreiheit rückte die „Leichte Sprache" in den Fokus der Aufmerksamkeit. Nachdem die Entstehung von Behinderung als Wechselwirkung zwischen den Fähigkeiten der Person und den umgebungsbedingten Barrieren erkannt war, sollte hinsichtlich der Barrierefreiheit für Menschen mit Lernschwierigkeiten durch Leichte Sprache eine wesentliche Barriere beseitigt werden, um Selbstbestimmung zu ermöglichen. Diskutiert wurden auch die Themen bildhafte Kommunikation bzw. Sprache (z.B. mittels Piktogrammen oder Symbolbildern) für Personen, die Schwierigkeiten hatten mit Wort- und Buchstabenerkennung sowie unterbrechungsfreie Leitsysteme für Personen, die Orientierungsschwierigkeiten hatten. Leichte Sprache ist bis heute einigermaßen verbreitet, und für 2021 sollen unter Federführung des Bundesministeriums für Arbeit und Soziales vom Deutschen Institut für Normung „Empfehlungen für Deutsche Leichte Sprache" ausgearbeitet werden. Da aber vermutlich für die Mehrzahl der Menschen mit Lernschwierigkeiten Schrifterkennung grundsätzlich eine große Hürde darstellt, könnte, nein sollte bildhafte und audible Kommunikation auch vor dem Hintergrund der technischen Entwicklung (z.B. Smartphones) an Bedeutung zunehmen.

## Neue Wege bei der Unterstützung

Die Entstehung der „Offenen Hilfen" stand in direktem Zusammenhang mit dem aufkommenden Widerstand gegen die Bevormundung in den Institutionen und den Forderungen nach Selbstbestimmung. Die Offenen Hilfen sollten Vorrang haben vor den stationären Hilfen, und zur Diskussion stand, ob nur die Auflösung der Heime die Bevormundung letztlich beenden kann (Klaus Dörner) und allein die Offenen Hilfen die adäquate Form der Unterstützung sind, will man ein selbstbestimmtes Leben ermöglichen. Manch einer schaute neidvoll nach Norwegen und Schweden, wo die Heime per Gesetz aufgelöst wurden und Menschen mit Lernschwierigkeiten in ihren Wohnungen leben. Bis heute sind die Offenen Hilfen für Menschen mit Lernschwierigkeiten zwar gewachsen und präsent, bieten aber vornehmlich Dienstleistungen im

Rahmen der Teilhabe zu Freizeitangeboten. Auch die ambulanten Wohnangebote, welche je nach Geschmack des Trägers entweder den Offenen Hilfen oder den Wohnheimen angegliedert sind, sind präsent und stark gewachsen. Die zentrale Rolle aber, welche den Offenen Hilfen ursprünglich hinsichtlich Zugewinn an Selbstbestimmung für Menschen mit Lernschwierigkeiten angedacht war, haben diese bis heute bei Weitem nicht. Nach wie vor sind Heime und Werkstätten die Orte für Menschen mit Lernschwierigkeiten, in denen sie wohnen und arbeiten. Ob das neue Bundesteilhabegesetz nun wesentliche Impulse hinsichtlich Individualisierung und Selbstbestimmung für die Veränderung der Praxis schafft?

**Helmut Walther,** *Jahrgang 1961*
*Studium der Elektrotechnik an der Universität Stuttgart.*
*Anschließend Studium der Pädagogik und der Soziologie an der Universität Freiburg und danach Studium der Sozialpädagogik an der Pädagogischen Hochschule Freiburg.*
*Seit 1987 beim Club 82 e.V. tätig, einer Sozialeinrichtung in Haslach im Kinzigtal, seit 2012 als Geschäftsführer.*

# Natürlich war früher alles besser!

## Oder etwa doch nicht?

HELMUT BRAUN

### Die 1980er Jahre

Wir schreiben das Jahr 1981. Das „Internationale Jahr der Behinderten" wird von der Vollversammlung der Vereinten Nationen ausgerufen. Die Heime, Schulen und Werkstätten für Behinderte erstellen, oft an den bisherigen Standorten, neue Häuser und bauen die Spezialisierung und Differenzierung ihrer Angebote aus.

Ich trete meinen Zivildienst in einem Heim für Behinderte an, damals ohne sprachliche Differenzierung nach Geschlecht oder politisch korrekter Bezeichnung der Klientel. Das Heim liegt idyllisch in einem alten Kloster und hat alles, was man braucht: eigene Großküche, Landwirtschaft, Werkstatt, eine Turnhalle, in der es wöchentlich Kino und Disko gibt, Wohnungen für Mitarbeiter*innen und ihre Familien und Zimmer und Wohngemeinschaften für die Kurzis. Das sind Kurzzeit-Mitarbeiter, also Zivildienstleistende, kurz Zivis, Mitarbeiter, die ein freiwilliges soziales oder diakonisches Jahr oder ein Praktikum machen. Wir haben das größte Verhütungsmittel der Welt, nämlich einen Zaun um die Wohngruppen, in denen die Mädchen und Frauen wohnen. Ein toller Ort zum Leben. Und das ist wirklich so gemeint, weil es sich auch in echt so anfühlt.

Wir Mitarbeiter*innen pflegen und versorgen „Behinderte."[1] In nach Geschlechtern getrennten Wohngruppen. Die „Fitten" sollen, dürfen oder müssen tagsüber in die Werkstatt für Behinderte gehen. Die „Schwachen" bleiben überwiegend in der Gruppe und werden dort beschäftigt. Der Tagdienst kommt um 6.30 Uhr und geht um 18.30 Uhr. Ein Spätdienst ist noch für mehrere Gruppen zuständig und bleibt bis 21.00 Uhr. Dann kommt die Nachtwache für das ganze Haus oder häufiger auch für mehrere Häuser. „Meine Jungs" sind da alle schon im Bett. Von „meinen elf Jungs" sind sieben in Schlafsäcken und zum Teil am Bett fixiert. Fast alle haben ein Gitter am Bett zum Schutz gegen ein Herausfallen (oder ein selbständiges Rumlaufen ohne Aufsicht). Die Türen der Zimmer sind abgeschlossen, und die meisten bekommen Medikamente. Gegen ihre Epilepsie, ihr Problem mit der Schilddrüse oder weil sie eben ein bisschen aufgedreht und manchmal sogar aggressiv sind (oder eben vorher waren). Und selbstverständlich richten, bestellen und verabreichen auch wir Kurzis diese Medikamente. Der Tagesablauf ist im Grundsatz für alle Bewohner*innen gleich. Gleiches Recht und gleiche Regeln für fast alle. Die engagierten Zivis oder Diakonischen Helfer oder Heil-

---

1 Der sich verändernde Sprachgebrauch vom „Behinderten" zum „Menschen mit Unterstützungsbedarf" zeigt den Wandel von 40 Jahren der Geschichte der Behindertenhilfe auf.

erziehungspflegeschüler nehmen die Lieblingsjungs schon auch mal mit in die Disco in der Region oder sogar in der Landeshauptstadt. Wir müssen dann eben die Heimkehrer selbst ins Bett bringen. Ansonsten decken wir die ganz normalen Dienste ab, wie jeder andere Mitarbeiter auch. Auch schon mal mehrere Tage am Stück alleine, das heißt ohne ausgebildete Kollegen. Wir leben mit unseren Jungs, nehmen sie auch mal über Weihnachten mit zu uns nach Hause, wenn sie keine Angehörigen haben. Das Ziel ist, etwas Abwechslung in ein sonst sehr strukturiertes und fremdbestimmtes Leben der Bewohner zu bringen.

Dies ist ziemlich genau 40 Jahre her, und die beschriebenen Um- oder Zustände sind damals für uns völlig normal. Und weil es mir so gefällt, hänge ich nach meinem Zivildienst noch ein Jahr dran, verdiene vergleichsweise viel mehr Geld für dieselbe Arbeit, und steige mit dieser Qualifizierung sogar zum stellvertretenden Gruppenleiter auf.

Ich gehe dann aber trotzdem studieren und verdiene mir in dieser Zeit als Ferienhelfer und Aushilfe in der Einrichtung immer was dazu. Als „Eingelernter" bin ich gerne gesehen und darf oft die Urlaubszeit der Mitarbeiter zusammen mit anderen „Ehemaligen" alleine abdecken.

## Zehn Jahre später

Nach dem Studium komme ich Ende der 1980er wieder in die Einrichtung und darf als „Erziehungsleiter" die Verantwortung für acht Wohngruppen übernehmen. Viel verändert hat sich in der Zwischenzeit im Heim nicht. Aber der Heimleiter hat Vertrauen in den jungen Leiter und seine drei erfahrenen Kollegen und lässt sie manche Veränderung umsetzen. Die ersten Wohngruppen außerhalb des Klostergeländes dürfen gegen anfängliche Vorbehalte eingerichtet werden. Wir bereichern damit in der Tat so manche Wohngegend in den benachbarten Gemeinden, in denen unsere Außenwohngruppen liegen. Denn selten vorher gab es dort Nachbarschaftsfeste mit selbst gegrillten Schweinen oder eine Entschleunigung beim Warten in der Schlange beim Bäcker, weil einer von unseren Bewohnern Schwierigkeiten mit der Entscheidungsfindung hat. Aber wir und unsere Bewohner*innen fühlen uns willkommen und akzeptiert. Auf dem Gelände reißen wir das Verhütungsmittel, den Zaun ab, und männliche Mitarbeiter dürfen nun auch in Frauengruppen arbeiten. Wir lassen gemischtgeschlechtliche Gruppen zu. Am Anfang zwar nur im Bereich der Schwerbehinderten, aber immerhin!

## Wege zu mehr Differenzierung und Transparenz

Im Leistungsrecht ereignen sich große Veränderungen: Wir haben bisher einen pauschalen Pflegesatz, der rückwirkend erhöht wird, wenn das Geld im vergangenen Jahr nicht gereicht hat. Dass das nicht zu einer Kostenexplosion führt (stellen Sie sich vor, sie würden nach diesem Modell Taschengeld an ihre Kinder auszahlen: „Wenn´s nicht reicht, kommst du noch mal und holst dir noch was!") lässt sich lediglich durch die Selbstdisziplin und schwäbische Genügsamkeit der oftmals durch Theologen geführten Einrichtungen erklären.

Nun wird aber ein neues System zur Finanzierung der Angebote eingeführt: Es gibt differenzierte Vergütungsgruppen für unterschiedliche Behinderungsgrade. Dadurch ändern sich in einigen Wohngruppen die Personalressourcen gravierend. Manche haben mehr, manche weniger Personal. Aber die Grundlagen der Planung werden eindeutig transparenter. Wir differenzieren die Menge der Mitarbeiter*innen stärker und beginnen mit einer klareren Festlegung, auch, wo welche Qualifikationen notwendig sind. Wir verändern unsere Dienstzeiten und wundersamerweise sind viele Bewohnerinnen und Bewohner auch nicht mehr um 18 Uhr so müde, dass sie ins Bett wollen, sondern halten locker auch bis 21 Uhr durch. Und wer dann immer noch nicht müde ist, kann sogar länger aufbleiben, weil die Nachtwache ihm oder ihr auch ins Bett helfen kann. Das neue Betreuungsrecht bringt mit sich, dass Maßnahmen wie z.B. Bettgitter, abgeschlossene Türen, Fixierungen nur noch nach detaillierter Prüfung und richterlicher Genehmigung möglich sind. Und selbstverständlich mit sauberer Dokumentation. Ach ja, die Sache mit den Medikamenten: Wir schulen die Mitarbeiter*innen intensiver und entscheiden dann, wer was in diesem Bereich machen kann und darf. Wahrscheinlich noch immer nicht so ganz hundertprozentig mit allen Regeln einer Heimaufsicht konform, aber immerhin mit gutem Gewissen auch als Leitung verantwortbar.

## Tiefgreifende Veränderungen

Es tut sich also in der Zeit so richtig was für die Menschen, die in den Einrichtungen leben und arbeiten müssen, sowohl für Bewohner*innen als auch für Mitarbeiter*innen. Eine neue Landesheimbauverordnung zwingt zu manchen Veränderungen auf den Wohngruppen. Aus Drei- werden Zweibettzimmer, und später dürfen sogar die nur noch als Ausnahme betrieben werden, und wir müssen Einzelzimmer gestalten. Viele Leitungen in den Einrichtungen tun sich mit diesen tiefgreifenden Veränderungen schwer. Klar, die Organisation und Sicherung der Wirtschaftlichkeit wird schwieriger. Wir argumentieren nicht selten, dass die Bewohner*innen Doppelzimmer unbedingt benötigen, weil sie alleine völlig verzweifeln. Und die Beziehungen untereinander dürfen nicht zerstört werden. Dies mag sicherlich auch in einigen Fällen richtig sein.

Durch dieses Ausdünnen der Wohngruppen auf den „Stammgeländen" müssen zwangsläufig neue Standorte erschlossen werden. Wir bauen also „außerhalb". Das, was wir heute unter Sozialraumorientierung verstehen (also die Frage danach, wo jemand seine Wurzeln hat und diese möglichst auch weiterhin pflegen können sollte), spielt bei diesem Prozess der ersten Dezentralisierungswelle der Einrichtungen aber eher eine sehr untergeordnete Rolle. Hier stehen Fragen wie: Wo gibt es günstige Bauplätze? Mit welchem Bürgermeister haben wir gute Beziehungen?, vielleicht, weil er in unserem Aufsichtsrat sitzt. Aber immerhin bewegt sich was. Und urplötzlich werden vor diesem Hintergrund Strukturen, die bislang im wahrsten Sinne des Wortes in Beton gegossen waren, verändert. Verselbständigung heißt nun sogar, dass man als Bewohner*in einer Wohngruppe selbst einkaufen gehen kann und kochen darf oder muss.

In dieser Zeit werden Betreuungsplanungsinstrumente zur Steigerung der Fachlichkeit etabliert. Individualität im Gegensatz zur Sicherung eines reibungslosen Gruppenablaufs wird diskutiert und gelegentlich sogar in die Praxis umgesetzt. Verbindlichkeit und Verlässlichkeit der Leistungen von Seiten der Mitarbeitenden ersetzen im besten Fall die Ausgestaltung der Angebote nach Vorlieben und Tagesform. Dokumentationspflicht zum Nachweis dessen, was gemacht wurde, wird eingeführt. Allerdings ist die Frage, wer denn diese jemals anschaut, nicht so ganz eindeutig zu beantworten. Und selbstverständlich differenzieren wir neuerdings zwischen den Leistungen der Fachkräfte und der Nicht-Fachkräfte. Wenigstens immer dann, wenn die Gruppen gut besetzt sind und Urlaube und Krankheiten nicht kompensiert werden müssen. Wir Leitungen berufen uns mal wieder auf die anwaltschaftliche Vertretung für unsere Bewohner*innen und relativieren gelegentlich grundsätzlich absolut positive Veränderungen der Rahmenbedingungen wie zum Beispiel die Landesheimbauverordnung oder das Betreuungsrecht. Die aktualisierte Landesheimbauverordnung wird jahrelang beiseite geschoben. Da warten wir lieber auf die sogenannten „Ermessenslenkenden Richtlinien" für die Heimaufsichten, also einem Verzeichnis von Ausnahmen zu den Vorgaben, weil wir ja nicht wissen, ob die Verordnung wirklich das meint, was drinsteht. Also zum Beispiel, ob 14 m² für ein Einzelzimmer wirklich auch 14 m² sein müssen. Passt da unsere alte Kleiderkammer mit ihren 11 m² vielleicht nicht doch noch irgendwie? Da die Verordnung aber bis 2019 umgesetzt werden muss und wir circa acht Jahre verschlafen haben, müssen wir nun unbedingt darauf drängen, dass es Ausnahmegenehmigungen und Verlängerungsoptionen gibt. Wir versuchen also nicht wirklich konsequent, die positiven Möglichkeiten für die betroffenen Menschen zu nutzen, sondern tendenziell eher Systeme und vorhandene Gebäude zu bewahren.

### Kein Weg zurück zur „guten alten Zeit"

Wir nennen unsere Klienten nicht mehr Behinderte, sondern zuerst Menschen mit Behinderungen, später dann Menschen mit Unterstützungs- oder Assistenzbedarf.

Ganz sicher sind wir nicht, ob die jeweilige Bezeichnung immer exakt der politischen Korrektheit entspricht, und so verändern wir diesen sprachlichen Zugang kontinuierlich. Aus Betreuungsplanung wird Assistenzplanung, selbstverständlich unter Einbeziehung einer „Persönlichen Zukunftsplanung". Aus den alten Heimen werden Dienstleistungs- und Kompetenzzentren, die vormalige Sonderschule wird zum Sonderpädagogischen Bildungs- und Beratungszentrum mit Schwerpunkt … (dann kommt ein Zusatz, den wirklich nur noch die Expert*innen entschlüsseln können). Wir passen sprachlich permanent unsere Leistungen an, und selbstverständlich holen wir uns externe Berater*innen und Consultingunternehmen, um unsere Performanz und unser Portfolio zu optimieren.

Seit der Ratifizierung der UN-Behindertenrechtskonvention durch die Bundesrepublik im Jahre 2009 und der Einführung des Bundesteilhabegesetzes haben sich rein formal die Grundlagen und Möglichkeiten für ein modernes System zur Unterstützung von Menschen, die wir als benachteiligt identifiziert haben, absolut verbessert. Seit dem stufenweisen Inkrafttreten dieses neuen Bundesteilhabegesetzes seit Ende 2016 bis zum Beginn des Jahres 2023 versucht man auch in Baden-Württemberg, die Ausgestaltung dieser sehr innovativen neuen gesetzlichen Vorgaben voranzubringen.

Für Menschen, die aus der Tradition der Dreibettzimmer kommen und im selben Raum nun alleine leben können und vielleicht sogar wirklich selbst entscheiden können, ob sie statt mit der Gruppe in Urlaub zu fahren, sich woanders einen Urlaub buchen wollen, mag dieser Ansatz der Modifikation des Status quo der Einrichtungen in der Tat eine deutliche Verbesserung bringen. Leider wächst aber die Erkenntnis, dass es eine eher unheilvolle Allianz zwischen Leistungsträgern (besser bekannt unter dem alten Begriff des Kostenträgers) und den Leistungserbringern (Einrichtungen) gibt, die gemeinsam feststellen, dass die bisherigen Angebote doch im Prinzip gut waren und lediglich ein bisschen angepasst werden müssen. Alter Wein in neuen Schläuchen? Dies mag sicherlich nicht für alle Einrichtungen und Dienste sowie die Kostenträger in dieser stark vereinfachten Form gelten. Eine grundsätzlich dahingehende Tendenz meine ich aber schon erkennen zu können. Alleine das Klagen vieler Leitungskräfte über die Schwierigkeit, geeignete Mitarbeitende zu finden und an sich zu binden, deutet auf diese Problemlage hin. Und die oftmals schon nahezu verzweifelte Suche von Angehörigen, für ihre behinderten Familienmitglieder Alternativen zu „besonderen", also ehemals stationären Wohnangeboten zu finden, ist auch ein Indiz für diese Annahme. Dennoch haben wir an ganz vielen Stellen in der Behindertenhilfe sehr viel auf den Weg gebracht. So ist zum Beispiel die Anzahl von Freiheitsbeschränkungen rückläufig, und die Bedingungen des Wohnumfeldes haben sich deutlich verbessert.

Es wird keinen Weg zurück in die „gute alte Zeit" geben, in der Menschen mit Behinderung kaum Wahlmöglichkeiten und Mitbestimmungsrechte hatten, und in der der Begriff „gleichberechtigte Teilhabe" noch in weiter Zukunft lag. Das Selbstverständnis und Selbstbewusstsein der Menschen mit Behinderung und ihrer Angehörigen, die gelegentlich Entscheidungen an ihrer statt treffen müssen, nimmt deutlich zu, und sie fordern ihre Rechte und Vorstellungen deutlicher und konsequenter ein. Sie verstehen die Intention des Bundesteilhabegesetzes, das die Stärkung des eigenen Willens und die Ermöglichung der Auswahl aus verschiedenen Angeboten in den Mittelpunkt stellt. Es bleibt die Hoffnung, dass es uns immer besser gelingt, nicht nur die sprachlichen und organisatorischen Bedingungen auszuführen, sondern konsequent individuelle Angebote zu entwickeln und umzusetzen. Ob die alten Strukturen in der Lage sind, dies zu liefern, wird darüber entscheiden, ob wir die wohlbekannten Logos und Namen der derzeitigen Protagonisten der Behindertenhilfe in Zukunft noch irgendwo entdecken werden. Wirklich passgenaue, individuelle und transparente Leistungen, mit gemeinsam festgelegten Inhalten und transparent abzurechnenden Preisen werden die Zukunft sein.

Wir hatten nie bessere Bedingungen, dies zu gestalten, als jetzt!

**Helmut Braun,** *Jahrgang 1961, kam Anfang der 80er Jahre über seinen Zivildienst in die institutionalisierte Behindertenhilfe.*
*Nach seinem Studium der Sozialpädagogik an der Evangelischen Fachhochschule in Reutlingen war er in mehreren diakonischen Einrichtungen der Behindertenhilfe in Baden-Württemberg in leitender Funktion tätig.*

# Hürden auf dem Weg ins Arbeitsleben meistern

## Soziale Arbeit im Integrationsfachdienst

ANNIKA POST

Beim Integrationsfachdienst geht es um die Ermöglichung von Teilhabe am Arbeitsleben von Menschen mit Behinderung. Ursprünglich ins Leben gerufen wurden die Integrationsfachdienste, um die Arbeitslosigkeit schwerbehinderter Menschen zu reduzieren.
 Es haben sich zwei Säulen in dieser Arbeit etabliert: Die psychosoziale Begleitung schwerbehinderter Menschen und deren Arbeitgeber am Arbeitsplatz, um Arbeitsplätze zu sichern, sowie die Unterstützung zur Erlangung von Arbeitsplätzen auf dem ersten Arbeitsmarkt. Dabei sind die Integrationsfachdienste speziell für die Vermittlung der Zielgruppe der wesentlich behinderten Menschen nach § 53 Sozialgesetzbuch XII zuständig, die trotz dauernder voller Erwerbsminderung wegen ihrer individuellen Leistungsentwicklung für ein individuell angepasstes unterstütztes Arbeitsverhältnis am allgemeinen Arbeitsmarkt in Frage kommen. Konkret bedeutet dies, Übergänge aus Sonderpädagogischen Bildungs- und Beratungszentren für geistige Entwicklung, den vormaligen Sonderschulen für Geistigbehinderte, auf den allgemeinen Arbeitsmarkt zu ermöglichen und so eine Aufnahme in die Werkstatt für Menschen mit Behinderung zu vermeiden. Zudem werden Menschen, die in einer Werkstatt für Menschen mit Behinderung arbeiten, beim Übergang auf den allgemeinen Arbeitsmarkt unterstützt. Unsere Klient*innen, um die es geht, sind so individuell, wie Menschen es eben sind. Es sind Menschen mit vielen Fähigkeiten und individuellem Unterstützungsbedarf. Menschen, die kaum lesen oder schreiben können, dafür ausdauernd und zuverlässig sind. Menschen, die gut qualifiziert sind, aber aufgrund seelischer Erkrankungen den Bedarf an geschützten Rahmenbedingungen am Arbeitsplatz haben. Oder solche, die zusätzlich körperliche Einschränkungen haben oder Menschen, die manche Grundvoraussetzungen für den Arbeitsmarkt erst noch lernen müssen.
 Da unsere Klient*innen so verschieden sind, richten sich die Aufgaben der Sozialen Arbeit beim Integrationsfachdienst ganz individuell nach deren Zielen und Wünschen sowie Sorgen und Ängste. Es geht darum, für sie den passenden Arbeitsplatz zu finden und so Teilhabe am Arbeitsleben zu ermöglichen – egal unter welcher Überschrift dieser am Ende steht. Für mich wurde und wird im Laufe meiner Tätigkeit immer wieder deutlich, wie verschieden die Wege sein können, die eingeschlagen werden. Von einigen Klient*innen und den Wegen, auf denen ich sie begleitet habe, möchte ich aus meiner persönlichen Perspektive berichten und aufzeigen, was Soziale Arbeit im Bereich des inklusiven Arbeitens für mich ausmacht und erreichen kann.

## Durchhalten

Frau Klausen (alle Namen im Text wurden geändert) arbeitet viele Jahre als Helferin im Bettentransfer einer Klinik als Beschäftigte einer Werkstatt für Menschen mit Behinderung. Das ist ein sogenannter Außenarbeitsplatz, weil sie als Werkstattmitarbeiterin gilt und nicht als sozialversicherte Beschäftigte der Klinik. Sie absolviert etliche Praktika mit dem Ziel, einen Platz auf dem ersten Arbeitsmarkt zu bekommen. Dabei ist sie für vieles offen, um ihren Traum zu verwirklichen. Immer wieder scheitert es daran, dass sie ihre Arbeit zwar sehr motiviert und zuverlässig macht, für die Umsetzung aber sehr viel Zeit braucht. Frau Klausens Tempo ist schwierig in „normale Arbeitsabläufe" zu integrieren. Trotz dieser negativen Rückmeldung unternimmt sie einen weiteren Versuch in einem Inklusionsunternehmen. Nach dem dritten Praktikum in diesem Betrieb findet sich schließlich ein Platz in einer Kantine als Spülkraft, an dem sie ihre Aufgaben in ihrem Tempo erledigen kann. So kann sie durch ihr Durchhaltevermögen nun ihren Traum leben, außerhalb der Werkstatt zu arbeiten.

## Entscheidungen treffen

Frau Schlegel absolviert über die Werkstatt ein Praktikum in einer Bäckerei und findet, es ist der perfekte Platz für sie. Ihr Chef bietet ihr sogar einen Arbeitsvertrag an. Im Lauf eines Langzeitpraktikums über mehrere Monate stellt sie fest, dass sie das vertraute Umfeld, die Kolleg*innen und den geschützten Rahmen aus der Werkstatt sehr vermisst. Sie entscheidet sich, den Arbeitsvertrag nicht anzunehmen. Ihren passenden Platz hatte sie bereits vor dem Praktikum gefunden.

## Das Umfeld und der Rahmen sind wertvoll

Frau Teichmann arbeitet drei Stunden täglich in einem kleinen Laden, steckt jedoch in einer gesundheitlichen Krise. Um gemeinsam Strategien zu überlegen, wie Frau Teichmann am Arbeitsplatz in der Krise gut unterstützt werden könnte, trifft sich das gesamte Team nach Ladenschluss. Ihr wird viel Wertschätzung entgegengebracht und Spielraum gewährt, was ihre Arbeitszeiten und Inhalte angeht. So kann sie mit der Gewissheit des Rückhalts gestärkt durch die Krise gehen, und das Team bekommt mehr Sicherheit im Umgang mit der Situation. Mit dem geringen Stundenumfang verdient sie nicht viel, kann aber ohne Unterstützung durch den Staat ihren Lebensunterhalt bestreiten. Viel wichtiger für Frau Teichmann ist, dass die Beschäftigung unter diesen flexiblen Rahmenbedingungen und mit diesem kollegialen Umfeld genau die passende Form der Teilhabe bietet, die zu ihrer gesundheitlichen Stabilität beiträgt.

## Handlungsmotivation Sorge

Herr Gimbel absolviert den Berufsbildungsbereich in einer Werkstatt für Menschen mit Behinderung und sucht Praktikumsplätze auf dem ersten Arbeitsmarkt. Im Prozess zeigt sich, dass er dabei nicht glücklich ist. Ihm wird klar, dass er die Praktika nur deswegen macht, weil er Sorge hat, dass der Arbeitsbereich der Werkstatt für ihn nicht bewilligt wird und er dann gar nichts hat. Als die Nachricht über die Bewilligung des Arbeitsbereichs bei ihm eintrifft, ist er sehr erleichtert, dass er seinen Platz dort behalten darf, und kann seine Bemühungen mit den Praktika beenden. Das Thema Arbeiten auf dem ersten Arbeitsmarkt will er angehen, wenn er sich bereit dafür fühlt.

### Ein Arbeitsplatz kann zur Stabilität beitragen

Frau Dachner kann viele Jahre berufliche Erfahrungen vorweisen, hat jedoch eine Erkrankung, die zu langen Krankheitszeiten, Klinikaufenthalten und Therapien führt. Ihre berufliche Rehabilitation muss sie wegen eines Klinikaufenthalts unterbrechen. Nach verschiedenen Praktika finden wir einen Betrieb, der offen ist für die Beschäftigung von Menschen mit Behinderung und der die passenden Tätigkeiten bietet. Mittlerweile ist sie dort seit fünf Jahren beschäftigt. Ihr Krankheitsbild ist weiterhin vorhanden und sowohl sie selbst als auch der Betrieb haben regelmäßig Gesprächsbedarf zur Zusammenarbeit und dem Umgang mit der Erkrankung - aber sie hat jetzt eher unterdurchschnittliche Krankheitszeiten und hatte seit Beginn ihrer Tätigkeit im Betrieb keinen Klinikaufenthalt mehr.

### Einfach machen und sich drauf einlassen

Herr Münch ist auf Grund seiner Erkrankung stark eingeschränkt, da seine Muskeln immer schwächer werden. Nach seiner Ausbildung findet er keine Anstellung. Zwischenzeitlich ist er auf den Elektrorollstuhl angewiesen. Er gehört aufgrund seines Berufsabschlusses für den Kostenträger nicht zur klassischen Klientel für eine Werkstatt für Menschen mit Behinderung, dennoch finanziert er ihm vorübergehend einen Werkstattplatz, um längere Praktikumsphasen zu ermöglichen. Er kann in einem Betrieb ein Praktikum in seinem Ausbildungsberuf machen und so seine Kenntnisse auffrischen. Der Betrieb baut eigenständig eine Tischerhöhung für den Pausenraum und weist eine Mitarbeitertoilette als barrierefreies WC für ihn aus. Er bekommt dort eine Anstellung. Herr Münch verstirbt drei Jahre nach Anstellungsbeginn an seiner Erkrankung – der Arbeitsplatz war bis dahin sein ganzer Stolz und für alle Seiten ein voller Erfolg.

## Hürden auf dem Weg ins Arbeitsleben meistern

Es sind nur einige Beispiele, die ich hier erzählen kann. Sie sollen deutlich machen, dass die Suche nach dem passenden Arbeitsplatz sehr individuell ist und verschiedene Herausforderungen mit sich bringt. Es entstehen oft Umwege, oder die Ergebnisse sehen manchmal anders aus, als ursprünglich gedacht. Es müssen Hürden von allen Beteiligten bewältigt werden. Dazu gehören Vorurteile, Unsicherheiten und wirtschaftlicher Druck bei Betrieben, aber auch Ängste, Sorgen oder das Bedürfnis nach Sicherheit bei den betroffenen Menschen. Es müssen Anträge gestellt werden, Erkrankungen festgestellt und auf Papier gebracht werden oder andere formale Voraussetzungen erfüllt werden. Fast alle Klient*innen brauchen Unterstützung bei Antragstellungen und Ämterkontakten sowie der Durchsetzung ihrer Ansprüche. Es gibt Erwartungen und Wünsche aus dem familiären Umfeld, die nicht immer mit denen der betroffenen Person übereinstimmen, und es gibt Erfahrungen aus der Vergangenheit, die dafür sorgen, dass ein beschützter Arbeitsplatz nicht mehr verlassen wird.

Durch diese Vielfalt an Herausforderungen und Hürden kann die Soziale Arbeit der Integrationsfachdienste die Menschen begleiten. So vielfältig die Menschen sind, so unterschiedlich können die Aufgaben von uns Fachberater*innen sein. Der eine möchte mehr an der Hand genommen und ermutigt werden, die andere braucht jemanden, der oder die kritisch die nächsten Schritte reflektiert. Ziele müssen erarbeitet und konkretisiert werden, Träume manchmal auf das heruntergebrochen werden, was eigentlich dahintersteckt. Stärken können herausgearbeitet und gefördert werden. Soziale Arbeit kann versuchen, die richtigen Fragen zu stellen oder die richtigen Personen ins Boot zu holen, sie kann motivieren und unterstützen, einen Kompromiss zu finden und diesen anzuerkennen. Nicht selten müssen die beteiligten Sozialarbeiter*innen die eigenen Hürden im Kopf neu überwinden.

Einige Prozesse enden nicht so, wie die Beteiligten sie sich wünschen, Arbeitsverhältnisse kommen nicht zustande oder gehen zu Ende, ein passender Platz wird lange nicht gefunden, der Frust steigt. Aber viele Menschen gehen mit viel Energie, Durchhaltevermögen und Geduld ihren Weg. Es gibt viele Betriebe, die Arbeitsplätze passgenau gestalten, Tätigkeiten zusammenstellen und Kolleg*innen, die lange Einarbeitungsprozesse begleiten, vielfach erklären und auch manches kompensieren – oft bekommen sie dafür viel zurück. Und es gibt Menschen, die den Weg eines beschützten Arbeitsplatzes als den richtigen für sich erkennen – zumindest für den Moment. Menschen auf ihren unterschiedlichen Wegen zu begleiten macht für mich Soziale Arbeit beim Integrationsfachdienst aus.

*Annika Post,* geb. 1989, studiert nach dem Abitur Sozialwirtschaft an der Fachhochschule Kempten, Abschluss Bachelor. Seit Februar 2013 ist sie als Fachberaterin beim Integrationsfachdienst Neckar-Alb tätig. Sie absolviert die Weiterbildung zur Systemischen Prozessbegleiterin im Arbeitsleben sowie eine Weiterbildung zum Systemischen Coach. Arbeitsschwerpunkte sind die Unterstützung von Übergängen aus Werkstätten für Menschen mit Behinderung auf den allgemeinen Arbeitsmarkt sowie die Sicherung von Arbeitsverhältnissen.

# Geschichten über Inklusion

*Die Guten ins Töpfchen, die Schlechten ins…?*

Erfahrungen aus unseren gut sortierten Schulen

PETER HUDELMAIER-MÄTZKE

Lehrer wollte ich werden, weil ich neugierig auf Menschen bin. Es ist mir eine Freude, mich eindenken zu dürfen in das, wie jemand anderes die Welt und sich selbst erlebt. Vielleicht interessierten mich gerade deshalb die Kinder, die nicht dem Bild eines Schülers, einer Schülerin entsprachen, wie es Lehrer*innen und das System „Schule" gerne hätten. Kinder zum Beispiel, die zuhause eine andere Sprache sprechen, die sich nicht so verhalten, wie es erwartet wird, und natürlich alle Kinder, die mit einer sogenannten Behinderung leben. Bis heute bedeutet es Glück für mich, mit dieser Vielfalt arbeiten zu dürfen.

Unser Bildungssystem jedoch bevorzugt von jeher einen anderen Umgang mit der vorgefundenen Vielfalt. Es versucht, die Schüler*innen passenden Lernorten mit spezifischen Lernangeboten zuzuweisen. Orientiert an dieser Prämisse bin ich ausgebildet. Als werdender „Regel"-Lehrer musste ich mir überlegen, ob ich Grund- und Hauptschüler*innen, Realschüler*innen oder Gymnasiast*innen unterrichten will.

In meiner zweiten Ausbildung zum Sonderpädagogen musste ich mir dann zwei aus acht sogenannten „Förderschwerpunkten" aussuchen. Mir ist als „Professionellem" eine Aufgabe übertragen, welche mir mein ganzes Arbeitsleben über fremd war und die ich mit stetig wachsenden Zweifeln übernehme: für Kinder den „richtigen" Lernort zu bestimmen. Ich bin damit Teil eines nachhaltig wirkenden Sortiersystems. Inzwischen weiß ich, dass Deutschland Weltmeister im Sortieren ist. Leider aber nicht in Bildungsgerechtigkeit. Das mit der gleichberechtigten Teilhabe an Bildung funktioniert seit Jahrzehnten nicht gut. Uns gelingt es in Deutschland nicht in gleichem Maße wie anderen Industrienationen, die von der Norm abweichenden Kinder zu Bildungserfolgen zu führen. In kaum einem anderen reichen Land bestimmt die sozio-ökonomische Herkunft so stark über die Bildungskarriere eines Kindes wie in Deutschland.

Manche der mit dem Sortierprinzip verbundenen Fragwürdigkeiten veranschaulichen zwei Geschichten. Vielleicht machen sie auch die Chancen sichtbar, die mit einer sich Vielfalt öffnenden Schule verbunden sind.

Die erste Geschichte handelt von Bekir und ist fast 20 Jahre her. Bekir, ein kosovo-albanischer Junge, war im Kindergarten aufgefallen. Bekirs Verhalten wurde als schwer zu kontrollieren, impulsiv und unangepasst empfunden und in Berichten so beschrieben. Er wurde deshalb vor der Einschulung durch die Schule für Erziehungshilfe „überprüft". Das sonderpädagogische Gutachten ergab einen Förderbedarf im sozial-emotionalen Bereich. Bekir durfte nicht auf die nächstgelegene Grundschule wechseln. Damals gab es noch die Pflicht zum Besuch einer Sonderschule. Er sollte in einer Schule für Erziehungshilfe eingeschult werden. Seine Eltern kannten diese Schulart von ihrem älteren Kind und lehnten sie für Bekir ab. Sie ließen Bekir nach den Sommerferien einfach zu Hause. Eilig wurde im Schulamt nach einer Lösung gesucht. Bekir wurde daraufhin in die Förderschule (Schule für „Lernbehinderte") aufgenommen. Nach wenigen Wochen war sein Verhalten Anlass für die Lehrer*innen dort, diesen Kompromiss in Frage zu stellen. Irgendjemand bemerkte dann, dass Bekir etwas kleiner war als seine Altersgenossen. Eine körperliche Auffälligkeit, welche die Verantwortlichen auf die Idee brachte, die Schule für Körperbehinderte vorzuschlagen. Die Eltern stimmten zu, wieder zeigte Bekir nach seinem Wechsel Verhaltensweisen, welche die Kolleg*innen am Lernort Bekirs zweifeln ließen. Es gab neue Konferenzen mit neuen Überlegungen. Als letzte Lösung wurde die integrative Klasse in Betracht gezogen, in der eine Regelschulkollegin mit mir als Sonderpädagogen im Team unterrichtete. So kam Bekir im Spätherbst zu uns. Wir waren die dritte (!) Schule in seinem ersten Schulhalbjahr. Nach der Systemlogik wurde er dreimal „etikettiert": verhaltensauffällig, lernbehindert und körperbehindert.

Vom ersten Tag an beeindruckte mich Bekirs großes Herz oder, auf „pädagogisch", seine ausgeprägte Sozialkompetenz. Er ging freundlich, interessiert und offen mit seinen Klassenkameraden um, auch mit den beiden noch nicht sprechenden Kindern mit Down-Syndrom. Oft brachte er sich als Assistent ein, schaute nach den Sporttaschen der beiden, half beim Schuhe anziehen oder mit dem schwierigen Hosenknopf, wenn ein Klogang anstand. Natürlich lief nicht alles rund. Es brauchte seine Zeit, bis Bekir selbst wusste, welches Verhalten in der Schule angemessen war. Wir führten viele Gespräche mit ihm, dachten uns Hilfestellungen für ihn aus. Zwei Schuljahre war ich mit Bekir unterwegs. Am Ende unserer gemeinsamen Zeit sprach niemand mehr über einen „sonderpädagogischen Förderbedarf" und niemand hatte Zweifel, dass eine Grundschule der „richtige" Lernort für ihn sein konnte.

Eine zweite Geschichte: Sie erzählt von Zoran und Zlatan, zwei Brüdern. Daheim sprachen sie Serbisch. Ihre Freizeit verbrachten sie bis zur 8. Klasse ausschließlich zu Hause. Oftmals waren sie auf sich gestellt, weil Vater und Mutter arbeiteten. Von der ersten bis zur fünften Klasse besuchten sie die „Außenklasse" einer Geistigbehindertenschule. Gemeinsam mit Regelschüler*innen wurde nur selten gelernt. Mit der Schulgesetzreform im Schuljahr 2015/2016 wurden die Gemeinschaftsschulen grundsätzlich auch als „inklusive" Schulen möglich. Gleichzeitig wurde die „Pflicht zum Besuch einer Sonderschule" abgeschafft. Die Außenklasse von Zoran und Zlatan wurde in ein inklusives Setting umgewandelt. Von nun an waren sie Schüler der Gemeinschaftsschule und wurden dort auch von Sonderpädagog*innen unterrichtet. In einigen Fächern nahmen die beiden am Unterrichtsangebot der Regelklasse teil. Ich selbst habe Zoran und Zlatan in der siebten Klasse kennengelernt. Ziemlich begeistert erzählten mir einige Fachlehrer*innen, dass Zoran in Mathe zu den besten Schülern der Lerngruppe gehöre. Zlatan ragte in Englisch und Biologie heraus. Irritierend war, warum beide mit dem Etikett „geistig behindert" versehen waren. Neugierig holte ich mir die Schülerakten. Der Akte nach wurde schon vom Kindergarten eine sonderpädagogische Unterstützung beantragt. Scheinbar war das Ergebnis der „Unterstützung" – das vollständige Verfahren ist nicht dokumentiert – die Feststellung eines sonderpädagogischen Förderbedarfs im Bereich „Geistige Entwicklung". Mit der so schulamtlich festgestellten „Geistigen Behinderung" konfrontiert, wünschte sich der Vater damals ein integratives Bildungsangebot. Zlatan und Zoran durften die Außenklasse besuchen. Sieben Jahre taten sie dies, ohne dass jemand die geistige Behinderung in Frage stellte. Ermutigt durch die positiven Erfahrungen der Kolleg*innen nahmen beide mehr und mehr am Regelunterricht der Klasse teil. Vor allem der knapp zwei Jahre ältere Zoran benötigte schon bald keine besondere Unterstützung mehr. Er entwickelte eine bemerkenswerte Selbstständigkeit und Lernverantwortung. Bei ihm wurde zum Ende des achten Schuljahres der „Anspruch auf ein sonderpädagogisches Bildungsangebot" (so heißt das seit 2015) aufgehoben. Der fast zwei Jahre jüngere Zlatan ist auf einem ähnlichen Weg. Die beiden ehemals geistig behinderten Schüler streben nach der zehnten Klasse den Hauptschulabschluss an.

Bekir, Zlatan und Zoran sind ihren Bildungs-Weg durch eine allgemeine Schule gegangen. Dazwischen liegen fast 20 Jahre. Nach wie vor erhält nur ein kleiner Teil der Schüler*innen mit besonderen Unterstützungsbedarfen diese Chance. Und dies, obwohl spätestens mit Inkrafttreten des „Übereinkommens über die Rechte von Menschen mit Behinderung" im Jahr 2009, in der das Menschenrecht auf eine diskriminierungsfreie Bildung in einem inklusiven Bildungssystem (Artikel 24) für alle definiert ist. So klar ist die menschenrechtliche Seite. Doch das ist nicht alles. Wir sollten nicht übersehen, was für Nebenwirkungen unsere schulische Sortierpraxis für die Lernenden und weiteren Akteure im System entfalten kann. Was bedeutet es zum Beispiel für die Lernbiografien und Identitäten „besonderter" Kinder, in zentralen Sondereinrichtungen versorgt zu werden? Was ist das für ein gesellschaftliches Signal, allen, die „auffallen", eigene Schulformen zuzuweisen – auch gegen deren eigenen Willen und den Willen ihrer Eltern - dazu ohne Beleg dafür, dass damit eine größere persönliche Teilhabe an Bildung und Gesellschaft zu erzielen ist? Und nicht zuletzt: Was macht es mit der Entwicklung und dem Lernen der „unauffälligen" Kinder, immer Gefahr zu laufen, einer bestimmten Norm nicht zu entsprechen? In meinem professionell-pädagogischen Alltag kann ich die fragwürdigen Kategorisierungen und Sortiermechanismen, die allzu oft zu Ausgrenzung und Ungleichheit führen, nur noch schwer akzeptieren. Und auch als persönlich damit konfrontierter Vater, der den wachsenden Selektionsdruck miterlebt, schreibe ich diese Gedanken auf.

Auf einen weiteren mir wichtigen Aspekt, der in den beiden Geschichten steckt, möchte ich hinweisen. „Bildung" geschieht im „Jetzt", in konkreten Situationen unter sich ständig wandelnden Bedingungen. Auf die Analyse der konkreten Situationen sollte sich das pädagogische Handeln und die pädagogische Diagnostik beziehen. Aus einer solchen Analyse heraus sollten Lernangebote und wirksame Förder- und Unterstützungsmaßnahmen gestaltet werden. Daraus jedoch Prognosen ableiten zu wollen, wohin sich ein Mensch entwickelt, was ihm irgendwann einmal möglich sein wird und welche „Bildung" ihm deshalb zusteht, überstrapaziert die Möglichkeiten pädagogischer Diagnostik. Trotzdem verpassen wir Kindern lebenslang wirkende Etiketten wie „Hauptschülerin", „Gymnasiast", „geistig behindert", „verhaltensauffällig", „lernbehindert" oder ähnliches. In der Folge weisen wir Kinder dann sehr früh Schularten, Bildungsgängen und Förderschwerpunkten zu und bestimmen damit über Jahre, was für ein Bildungsangebot ihnen zusteht – und welches ihnen verwehrt wird.

An meinen Schulen gibt es nicht viele Kolleg*innen, die meine Gedanken verstehen. Trotzdem fühle ich mich damit nicht allein. Im Gegenteil - zahlreiche pädagogische Denker*innen und internationale Papiere verweisen in den letzten 40 Jahren verstärkt auf die gesellschaftliche und individuelle Bedeutung inklusiver Bildungsangebote. Ein internationales Vorgängerdokument der vorhin benannten Behindertenrechtskonvention ist die von Deutschland unterzeichnete Salamanca-Erklärung aus dem Jahr 1994. In ihr wird die Bedeutung inklusiver Bildung besonders eindrücklich formuliert:

„Wir glauben und erklären, …

dass jedes Kind einmalige Eigenschaften, Interessen, Fähigkeiten und Lernbedürfnisse hat,
dass Schulsysteme entworfen und Lernprogramme eingerichtet werden sollten, die dieser Vielfalt an Eigenschaften und Bedürfnissen Rechnung tragen,
dass jene mit besonderen Bedürfnissen Zugang zu regulären Schulen haben müssen, die sie mit einer kindzentrierten Pädagogik, die ihren Bedürfnissen gerecht werden kann, aufnehmen sollten,
dass Regelschulen mit dieser inklusiven Orientierung das beste Mittel sind, um diskriminierende Haltungen zu bekämpfen, um Gemeinschaften zu schaffen, die alle willkommen heißen, um eine integrierende Gesellschaft aufzubauen und um Bildung für Alle zu erreichen …"

Viele europäische Nachbarn haben genau diese „Idee" von Schule. Längeres gemeinsames Lernen und ein deutlich geringerer Anteil von Schüler*innen, die eine Sonderschule besuchen, ist in nahezu allen europäischen Staaten „normal". Besonders fallen bei dieser Betrachtung Finnland, Schweden oder Italien auf. Was ich mit der „Idee" meine, wird am Beispiel Italien deutlich. Schule als öffentliche Einrichtung möchte allen gleichberechtigt Zugang zu Bildung bieten. Die Volks- und anschließende Mittelschule ist bewusst Lernort für alle Kinder des Einzugsgebiets, egal, welche Behinderung und welches Leistungsvermögen vorliegen. Dabei zählt nicht nur die Überzeugung, dass gemeinsam besser gelernt werden kann, sondern auch, dass Schule eine gemeinschaftsbildende Funktion von hoher gesellschaftlicher Bedeutung hat. Es gibt keine Sonderschulen und nur sehr wenige Privatschulen. Bis zum Ende der Mittelschule gibt es keine allgemeinen bzw. zentralisierten Bildungsabschlüsse, sondern Abschlusspapiere, in denen die individuelle Lernentwicklung dokumentiert wird. Wie gut dies funktionieren kann, sieht man vor allem in den wohlhabenderen Provinzen im nördlichen Italien.

So zu tun, als blühten in Italien die Zitronen, während wir hier nur saure Gurken einlegen, wäre nicht gerecht. Unser Bildungssystem sieht sich aus einer anderen Geschichte heraus den Anforderungen inklusiver Bildung gegenübergestellt. Kleine Schritte gab es in den letzten 30 Jahren auch in Baden-Württemberg. Es gibt im Land Schulen, die sich in vorbildlicher Weise dieser „Idee" von Schule annehmen. So schreibe ich diese Geschichte in einer Zeit, in der die Pflicht zum Besuch einer Sonderschule abgeschafft wurde. Sonderschulen in Baden-Württemberg heißen inzwischen „Sonderpädagogische Bildungs- und Beratungszentren (SBBZ)". Es ist eine Zeit, in der sich die Gemeinschaftsschule (laut Gesetz eine „inklusive Schule") als vierter Schultyp ab der 5. Klasse etabliert. Es wird den Eltern von Kindern mit besonderen Förderbedarfen, zumindest in der Theorie, ein Wahlrecht zwischen dem SBBZ oder einem inklusiven Bildungsangebot zugestanden. Diese sich neu öffnenden Möglichkeiten nutzen in Baden-Württemberg einige Schulen, um „Inklusion" zu verwirklichen. Sie arbeiten in multiprofessionellen Teams, orientieren sich in den Methoden und der Gestaltung der Schule an den individuellen Lernbedürfnissen der Schüler*innen. Sie beschäftigen sich vor allem damit, wie ein Kind an diesem Ort bestmöglich lernen kann und weniger damit, wo und auf welchem Niveau ein Kind zu lernen hat. Dafür gestalten sie Lernpläne und Lernnachweise individuell, arbeiten gemeinsam in und mit den Klassen und öffnen die Lernangebote hinsichtlich des Raums, der Zeit und der Inhalte.

Irritierend ist jedoch: trotz dieser Möglichkeiten steigen die Schüler*innenzahlen an den meisten Sonderpädagogischen Bildungs- und Beratungszentren in Baden-Württemberg, obwohl insgesamt die Schüler*innenzahl in den letzten Jahren leicht zurückging. Dabei ist dies nicht weiter verwunderlich, wenn man weiß, wie Baden-Württemberg mit der Forderung nach einem inklusiven Bildungssystem umgeht. Hier wird auf ein Elternwahlrecht gesetzt und weiter in den Erhalt und Ausbau der sonderpädagogischen Bildungs- und Beratungszentren investiert. Inklusion bleibt Aufgabe der Sonderpädagogik. Dass es anders gehen kann, sieht man in manchen Bundesländern. Bremen zum Beispiel hat die Schließung der Sonder- und Förderschulen wenige Jahre nach dem rechtlichen Wirksamwerden der Behindertenrechtskonvention beschlossen und inzwischen größtenteils umgesetzt. Schleswig-Holstein reduzierte die Anzahl der

Förder-/Sonderschulen zugunsten inklusiver Angebote. „Inklusiv" erfolgreiche Länder haben den Anteil der Schüler*innen an Sonderschulen gesenkt und Inklusion zur Aufgabe aller Schulen gemacht.

Ich habe viel darüber erzählt, was sich in der Schule verändert hat oder verändern hätte können. Und wie hat sich mein eigener Blick auf meine Arbeit in den letzten 30 Jahren verändert? Zu Beginn habe ich geschrieben, dass mich als Lehrer vor allem die Kinder interessierten, die nicht in irgendein Bild passten. Ich habe dort bewusst die Vergangenheitsform gewählt, denn heute gilt das für mich nicht mehr. Vielleicht ist das am Überraschendsten an meiner persönlichen Entwicklung. Heute interessiert mich das Individuelle und Persönliche, das jedem Mensch zu eigen ist. Und ich mag nicht mehr in Kategorien wie „besonders", „abweichend" oder „anders" denken. Und was wünsche ich mir für meine verbleibenden Berufsjahre? Dass wir diesem Zugang zu den Lernenden wie viele andere (Bundes-)Länder eine Chance geben. Dass daraus ein breites Angebot an inklusiver Bildung, auf allen Ebenen, lebenslang und orientiert am Kind und seinen Rechten erwächst!

**Peter Hudelmaier-Mätzke,** geboren 1968
ist Grund- und Hauptschullehrer, Sonderpädagoge und Theaterpädagoge; er ist Mitglied des Landesvorstands der Lebenshilfe Baden-Württemberg e.V.. Er arbeitete einige Jahre als Grund- und Hauptschullehrer, u.a. in Spezialklassen für Spätaussiedler und Flüchtlinge. Anschließend für drei Jahre an der Deutschen Schule Concepción / Chile. Nach der Rückkehr studierte er berufsbegleitend Sonderpädagogik. Nach Abschluss des Studiums unterrichtete er in Sonderschulen und integrativen Bildungsangeboten. Danach zehn Jahre Lehrbeauftragter an der Pädagogischen Hochschule Ludwigsburg, Abteilung Pädagogik bei Behinderung und Benachteiligung – Schwerpunkt inklusive Pädagogik und Schulentwicklung. 2017 kehrte er in den Schuldienst zurück und unterrichtet an einer Gemeinschaftsschule in einem inklusiven Bildungsangebot.

## *Leichte Sprache als Mittel zum Zweck*

### Teilhabe am gesellschaftlichen Leben

DÖNDÜ OKTAY

Eine vollständige Teilhabe am gesellschaftlichen Leben kann nur gelingen, wenn Barrierefreiheit in allen Lebensbereichen vorhanden ist. Wohl die meisten Menschen würden bauliche Barrieren, wie beispielsweise zu schmale Türen und Gebäude mit Treppen ohne Aufzug benennen, wenn sie gefragt werden würden, was für sie Barrieren darstellen. Barrieren gibt es aber in viel mehr Facetten und Lebensbereichen. Dazu zählen unter anderem die fehlenden oder unzureichend verständlichen Informationen zur Nutzung von öffentlichen Verkehrsmitteln, Inanspruchnahme von Dienstleistungen oder Gestaltung von Freizeitaktivitäten. Von echter Barrierefreiheit können wir erst sprechen, wenn Menschen ohne fremde Hilfe Zugang beispielsweise zu Gebäuden UND zu Informationen erlangen können. Es sind also nicht nur bauliche Aspekte zu bedenken, sondern auch sprachliche Barrieren.

Sprache und Zeichen sind Mittel der Kommunikation. Durch sie verständigen sich Menschen, um zum Beispiel Informationen zu erhalten. Sich zu verständigen, sich auszudrücken und in Kontakt zu treten mit seiner Umwelt und den Mitmenschen, sind elementare Grundbedürfnisse eines jeden Menschen. Dazu zählt auch zu verstehen und verstanden zu werden. Kommunikation ist allerdings nicht immer einfach, da diese sehr komplex sein kann. Ein Beispiel hierfür wäre die Vermittlung von Informationen, welche über den alltäglichen Kontext hinausgehen. So sind beispielsweise Informationen oder Bescheide durch kommunale Verwaltungen für Bürger*innen oftmals sehr abstrakt und schwer verständlich. Kommunikation kann besonders schwierig sein, wenn mit der zu kommunizierenden Personengruppe kognitive Defizite mit einhergehen oder weitere hemmende Zugangsvoraussetzungen vorhanden sind. Wenn Menschen nicht verstehen oder verstanden werden, kann dies zu intensiven negativen Gefühlen führen. So können Selbstzweifel, Ärger, Wut und Resignation die Folge sein.

Der Ansatz der so genannten Leichten Sprache ist ein gutes Instrument, um Kommunikation zu verbessern oder überhaupt zu ermöglichen. Viele Menschen können durch Leichte Sprache Texte und gesprochene Wörter besser verstehen, da diese die Inhalte verständlicher ausdrückt. Leichte Sprache ist eine Form der barrierefreien Kommunikation.

Während meiner Tätigkeit in der Behindertenhilfe, aber auch durch meine vielen Berührungspunkte zu Menschen, deren Muttersprache nicht deutsch ist, habe ich oft erfahren, wie wertvoll es für die Menschen ist, Informationen zu verstehen. Es stärkt nicht nur den Selbstwert, sondern befähigt die Menschen, selbstbestimmt, aktiv und handlungsfähig zu sein. Die Gesellschaft muss sich entsprechend neu formieren und Barrierefreiheit schaffen, damit ein gleichberechtigtes Leben in der Gesellschaft für alle Menschen möglich wird. Menschen sollen sich im gesellschaftlichen Leben selbstverständlich aufgenommen und anerkannt fühlen, damit hier ein Gefühl der Zugehörigkeit gegenüber der Gesellschaft geschaffen werden kann. Deswegen ist es sehr wichtig beim Verfassen von Texten, Auftritten auf Internetseiten und in Veröffentlichungen, in jeglicher Hinsicht die hier genannten Personengruppen zu berücksichtigen. Leichte Sprache ist und bleibt ein wichtiges Instrument für einen großen Teil der Bevölkerung. Viele Menschen können davon profitieren, da es ihnen einen Zugang zu wichtigen Informationen bietet. Nur wer die Informationen versteht, kann ein selbstbestimmtes Leben führen und am gesellschaftlichen Leben teilnehmen.

## Beispielsätze im Vergleich

| Alltagssprache | Leichte Sprache | |
|---|---|---|
| Der Antrag wird von der Verwaltung abgelehnt. | Das Amt lehnt den Antrag ab. | |
| Wenn du Zeit hast, dann komme ich. | Hast du Zeit? Dann komme ich. | |
| Der Gesang der Sängerin ist schön. | Die Sängerin singt schön. | |
| Es geht nichts ohne die Menschen, die sich ehrenamtlich engagieren. | Freiwillige Helfer sind sehr wichtig. | |

*Bilder © Lebenshilfe für Menschen mit geistiger Behinderung Bremen e.V., Illustrator: Stefan Albers, Atelier Fleetinsel, 2013.*

## Literaturverzeichnis

Aktionsplan der Landesregierung. Zur Umsetzung der UN-Behindertenrechtskonvention in Baden-Württemberg, 2. Auflage. Hrsg.: Ministerium für Soziales und Integration in Baden-Württemberg, Stuttgart 2016.

Bredel, Ursula/Maß, Christiane. Leichte Sprache. Theoretische Grundlagen – Orientierung für die Praxis, Berlin 2016.

GER. Gemeinsamer Europäischer Referenzrahmen für Sprachen. Sprachniveau. e-traffix (Hrsg.), http://www.europaeischer-referenzrahmen.de/sprachniveau.php (Zugriff am 08.05.2017).

Gesetz zur Gleichstellung von Menschen mit Behinderung. Behindertengleichstellungsgesetz (BGG). Bundesministerium für Justiz und Verbraucherschutz (Hrsg.), https://www.gesetze-im-internet.de/bgg/BJNR146800002.html (Zugriff am 17.05.2017).

Grotlüschen, Anke. leo. – Level-One Studie. Literalität von Erwachsenen auf den unteren Kompetenzniveaus, 2011. Universität Hamburg (Hrsg.), http://www.alphabetisierung.de/fileadmin/files/Dateien/Downloads_Texte/leo-Presseheft-web.pdf (Zugriff am 16.05.2017).

Kellermann, Gudrun für bpb. Leichte und Einfache Sprache – Versuch einer Definition, 2014. Bundeszentrale für politische Bildung (Hrsg.), http://www.bpb.de/apuz/179341/leichte-und-einfache-sprache-versuch-einer-definition (Zugriff am 10.05.2017).

Leichte Sprache. Ein Ratgeber. Hrsg.: Bundesministerium für Arbeit und Soziales, Berlin 2014.

Leichte Sprache in der Landesverwaltung. Eine Handreichung für Verwaltungen in Baden-Württemberg. Hrsg.: Ministerium für Soziales und Integration in Baden-Württemberg, Stuttgart 2016.

UN-Behindertenrechtskonvention. Übereinkommen über die Rechte von Menschen mit Behinderung, https://www.behindertenrechtskonvention.info/uebereinkommen-ueber-die-rechte-von-menschen-mit-behinderungen-3101/ (Zugriff am 17.05.2017).

**Döndü Oktay**, *geboren 1987, arbeitete nach jahrelanger Tätigkeit in der direkten Assistenz von Menschen mit Behinderung während Ausbildung und Studium beim Landesverband Baden-Württemberg der Lebenshilfe e.V.. Hier zunächst als Bildungsreferentin im Freiwilligendienst und anschließend als Referentin und Fachberaterin. Die Qualifizierung als Systemische Beraterin (DGSF) folgte. Heute arbeitet sie als Fallmanagerin für die Landeshauptstadt Stuttgart. Zudem ist sie als freiberufliche Referentin und Übersetzerin zum Thema Leichte Sprache tätig.*

# Lass mich nur machen!

## Eine Geschichte über Inklusion?

MICHAEL HECK

Ich möchte von Rolf erzählen. Rolf war 20 Jahre alt und lebte im Landkreis Tübingen, als ich ihn 1972 als Sohn meiner Vermieterin kennenlernte. Rolf kam mich, der ich aus dem Rheinland frisch in meine schwäbische Studentenbude gezogen war, oft besuchen. Anfangs suchte er einen Grund, später kam er auch einfach so, brachte hin und wieder eine Flasche Wein mit und suchte Geselligkeit. Auch ich freute mich in der Fremde über Kontakt. Wir gingen zusammen ins Kino, in Kneipen, und er zeigte mir auf gemeinsamen Ausflügen seine Heimat. Eigentlich eine normale Geschichte. Eigentlich! Doch Rolf hat eine geistige Behinderung; vermutlich in seiner frühesten Kindheit durch eine schwere Hirnhautentzündung erworben. Sein Behindertenausweis attestierte ihm eine damals so bezeichnete Arbeitsunfähigkeit von 80 Prozent. Dennoch war er altersentsprechend in die Volksschule eingeschult worden und arbeitete inzwischen als Hilfsarbeiter in einem Metallbauunternehmen. Er war also in einem sozialversicherungspflichtigen Beschäftigungsverhältnis auf dem allgemeinen Arbeitsmarkt integriert.

Kann man also von einer gelungenen Inklusion reden, bevor der Begriff über dreißig Jahre später durch die UN-Behindertenrechtskonvention auch in Deutschland zum anerkannten Standard für die gesellschaftliche Teilhabe der Menschen mit Behinderung wurde? Nein, dies ist eine Geschichte von verpassten Chancen, sozialen Benachteiligungen und struktureller Ausgrenzung. Es ist aber auch eine Geschichte von Kreativität und Selbsthilfe, ein Beispiel für eine bewundernswerte ‚Do-it-yourself-Inklusion' und ein Plädoyer für eine Lebensweltorientierung in der sozialen Arbeit.

Seine Mutter hatte mir gesagt, dass er ihr Sorgenkind sei. Zunächst bemerkte ich jedoch nur seine holprige und verwaschene Sprache, die ich mir mit dem für mich ungewohnten fremden Dialekt erklärte. Das Ausmaß seiner wirklichen Behinderung fiel mir erst auf, als wir gemeinsam eine Gaststätte besuchten. Rolf nahm die Getränkekarte, prüfte sie kritisch Seite für Seite und bestellte sich dann „eine Halbe". Rolf hielt die Karte aber auf dem Kopf. Er konnte also weder lesen noch schreiben. Ich wollte wissen, wie er – trotz seiner ansonsten gelungenen Integration – offensichtlich wenig Förderung durch sich immer weiter ausdifferenzierende Hilfen für Menschen mit Behinderung erhalten hatte und wie er durch die Maschen eines Netzes von sozialer Arbeit fallen konnte.

Die Ehe seiner Eltern wurde kurz nach Rolfs Geburt 1954 geschieden. Seine Mutter erhielt keine Unterhaltszahlungen von ihrem geschiedenen Mann und musste allein für Rolf und seine beiden sechs und acht Jahre alten Brüder sorgen. Sie arbeitete als Bedienung und Putzhilfe und musste ihre Kinder in unterschiedliche Pflegestellen geben. Rolf wurde in einem Säuglingsheim untergebracht. 40 Säuglinge wurden dort von der Leiterin und wenigen Helferinnen bis zu ihrem ersten Lebensjahr versorgt. Aufgrund der schwierigen familiären Situation ‚durfte' Rolf noch ein zweites Jahr dort bleiben. Im Alter von zehn Jahren wurde Rolf kinderpsychiatrisch untersucht, und es wurde vermutet, dass er in jener Zeit im Heim wohl eine schwere Gehirnhautentzündung gehabt hatte; mit bleibenden Schäden. Das Heim hatte Rolfs Mutter jedoch nichts Auffälliges gemeldet. Sie sorgte sich lediglich, dass er bei seiner Entlassung zwar keine Windeln mehr benötigte, aber noch nicht begonnen hatte zu sprechen. Ärztliche Untersuchungen gaben keine Hinweise.

Rolf war drei Jahre alt, als seine Mutter zum zweiten Mal heiratete. Sie holte ihre drei Kinder in die Familie zurück. Dort fand Rolf allerdings wenig Anregung und Unterstützung beim Spracherwerb. Es gab immer wieder Streit und heftige Auseinandersetzungen der drei Brüder mit ihrem Stiefvater. Die Wohnung lag – bezeichnenderweise – in einer Sackgasse am Rande der Stadt, die Gegend war gemeinhin als sozialer Brennpunkt bekannt. Da die Mutter halbtags arbeiten ging, war er sich viel selbst überlassen. Zwar war er auch in der Nachbarschaft als etwas zurückgeblieben bekannt, aber Rolf war nicht frech oder aggressiv, lebte in geordneten familiären Verhältnissen, so dass er auch den zuständigen Ämtern nicht auffiel. Er schaffte sogar den Schulreifetest und wurde in die erste Klasse der dortigen Volksschule aufgenommen. Dort kam er von Anfang an nicht mit. Die Lehrerin begründete dies gegenüber der Mutter mit der Größe der Klasse. Es gab noch keinen zieldifferenzierten Unterricht. Erst gegen Ende des Schuljahres wurde eine Schulleistungsprüfung durchgeführt. Dabei stellte eine Sachverständigenkommission ein Intelligenzalter von 4,6 Jahren und einen Intelligenzquotienten von 57 fest. Während seine Lehrerin ihn noch als sauber, gutwillig und ordentlich schilderte, kamen in dem Gutachten, auf dem oben deutlich die einschlägige Wohnadresse stand, jetzt Begriffe vor wie ‚frech', ‚hemmungslos', Schlüsselkind', ‚keine geistige Substanz'.

Er wurde mit acht Jahren in die ‚Hilfsschule' versetzt. Nachdem er auch dort nicht mitkam, wurde er nach nur drei Monaten vom Schulbesuch für ein Jahr freigestellt mit der Empfehlung zum Besuch eines (Sonder-)Kindergartens. Ein Jahr später erfolgte wieder eine Einschulung in die Hilfsschule. Von Neuem begann der Kreislauf der Enttäuschungen und des Versagens. Als die Mutter beim Rektor intervenierte, beantragte dieser für Rolf die „Befreiung von der Schulpflicht wegen Bildungsunfähigkeit".

Dennoch, nach drei Jahren ‚Befreiung' wurde Rolf mit elf Jahren in einen neu gegründeten Zweig der Sonderschule für bildungsschwache Schüler aufgenommen; der einzigen im Landkreis Tübingen. Räumliche Enge, Lehrermangel und ein großer Schülerandrang ließen wenig differenzierten Unterricht zu. Rolf sagte mir einmal: „Da konnte ich nichts lernen. Da haben wir immer nur gespielt oder ich habe den anderen helfen müssen." Nach viereinhalb Jahren auf dieser Sonderschule wurde Rolf 1969 im Alter von 15 Jahren auch von der Sonderschulpflicht befreit, zumal sein Stiefvater ihm in seinem Betrieb eine Hilfsarbeiterstelle verschaffen konnte.

Der Begriff der Bildungsunfähigkeit geht auf § 13 des Reichsschulpflichtgesetzes von 1938 zurück und hebt auf die Kulturtechniken des Lesens, Schreibens und Rechnens ab. Die einzelnen Bundesländer übernahmen nach dem Krieg diesen Paragrafen sinngemäß in ihre Schulgesetze. ‚Befreiung' von der Schulpflicht bedeutete, dass ca. 50 000 Kinder zwischen 5 und 15 Jahren in der BRD Anfang der 60er Jahre wie Rolf von jeglichen Bildungs- und Teilhabechancen ausgeschlossen waren. Erst im April 1965 wurde in Baden-Württemberg die Schulpflicht – und damit auch das Recht auf Besuch einer geeigneten Schule – auch für geistig behinderte Kinder eingeführt. Nach Schätzungen der damaligen Kultusministerkonferenz fehlten allerdings 1970 noch über 60 Prozent der notwendigen Sonderschulplätze für geistig behinderte Kinder.

Sein wirkliches Potential und seine Fähigkeiten konnte ich aber in den Jahren, in denen wir weiterhin in der gleichen Stadt wohnten, kennen und fördern lernen. Rolf hatte sich durch die vielen Rückschläge nicht entmutigen lassen, sondern gelernt, sich selbst zu helfen. Er hatte sich Überlebensstrategien angeeignet, die ihm ein unauffälliges, angepasstes und in weiten Teilen auch selbstbestimmtes Leben ermöglichten. Seinem Wunsch, für ihn wichtige Dinge lesen und schreiben zu können, ging er mit einem starken Willen, jedoch sehr erfolglos nach. Ich habe ihm daher angeboten, mit ihm ein Lese- und Schreibtraining durchzuführen auf der Basis von Lernmaterial für erwachsene Analphabeten und entlang seiner Interessen. Nach langem Zögern ließ er sich zwar noch einmal auf ein solches Bildungsangebot ein. Aber diesmal wollte er selbst die Regeln bestimmen getreu seinem Motto: „Lass mich nur machen." Er bestimmte die Form und die Geschwindigkeit des Lernens. Ich war das Medium, dessen er sich bedienen konnte. Er war der Schüler, der seinen Lehrer lehrt, was, wann und wie er zu unterrichten habe. Ich war der Lehrer, der mit Rolf zusammen lernen musste, welche praktischen Lernerfolge für ihn gerade wichtig sind und welche Lösungen es dafür geben könnte. Im Sinne von Paulo Freire, mit dessen Ideen ich mich damals im Studium beschäftigt hatte, war ich der Lehrer-Schüler und er der Schüler-Lehrer. Freire wollte Befreiung durch Bildung und nicht von Bildung. Bei seinen Alphabetisierungskampagnen in den Landarbeitersiedlungen Brasiliens propagierte er das Konzept der Erziehung zur Selbstbefreiung, das an der Lebenssituation des Einzelnen ansetzt. Die Probleme und Herausforderungen des Alltags sollen im Gesamtzusammenhang erkannt und nicht als theoretische Fragestellungen eines Lehrers verstanden werden. Ich versuchte daher, sowohl sein soziales Lernen als auch die Inhalte für das Erlernen von Lesen und Schreiben an seiner aktuellen Lebenssituation und seinen relevanten Bedürfnissen auszurichten. Von März 1975 bis März 1976 ging unser Schreib- und Lesetraining. Rolf lernte dabei, die Schrift als Kommunikationsmittel zu erkennen und zu nutzen: Fernsehzeitung, Kinoprogramm, Straßenschilder, Speisekarte usw.. Nicht das Lesen von Literatur war für Rolf wichtig, sondern das Lesen der Tageszeitung mit den großen Buchstaben und einfachen Sätzen war für ihn der Antrieb, um sich mit Kollegen darüber unterhalten zu können.

Nach einem Jahr beendete er unsere Zusammenarbeit. Er hatte die für ihn relevanten Grundkenntnisse erworben, Zusammenhänge erkannt und wollte selbständig weiterlernen. Auch hatte er in dieser Zeit einen stabilen Freundeskreis gefunden, mit dem er sich regelmäßig traf und Ideen, Gedanken und Einstellungen austauschte. Es war ihm nicht mehr so wichtig, seine Fähigkeiten im Lesen und Schreiben noch weiter zu verbessern.

Im Vergleich zu unserem heutigen System hatte Rolf kaum Chancen. Aber er hat sich mit einem starken Willen und viel Kreativität selbst geholfen oder Hilfe geholt, um in seinem Alltag zu bestehen. Er wurde in eine sozial benachteiligte Schicht hineingeboren. Er war der missglückte Versöhnungsversuch seiner Eltern, der Sozialwaise, das Schlüsselkind. Ein fachlich zweifelhafter Heimaufenthalt, das späte Erkennen seiner Behinderung und ein nicht adäquates und überforderndes Schulsystem verstärkten die Benachteiligungen, anstatt Hilfen zu geben.

Was wäre wohl aus Rolf geworden, wenn er die soziale und therapeutische Unterstützung einer modernen Behindertenhilfe bekommen hätte? Rolf hätte wahrscheinlich früher, schneller und leichter lesen und schreiben gelernt. Er wäre auf ein selbständigeres Leben in einer eigenen Wohnung oder Wohngemeinschaft vorbereitet worden, anstatt mit über dreißig Jahren noch in der Vollversorgung durch seine Mutter zu leben. Diese Versorgung bedeutete für ihn nicht nur Schutz. Sie engte ihn auch ein, verhinderte, dass er selbständige Erfahrungen machen konnte, und verstärkte seine Neigung zu Rückzug und ritualisiertem Handeln. Ein Akt der Befreiung von diesem eingegrenzten Leben war es für ihn, dass er mit meiner Hilfe sein Zimmer komplett renovierte und nach seinen Vorstellungen neu gestaltete. Rolf erzählte mir auch einmal von seinen Wünschen und Träumen, von zu Hause auszuziehen, im eigenen Haushalt zu leben, mit einer Freundin zusammenzuziehen, die ihn versteht, unterstützt und fördert. Auch beruflich wünschte er sich Veränderung und eine qualifiziertere Tätigkeit. Ein psychologisches Gutachten, das ich mit ihm an der Universitätsklinik machen ließ, bescheinigte ihm immerhin einen IQ an der Grenze zur Lernbehinderung; vor allem aber im praktischen Denken und im Erfassen konkreter technischer Zusammenhänge eine durchschnittliche Leistung, „die eine differenziertere technisch-handwerkliche Berufstätigkeit ermöglichen könnte". Meine Anfrage bei großen Behinderteneinrichtungen und Förderinstitutionen zu Möglichkeiten einer weiteren, auch beruflichen Förderung von Rolf wurden jedoch abschlägig beschieden. Ziel sei es, Menschen mit Behinderung auf dem allgemeinen Arbeitsmarkt zu integrieren. Dieses Ziel sei bei Rolf bereits erreicht.

Die Begegnungen mit Rolf haben mich auch beruflich nachhaltig geprägt. Meine Begegnung mit ihm motivierte mich, nach Schwachstellen und Chancen im System der Hilfen für Menschen mit Behinderung zu suchen und Verbesserungen umzusetzen, um ihre berufliche und gesellschaftliche Teilhabe zu erhöhen. Denn auch die heutigen Unterstützungssysteme müssen sich immer wieder fragen lassen, ob sie wirklich an den Lebenswelten und Problemlagen der jeweiligen Menschen mit Behinderung ansetzen.

**Michael Heck**, *geboren 1952 in Düsseldorf.*
*Studium der Erziehungswissenschaften an der Universität Tübingen*
*Berufliche Stationen: Stadtjugendring Stuttgart e.V., Landesverband Baden-Württemberg der Lebenshilfe für Menschen mit Behinderung e.V., anschließend 27 Jahre Sozialplaner beim Landeswohlfahrtsverband Württemberg-Hohenzollern / Kommunalverband für Jugend und Soziales (KVJS), zuletzt Leiter des Referats Sozialplanung KVJS.*
*Mitautor an Veröffentlichungen: Deutscher Verein für öffentliche und private Fürsorge:„Steuerungsunterstützung durch Sozialplanung und Controlling auf kommunaler Ebene" (DV Berlin 2005),*
*Kommunale Gemeinschaftsstelle für Verwaltungsmanagement „Steuerung nachhaltiger kommunaler Sozialpolitik" (KGST 2016).*

# *Jede und jeder ist willkommen!*

## Freizeitarbeit für Kinder mit und ohne Behinderung

JENNIFER SCHERR

„Wer Inklusion will, findet Wege. Wer Inklusion nicht will, findet Argumente."[1] Die VILLA ist bekannt dafür, alles möglich zu machen. Nicht barrierefreies Gelände? Dann werden die Bühne und der Zuschauerraum eben kurzerhand ‚getauscht'. Kein Wickelplatz vorhanden? Dann basteln wir mit Liege und Vorhängen einen geeigneten Raum. Geht nicht, gibt's nicht – wir machen es einfach!
Die VILLA stellt bei inklusiven Ferienprogrammen den Kindern einen Erlebens-Raum zur Verfügung, in dem sie ohne gesellschaftliche Vorurteile und Stereotypen sich und das Anderssein entdecken können. Der Verein VILLA, inklusives Kinder- und Kulturhaus e.V. wurde 2007 in Esslingen am Neckar gegründet. Hier können Kinder und Jugendliche ihr Gegenüber frei und unbefangen kennenlernen und das Andere erforschen. Viele Kinder ohne Behinderung haben in unserer Gesellschaft nur am Rande Berührungspunkte mit Menschen mit Behinderung. Die VILLA ist ein Ort, an dem Inklusion gelebt werden kann – mit Neugier und Herz. Deshalb entstehen ungekünstelte Begegnungen und wir können wunderbare Anekdoten erzählen. Wir sind der Überzeugung, dass diese positiven Begegnungen das Denken und Verhalten der Kinder nachhaltig beeinflussen werden. Auf ihren weiteren Lebenswegen werden sie immer wieder – ob bewusst oder unbewusst – den Inklusionsgedanken der VILLA weitertragen.

### Wie ‚funktioniert' Inklusion in der VILLA?

Lassen Sie uns ein bisschen ins Philosophische abdriften ... Jemand schreibt ein wunderschönes Gedicht auf – eines, das einen tief in der Seele berühren kann, einen zum Schmunzeln bringt, zu Tränen rührt. Als das Gedicht geschrieben wird, berührt es nur den Autor – sonst niemand. Nun steckt er sein Gedicht in eine Flaschenpost[2] und schickt diese in die Welt hinaus. Sie wird am Ufer eines kleinen Flusses gefunden und das Gedicht wird gelesen. Der Finder freut sich über die Zeilen, schickt die Flaschenpost wieder auf den Weg und trägt das Gedicht im Herzen und auf der Zunge an seine Familie und Freunde weiter. An der Flussmündung findet wieder jemand die Post und öffnet die Flasche. Auch der Finder ist von dem Gedicht tief berührt, lässt die Flaschenpost wieder reisen und erzählt seinen Lieben von den schönen Zeilen.

---

[1] Hubert Hüppe
[2] Der Flaschenpostvergleich findet sich in der erziehungswissenschaftlichen Literatur u.a. bei Edwige Chirouter, die an der Universität Nantes in Frankreich Philosophie lehrt und auf das Philosophieren mit Kindern spezialisiert ist. Siehe dazu: Chirouter E. (2015). L'enfant, la littérature et la philosophie. Paris: L'Harmattan

So berührt etwas Kleines immer wieder die Gedanken und die Herzen vieler. Die gleiche Idee steckt im Tun der VILLA. Ein einwöchiges Ferienprogramm verändert nicht die Welt, aber mit Sicherheit die Gedanken der Teilnehmer*innen, die den Inklusionsgedanken – dass es für alle Menschen möglich ist, teilzuhaben – weitertragen. Denn bei der VILLA ist jede*r willkommen, jede*r kann mitmachen, egal ob mit oder ohne Behinderung. Wir sind der festen Überzeugung, dass wir unseren Teilnehmer*innen für ihr Leben eine kleine Flaschenpost mit einem besonderen Gedicht mitgeben. Irgendwann im Fluss ihres Lebens öffnen sie ihre Flasche wieder, und das Gedicht darin berührt ihre Herzen. Weil sie in unseren Ferien- und Freizeitangeboten erleben durften, dass ein Miteinander trotz kleiner oder großer Einschränkungen wunderbarerweise gelingen kann.

## Beispiele für gelungene Assistenz und wunderbare inklusive Begegnungen

Kinder gehen ganz vorurteilsfrei und offen in die Ferienprogramme der VILLA. Sie sind wie „unbeschriebene Blätter", die meist keine Vorbehalte haben und sich nicht scheuen, Fragen zu stellen. Manchen fällt auf, dass es Teilnehmer*innen gibt, die anders sind als sie selbst – sie sehen anders aus, bewegen sich anders, sprechen anders. Am ersten Tag wird viel geschaut und gefragt. Ab dem zweiten, dritten Tag ist es selbstverständlich, dass aufeinander Rücksicht genommen wird. Man hilft sich gegenseitig, und es ist klar, dass ALLE zur Gruppe dazugehören. Jede*r ist kreativ tätig nach seinen / ihren eigenen Möglichkeiten, auch hier unterstützt man sich gegenseitig. Die Schnellen und dadurch Ersten in der Warteschlange an der Essensausgabe holen nicht für sich selbst Essen, sondern bringen den Kindern, die das nicht selbständig können, einen vollen Teller – für die Kinder eine Selbstverständlichkeit. Ebenso wie das ‚Mitnehmen' aller bei den verschiedensten Aktionen. Seien es Spiele in der Gruppe oder gemeinsame Ausflüge. Wie schon am Anfang erwähnt: Geht nicht, gibt's nicht!

Unser Ferienprogramm beginnt um 10 Uhr am Montagmorgen. Alle Kinder, ob mit oder ohne Behinderung, sind noch sehr verhalten und rutschen unruhig auf ihren Stühlen herum. Jetzt sind alle da, und es kann losgehen …

Melanie[3] ist dieses Jahr auch dabei. Sie ist 9 Jahre alt und hat das Down-Syndrom. Sie ist sehr aufgeweckt und neugierig. An ihrer Seite hat sie ihre persönliche Assistentin. Die Kinder ohne Behinderung merken sofort, dass Melanie irgendwie „anders" aussieht, sich ungewohnt „anders" verhält, aber keines der Kinder geht darauf ein. Der Vormittag vergeht mit Spielen und Basteln. Beim Mittagessen setzt sich Jana, eine gleichaltrige Teilnehmerin, neben Melanie und fragt ihre Assistentin, warum Melanie im Gesicht so anders aussieht. Sie erklärt ihr, dass Melanie einen Gendefekt hat – in ihrem Körper sind manche Zellen nicht so angeordnet wie bei anderen Kindern. Und deshalb sieht Melanie ein bisschen anders aus und verhält sich ein bisschen anders. Jana gibt sich mit dieser Erklärung zufrieden und widmet sich wieder ihrem Essen. Beim Nachmittagsprogramm werden verschiedene Ketten aus Glasperlen hergestellt, Melanie nimmt von sich aus Kontakt zu Jana auf und lobt deren Kette. Diese freut sich und geht sofort auf die Freundschaftseinladung ein. Am nächsten Tag verbringen die beiden eine lange Zeit gemeinsam auf der Rutsche und haben viel Spaß miteinan-

---

3   Namen wurden im gesamten Artikel geändert.

*Die VILLA macht es möglich*

der. Die Assistentin ist aus ihrer Begleiterrolle in die Beobachterrolle gegangen. Sie überlässt die beiden Mädchen ihrem freundschaftlichen und fröhlichen Spiel und ist für diesen Zeitraum „überflüssig" geworden.

An diesem Tag spielen wir ein Kennenlernspiel mit zwei Gruppen auf dem Boden. Die Kinder sitzen alle durcheinander. Auf einmal wird Tatjana von hinten umarmt. Und zwar von Leonie, einer weiteren Teilnehmerin mit Down-Syndrom. Tatjana ist freudig überrascht. Beide sitzen eine ganze Weile kuschelnd auf dem Boden. Die Mädchen freunden sich in der Freizeit an und spielen regelmäßig zusammen.

Geht nicht, gibt's nicht: Auch beim Theaterworkshop sind Kinder mit und ohne Behinderung dabei. Im Jugendhaus Komma in Esslingen, wo der Theaterworkshop dieses Jahr stattfindet, gibt es sogar eine richtige erhöhte Bühne. Als es losgehen soll, springen alle Kinder auf und treffen sich auf dieser Bühne. Für Max im Rollstuhl ist das nicht so einfach, und dieser Umstand fällt Tim sofort auf. Er ruft laut und voller Sorge: „Und wie kommt Max jetzt auf die Bühne?!" Natürlich kommt auch Max mit Unterstützung aller hinauf und spielt wunderbar beim Theaterstück mit. Alternativ wird dieselbe Bühne bei einem Abschlusskonzert des Musikworkshops der VILLA kurzerhand in den Zuschauerraum verwandelt, da es unter den Zuschauern niemanden im Rollstuhl gibt. So sitzen die Zuschauer erhöht und haben die Darsteller*innen und deren wunderbares Livekonzert gut im Blick. Alle Darsteller*innen können dieses Mal selbstständig ihre ebenerdige Bühne betreten und auch wieder verlassen.

## Nicht nur Kinder haben ihren Spaß

Meret ist eine Betreuerin im Team einer Ferienfreizeit zum Thema „Von Königen und Scharlatanen". Sie sitzt in einem Elektro-Rollstuhl und wird als hofeigenes Pferd vor die selbst gebastelte königliche Kutsche gespannt. Sie selbst und die Kinder der Freizeit haben dabei unglaublich viel Spaß! Sie lädt zu königlichen Kutschfahrten ein. Jeder darf mal eine Runde mit ihr und der Kutsche drehen. Unsere Vereinsgründerin Martina ist Rollstuhlfahrerin. In vielen Freizeiten, die sie mit betreute, verlieh sie „Rollstuhlzeit". Die Kinder ohne Behinderung konnten für eine gewisse Zeit ihren Rollstuhl mieten und so selbst ausprobieren, wie es sich mit einem Rollstuhl fährt.

In diesem Jahr ist auch Bruno mit dabei. Er ist 22 Jahre alt, hat einen Gendefekt und ist schwerstmehrfachbehindert. Aufgrund seines Alters ist er nicht mehr als Teilnehmer zugelassen, aber bei der VILLA gibt es die Möglichkeit für Menschen mit Behinderung, im Betreuerteam dabei zu sein. Auch er hat eine persönliche Assistentin an seiner Seite. Am ersten Tag sind die Kinder sehr interessiert daran, was Bruno kann und was er nicht kann – im Gegensatz zu ihnen selbst. Jan und Ole fragen seine Assistentin regelrecht aus: „Warum sitzt Bruno im Rollstuhl?"; „Wieso kann er nicht sprechen?"; „Was ist ein Gendefekt?"; „Ist er schon immer so?" Auch Fragen, die Erwachsene vermutlich der Höflichkeit halber nicht stellen würden, wollen die Kinder beantwortet wissen: „Wieso sabbert Bruno?"; „Wieso trägt er Windeln?" Anette reagiert souverän und beantwortet ohne Scheu jede Frage der Kinder. Als deren Wissensdurst gestillt ist, ziehen sie von dannen. Am nächsten Morgen, als alle in den Gruppenraum kommen, begrüßen Ole und Jan Bruno mit Namen und setzen sich im Stuhlkreis neben ihn.

Am Ausflugstag geht es in die Wilhelma in Stuttgart. An diesem Tag müssen alle längere Strecken laufen. Aber die

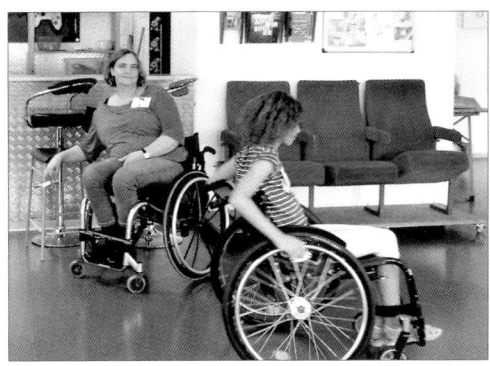

*Rollstuhl-Experimente*

Assistentin muss den Rollstuhl nicht allein schieben. Immer wieder wird sie von Ole und Jan gefragt, ob sie „übernehmen" können. Sie schieben Bruno mit Freude den gesamten Weg, von den Tigern vorbei an den Elefanten bis hin zu den Affen. Anette bleibt mit ihrer Aufmerksamkeit mit etwas Abstand dabei, sie lässt dem natürlichen Impuls der beiden Jungs Raum, da es Bruno auch sichtlich gefällt, dass er zwei so tüchtige Helfer bekommen hat, die sich für ihn interessieren.

Linus ist 23 Jahre alt und seit ein paar Jahren bei der VILLA als Co-Leitung mit dabei. Mit der Pflege von Kindern mit Behinderung hatte er bisher keinen Kontakt. Da die Assistenz von Marius – einem Kind im Rollstuhl – an einem Tag ausfällt, springt er kurzerhand ein. Er begleitet ihn auch zur Toilette, und leider geht etwas daneben. Linus kümmert sich darum, und ihm wird erst bei dieser Tätigkeit richtig bewusst, was eine Assistenz alles leisten muss. Sie ist nicht nur dafür zuständig, das Kind zu involvieren, ihm die Hilfestellung zu geben, damit es an allen Aktivitäten teilnehmen kann. Sie ist auch für das körperliche Wohlergehen verantwortlich, die pflegerischen Notwendigkeiten. Linus' Mutter arbeitet in der Alten- und Krankenpflege, darum ist ihm auf der theoretischen Ebene immer schon bewusst, was Pflege bedeutet. Es aber selbst zu erfahren, ist etwas Anderes, viel Intensiveres.

## Das Anderssein annehmen

Vor Jahren bot die VILLA das wöchentliche Kreativangebot ‚VILLA Phantasia' in der damaligen Katharinenschule an. Hier war ein Junge namens Nico Stammgast. Er hatte eine Sehschwäche, einen Tunnelblick, bei dem im Lauf der Jahre das Sichtfeld immer kleiner wird. Er spielte sehr gerne Fußball. Mit den normalen Bällen wurde es für ihn aber zunehmend schwieriger zu spielen. Deshalb wurde speziell für ihn ein Klingelball angeschafft. Im Schulhof der Katharinenschule, wo die VILLA Phantasia stattfand, spielten auch andere schon etwas ältere Kinder und Jugendliche, die nicht zur VILLA-Phantasia angemeldet waren. Durch Anregung der Leiterin wurden sie aufgefordert, nicht den Platz zu räumen und das Feld den „Kleinen" zu überlassen, sondern Nico mit seinem Klingelball in ihr Spiel zu integrieren. Es war eine wahre Freude, wie alle Jugendlichen urplötzlich ihr wildes Spiel in ein soziales Miteinander verwandelten.

*Zusammen kochen*        *Gemeinsame sportliche Aktivitäten*

Nico erntete echtes Staunen und Anerkennung von Seiten der anderen Jungs. Er war einfach nur selig und gab all sein Können zum Besten.

Leon fiel in seiner Schule immer wieder auf. Er eckte mit seinem Verhalten an, war trotz seines sonnigen Wesens immer wieder auch unzufrieden, kritisch, fühlte sich oft gestört von Mitschüler*innen oder falsch verstanden durch seine Altersgenoss*innen. Er nahm zum ersten Mal an einer VILLA-Freizeit teil. Das Motto war das Mittelalter und die Ritterzeit. Es wurden Schwerter gebastelt, Turniere abgehalten und königliche Bälle organisiert. Leon wollte aber etwas mit Fotografie machen – nur gab es im Mittelalter keine Fotografen. Die Geschichte endet aber nicht damit, dass er schon wieder aneckte, wieder nicht reinpasste, sich nicht anpassen konnte. Nein, er wurde zu einer der wichtigsten Spielfiguren im Ritterszenario der VILLA: Er war der einzige Hof-Fotograf! Alle wollten ein von ihm gemachtes Bild haben. Jede Prinzessin wollte von ihm abgelichtet werden, jeder Ritter ein Foto in voller Montur. Und ja, seine Fotografien können sich sehen lassen. Er hat einen guten Blick und eine ruhige Hand für diese Aufgabe. Sein Dank am Ende der Freizeit an die Leitung war mit einem Lächeln: „Hier bei der VILLA darf man sein, wie man ist!"

**Die Sicht einer Mutter**

„Als unsere Tochter Maja noch ein Kindergartenkind war, waren wir an einem schönen Sommernachmittag auf dem Waldspielplatz. Nach einiger Zeit kam eine fröhliche Gruppe Kinder mit Betreuer*innen durch den Wald gelaufen und ließ sich nieder. Dabei war ein Förster, der den Kindern Tierspuren erklärte, und anschließend spielten die Kinder miteinander auf dem Spielplatz. In der Gruppe waren auch einige Kinder mit Einschränkungen, die aber liebevoll in das ganze Geschehen integriert waren. Es war ein buntes und freudiges Miteinander. Unsere Tochter, die das Down-Syndrom hat, war auch gleich integriert. Ein älteres Mädchen half ihr beim Klettern und Rutschen, und sie hatten viel Spaß miteinander. Da ich als Mutter dies alles so schön empfand, sprach ich eine Betreuerin an, und sie sagte mir, sie wären von der VILLA und sie erzählte mir noch einiges über deren Angebote und gab mir ihre Visitenkarte mit. Als unsere Tochter einige Jahre später ein Schulkind war, erinnerten wir uns an dieses tolle Angebot und so war unsere Tochter nun schon zwei Mal bei der VILLA mit dabei.

# GESCHICHTEN ÜBER INKLUSION

*Ob mit oder ohne Behinderung: alle sind voll dabei.*

Sie hat auch diesen Sommer eine wunderbare Zeit erlebt, ging immer fröhlich in ihr Ferienprogramm und kam erfüllt, mit vielen Eindrücken und schönen Basteleien wieder nach Hause. Wir freuen uns sehr, dass es ein so schönes Angebot gibt, bei dem alle Kinder willkommen sind!"

Die VILLA heißt jeden willkommen mit seiner und ihrer jeweiligen besonderen Individualität. Wir wollen niemanden verbiegen, sondern jede und jeden so nehmen, wie er / sie ist. Das gilt für alle Kinder, mit und ohne Behinderung. Durch das Angebot der VILLA wird die Trennung zwischen Kindern und Jugendlichen mit und ohne Behinderung überwunden. Es finden offene Begegnungen im gemeinsamen kreativen Arbeiten, Spielen und Zusammensein statt. Um dieses Freizeitangebot allen Kindern zu ermöglichen, stellt der Verein Kindern und Jugendlichen mit Hilfebedarf eine Einzelassistenz zur Seite. Die Einzelassistent*innen sind angehalten, ihrem Schützling die unkomplizierte und soweit wie möglich barrierefreie Teilnahme im VILLA-Ferienprogramm zu ermöglichen. Nach dem Motto: „So viel Unterstützung wie nötig, so wenig Hilfe / Einmischung wie möglich". Das sind unsere mittlerweile jahrelangen Erfahrungen mit gelebter Inklusion.

**Jennifer Scherr**, *geboren 1986, nach dem Studium der Diplom-Erziehungswissenschaft an der Pädagogischen Hochschule Ludwigsburg Arbeit als Schulsozialarbeiterin in Esslingen. Bereits während des Studiums Kontakt zum Verein VILLA e.V, dort ab 2011 Assistentin für Kinder mit Behinderung. Seit 2015 Leiterin von inklusiven Ferienprogrammen des Vereins VILLA e.V.. Seit 2019 Vorstandsassistentin des ehrenamtlichen Vorstand des Vereins.*

# Geschichten aus der Kinder- und Jugendhilfe

*Krass, dass deine Jugendamtstante dich noch kennt*

Eine Gratwanderung zwischen Hilfe und Eingriff

NORA BURCHARTZ

Ungefähr 25 Jahre nach einer Inobhutnahme eines sechsjährigen Mädchens mit dem Verdacht auf sexuellen Missbrauch im familiären Umfeld traf ich bei einem samstäglichen Einkaufsbummel dieses Mädchen als junge Frau, die zusammen mit ihrem Freund unterwegs war. Wie immer, wenn ich in Berührung mit den schwierigen Fällen aus meiner Zeit als Bezirkssozialarbeiterin komme, ziehen die damaligen Ereignisse oft wie böse Träume durch mich hindurch. Ich sprach die Frau an. Sie erinnerte sich und erzählte ein wenig von sich. Ihr Freund, der auch ein „Heimkind" gewesen war, sah mich ganz fassungslos an und sagte dann zu seiner Freundin: „Krass, dass deine Jugendamtstante dich noch kennt!"

Eine große Herausforderung Anfang der 1990er Jahre bestand für die Jugendhilfe darin, die Aufgaben des neuen Kinder- und Jugendhilfegesetzes umzusetzen. Beratung, Unterstützung, Hilfen in unterschiedlicher Form und Beteiligung sowohl der Kinder und Jugendlichen als auch der sorgeberechtigten Eltern waren und sind spätestens seit dieser Zeit maßgebliche Instrumente der Jugendhilfe. In einer Zeit, in der viele Reformen in der Jugendhilfe nach und nach umgesetzt wurden, vollzog sich auch ein großer Paradigmenwechsel. Weg von einer strengen, obrigkeitsstaatlichen und „eingriffsorientierten" Handlungsmaxime gegenüber den Klient*innen („Das Jugendamt nimmt die Kinder weg") hin zu Partnerschaftlichkeit und Dialog auf Augenhöhe. In diesen Wandlungsprozessen wurden in der Bezirkssozialarbeit, die flächendeckend die Aufgaben der öffentlichen Jugendhilfe für vielerlei Problemlagen von Familien und ihren Kindern bis heute zu verantworten hat, auch neue Standards eingeführt, wie zum Beispiel die Diskussion und Entscheidungsfindung in Teams, statt alleine von einer einzelnen Sozialarbeiterin. Das brachte wirksamere Ergebnisse nach dem Motto „sechs Augen sehen mehr als zwei". Dennoch blieb die wohl schwierigste Gratwanderung für die Jugendämter bestehen, wenn es nämlich um Situationen der Kindeswohlgefährdung geht – und dies ist bis heute so. Was tun, wenn Eltern nicht kooperieren, keine Hilfe und Beratung zulassen wollen, keine Einsicht zeigen, auch dann nicht, wenn sie ihren Kindern massiv Schaden zufügen? Wie kann man dann partizipatorisch mit Eltern arbeiten? Ein weiterer Gesichtspunkt ist die Partizipation der Kinder und Jugendlichen selbst in Prozessen der Erziehungshilfen. Hier brachte die UN-Kinderrechtkonvention 1990 weltweit die Grundlage des Rechts der Berücksichtigung der eigenen Meinung des Kindes und des Jugendlichen, und dass in Gerichts- und Verwaltungsverfahren das Kind und der Jugendliche entsprechende Hilfe und Vertretungsunterstützung erhalten. Daraufhin wurde in Deutschland 2009 eingeführt, dass dem Kind oder dem Jugendlichen zum Beispiel in familienrechtlichen Verfahren ein „Anwalt des Kindes" zur Seite gestellt wird, der ausschließlich die Interessen des Minderjährigen vertritt.

Durch die rechtliche Vorgabe der Hilfeplanung nach dem Sozialgesetzbuch VIII haben sich die Sozialen Dienste der Jugendämter in aufwändigen Prozessen der Verantwortung gestellt, diese Hilfeplanung möglichst partizipatorisch umzusetzen. Der Dialog mit den für die Erziehung Verantwortlichen, die Beteiligung von Kindern und Jugendlichen auf Augenhöhe wird dann besonders schwierig, wenn Familien sich abschotten und keinerlei Offenheit für dringend notwendige Hilfen haben.
In den 1980er Jahren begann meine Laufbahn in der Sozialen Arbeit. Der Soziale Dienst, ein zentraler Bereich der öffentlichen Jugendhilfe, wurde für zwölf Jahre mein Wirkungsfeld. Als frischgebackene Sozialpädagogin von der Freien Universität Berlin mit einer Menge an Theorien und tollen Vorstellungen, wie Soziale Arbeit die Gesellschaft verändern könne, trat ich meine Arbeit an. Ein kleines Team, das einen der vier Bereiche des Landkreises Esslingen versorgte, wurde meine berufliche Heimat.

Meine Arbeit bestand aus sehr vielfältigen Aufgaben auf der Grundlage des damaligen Jugendwohlfahrtsgesetzes (JWG) und des Bundessozialhilfegesetzes (BSHG). Heimunterbringungen von vernachlässigten Kindern, Beratungen von Familien mit Schwierigkeiten aller Art, Trennungs- und Scheidungsberatungen, Stellungnahmen zu Sorgerechtsregelungen und Umgangsregelungen für das Familiengericht, Vorschläge für das Sozialamt zur Versorgung von Familien mit behinderten Kindern bis hin zur besonders schwierigen und verantwortungsvollen Aufgabe der Inobhutnahme von gefährdeten Kindern und Jugendlichen.

Die Bezirkssozialarbeit beim Jugendamt lehrt einen nachdrücklich, was Soziale Arbeit bedeutet. Man leistet Beratung und Unterstützung in unterschiedlichsten, oft schwerwiegenden Krisensituationen, man vermittelt Hilfen und versucht, auch bei prekären Situationen von Familien, dem Grundsatz ambulante Hilfen vorrangig vor stationären Hilfen, zu folgen. Man wird mit unendlich vielen Notlagen und mit sehr viel Leid von Menschen konfrontiert. Und man lernt, Gesetze zu verstehen und anzuwenden: „Kein Handeln ohne Gesetz." Ich kann bestimmte Vorfälle und viele Menschen, denen ich begegnet bin, nicht vergessen. In vielen Fällen konnte mein berufliches Handeln Notlagen zum Besseren wenden, konnten sich Beziehungen in Familien klären, wurden Hilfen angenommen. Hier will ich anhand einiger meiner Erfahrungen zeigen, wie schwierig sich die Gratwanderung zwischen Hilfe und Eingriff gestalten kann.

Eines Morgens lag ein Schreiben der Kriminalpolizei auf meinem Schreibtisch, dass eine alleinerziehende Mutter in einer Notunterkunft ihr kleines Kind aus dem Fenster geworfen habe. Schnurstracks machte ich mich auf den Weg dorthin und tauchte bei Frau Schmidt (Name geändert) auf, einen „unangemeldeten Hausbesuch" nannte man das. Ich traf eine nicht mehr junge, etwas verwahrloste Frau in einer dürftigen Wohnung in einem schuppenartigen Gebäude am Rande des Ortes an. Ein kleines Gärtchen davor, verwildert, aber mit ein paar Tomatenstöcken und Kräutern. Ein schüchternes, schmales, etwa zweieinhalbjähriges Mädchen mit etwas verfilzten Haaren lugte hinter der Mutter hervor. „Das Kind ist gestürzt", erklärte die Mutter, und sie habe sich kaum verletzt. Bösartige Nachbarn, die ihr nur Schlechtes wünschten, hätten sie sicher bei der Polizei angeschwärzt. Sie bat mich herein. Eine arme Hütte, aber erstaunlich viele Bücher. Sie sei aus dem Osten geflohen, noch mit ihrem Mann, der sie hier im Westen dann sitzen gelassen habe. Dann sei sie in Armut geraten, habe sich mit Alkoholiker*innen zusammengetan, einer sei der Vater des kleinen Mädchens. Aus dieser ersten Begegnung wurde ein langer Beratungsprozess. Ich verhalf Frau Schmidt zu einer neuen Wohnung, half ihr beim Umzug und beim Beschaffen von Mobiliar. Dann stürzte sie ab, trank nur noch, vernachlässigte ihre Tochter. Ich musste eingreifen. Das Mädchen kam erst vorübergehend in eine Pflegefamilie und, nachdem die Mutter nach einer Entgiftung wieder mit dem Trinken angefangen hatte, mussten wir das Mädchen auf Dauer in der Pflegefamilie unterbringen.

Ein anderer mir unvergessen bleibender Fall war eine Inobhutnahme von drei Geschwisterkindern. In Absprache mit dem Familiengericht holte ich sie direkt von der Schule ab. Es waren zwei Mädchen und das jüngste Kind war ein Bub. Sie lebten nach der Scheidung der Eltern beim Vater. Die Mutter war nach einem langen schweren Weg und mit Hilfe einer auf alkoholkranke spezialisierten Einrichtung resozialisiert. Die Kinder durften die Mutter laut Gerichtsbeschluss alle zwei Wochen besuchen. Davor und danach machte ihnen der Vater die Hölle heiß. Bekamen sie von der Mutter etwas geschenkt, zertrampelte der Vater es vor ihren Augen. Er schlug sie, um sie zu zwingen, Schlechtes über die Mutter zu sagen. Der Junge kam mit blauen Striemen in die Schule. Wir führten zu zweit Gespräche mit dem Vater, ich nahm auf die Hausbesuche immer einen Kollegen mit, denn es war gefährlich für uns. Nichts fruchtete. So beschlossen wir nach ausdrücklichem Wunsch von den drei Kindern selber, sie aus diesem Elend zu holen. Sie kamen in ein Heim. Dem Vater wurde das Sorgerecht entzogen. Ich konnte die Kinder noch einige Jahre betreuen. Der Vater drohte, mich umzubringen. Deswegen „durfte" ich sogar eine Woche lang zu Hause arbeiten und als ich dann allmählich wieder an den Arbeitsplatz zurück kehrte, kam öfters die Polizei vorbei, um nach dem Rechten zu sehen. Einmal hatte ich einen durchstochenen Reifen. Nach drei Jahren zogen die Kinder zu ihrer Mutter. Trotz aller Dramatik kam es für die drei Kinder zu einer neuen und guten Wendung.

Mit einem dritten Beispiel möchte ich erzählen, wie trotz sehr schwieriger Ausgangsbedingungen die Entwicklung von zwei Kindern in gute Bahnen gelenkt werden konnte. Wieder durch Hinweise der örtlichen Polizei wurden wir über die Problematik einer Familie informiert. Die Mutter hatte in einer Nacht- und Nebelaktion ihren psychisch kranken Mann und ihre beiden kleinen Buben verlassen. Trotz allen Abwägens konnte die Versorgung der Kinder beim nun alleinerziehenden Vater zu Hause nicht gewährleistet werden. Um den Kindern einen Ortswechsel zu ersparen, wurden sie mit Einverständnis des Vaters in einer Pflegefamilie im Ort untergebracht. Der ältere der beiden Buben blieb an seiner vertrauten Schule, der jüngere wurde zusammen mit den Kindern der Pflegefamilie betreut. Und in den ersten Wochen konnte der Vater die Kinder am Wochenende zu sich nehmen. Regelmäßig begleitete ich die Situation durch Hausbesuche und Gespräche. Dann kam der Vater mit schweren psychotischen Schüben in ein psychiatrisches Krankenhaus. Die Pflegemutter zeigte sich zunehmend mit der Situation überfordert und konnte besonders dem jüngeren Bub nicht die Zuwendung geben, die der Kleine nach dem Verlust der Mutter und der schweren Erkrankung des Vaters so dringend gebraucht hätte. Also leitete ich, wieder nach ausführlicher Beratung mit Kolleg*innen im Team und mit Einverständnis des Vaters, eine stationäre Unterbringung der Kinder in einer Jugendhilfeeinrichtung ein. Ich sehe noch vor mir – damals konnten wir für die Unterbringung ein Taxi ordern – wie ich die verschüchterten Buben abholte und wir mit dem Taxi zu ihrem „neuen Heim" fuhren. Es wurde tatsächlich ihr neues Heim. Ich konnte sie noch einige Jahre begleiten. Bald durfte der ältere Sohn mit dem Bus am Wochenende zum Vater fahren, der inzwischen in eine Tagesklinik für psychisch kranke Menschen ging. Dafür hatte ich extrem gekämpft, denn die Tagesklinik wollte ihn zunächst nicht aufnehmen. Gekämpft hatte ich auch um einen Zuschlag des Sozialamts für den Vater, damit der Sohn bei seinen Wochenendbesuchen beim Vater versorgt ist. Noch Jahre später erzählte mir die nach mir für diese Familie zuständige Kollegin, dass die Jungs eine gute Entwicklung genommen und erfolgreich ihre Schulabschlüsse gemacht hätten. Der Kontakt der Jungs zum Vater blieb über all die Jahre bestehen.

Mit diesen Beispielen aus den Jahren meiner Tätigkeit als Bezirkssozialarbeiterin möchte ich deutlich machen, wie extrem die Gratwanderung in der Jugendhilfe ist zwischen Hilfen einerseits und Eingreifen in familiäre Verhältnisse andererseits. Bei häufig unzureichendem und widersprüchlichem Informationsstand muss man in der Bezirkssozialarbeit ständig ausloten, ob entlastende Hilfen angezeigt sind oder die Gefährdung so groß ist, dass schützende Eingriffe für die Kinder notwendig sind. Auch wird an diesen Beispielen deutlich, dass mögliche Hilfen oft wenig greifen können. Im Bereich der Hilfen zur Erziehung können diese nur wirksam werden, wenn die Eltern als Inhaber der Personensorge für ihre Kinder wirklich und wahrhaftig Veränderungen anstreben und daran arbeiten, dass Wege zum Besseren führen.

Seit meiner Zeit in der Jugendhilfe haben sich weiterhin viele schreckliche Einzelfälle von Kindesmisshandlungen ereignet und man kann darüber in der Presse lesen. Neue Gesetze wie zum Beispiel das Bundeskinderschutzgesetz, neue fachliche Standards und Fortbildungen von pädagogischem Fachpersonal in Kindertageseinrichtungen und Schulen tragen zu verbesserten Rahmenbedingungen und zur Sensibilisierung bei. Dennoch wird es nicht immer gelingen, schlimme Übergriffe auf Kinder und Jugendliche in Familien zu verhindern. Doch hat Soziale Arbeit hier einen großen Beitrag geleistet, für Schutzkonzepte und deren Umsetzung zu sorgen.

Für mich bleiben diese Erfahrungen immer im Gedächtnis. Ich habe schwierige „Einzelfälle" beschrieben, um zu beleuchten, wie wenig es in der Macht der Fachkräfte in der Sozialen Arbeit steht, moderne Instrumente der Jugendhilfe wie Partizipation und dialogorientierte Hilfeplanung so umzusetzen, wie man es eigentlich gelernt hat. Aber dort, wo es - vielleicht auch nur in Bruchstücken - gelingt, können Entwicklungen einzelner Kinder und Jugendlicher und ihrer Familien in gute Bahnen gelenkt werden. Das erfüllt einen dann mit großer Freude. Meine ersten sieben Berufsjahre als junge Sozialpädagogin im Sozialen Dienst haben mich sehr geprägt und großen Einfluss auf mein weiteres berufliches Handeln genommen.

Zu meinem beruflichen Abschied in den Ruhestand vom „Landesverband der Lebenshilfe für Menschen mit Behinderung Baden-Württemberg e.V.", bei dem ich auf Landesebene unter anderem viele Jahre den Fachbereich Kindheit und Jugend verantwortet hatte, habe ich eine besondere Fachtagung geplant und umgesetzt. Eines der Themen bei der Tagung war der Kinderschutz und die Kindeswohlgefährdung bei Kindern und Jugendlichen mit Behinderung. Erst viel später, in der rückwärtsgewandten Betrachtung meiner beruflichen Biografie, wurde mir klar, dass sich ein Kreis schloss. Ich konnte mich während meiner unterschiedlichen beruflichen Stationen in der Sozialen Arbeit in vielerlei Facetten um das Thema Kindeswohl und Kinderschutz kümmern.

**Nora Burchartz,** 1956 in Stuttgart geboren. 38 Jahre Soziale Arbeit: davon ein Drittel in der Jugendhilfe tätig: Bezirkssozialarbeit, anschließend Vollzeitpflege und Adoptionswesen beim öffentlichen Träger der Jugendhilfe im Landkreis Esslingen. Das nächste Drittel: Wechsel in die Behindertenhilfe als Stabsstelle des Sozialdezernenten und verantwortlich für die Sozialplanung und Gestaltung der Strukturen der Behindertenhilfe in einem großen Landkreis in Baden-Württemberg. Aufbau und Leitung einer Interdisziplinären Frühförderstelle. Das letzte Berufsdrittel Referentin beim Landesverband der Lebenshilfe für Menschen mit Behinderung Baden-Württemberg e.V.. Nebenberuflich zahlreiche Lehraufträge an verschiedenen Hochschulen für Soziale Arbeit.

# Eigentlich ist unsere Arbeit eine einzige Sternstunde

## 30 Jahre Kinderkulturwerkstatt Nürtingen

JULIA RIEGER UND PIT LOHSE

Interview und Text: Dr. Thomas Oser

**Was war euer Motiv, in die pädagogische Arbeit einzusteigen?**

*Julia:* Ich habe an der Freien Kunstschule in Nürtingen Bildhauerei studiert, aber Kunst allein war für mich keine Perspektive. Wenn, dann hat mich – inspiriert von Joseph Beuys – Kunst im sozialen Kontext interessiert: Darin lag und liegt auch meine Stärke.

*Pit:* Ich bin in einer Zeit aufgewachsen, in der viel nachgefragt wurde, wie es zum Nationalsozialismus kommen konnte. Meine Eltern waren eindeutige Verlierer des Zweiten Weltkrieges. Vor dem Hintergrund der 68er-Bewegung fragte ich mich: Warum gehen Menschen so miteinander um? Was hindert uns, etwas daran zu ändern?

**Wie sehen eure pädagogischen Projekte in Umrissen aus?**

*Julia und Pit*: 1991, also vor 30 Jahren, haben wir gemeinsam die Kinder-Kultur-Werkstatt gegründet. Bewusst haben wir uns dabei dem Trägerverein Freies Kinderhaus angeschlossen, der schon das Kinderhaus betrieben hat. Mit unserem Konzept haben wir uns in die Tradition der Kinderladen-Bewegung gestellt. Außerdem wollten wir Kunst und Pädagogik miteinander verknüpfen. Wir haben uns auf die Suche nach Personen gemacht, die die Idee mittrugen, und nach einem geeigneten Raum. Dies war ganz wichtig, weil der Raum für uns die dritte pädagogische Kraft ist. Auf dem Areal der heutigen Alten Seegrasspinnerei wurden wir fündig. In den Folgejahren übernahmen wir die Geschäftsführung des Trägervereins, der sich im Laufe der Jahre um weitere pädagogische Einrichtungen wie dem Schülerhort, der Kleinkindgruppe wi-wa-wuschels, dem Waldkindergarten und der Jugendwerkstatt erweiterte. Agierten wir anfangs in beengten Verhältnissen, so nahmen wir nach und nach das gesamte Areal der Alten Seegrasspinnerei in Besitz und bauten es zu einem sozialen, ökologischen und kulturellen Zentrum aus.

**Welche Situation habt ihr 1991 vorgefunden und wie hat sich diese bis heute verändert?**

*Julia*: In den 1980er und 1990er Jahren herrschte in der Zivilgesellschaft eine Aufbruchsstimmung: Einrichtungen wie der Bürgertreff und die Jugendkunstschule wurden in Nürtingen ins Leben gerufen. Diese Lust am Verantwortung-Übernehmen und einfach was zu gründen, ist heute nicht mehr so gegeben ...

*Pit*: Dafür gibt es heute in anderen Bereichen wie dem Klimaschutz, der Mobilität und der Ökologie eine Aufbruchsstimmung. Was aber für unseren Fall wichtig ist zu betonen: Wir mussten anfangs hart um unseren Raum kämpfen, und wir stehen bis heute unter einem ständigen Druck, Freiräume, in denen sich Kinder ausprobieren und ausleben können, zu rechtfertigen.

*Julia*: Am Anfang ging es lockerer zu, was die Abläufe angeht. Wie in jeder Gruppe haben sich aber im Laufe der Zeit Routinen und Standards bei den Abläufen eingespielt. Und in Fragen der Sicherheit reden der TÜV und die Versicherungen ein immer gewichtigeres Wort mit.

*Pit*: Sonst hat sich in der Kinder-Kultur-Werkstatt aber bis heute nicht viel geändert: Sie bietet immer noch eine Vielfalt an Materialien, und die Kinder dürfen alles benutzen.

*Julia*: Und sie orientiert sich immer noch an Pädagogen wie Janusz Korczak, der das Recht auf den heutigen Tag proklamiert hat und dem es wichtig war, dass Kinder so sein dürfen, wie sie sind. Auch der aus der Reggio-Pädagogik stammende Satz „Das Auge schläft, bis es der Geist mit einer Frage weckt" spielt bis heute eine Rolle. Wenn Eltern beim Abholen ihr Kind fragen, was es heute gemacht hat, dann laden wir sie

### Steckbrief:
### Der Trägerverein Freies Kinderhaus e.V. (TVFK)

ist ein anerkannter Träger der freien Kinder- und Jugendhilfe und der außerschulischen Kinder- und Jugendbildung. Er hat ein ganzheitliches und humanistisches Weltbild und hat die Verbindung von Erziehung und Bildung, insbesondere mit Kunst und Kultur zum Ziel. Die Mitglieder des Vereins setzen sich ein für eine Gesellschaft von Menschen, die selbstbestimmt und sozial verantwortlich handeln in einer ökologisch intakten und lebensfähigen Umwelt. Die Bildung, Erziehung und die Persönlichkeitsentfaltung von Kleinkindern, Kindern und Jugendlichen ist ein Schwerpunkt des Vereins. Entstanden im Jahre 1985 als Eltern-Kind-Initiative hat sich der Verein entsprechend den Bedürfnissen der Gesellschaft weiterentwickelt. Inzwischen ist er nicht nur Träger von verschiedenen Elterninitiativen, die ihre Kinder gut betreut und in ihrer Entwicklung begleitet wissen, sondern auch Initiator von Projekten der freien Kinder- und Kulturarbeit, der Qualifizierung von benachteiligten Jugendlichen sowie der psychosozialen Beratung von Geflüchteten. Zu den sozialen Angeboten sind inzwischen auch zahlreiche kulturelle Angebote hinzugekommen, die das Areal Alte Seegrasspinnerei rund ums Jahr bespielen.

Mit ihren drei denkmalgeschützten Gebäuden und den Außenanlagen ist die Alte Seegrasspinnerei zentrale Wirkungsstätte vieler Menschen geworden. Hier herrscht eine Atmosphäre der gelebten Demokratie, in der Mitarbeit und Engagement als Lebensqualität erlebt werden.

Die Kinder-Kultur-Werkstatt ist eine offene Bildungseinrichtung für Schulkinder. Auf 200 qm können sie hier das tun, was zu Hause oft nicht geht, weil der Raum, das Material und Werkzeug oder die Hilfestellung fehlen: werkeln, malen, modellieren, experimentieren, spielen, toben, schweißen, schmieden, Feuermachen, am Bach sein, Freunde treffen.

# GESCHICHTEN AUS DER KINDER- UND JUGENDHILFE

*Drachenlauf*

*Arche auf dem Neckar*

*Kiste*

*Sandstrand*

ein, zu fragen, wie es dem Kind geht, ob es heute glücklich gewesen sei. Nicht das Ziel- und Objektorientierte ist das Wichtigste, sondern der individuelle Prozess. Zu sagen ist: Die gesellschaftlichen Zwänge, die verhindern, dass Kinder selbstbestimmt leben und sich ausprobieren können, sind im Laufe der Jahre stärker geworden.

*Pit*: Ja, wir sind gesellschaftlich noch Welten von einer Ideal-Pädagogik entfernt. Abgesehen von Nischen herrscht noch immer eine Frontalpädagogik vor, die es Kindern schwer macht, selbst ihre eigene Rolle zu finden und zu entwickeln. Die wirtschaftliche Sicht setzt sich in der Pädagogik immer mehr durch. Insofern hat sich in den letzten 30 Jahren objektiv nichts verändert. Man wusste 1991 in pädagogischer Hinsicht schon sehr viel, aber so gut wie nichts wurde umgesetzt.

*Julia*: Es gibt inzwischen aber Ansätze von mehr Kinderbeteiligung, so zum Beispiel in der Planung von Kinderspielplätzen. Generell ist aber das Problem, dass die Stadtverwaltung die Kontrolle behalten möchte, statt die Verantwortung an die Zivilgesellschaft und freie Träger zu übertragen.

*Pit*: Die Malaise wird auch in der Zeit der Coronapandemie sichtbar: Die Kinder werden nicht gefragt, was sie brauchen. Einzig die medizinische Versorgung und die Wirtschaft sind relevant.

## An welche Sternstunden eurer Arbeit erinnert ihr euch?

*Pit*: Eigentlich ist unsere Arbeit eine einzige Sternstunde. Besonders gerne erinnere ich mich aber an den Moment, als wir die Chance bekommen haben, das ganze Areal der Seegrasspinnerei zu gestalten. Vor allem der Ausbau der

Fabrikation in Eigenregie mit jungen Menschen aus prekären Lebenslagen war ein Highlight. Daraus ist die Jugendwerkstatt entstanden, die bis heute jungen Menschen Orientierung und Erprobungsfelder bietet.

*Julia*: Auch ich erinnere mich an viele Sternstunden. So war der Brand in der Kinder-Kultur-Werkstatt im Sommer 1996 zwar eine Katastrophe, die uns den Boden unter den Füßen weggezogen hat. Zugleich haben wir aber gerade in dieser Zeit ganz viel Solidarität von der Bevölkerung und der Verwaltung erfahren. Das hat uns einen großen Push gegeben. Weiterhin war unser Sabbatjahr, eine einjährige Traktor-Tour durch Westeuropa mit unseren drei Kindern, nicht nur in persönlicher Hinsicht etwas Besonderes. Auch im Trägerverein hat sich dadurch viel verändert: Andere haben die Verantwortung von uns übernommen. Fortan gab es auch in der Kinder-Kultur-Werkstatt eine neue pädagogische Leitung, und wir haben uns nach unserer Rückkehr auf die Geschäftsführung des Vereins konzentriert.

*Die Kinder-Kultur-Werkstatt KIKUWE*

An Projekten ist mir nicht zuletzt „Interkunst" in Erinnerung: Da haben Künstlerinnen und Künstler aus ganz Europa mit Kindern gearbeitet. Sie konnten miteinander sein, ohne dieselbe Sprache zu sprechen, sie haben gewissermaßen durch das gemeinsame Tun miteinander geredet. Das ist für mich heute beispielsweise auch eine Perspektive in der Flüchtlingsarbeit: über die Sprachvermittlung hinaus, die zweifellos wichtig ist, etwas zusammen zu tun.

*Pit*: Auch die mobilen Werkstätten in den Stadtteilen waren sehr wirksam: Wir sind aus unseren Räumen in die Stadtteile gegangen, haben dort mit Schulen und Vereinen kooperiert. Das war ganz wichtig, dass wir Kindern, die zuvor nicht zu uns kommen konnten, so eine Möglichkeit gegeben haben, unsere Arbeit kennenzulernen.

*Julia*: Ja, so haben wir vermitteln können, was außerschulische Bildung alles leisten kann. Diese Art der Bildung ermöglicht den Kindern Erfahrungen, die sie in der Schule nicht machen können, die aber sehr wichtig sind. So können Kinder auch scheinbar gefährliche Tätigkeiten wie Sägen oder Experimentieren mit dem offenen Feuer ausführen. Allerdings werden hierfür die Räume immer enger, weil wie gesagt der Sicherheitsgedanke immer restriktiver wird.

*Pit*: Ein Highlight ist für mich auch immer, wenn Erwachsene, die als Kinder in der Kinder-Kultur-Werkstatt waren, heute ihren eigenen Kindern zeigen, wo sie früher gespielt und gewerkelt haben, und dies ihren Kindern auch ermöglichen wollen.

## Welchen Einfluss kann Pädagogik auf die Gesellschaft nehmen?

*Pit*: Man könnte viel verändern, wenn Verwaltung und Politik mitspielen würden. So haben wir Mitte der 1990er beispielsweise eine Kinderkonferenz mit dem Oberbürgermeister gemacht, in denen Kinder ihr Recht auf öffentlichen Raum einforderten. Dabei haben die Kinder einiges erstritten, so zum Beispiel, dass sie außerhalb der Schulzeiten auf den Schulhöfen spielen dürfen. Dieses Recht wurde inzwischen leider aber wieder zurückgenommen. In anderen Punkten konnten sich die Kinder nicht durchsetzen: So haben sie es nicht geschafft, dass der Verkehr in der Stadt kindgerecht gestaltet wird. Heute sieht man ja immer weniger Kinder auf der Straße spielen, sie ziehen sich mehr und mehr in ihre Privaträume oder spezielle Bildungseinrichtungen zurück. Dafür gibt es heute mehr Autos als Kinder auf der Straße.

*Julia*: Pädagogik ist die Haltung, die man Kindern und der Gesellschaft gegenüber einnimmt. Und da die Gesellschaft aus Individuen besteht, hat jede Arbeit mit einem Kind gesellschaftliche Auswirkungen. Übrigens ist jeder, der irgendwie mit Kindern zu tun hat, pädagogisch und damit politisch tätig.

*Pit*: Ein Pädagoge hat die Aufgabe, Eigenständigkeit zu fördern. Damit ist sein Ziel, sich überflüssig zu machen. Man sollte den Kindern „Werkzeuge" an die Hand geben und sie ermutigen, es selbst zu machen.

*Julia*: Ja, man sollte Kindern das Vertrauen geben, dass sie es schaffen. Mein Bildhauerei-Lehrer K.H. Türk hat in diesem Sinne zu seinen Schüler*innen immer gesagt: „Na, dann mach mal!"

**Julia Rieger**, geboren 1965 in Heidelberg, auf Grund der Tätigkeit des Vaters acht Jahre aufgewachsen in Indien, Nepal und Singapur. 1984 Abschluss International Baccalaureate im United World College of South East Asia. 1985 bis 1989 Studium der Bildhauerei an der Freien Kunstschule in Nürtingen. Zusatzqualifikationen zur Spielpädagogin und zur Sozialwirtin beim Paritätischen Bildungswerk.

**Pit Lohse**, Jahrgang 1956. 1972 Ausbildung zum Industriekaufmann, nach Erlangung der Fachhochschulreife Studium der Sozialpädagogik an der Fachhochschule Reutlingen, seit 1987 Sozialpädagoge im Freien Kinderhaus in Nürtingen. - 2000 bis 2003 Bildungsreferent des Paritätischen Jugendwerks Baden Württemberg. Mehrere Jahre Vorsitzender der Landesarbeitsgemeinschaft Kinderinteressen Baden-Württemberg. Vorsitzender des Paritätischen Kreisverbands Landkreis Esslingen.

**Beide zusammen** 1991 Aufbau und Eröffnung der Kinder-Kultur-Werkstatt, seitdem Koordination von Kunst-, Umwelt- und Stadtteilprojekten für Kinder; seit 2003 Geschäftsführung des Trägervereins Freies Kinderhaus.

## *Abschied nehmen ist so wichtig*

### Gedanken zu Umbrüchen in der Sozialen Arbeit

MARIO BIEL

Abschiede und Umbrüche beschäftigen uns in der Sozialen Arbeit ebenso wie im persönlichen Bereich. Meine Erfahrung sagt mir, dass an der Gestaltung dieser Prozesse sehr viel hängt, ob Maßnahmen als erfolgreich und langfristig positiv erlebt werden, vor allem auch subjektiv so eingeordnet werden.

Auslöser, mich damit einmal wieder zu beschäftigen, war ein nicht so gut gelungener Abschied von einem Mitarbeiter, der jahrelang sehr engagiert und mit der Einrichtung identifiziert gearbeitet hatte. Corona-bedingt gab es nur einen „kleinen" Abschied, und es folgten reale Konflikte, die wir vorher nie gehabt hatten. Mich hat das im Nachhinein noch ziemlich beschäftigt. Also habe ich mir ein paar Gedanken gemacht, was da noch so „drinstecken" könnte.

Ich berichte von Erfahrungen, die zu einem großen Teil aus dem Haus Aichele stammen. Das Haus Aichele ist eine kleine psychotherapeutische Jugendhilfe-Einrichtung, die im „Stammhaus" in Beuren bei Nürtingen zwölf Kinder in zwei Gruppen betreut. Dies seit fast 100 Jahren. Das Haus wurde 1923 als erstes psychotherapeutisches Kinderheim in Deutschland von Julie Aichele gebaut. Sie war eine Schülerin von C. G. Jung und nannte ihre Art der Arbeit „Therapie auf der Treppe". Das soll heißen, dass Äußerungen und Konflikte von Kindern direkt im Alltag aufgegriffen und möglichst therapeutisch genutzt und verstanden werden. Dies ist bis heute ein zentraler Punkt des Konzeptes. Natürlich gibt es auch einzelne Therapie-Stunden (Spieltherapie, Kunsttherapie und andere Formen), aber der Alltag steht im Mittelpunkt. Ein weiterer zentraler Punkt ist die immer stattfindende parallele Familienarbeit und Familientherapie. Die Kinder sollen stabilisiert werden, und das System Familie soll sich weiter entwickeln, damit die Kinder möglichst zurückkehren können. Dazu werden mit den Familien auch Aktiv-Wochenenden, Familienseminare, Familienfreizeiten und mit jeder Familie einzeln eine Familien-Therapie-Sitzung pro Monat durchgeführt. Dann gibt es seit drei Jahren eine differenzierte Wohngruppe in Tischardt mit sechs Plätzen, in der Kinder erwachsen werden können, wenn eine Rückkehr in die Familie nicht möglich ist. Auch dort werden die Familien weiter begleitet mit Eltern-Coaching und begleitenden Maßnahmen. Ergänzend wird gerade ein ambulanter Dienst für das Neuffener Tal aufgebaut und demnächst wird es eine zusätzliche Gruppe für vier- bis achtjährige Kinder geben.

Zurück zum Abschied nehmen. Der Mitarbeiter, den wir im kleinen Rahmen verabschiedet hatten, fühlte sich in der Einrichtung wohl, arbeitete da gern und hatte intensive Beziehungen zu den Kindern. Dann kam sein eigener Beschluss zu kündigen und sich neu zu orientieren; sicher mit vielen Überlegungen und Aspekten, die dafür sprachen, gleichzeitig jedoch mit vermutlich zu wenig Beachtung der inneren Ambivalenz. Neben dem Wunsch nach Neuem oder alter Heimat gab es weiterhin eine Identifikation mit der Arbeit, eine innere Beziehung, die nicht aufgelöst wurde. Und wie so oft, wenn innere Konflikte nicht innen angegangen werden, suchen sie sich im Außen Wege. Es wurde ein äußerer Feind aufgebaut, die Einrichtung als schlecht und nicht gerecht gesehen. Damit war der Abschied im Nachhinein doppelt gerechtfertigt und die innere Ambivalenz entlastet.

Ich weiß natürlich, dass dies spekulativ ist und es noch einige andere Möglichkeiten der Interpretation gibt. Das finde ich aber an der Stelle nicht entscheidend. Diese Geschichte soll der Einstieg sein zu einigen Gedanken zum Umgang mit Umbrüchen und Abbrüchen in der sozialen Arbeit.

In der stationären Jugendhilfe haben wir es meist mit Kindern oder Jugendlichen zu tun, die schon verschiedene Hilfeformen durchlaufen haben. Erziehungs-Beistandschaft, sozialpädagogische Familienhilfe, Gruppenangebote, teilstationäre Hilfen und oft auch die Psychiatrie. Das bedeutet, dass zu den in den Familien schon erlebten Beziehungs-Abbrüchen durch Trennung und das Durchleben oft mehrerer (Patchwork-) Familien noch weitere Beziehungs-Abbrüche mit professionellen Helfer*innen dazu kommen. Insofern kommt der „guten" oder gelingenden bewussten Gestaltung von Beziehungs-Übergängen eine sehr zentrale Bedeutung zu.

Erfahrungen hinterlassen Spuren. Ich möchte einige Möglichkeiten des Umgangs mit solchen vorangegangenen nicht so gut gelungenen Umbrüchen darstellen – exemplarisch für die Arbeit in der Jugendhilfe. Zunächst in der Situation des Erstgesprächs und des Aufnahmeprozesses.

## Wie mir Eltern im Erstgespräch begegnen

Eine häufig erlebte Art ist der vorsichtige Umgang mit den Erfolgsaussichten. Eltern und ebenso ihre Kinder sind oft subjektiv enttäuscht worden bei Umbrüchen, da ihnen von professionellen Helfer*innen zu wenig Entlastung gegeben werden konnte. Insofern fühlen sie sich für einen Ab- oder Umbruch im Sinne eines Scheiterns sehr verantwortlich. Eigentlich hätten alle Beteiligten Verantwortung übernehmen und der Familie ein positives Framing (ein positiver Bezugsrahmen für die bisherigen Bemühungen) angeboten werden sollen. Dazu waren die Beteiligten nicht genug selbstreflektiert oder die Prozesse zu systematisiert. Jedenfalls bleibt bei der Familie so ein Gefühl des Versagens und Scheiterns zurück. Bei einem neuen Anlauf schützt sich die Familie und nimmt die Haltung ein: „Das kann gar nicht viel bringen." Nicht weil ein Angebot oder die handelnden Personen nicht erfolgversprechend sind, sondern aus reinem Selbstschutz. Das belastende Gefühl soll nicht mehr aufkommen, falls es wieder nicht klappt. Im Erstgespräch äußert sich das dann so: „Na ja, versuchen wir das mal" oder „Viel verlieren können wir dabei ja nicht". Offenheit, Wertschätzung oder gar Optimismus wäre persönlich zu gefährlich. Für die professionellen Helfer*innen eine echte

Herausforderung, dabei bezogen zu bleiben, empathisch mitzufühlen und konstruktiv das Gespräch zu steuern, obwohl keine Wertschätzung zurückkommt. Genau an dieser Stelle ist es also sehr wichtig zu verstehen, dass es sich hier nicht um eine negative Beziehungsgestaltung oder Abwertung handelt, sondern primär um einen Selbstschutz. Dann kann ich als Helfer*in darin mitschwingen und auch verbal formulieren, dass eine gewisse Vorsicht vielleicht ganz wichtig ist, und dass vorerst ein distanziertes Abwarten ja auch eine gute Lösung sein kann. Damit entlaste ich die Familie und mache eine Tür auf für vorsichtige Bewegungen in die richtige Richtung.

Eine andere Art des Umgangs ist die Idealisierung. Die Helfer*innen oder das Helfersystem werden idealisiert und damit haben sie auch einseitig die Verantwortung für einen Umbruch / Abbruch und das damit erlebte Scheitern. Das entlastet immens, hat aber den Preis, dass die Familie sich als inkompetent erlebt und sich auf das „Außen" verlassen muss. Die damit verbundene Selbsteinschränkung und Kränkung wird häufig in aggressiver Form wieder nach „Außen" agiert. Im Erstgespräch und beim folgenden Aufnahmeprozess fühlt sich diese Begegnung für Helfer*innen erst einmal sehr gut an. Die eigene Person und das Hilfsangebot werden hochgelobt. Man fühlt sich ein bisschen wie der rettende Engel, auf den man schon lange gewartet hat. Eine große Versuchung, sich darauf einzulassen. Die Interaktion ist in diesem Fall eine Gratwanderung. Einerseits muss der professionelle Helfer / die professionelle Helferin die Idealisierung annehmen, damit sich die Familie angenommen fühlt. Andererseits geht es darum, ganz vorsichtig einen kleinen Realitätsbezug hineinzubringen. Das könnte sich dann etwa so anhören: „Sie haben eine sehr verantwortungsvolle Entscheidung getroffen, dass Sie Ihr Kind gerade bei uns unterbringen. Gleichzeitig kochen wir auch nur mit Wasser und müssen sehen, wie schnell wir gemeinsam vorankommen."

Eine weitere Form des Umgangs ist die Abwertung. Die Helfer*innen bzw. ihr System werden von vornherein als inkompetent und unfähig gesehen. Das hilft der Familie, Misserfolge oder Abbrüche nicht als eigenes Scheitern zu erleben und entlastet damit emotional. Gleichzeitig lässt es natürlich wenig Spielraum für eine positive Beziehungsgestaltung und eine Entwicklung von Kind und Familie. Hier stehen Kränkung und Verletzung bei den Helfer*innen im Mittelpunkt des Erlebens. Es braucht viel Selbststeuerung und Reflektion, um sich hier von den sich meldenden Gefühlen nicht leiten zu lassen. Dann kann ich ein Stück mitgehen und damit die Familie abholen oder ein erstes Stück Beziehung aufbauen. Etwa so: „Das ist wirklich eine sehr schwierige Situation bei Ihnen. Da kann ich mich nur teilweise hinein versetzen. Trotzdem würde ich gern einen Versuch wagen, wobei ich Ihnen nicht zu viel versprechen will."

Es wird deutlich, dass ein Eingehen auf die biografisch gewachsene Gefühlswelt der Familie und deren oft nicht den Vorstellungen von Helfer*innen entsprechender Umgang mit dem Erlebten, viel Distanznehmen zu den eigenen Gefühlen und Impulsen in der Situation erfordert. Alle Gefühle und auch die Gegenübertragungen können in der distanzierten Betrachtung beispielsweise in der Supervision dann sehr hilfreich für ein Verstehen des Geschehens sein.

## Was kann bei Umbrüchen und Abschieden beachtet werden?

Zunächst denke ich, dass es extrem wichtig ist, dem Erlebten im vergangenen Lebensabschnitt, also beispielsweise während eines stationären Aufenthaltes, eine positive Konnotation zu geben. Dies sollte als „ein gutes Stück Lebensweg mit wichtigen Erfahrungen" vermittelt werden, egal, wie viel Fortschritt aus Sicht der Helfer*innen stattgefunden hat. Nur wenn eine positive Besetzung stattgefunden hat, kann auch das so notwendige Trauern stattfinden. Abschied bedeutet immer ein Verlieren von Beziehungen, zu Menschen, Tieren, Orten usw., und damit ist Bedauern und Trauer angesagt. Meist ist das für die Familien ein ganz neues Erleben, da bisherige Abschiede oder Umbrüche nicht so bewusst gelebt wurden.

Dann geht es darum, das neu Anstehende positiv zu würdigen und als sinnvollen Schritt zu sehen und, wenn möglich, in manchen Aspekten auch als Weiterführung des bisher Erreichten. Helfer*innen müssen froh sein, dass es einen neuen Entwicklungsschritt gibt, sonst wird der Widerstand gespürt und höchstwahrscheinlich wieder als eigenes Unvermögen gedeutet.

Diese Abschiedselemente sind meist leichter vermittelbar, wenn auch Rituale etabliert werden, die genau diese Inhalte emotional und erlebbar vermitteln wie zum Beispiel Fotoalben des Erlebten, Abschiedsfeier, Festlegung eines Nachbesuches usw..

All diese Gedanken sollen anregen, über Abschiede bei sozialen Hilfeprozessen und vielleicht auch sonst ein wenig nachzudenken. Bei mir wurden, wie oben beschrieben, die Gedanken durch den Weggang des Mitarbeiters ausgelöst.

**Mario Biel**, *Jahrgang 1951. Studium der Pädagogik mit Diplom-Abschluss an der Eberhard-Karls-Universität Tübingen; Psychodrama-Ausbildung am Moreno-Institut Überlingen; Psychoanalytische Ausbildung mit staatlich anerkanntem Abschluss und Kassenzulassung an der Stuttgarter Akademie für Tiefenpsychologie; Ausbildung in Organisationsberatung am Milton Erickson Institut in Heidelberg. Drei Jahre Leiter einer Außenwohngruppe der Jugendhilfeeinrichtung Diasporahaus Bietenhausen, 13 Jahre Geschäftsführer und Leiter der psychotherapeutischen Einrichtung Haus Aichele in Beuren. Seit 26 Jahren selbständig tätig als Trainer, Coach, Organisationsberater und Psychotherapeut. Mitglied beim Institut für Betriebsberatung, Wirtschaftsförderung und -forschung e.V., und bei der Stuttgarter Akademie für Tiefenpsychologie*

# *Eisbrecherin und Bodyguard*

## Einblicke in die Arbeit einer Sozialpädagogischen Familienhelferin

MAREN BÄUMLISBERGER

Die Sozialpädagogische Familienhilfe hat sich mit dem Kinder- und Jugendhilfegesetz seit den 1990er Jahren zu einer bundesweit flächendeckenden niederschwelligen Hilfeform für Familien mit verschiedensten Problemlagen entwickelt. Ganz allgemein kann man sagen, dass jeder Einsatz als Sozialpädagogische Familienhelferin einmalig und individuell sehr unterschiedlich aussieht.

Bei meinem Wechsel von der stationären Jugendhilfe, einem Wohnheim für männliche Jugendliche, zur ambulanten Sozialpädagogischen Familienhilfe (SPFH) meinte mein damaliger Chef, ob ich mir das denn gut überlegt hätte. Er schob noch hinterher, dass man als SPFH von allen für alles verantwortlich gemacht werden würde und ständig zwischen vielen Stühlen sitzen würde. Ich ließ mich von seinen Worten nicht beirren, denn ich war voller Neugier auf diesen für mich neuen Bereich der Jugendhilfe und freute mich sehr auf meine neue Aufgabe. Jahrelang war ich zuvor in der stationären Jugendhilfe tätig gewesen, sprich, meine Arbeit setzte dort an, wo eine Trennung des Kindes oder des / der Jugendlichen von der Familie unumgänglich geworden war. Dagegen setzt die SPFH auf die positiven Entwicklungsmöglichkeiten der Kinder und Jugendlichen in ihren Familien und möchte mit den Familien daran arbeiten, Lösungen für die verschiedenen Problemlagen zu finden.

### Wie ein Prozess der Sozialpädagogischen Familienhilfe einsetzen kann

Das Jugendamt wird meist durch Schulen, Kindergärten, Nachbarn, andere Familienmitglieder, die Eltern oder durch die Kinder oder die Jugendlichen selbst auf mögliche Missstände innerhalb der Familie aufmerksam gemacht. Dann suchen die Jugendamtsmitarbeiter*innen in der Regel das Gespräch mit der Familie. Sollte sich herausstellen, dass die Familie Unterstützung unter anderem auch im Bereich der Erziehung benötigt, und die Hilfe der SPFH in Betracht gezogen wird, dann tritt das Jugendamt an einen freien Träger der Jugendhilfe heran, der diese Hilfe leisten kann. Ein erstes Kennenlern-Gespräch wird mit der Familie vereinbart. Bei diesem Erstgespräch werden die Problemlagen geschildert und meist auch schon mögliche Aufträge und Ziele in der Zusammenarbeit mit der SPFH formuliert. Im Hilfeplan wird beschrieben, warum die SPFH geeignet und notwendig ist, auch werden die Ziele und der Umfang der Hilfe festgelegt. Kommt eine Zusammenarbeit zustande, wird nach ungefähr sechs Wochen nochmals zusammen mit allen am Hilfeprozess Beteiligten ein Auswertungsgespräch geführt. Bei diesem Gespräch wird geklärt, ob die zuvor formulierten Ziele und Aufträge noch für alle passen und umgesetzt werden können. Denn häufig werden Problemlagen im Erstgespräch ganz anders geschildert, als sie sich dann im Laufe der Zusammenarbeit herausstellen. Oder die Familien haben den Aufträgen und Zielen des Jugendamtes zugestimmt, obwohl sie für sich eher andere Ziele und Änderungswünsche definieren würden. Besonders bei den sogenannten „Multiproblemfamilien" ist häufig eine Disharmonie zwischen den Anliegen des Helfersystems und denen der betroffenen Familie zu beobachten. Diese Disharmonie klar zu benennen und dann konstruktiv damit weiter zu arbeiten, gehörte mit zu einem der wichtigsten Elemente meiner Arbeit als SPFH. Nicht immer ist es mir sofort gelungen, die vielfach verschiedenen Aufträge der verschiedenen Akteure in einem Fall zu sehen und auch daraus zu erkennen, was das für den Hilfeprozess bedeuten kann. Manchmal war ich auch fast schon wie gefangen in einem Geflecht unterschiedlichster Aufträge und Anliegen, so dass man beinahe den Überblick verlieren konnte.

## Ein Fall in einem kleinen Dorf

Im Lauf der Zusammenarbeit mit einer Familie, die in einem kleinen Dorf lebte, wendete sich gefühlt das halbe Dorf während des Hilfeprozesses mit einem mehr oder weniger passenden Auftrag an mich. So rief mich eines Tages der Bauamtsleiter an, mit der Bitte, der Familie klar zu machen, dass sie von nun an nicht mehr die Kaminöfen benutzen dürften, da der Bezirksschornsteinfeger erhebliche Mängel an ihnen festgestellt habe. Gleichzeitig bat er mich, für den Bezirksschornsteinfeger als „Bodyguard" zu agieren, weil dieser nochmals eine Hausbegehung durchführen müsse, er aber beim letzten Besuch vom Familienvater massiv bedroht worden sei. Zudem wollte die Logopädin der jüngsten Tochter, dass ich sicherstelle, dass sie jede Woche pünktlich zum Termin erscheint. Dem Kindergarten war es ganz besonders wichtig, dass die Kinder pünktlich, gepflegt und mit gesundem Essen in den Kindergarten kommen. Die Schule der älteren Kinder wollte, dass die Hausaufgaben regelmäßig gemacht werden und der Vater aktiv bei der Elternarbeit mitwirkt. Die Familienkasse konnte nicht verstehen, dass die Familie, die doch jetzt von einer SPFH unterstützt wurde, den Kindergeldantrag nicht fristgerecht abgegeben hatte. Die Nachbarn sahen es als meine Aufgabe, dass ich der Familie erklären solle, dass die Mülltonnen nicht auf dem Gehweg stehen dürfen. Die Mutter wollte, dass ich mit ihr einen Termin bei der Schwangerschaftsberatung zur Abtreibung vereinbare. Die Kinder freuten sich über jede Freizeitaktion, die ich noch mit ihnen machen konnte. Der Vater wünschte sich, dass er Unterstützung erhält bei Behördengängen usw.. Dies sind nur einige Beispiele an Aufträgen an mich während des Hilfeprozesses in dieser Familie. Besonders während der Arbeit mit dieser Familie habe ich oft an die Worte meines ehemaligen Chefs denken müssen, der mir bei meinem Weggang sagte, dass man als SPFH für alles verantwortlich sei.

Wäre meine Zusammenarbeit mit der für die Familie zuständigen Jugendamtsmitarbeiterin nicht so eng und so gut gewesen, wäre ich bestimmt häufig in die „Verantwortungsfalle" getappt und hätte womöglich Aufträge von Menschen angenommen und versucht, Dinge zu klären oder zu bewältigen, die gar nicht meine Aufgabe waren. Zu Beginn meiner Tätigkeit habe ich die Worte meines ehemaligen Chefs weggewischt und ihnen keine Bedeutung zugeschrieben. Doch im Laufe der Zeit konnte ich ein kleines Stück der Realität darin erkennen. Es kann im Hilfeprozess durchaus vorkommen, dass von einzelnen Beteiligten versucht wird, der SPFH die Verantwortung „überzustülpen". Aber als SPFH ist man prozessverantwortlich, und es gehört zur Professionalität, den Überblick über die oft verschiedensten Aufträge zu behalten und diese dann bei Bedarf auch wieder an die eigentlich verantwortliche Stelle zurückzugeben.

### Wer trägt die Verantwortung?

Bei einer anderen Familie war ähnlich viel los wie bei der zuvor beschriebenen Familie, nur mit anderen Baustellen. Ich merkte, wie ich im Verlauf des Hilfeprozesses immer müder wurde, mit dieser Familie zu arbeiten, und es mir immer anstrengender erschien, meine Termine dort wahrzunehmen. Daher brachte ich diesen Fall in der Supervision ein. An dieser Stelle möchte ich sagen, wie wichtig und unverzichtbar Supervision für Sozialpädagogische Familienhelfer*innen ist, sind sie doch Einzelkämpfer*innen und mit ihrem Handeln und ihren Vorgehensweisen oftmals sehr auf sich alleine gestellt. Nach der Supervision war mir klar, dass ich in eine „Verantwortungsfalle" getappt war. Ich habe gerödelt und gerödelt, damit die Auflagen vom Jugendamt erfüllt werden, damit die Kinder eigene Zimmer erhalten; die Wohnung wieder besser aussieht; die Kinderarzttermine regelmäßig eingehalten werden; die Ehestreitigkeiten nicht mehr so massiv vor den Kindern ausgetragen werden; der Sohn morgens aufsteht und zur Schule geht, bevor er zum dritten Mal aus einer Bildungseinrichtung fliegt; der Vater zur medizinisch-psychologischen Untersuchung nach Verlust des Führerscheins wegen Trunkenheit am Steuer geht usw.. Die Familie selbst übernahm für all diese Prozesse jedoch nur bedingt Verantwortung und machte sich auch nur schleppend daran, gemeinsam erarbeitete Lösungswege zu beschreiten. Nach der erkenntnisbringenden Supervision habe ich ein Gespräch mit der Familie und dem Jugendamt gefordert und allen Beteiligten ihre Verantwortung bildlich wieder zurückgegeben. Danach konnte ich wieder tatkräftiger mit der Familie zusammen arbeiten.

### Eisbrecherin

Aber nicht nur anderen, sondern auch sich selbst gibt man Aufträge während eines Hilfeprozesses. Wenn ich durch einen richterlichen Beschluss in einer Familie eingesetzt wurde, gab ich mir selbst den Auftrag, als „Eisbrecherin" zu agieren. Denn wenn man mit einer richterlichen Auflage in eine Familie kommt, ist das zunächst mal für niemanden sonderlich angenehm. Die Familie hatte sich nicht freiwillig für die Zusammenarbeit entschieden, sah also selbst keinen Änderungsbedarf und musste sich nun der Auflage des Gerichts beugen. Es kann einige Zeit dauern, bis das Eis auftaut und auch die Familie erkennen kann, dass man als SPFH mit ihr arbeiten möchte und nicht gegen sie. Bei einer Familie mit Fluchthintergrund bedeutete dies für mich zum Beispiel, in den ersten Wochen „Tee trinken". Der Jugendamtsmitarbeiter war beim Auswertungsgespräch nach sechs Wochen sichtlich erstaunt, als er mich fragte, was ich bisher mit der Familie gearbeitet hätte und meine Antwort „Tee trinken" war. Jedoch führte dieses anfängliche Ritual auf lange Sicht zum Erfolg. Die Familie erkannte, dass ich mit ihr zusammen Lösungswege erarbeiten möchte, die auf ihre Lebenswelt abgestimmt sind.

Aber natürlich gibt es auch viele Situationen, die weniger ruhig zugehen als beim Tee trinken. So agierte ich einmal, ohne es zu wissen, als „Fluchthelferin". Eine Mutter bat mich nach unserem Termin, sie mit in die nächste Stadt zu nehmen. Erst auf der Autofahrt fragte ich sie, was sie denn dort wolle. Ihre Antwort war kurz und pragmatisch: Die Polizei habe ihr einen Haftbefehl zukommen lassen, da sie ihre Schulden nicht bezahlt habe. Dieser sei für heute ausgestellt, da wolle sie lieber nicht zu Hause sein.

## Chancen und Grenzen

Nicht immer gelingt es, das Eis aufzutauen oder Familien zu vermitteln, dass man auch mit der SPFH über anstehende Haftbefehle sprechen kann. Wenn es um den Bereich Kindeswohlgefährdung geht, ist die Rolle der SPFH formal vermeintlich klar definiert, nämlich mit einem Kontrollauftrag und dem Auftrag, die Kindeswohlgefährdung abzuwenden. Gelingt es hier nicht, die Familie in diesem „Zwangskontext" und von Seiten des Jugendamts mit einem Kontrollauftrag versehen mit ins Boot zu holen, dann ist die Arbeit sehr mühsam und anstrengend, und man führt regelmäßig Krisengespräche beim Jugendamt.

Aber ganz überwiegend gehörte die Begleitung von Familien, die sehr gerne mit der SPFH zusammenarbeiten, zu meinem Arbeitsalltag. Diese Familien setzten – mal mehr, mal weniger begeistert – die gemeinsam erarbeiteten Lösungswege in ihren Alltag um und fanden dadurch Stück für Stück wieder ihren eigenen Weg, auch ohne Unterstützung durch professionelle Helfer*innen.

Meine gedankliche Reise durch das Tätigkeitsfeld der SPFH zeigt, wie vielfältig und unterschiedlich die Erfahrungen sind, die ich in diesem Bereich machen durfte. Jede einzelne Geschichte einer Familie oder eines jungen Menschen bereicherte mich. Diese Geschichten sind gefüllt mit Lachen, Weinen, Absurditäten, Bürokratie-Hürden, Verzweiflung, Freude und vielem mehr. Für pädagogische Fachkräfte ist es eine Herausforderung, das richtige Maß zu finden zwischen empathischem Mitschwingen für die Situationen der Familien und der professionellen Distanz, die notwendig ist. Es ist eine Herausforderung, dies persönlich gut zu meistern. All die beschriebenen Geschichten und Situationen, das emotionale Annähern und Distanzieren, das Aushalten der Spannungsfelder, das Benennen eben dieser und, wenn es sich positiv entwickelt, das Auflösen eben dieser Spannungsfelder, machen für mich die Komplexität der Sozialpädagogischen Familienhilfe aus.

**Maren Bäumlisberger**, *Jahrgang 1987. Nach dem Abitur Vorpraktikum in der Behindertenhilfe. Anschließende Ausbildung zur Jugend- und Heimerzieherin in der Behinderten- und Jugendhilfe. Fünf Jahre Gruppenleiterin in einer Therapeutischen Mädchengruppe. Acht Monate Aufenthalt in Neuseeland, anschließend Tätigkeit im stationären Bereich in einer Jugendhilfeeinrichtung für männliche Jugendliche. 2016 bis 2020 Tätigkeit vorwiegend als Sozialpädagogische Familienhilfe (SPFH) im ambulanten Bereich bei einem freien Jugendhilfeträger, der nach dem systemischen Ansatz arbeitet. 2017 Abschluss Weiterbildung zur systemischen Einzel-, Familien- und Paartherapeutin (DGSF). Seit März 2020 tätig für einen Bildungs- und Qualifizierungsträger.*

# Geschichten aus der Altenhilfe

*Neustart mit 65*

Geschichte von Altenhilfe-Fachberatung und Planung

INGE HAFNER

Als ich am 15. Mai 1980 meinen Schreibtisch im Landratsamt Esslingen bezog, waren laut erstem „Altenplan" von 1979 über 65-Jährige „alte Menschen". Die für ihre Interessen zuständigen Orte waren Altenkreise und Seniorenclubs. Es gab im Landkreis keine Pflegeheime, nur Altenheime, in denen Ältere ein Zimmer bewohnten und mit Essen versorgt wurden. In meiner neu zusammengestellten Handbibliothek gab es kein einziges Buch über Demenz. Gremien, die sich ausschließlich mit Altenhilfe befassten, gab es nicht.

Als ich meinen Schreibtisch am 1. Dezember 2012 räumte, waren über 65-Jährige längst keine „alten Leute" mehr. Die Zeit der Altenheime war lange schon vorbei, an allen Orten waren Pflegeheime entstanden. Und ein ganzes Regal stand voll mit Demenz- und Alzheimer-Literatur. Es waren bis dahin rund 30 Altenhilfe-Gremien im Landkreis entstanden.

Aber zurück auf Anfang. Ich war über eine journalistische Grundausbildung, die mich unter anderem sehr viel über kommunale Strukturen gelehrt hatte, zum Studium der Sozialwissenschaften gekommen, die in den 1970er Jahren erstmals ihr Augenmerk auf die Gerontologie – die Lehre vom Altern – richteten. Meine Zukunft dort zu investieren, schien mir sinnvoller als ein mediales Überflieger-Dasein. Was ich an gerontologischen Erkenntnissen und an Methoden der empirischen Sozialforschung gelernt hatte, konnte ich sofort umsetzen: Erste Tat war ein 16 Sitzungen umfassendes Seminar „Alte Menschen – junge Forschung", an dem 35 Multiplikator*innen aus 18 Orten des Landkreises teilnahmen. Meist waren das Leitungen von Altenclubs und neu eingestellte Fachkräfte aus Kommunen. Dieses Seminar hatte vielerlei inhaltliche Fortsetzungen.

## Ort ab 65 Jahren: der Altenkreis

Das Augenmerk richtete sich zunächst auf die offene Altenarbeit: Altenkreise und Begegnungsstätten. Davon gab es damals 160 in den 44 Städten und Gemeinden – das waren die Orte, die vielfach in den 1970er Jahren von Kirchen, Verbänden oder Kommunalverwaltungen eingerichtet worden waren, um Menschen ab 65 Kontakt und Unterhaltung zu bieten. Es waren monatliche oder wöchentliche Treffen die rund 6000 Ältere erreichten. Gerne beteiligten sich die – fast durchweg „ehrenamtlichen" – Leitungen an einer Umfrage zu ihrem Bedarf. Fortbildung war gefragt und Austausch untereinander, um Anregungen für die Arbeit zu kommen.

Für das erste Anliegen wurde „S`Neueschte" geschaffen, ein Informationsblatt, das zunächst vier Seiten hatte und zweimonatlich erschien – die letzte Ausgabe hatte 2012 mit 30 Seiten ein wesentlich erweitertes Themenspektrum. Die Beiträge kamen vielfach aus der engagierten Leserschaft, die sich jährlich vergrößert hatte.

## Aktivitäts- versus Disengagement-Theorie

Das Anliegen der Fortbildung wurde vielfältig aufgegriffen mit Gesprächsleiter- und Rhetorik-Schulungen, Seminaren zur Programmgestaltung, zu kreativen Angeboten, zu Gymnastik und Tanz. Man bedenke: die aufblühende Seniorengymnastik hatte gehörig mit dem traditionellen Bild alter Menschen zu kämpfen – was man tut und was nicht. So konnte es geschehen, dass die alte Bauersfrau, verschämt den Rechen auf der Schulter, in die Gymnastikstunde eilte. Man schafft!

In Städten tat man sich leichter, aktivierende Angebote als Gebot der Stunde anzunehmen. Als der Landkreis 1983 zu „Bewegung im Alter" einlud, füllten sich die Stadthallen: 550 Besucher*innen in Esslingen, 650 in Nürtingen, 750 in Plochingen, 1000 in Kirchheim …

Während die Disengagement-Theorie in den ersten Jahren der gerontologischen Forschung davon ausgegangen war, dass sich Zufriedenheit im Alter vor allem im wortwörtlichen Ruhe-Stand einstellt, brachte die Aktivitätstheorie ganz neuen Schwung in kommunale Konzepte: Angesichts der steil ansteigenden Altenpopulation galt es, sich körperlich und geistig fit zu halten, um noch erfüllende Jahre zu erleben. Kurz und knackig bestätigte die Hirnforschung Jahre später diesen Trend: „Use it or loose it" – gebrauche deine Talente, oder du wirst sie unweigerlich verlieren.

## Der Hit: Gedächtnis-Training

Mit dieser Überzeugung lud die Altenhilfe-Fachberatung im Jahr 1988 ein, sich mit einem eigenen Curriculum zur Gruppenleitung für „Spielerisches Gedächtnistraining" ausbilden zu lassen. Ursprünglich waren 60 Seminarplätze in vier regionalen Gruppen vorgesehen. Die Resonanz war mit 300 Interessierten phänomenal – und völlig unerwartet. Schließlich machten sich 120 Ausgebildete auf den Weg – an fast jedem Ort entstanden Gruppen. Mancherorts werden die damals entwickelten Materialien bis heute verwendet. – Nun selbst im 69. Jahr ist mir das Interesse zutiefst erklärbar: „Wie heißt diese freundliche Frau nochmal?" „Wo hab ich die Brille hingelegt?"...

### Nachbarschaftshilfe: einst und neu

Als zartes Pflänzchen war seit den 70er Jahren die Nachbarschaftshilfe gewachsen. Dadurch, dass immer mehr alte Menschen ohne Verwandte in der Nähe den Unwägbarkeiten zunehmender Hilfebedürftigkeit ausgesetzt waren, wuchsen unter dem Dach von Kirchen und Wohlfahrtsverbänden sogenannte „Nachbarschaftshilfen" – meist unentgeltlich von (Nachbars-)Frauen geleistet. Die vielen Gruppen hatten in der Regel ein freundschaftliches Klima und fühlten sich durch sinnvolles Tun verbunden. Ein besonderer Höhepunkt: 300 von ihnen trafen sich im Jahr 1993 zu einem fröhlichen Landkreis-Fest auf dem Hohenneuffen. Dieses gemeinschaftsbezogene Klima änderte sich allerdings, je mehr Geld ins Spiel kam. Schon, als dies nur 5 DM „Stundenlohn" sein sollten, änderte sich die Haltung der Nutzer*innen – die Dankbarkeit nahm ab, die Anspruchshaltung zu. Viele Helferinnen verabschiedeten sich, etliche fanden in der Hospizbewegung ihren angemesseneren Platz. Eines Tages war aus der „Nachbarschaftshilfe" der Dienstleistungsbetrieb „Hauswirtschaftliche Hilfen" mit Stundensätzen von über 30 € geworden.

Hoch interessant ist die Entwicklung, dass im Zuge bundesweit (und natürlich auch im Landkreis Esslingen) wachsender Quartiersentwicklungs-Prozesse gerade dies wieder in den Fokus tritt: direkte Hilfe von Nachbar*innen, unentgeltlich – und mit neu bedachter Balance von Geben und Nehmen.

### Von der offenen Altenarbeit zur Altenhilfe

Mitte der 80er Jahre hatte eine Umsteuerung der Altenhilfe-Fachberatung begonnen: das Augenmerk weitete sich von der offenen Altenarbeit zu sämtlichen Themen der Altenhilfe – von den Sozialstationen über gerontopsychiatrische Themen bis zu regelmäßigen Heimleiter-Treffen. Der Altenhilfeplan von 1987 war als „Kopier"-Vorlage für die Kommunen gedacht und zeigte den demographischen Horizont auf. Und er machte deutlich, dass die Mehrzahl der Pflegebedürftigen zu Hause versorgt wurde. Entsprechend wurden Angebote für pflegende Angehörige entwickelt: Die Broschüre „Rat für pflegende Angehörige (1988), das Modell „Häusliche Kurzzeitpflege" (1989), das Forum „Was ist häusliche Pflege wert?" (1990), die Gründung von zehn regionalen Arbeitsgemeinschaften zur Vorbereitung der „Informations-, Anlauf- und Vermittlungsstellen" (1991 – sie wurden in Baden-Württemberg die Vorläufer der Pflegestützpunkte), die „Zeitspenden" für die Nachbarschaftshilfe (1992) oder die Ausbildung von 30 Wohnberater*innen (1993).

War die Entwicklung der geriatrischen Rehabilitation noch vom Ziel ausgegangen, die Kräfte alter Menschen zu erhalten und einen körperlichen Abbau am Lebensende bestmöglich zu verkürzen, so schob sich Ende der 1990er Jahre ein ganz anderes Thema mit Macht in den Vordergrund: Demenz und Alzheimer Erkrankung. Mit Verläufen von sieben oder zehn Jahren mit enormen Auswirkungen auf die Lebensqualität der sich Sorgenden. Zur Veranstaltungsreihe „Alt – verwirrt und verloren?" kamen im Herbst 1998 zu 40 Veranstaltungen an 14 Orten 1300 Interessierte. 27 Institutionen hatten sich beteiligt. Ein Beweis, mit welcher Not die Altenhilfe zunehmend konfrontiert war.

## Was macht Sinn? Die Volunteers-Grundsätze

Mitte der 1990er Jahre ereilte die gesamte Altenhilfe die große Not, nicht mehr ausreichend „Ehrenamtliche" zu finden. Die altruistische Lebenshaltung der Nachkriegsjahre war vielfach verglüht, und die zum Engagement Aufgeforderten fragten zurück: „Was habe ich denn davon?" Eine einjährige Denkwerkstatt beschäftigte sich mit der Frage, wie wir die boomende Volunteers-Bewegung in den USA für den Landkreis Esslingen übersetzen könnten. Ergebnis waren zwei Seiten „Volunteers-Grundsätze", die direkt auf die Schwachpunkte des „Ehrenamts" zielten und unzählige Male im Landkreis, auf Landes- bis Bundesebene angefordert wurden: Das Engagement muss Sinn machen, es muss gut von Hauptamtlichen „auf Augenhöhe" begleitet sein, es muss schöne Kontakte eröffnen und zeitlich eingrenzbar sein.

## Bilanz von 32 Jahren: ein dynamischer Weg

Die Liste der Gremien, für die ich am Ende meiner Berufstätigkeit (Dezember 2012) die Geschäftsführung hatte, zeigt die kolossale Expansion der Altenarbeit / Altenhilfe in 32 Jahren: Kreispflegeausschuss als wichtiges Planungsgremium, Austausch Pflegestützpunkte, Treffen für Altenhilfe-Anlaufstellen auf den Rathäusern, Forum Bürgerschaftliches Engagement / Volunteers-Projekte, Projekte „Betreutes Wohnen zu Hause", Kreisweites Treffen aller Wohnberater*innen, Gruppenleitungen der B.U.S.-Bewegungsgruppen. Dazu kam die beratende Funktion im Vorstand des Kreisseniorenrats, in 12 örtlichen Arbeitsgemeinschaften / Planungsgruppen, bei der Heimleiterkonferenz, beim Austausch der Tagespflegen und der Engagement-Börsen …

Neben den „harten Themen" der Altenhilfe war allerdings immer auch Raum, den Horizont weit zu spannen. So waren Mitarbeitende aller Altenarbeits-Szenen zum 25jährigen „Dienst"-Jubiläum von Mai bis Oktober 2005 zu sechs regionalen Dialog-Veranstaltungen eingeladen, deren Themen über das Alltagsgeschäft hinausreichten: „Vom Zauber der Rituale", „Gelingt Nachbarschaft noch?", „Wird Verlass sein auf ‚die Jugend'?", „Wert des Alters – ausgegrenzt ab 40?" u.a.m..

Kaum ein Bereich der sozialen Arbeit ist seit den 1980er Jahren so gewachsen – und er wächst weiter. Die Zahl der über 65-Jährigen ist von 1980 bis 2020 um über 60 % gestiegen. Menschen „im Ruhestand" sind heute keine alten Leute mehr. Sie haben im Schnitt noch ein ganzes Generationenleben vor sich – und die Verantwortung, dies zu gestalten. Die Differenz zwischen drittem und viertem Lebensalter ist eingeführt: das dritte – geistig und körperlich sowie finanziell gut gestellt wie nie zuvor in der Geschichte und mit vielerlei Lebens-Chancen ausgestattet – das vierte mit allmählich zunehmendem Unterstützungsbedarf. Und doch weiterhin vielfältig aktiv.

# INGE HAFNER

So schließt sich für mich der Kreis mit einem neuen Engagement im Vorstand der aus dem Kuratorium Deutsche Altershilfe hervorgegangenen Stiftung ProAlter. Mein Thema ist dort in Anspielung auf den Udo-Jürgens-Titel: „Mit über 80 Jahren". Sechs Millionen Menschen in diesem Alter leben heute in Deutschland, die mehrheitlich nicht hilfebedürftig sind. Es gilt, die Bilder im Kopf zu korrigieren.

**Inge Hafner,** *Jahrgang 1952. 1970–1972 Volontariat bei der Redaktion der Neuen Württembergischen Zeitung Geislingen. 1973–1979 Studium der Soziologie, Pädagogik und Empirischen Kulturwissenschaften. 1980–2012 Altenhilfe-Fachberaterin und Sozialplanerin im Landratsamt Esslingen, war Mitglied im Fachausschuss Altenhilfe und im Vorstandsausschuss beim Deutschen Verein für öffentliche und private Fürsorge Berlin. 2013–2015 Volunteers-Beauftragte im Landratsamt Esslingen (als Volunteer). Aktiv im Vorstand der Stiftung ProAlter Köln (gegründet vom Kuratorium Deutsche Altershilfe) und im Vorstand des Fördervereins des Freilichtmuseums Beuren.*

# Vom beruflichen Umgang mit dem Vergessen

## Rückblick auf 22 Jahre Geschäftsführung der Alzheimer Gesellschaft Baden-Württemberg

SYLVIA KERN

Schon seit Beginn der 1990er Jahre hatte ich mich beruflich mit dem Thema Altenarbeit beschäftigt, zunächst als Sachgebietsleiterin der Altenarbeit der Stadt Ostfildern, später gefolgt von der anteiligen Leitung der „Leitstelle Älterwerden in Ostfildern". Spannende Themen, die auf dem Hintergrund des demographischen Wandels mehrheitlich im Umbruch waren: ein neues Altersbild, weg vom „verdienten Ruhestand", vom nur Versorgen und Betreuen – hin zu Aktivierung, Mündigkeit, Volunteer-Arbeit, Selbsthilfe usw.. Auch die Veränderungen durch die Pflegereform 1995 warfen bereits große Schatten voraus, gefolgt von unzähligen Nachbesserungen im Laufe der nächsten 25 Jahre. Gut erinnere mich an die unermüdlichen Mahnungen unseres damaligen Oberbürgermeisters an alle Dienste und Akteure, die Entwicklungen hier ja nicht zu verschlafen…

Aber dann kam „der Ruf" Mitte 1997: Eine kurze Anfrage aus dem Vorstand der „Alzheimer Gesellschaft Baden-Württemberg e.V.", ob ich nicht Interesse an deren Geschäftsführung hätte? Wobei der Name des Verbandes bis heute eigentlich zu kurz greift: Die Alzheimer Demenz ist *eine* von vielen verschiedenen Demenzerkrankungen, aber die weitaus häufigste und daher auch geläufigste. Das heißt, wer an Alzheimer erkrankt ist, hat eine Demenz – aber lange nicht jeder demenzkranke Mensch muss Alzheimer haben. Demenz ist der Oberbegriff für unterschiedliche Demenzformen, denen so gut wie allen gemein ist, dass sie fortschreitend und nicht heilbar sind. Kennzeichen sind in der Hauptsache zunehmende Gedächtnis- und Orientierungsstörungen, die eine Bewältigung des Alltags und eine „normale" Kommunikation im weiteren Verlauf extrem schwer machen.

Nun war mir das Thema Alzheimer bzw. Demenz bis dahin so gut wie nirgends in meinem Alltag begegnet, weder familiär noch in beachtenswerten beruflichen Dimensionen. Also allemal eine neue Herausforderung, an der ich wachsen konnte nach einigen Jahren „Breitband-Arbeit" im kommunalen Altenbereich. Und ich wurde auf Nachfrage beruhigt: Nein, kein Stressjob wie bislang, sondern ein kleiner Verband mit sehr überschaubaren Aufgaben – das sollte sich allerdings schnell gelinde gesagt als grobe Fehleinschätzung herausstellen…

Meine bisherige berufliche Laufbahn im Bereich der Sozialarbeit war zwar bunt und interessant, hatte aber immer auf unterschiedlichsten Verwaltungshintergründen stattgefunden. Mit Anfang 40 begann nun eine neue Ära für mich. Plötzlich war ich mit einem gänzlich neuen Thema und einem noch sehr jungen, gerade mal drei Jahre alten Selbsthilfeverband auf Landesebene konfrontiert. Bislang kommissarisch aufgebaut und geführt, stieß er inzwischen an Kapazitätsgrenzen. Und so begann ich zunächst allein, offiziell als Geschäftsführerin, inoffiziell eher als „Mädchen für alles", durchaus nicht unüblich für kleinere Selbsthilfeverbände in dieser Zeit.

Die damaligen Angebote und Aufgaben sind verhältnismäßig schnell im Groben (und nicht abschließend) umrissen: Landesweite Beratung, weil es vor Ort noch fast nirgends entsprechende Angebote gab, meist auch gefolgt vom Versand von hilfreichem, niederschwelligem Informationsmaterial. Der Kontakt mit kleineren Gruppierungen im Land, die Trägerschaft für einige Betreuungsgruppen für Menschen mit Demenz in Stuttgart. Hin und wieder Vorträge, oft in Zusammenarbeit mit einem Vorstandsmitglied – dazu später mehr. Auch die Mitarbeit in einem für damalige Verhältnisse großen Projekt, dem Aufbau des Gradmann-Hauses in Stuttgart, einer seinerzeit modellhaften Einrichtung für Menschen mit Demenz in fortgeschrittenem Stadium. Eine ständige Mitgliedersuche und -pflege, dazu ein sporadischer Mitgliederrundbrief. Und insgesamt natürlich ein ständiger zäher Kampf um Wahrnehmung und Anerkennung, um private und öffentliche Gelder sowie deren Verwendung und Verwaltung.

Davon abgesehen gab es weder Vorgaben noch Einschränkungen, wohin die Reise gehen sollte. Schlanke, selbstdefinierte Strukturen und das Fehlen eines Verwaltungsapparats ermöglichten große Freiräume. Dazu kam ein ehrenamtlicher Vorstand, der mir inhaltliche Rückendeckung und maximale Gestaltungsfreiheit gewährleistete. Dies alles führte dazu, dass ich in den nächsten 22 Jahren meine Arbeit und die unseres späteren Teams durchgängig als maximal sinnstiftend und spannend erleben konnte.

Aber zurück zum Thema und zu einer für mich damals relativ neuen Welt: Menschen, die einen demenzkranken Angehörigen meist im Verborgenen und mit einem enormen Aufwand an Zeit, Kraft und Nerven begleiten, betreuen und später auch pflegen. Sehr viel Leid und Überforderung fand weitgehend hinter verschlossenen Türen statt, das Wissen um das Thema Demenz – seinerzeit noch auf „Alzheimer" verkürzt – war rudimentär, entsprechend desaströs oft auch der Umgang mit den Betroffenen. Letztere wurden überwiegend als Patienten begriffen, Autonomie und Betroffenen-Selbsthilfe eher kleingeschrieben.

Angehörige, heute häufig auch als „Zugehörige" bezeichnet, waren und sind meist auch heute noch sogenannte Co-Patienten, ihr Alltag geprägt von Isolation und Überforderung. Individuelle Aufklärung und Bewusstsein waren mehr oder minder Fremdwörter, das Thema Alzheimer ein Nischenthema, dessen Brisanz herzlich wenig öffentliche Aufmerksamkeit erfuhr. Auf offene Ohren in der Politik stießen wir meist erst dann, wenn unsere Gesprächspartner selbst einen Demenzfall in der Familie hatten. Hier hat die Zeit aber längst für uns gesprochen, so zynisch das auch klingen mag – so gut wie jede/r kennt das Thema Demenz inzwischen auch aus dem eigenen persönlichen Umfeld.

Sehr bald wurde klar, dass die Fülle der Aufgaben nicht von mir allein bewältigt werden konnte. Sukzessive ist das Team der Alzheimer Gesellschaft Baden-Württemberg inzwischen auf 13 hochspezialisierte Köpfe in einer immer größeren Geschäftsstelle in Stuttgart angewachsen. Die bis heute extrem niedrige personelle Fluktuation beweist, dass es Spaß macht und in hohem Maße befriedigt, in großer Eigenverantwortung an einem Strang zu ziehen.

Über die Jahre haben sich unsere Aktivitäten in kaum vorstellbarem Ausmaß potenziert. Das gilt in Bezug auf ständig steigende Beratungsanfragen, die Entwicklung der von uns unterstützten und begleiteten Betreuungs- und Entlastungsangebote, die von uns initiierten landesweiten Vernetzungsangebote für regionale Akteure, die oft immer noch Einzelkämpfer sind, usw.. Der seinerzeit noch längst nicht überall übliche hochaktuelle Internetauftritt gehört heute zu den ebenso aufwändigen wie nicht wegzudenkenden Selbstverständlichkeiten einer modernen Selbsthilfe-Arbeit.

Sehr vieles begann um die Jahrhundertwende also reichlich „selbstgestrickt" und mit viel Unterstützung engagierter Menschen aus dem Umfeld. Ganz besonders beeindruckt hat mich zum Beispiel die Begegnung mit einer Frau aus unserem seinerzeitigen Vorstand aus Stuttgart-Birkach. Sie war die Urmutter der sogenannten Betreuungsgruppen, die längst bundesweit Schule gemacht haben und zu den wichtigsten Entlastungsangeboten für pflegende Angehörige zählen. Mit größter Beharrlichkeit, selbst massiv sehbehindert und gegen Ende erblindet, hat sie ihr aus eigenem leidvollem Erleben geborenes Projekt aufgebaut und vertreten. Erstmals fanden nun Angehörige Unterstützung, indem sie einmal wöchentlich ihre erkrankten Angehörigen gut betreut in einem Gruppenangebot aufgehoben wussten und so dringendst benötigte kurze Verschnaufpausen in ihrem „36-Stunden-Tag" hatten. Möglich war und ist das bis heute nur durch den Einsatz vieler ehrenamtlich Mitarbeitenden, deren Schulung und damit Wertschätzung weiterhin eine wichtige Säule unserer Arbeit ist.

Bis fast zuletzt hat „die Mutter der Betreuungsgruppen" nach ihrem Umzug ins Sillenbucher Augustinum dort eine Art Alzheimer-Sprechstunde angeboten, die durchaus rege nachgefragt war. Menschen wie sie – mit der ich in den Anfangsjahren auch häufig gemeinsam auf „Vortragstour" war – sind jenseits aller offiziellen bzw. professionellen Strukturen unverzichtbare Wegbegleiter im sozialen Kontext. Sie und viele, viele andere haben mir mit ihrem Engagement größten Respekt abgenötigt.

Immer mehr Kontakte ins ganze Land hinein sowie ein enger und produktiver Schulterschluss mit der Politik führten zu einem immer größer werdenden Mosaik von Projekten, Initiativen und Strukturen im Land. Demenzfreundliche, besser gesagt demenzaktive Kommunen, Angehörigen- und berufsgruppenorientierte Schulungen zum Beispiel für den Einzelhandel oder für Taxi- bzw. Busfahrer – lauter Schlagworte und Maßnahmen, die inzwischen zu einem höheren Bewusstsein und besseren Verständnis für die Belange von Menschen mit Demenz und ihren Angehörigen geführt haben.

Längst ist das Thema Demenz in aller Munde und omnipräsent in den Medien. Die Alzheimer Gesellschaft Baden-Württemberg ist weithin ebenso bekannt wie geschätzt als zentrale Anlaufstelle zum Thema Demenz im Land – jedenfalls in den allermeisten einschlägigen fachlichen Kreisen. Das Thema Demenz gehört inzwischen durchaus zum Alltag. Aber längst nicht überall gibt es Angebote und Strukturen, die ein Leben mit einer Demenz maßgeblich verbessern und unterstützen. Und weiterhin ist das Thema Alzheimer und Demenz im privaten Bereich tabubelastet, die eigene Betroffenheit wird immer noch häufig negiert und verbrämt aus falsch verstandener Scham und Angst vor sozialer Ausgrenzung.

Und so bleibt noch unendlich viel zu tun angesichts stetig steigender Demenzzahlen und der Gewissheit, dass wir nur alt genug werden müssen, um direkt oder indirekt mit einer Demenzerkrankung konfrontiert zu werden. Sei es in der eigenen Familie, im Bekanntenkreis, in der Nachbarschaft oder im beruflichen Umfeld – Demenz geht uns alle an!

Ich selbst habe 2020 meine offizielle Tätigkeit beendet. Mir bleiben als persönliches Fazit eine tiefe Dankbarkeit und Zufriedenheit mit einem rundum erfüllten Berufsleben. Was es dafür gebraucht hat? Neben inhaltlicher Kompetenz viel Herzblut, Neugier und eine große Offenheit allen neuen Menschen, Themen und Herausforderungen gegenüber. Was es im Gegenzug mir ganz persönlich gebracht hat? Fachliches und menschliches Wachstum, unzählige spannende und bereichernde Kontakte und das so wichtige Gefühl, etwas bewegt und vorangetrieben zu haben. So bin ich zutiefst davon überzeugt, dass die Arbeit der Alzheimer Gesellschaft Baden-Württemberg bis heute sehr vieles im sozialpolitischen und gesellschaftlichen Bereich angestoßen hat, was die Lebensqualität von Menschen mit Demenz und ihren Familien nachhaltig verbessert hat. Viele individuelle Rückmeldungen bestätigen darin, genauso weiterzumachen wie bisher. Was will man mehr…?

**Sylvia Kern**, *Jahrgang 1956. Studium der Sozialarbeit / Sozialpädagogik an der Hochschule für Sozialwesen in Esslingen, Abschluss als Diplom-Sozialarbeiterin. Verschiedene Aufgabenfelder im Bereich der Sozialarbeit, langjährige Erfahrung in der Altenarbeit: ab 1993 Leiterin des Sachgebiets Altenarbeit der Stadt Ostfildern, 1995 Co-Leitung der Leitstelle für ältere Menschen in Ostfildern. November 1997 bis Dezember 2019: Auf- und Ausbau sowie Geschäftsführung der Alzheimer Gesellschaft Baden-Württemberg e.V., Selbsthilfe Demenz.*

# Beratungsvielfalt Demenz

CHRISTINA KUHN

Als sich mir vor fast 25 Jahren die Tür ins Themenfeld Demenz öffnete, war die Literatur im deutschsprachigen Raum noch sehr überschaubar. Der ehemalige US-Präsident Ronald Reagan hatte wenige Jahre zuvor die amerikanische Bevölkerung über seine Alzheimerdiagnose informiert und seine Zukunft als ein „sunset of my life" umrissen. Aktivitäten in Wissenschaft und Forschung erfuhren dadurch in den USA verstärkt eine Förderung und die daraus resultierenden Erkenntnisse setzten wiederum Impulse für weitere Forschungsvorhaben im internationalen Raum. In England war das schottische „Dementia Services Development Centre" in Stirling das Nonplusultra in Sachen Innovation, Praxistransfer und Forschung. Und fast gleichzeitig gründete sich vor 30 Jahren die Deutsche Alzheimer Gesellschaft e.V. und die Sozialplanung in Baden-Württemberg e.V. – letztere ist die Vorgängerin von Demenz Support Stuttgart.

In Deutschland gab es noch die großen Diskussionen um integrative und segregative Versorgungskonzepte. Dabei lag die ethische Frage zur gemeinsamen Versorgung von Menschen mit und ohne Demenz in Einrichtungen der Altenpflege in der Waagschale. Einerseits wurden spezielle Wohngruppen für Menschen mit Demenz problematisiert, und andererseits wurde mit der Belastung von Pflegekräften durch anhaltende Konflikte in gemischten Gruppen und mit der größeren Toleranz in einer „homogenen" Gruppe dagegengehalten. International gab es bereits „special care units" und spezialisierte Wohngruppen in Schweden, Frankreich und Holland, die kleine Leuchttürme für die Entwicklung der hiesigen Wohnformen waren. Der Name Tom Kitwood, verbunden mit dem personzentrierten Ansatz, machte langsam in der Demenzszene die Runde, und inzwischen werben viele Einrichtungen in ihren Konzepten damit. Für das Thema Beratungsvielfalt aber zunächst einmal eine kleine Begriffsklärung, was es mit Demenz oder Alzheimer auf sich hat.

## Alzheimer oder Demenz?

Mit dem Begriff Demenz oder richtiger dem demenziellen Syndrom wird eine Einschränkung der geistigen Leistungsfähigkeit bezeichnet. Es lassen sich Störungen in folgenden Kognitionsfeldern beobachten: Gedächtnis, Denken, Orientierung, Auffassung, Rechnen, Lernfähigkeit, Sprache und Urteilsvermögen. Verursacht werden diese Symptome durch unterschiedliche Erkrankungen, die immer ärztlich abgeklärt werden müssen, wenn die Symptome länger als sechs Monate anhalten. Es gibt immerhin eine Reihe behandelbarer Ursachen wie zum Beispiel Schilddrüsenunterfunktion, Mangelernährung und anderes mehr.

Überwiegend hängen die Symptome jedoch mit einer Alzheimererkrankung zusammen oder stehen mit einer vaskulär bedingten Demenzerkrankung in Verbindung. Es handelt sich dabei um chronisch degenerative Erkrankungen, deren Verlauf kaum beeinflussbar ist. In der Grundlagenforschung war man damals zuversichtlich, in zehn

Jahren ein wirksames Medikament gefunden zu haben. Den Zeitpunkt, an dem die 10-Jahres-Frist abgelaufen ist, haben wir bereits um 15 Jahre überschritten.

## Beratungsgrundlagen: Versorgungsforschung

Im Themenfeld Demenz orientierte sich die Versorgungsforschung zunächst an den verschiedenen Wohn- und Versorgungsformen. Mit dem von Tom Kitwood und Kathleen Bredin entwickelten Dementia Care Mapping, ein Evaluations- und Beobachtungsverfahren, wurde das Wohlbefinden von Menschen mit Demenz zunehmend in den Mittelpunkt gerückt. Die Wechselwirkungen zwischen dem Wohlbefinden, der baulichen Gestaltung, der Elastizität der organisatorischen Rahmenbedingungen und dem sozialen Miteinander gewannen an Bedeutung, und in diesem Zuge auch die Frage nach dem Knowhow von Pflegenden und Angehörigen. Die Fortbildungsthemen wurden bunter, und auf dem Fachwissen aufbauend, gewannen Themen wie Biografiearbeit, Erinnerungspflege, Bewegung, Alltagsgestaltung, Kreativität usw. zunehmend an Interesse. Während in den Anfängen noch die „Experten" die Wissenshüter*innen waren, sind es inzwischen Menschen mit Demenz, die sich in die Öffentlichkeit bringen und für ihre Bedürfnisse selbst einstehen. Das ist jetzt alles verkürzt zusammengefasst und soll die Ouvertüre für das Beratungsthema sein.

## Wann brauchen Pflegeeinrichtungen eine Beratung?

Beratung wird dann benötigt, wenn es Probleme gibt, weil die aktuelle (Bau-)Situation nicht mehr mit den gesetzlichen Vorgaben übereinstimmt oder die Arbeitsabläufe erschwert sind, wenn Veränderungsprozesse ins Stocken geraten, wenn Beschwerden bei der Heimaufsicht eingereicht wurden, wenn Pflegeteams untereinander oder mit der Leitungsebene oder mit Angehörigen in Konflikt geraten, wenn das Thema Gewalt aufgedeckt wurde und die Interaktionen lähmt und vieles mehr. Selten kommt eine Beratungsanfrage aus einem rund laufenden Betrieb mit guter Mitarbeiteratmosphäre beispielsweise zum Thema Gesundheitsprävention oder kreative Projektentwicklung. Bauliche Beratungen hingegen sind konkret und beliebt, alleine schon durch den abschließenden Vorher-Nachher-Vergleich. Ein Großteil der Beratungsanfragen geht in die Richtung, wie eine Einrichtung oder die Wohngruppe demenzfreundlich gestaltet werden kann. Kleinere oder größere Umbaumaßnahmen für die Gemeinschaftsräume, Farbgestaltung, Raumakustik, Mobiliar bis hin zur Tischgestaltung und der Gestaltung eines beschützten Gartens mit Nutzungskonzept sind konkret und die Umsetzung ist überprüfbar. Die Beratung im Hinblick auf die Qualifizierung der Mitarbeiter*innen, die Ausarbeitung einer Fortbildungsstrategie, deren Umsetzung, die Auffrischung von bereits Gelerntem ist ungleich mühsamer und braucht einen langen Atem. Hier geht es hauptsächlich um Führung und um eine Vorbildfunktion, auch im Hinblick auf die Selbstpflege, z.B. die Arbeitspause.

Interessant ist nach wie vor, dass Einrichtungen geplant und gebaut werden und erst im Nachgang die Anfrage für eine Beratung zur Konzeptentwicklung gestellt wird. Natürlich wird in der Beratung das Bestmögliche „herausgeholt", aber die Chancen für innovative Konzepte sind vertan, wenn gebaute Mauern und Wände die Spielräume und Möglichkeiten eingrenzen.

## Wie Menschen mit Demenz von einer Beratung profitieren

Mit dem Ansatz „Hearing the voice" gelang es sukzessive, dass Menschen mit Demenz sich aktiv in Fachgremien einbringen, um ihre Bedürfnisse zu artikulieren. Inzwischen haben sich vielerorts „Unterstützte Selbsthilfegruppen" etabliert, die als „Empowermenz" auch eine internationale Vernetzung erfahren haben. Die Beratung von Menschen nach der Diagnose in Form einer Peer-Beratung, also durch eine betroffene Person in derselben Lebenssituation, erfolgt auf Augenhöhe und kann einer negativen Zukunftsvision des Betroffenen hier schon eine Wendung geben. Denn von anderen Betroffenen zu erfahren, wie sie diese Lebenskrise gemeistert haben und ihr Leben jetzt mit einer Demenz gestalten, ist authentisch und gibt Perspektive. Da dieses Angebot aber noch sehr rar gesät ist, ist eine Beratung mit einer systemischen Grundhaltung hilfreich. Hier geht es um die Stärkung der Selbstwirksamkeit, wenn die Diagnose Betroffene zu erdrücken droht. Vor allem Menschen, die noch im Berufsleben stehen, haben oftmals eine Odyssee hinter sich. Diagnostische Etappen von der psychischen Erschöpfung über Burnout mit entsprechenden Rehabilitationsmaßnahmen bis hin zu Kopfschütteln und ärztlichem Unverständnis zeichnen ihren Weg, bis eine Demenzerkrankung diagnostiziert ist. So schwer die Diagnose ausfällt, so ist es für einige zunächst eine Erleichterung, endlich zu wissen, was allem zugrunde liegt. In die Beratung von Betroffenen können weitere Familienmitglieder einbezogen werden, wenn es erwünscht und aussichtsreich ist. Es kann die Lebenssituation stärken, wenn der Lebensplan auf dem Kopf steht und alle Beteiligten sich in einer neuen Situation orientieren müssen. Dabei ist der Blick in der Beratung stets auf die Stärken und Ressourcen der Betroffenen gerichtet.

## Am Ende oder am Anfang: Angehörige suchen eine Beratung

Wenn Angehörige um eine Beratung anfragen, dann haben einige schon einen langen Weg hinter sich und andere noch vor sich, wollen sich aber informieren. Häufig versuchen Ehepartner*innen die zunehmenden Beeinträchtigungen zu kompensieren. Das erschöpft auf Dauer, lässt die Lebensenergie schwinden und führt zunehmend in die soziale Isolation. Mitunter sind Angehörige in einer Problemtrance gefangen, und die Gedanken hängen sich am Gegenüber auf … wenn er/sie besser schlafen würde… oder wenn das Verhalten nicht so auffällig wäre… oder die emotionalen Schwankungen sich eingrenzen ließen usw.. In der Beratung finden aufgestaute Emotionen Raum, der ursprüngliche Plan vom gemeinsamen Altwerden darf beweint werden, bis sich die Perspektive vom „geht nicht mehr" auf ein „das ist noch möglich" zuwenden kann. Es zeigt sich immer wieder, dass die Beziehungsqualität zwischen den Ehepartnern das Verständnis und den Umgang miteinander beeinflusst. Wenn erwachsene Kinder in die Rolle von pflegenden Angehörigen schlüpfen, dann geht es in der Beratung eher um den Austausch von Informationen zur Demenzerkrankung, zur Kommunikation, zu Lösungen für bestimmte Verhaltensmuster und zu Fragen der Versorgungsmöglichkeit und -sicherheit. Angehörige brauchen mit dem Fortschreiten der Demenz immer wieder eine Reflexion und können sich auch in Selbsthilfegruppen entlasten.

## Basis für die Beratungsvielfalt

Offenheit und eine wertschätzende Grundhaltung gehört zur Basis für die vielfältigen Beratungsanfragen. Eine systemische Ausbildung ist für Beratungsgespräche mit Betroffenen und Angehörigen eine solide Basis. Hintergrundwissen und ein breiter Erfahrungsschatz zum Thema Demenz ist hilfreich, wenn es um die Weitergabe von Informationen oder um die Reflexion von Verhaltensweisen geht. Für die Beratung von Pflegeeinrichtungen sind diese Grundlagen ebenfalls sehr dienlich, insbesondere für die Auftragsklärung. Dennoch ist die Vielfalt der Beratungsthemen in Bezug auf Bau, Gestaltung, Organisation usw. sehr umfangreich, und zur Auftragsklärung gehört auch, die eigenen Grenzen gut zu kennen, sich für die Anfrage möglicherweise zu bedanken und an andere weiterzugeben.

**Christina Kuhn**, *geboren 1959, Ausbildung in der Gesundheits- und Krankenpflege mit anschließender Berufstätigkeit in diesem Bereich. Studium der Empirischen Kulturwissenschaft und Pädagogik in Tübingen, Weiterbildung in der Lohn-, Gehalts- und Finanzbuchhaltung. Anstellung bei Sozialplanung in Baden-Württemberg e.V., Vorgänger von Demenz-Support. Seit 2002 wissenschaftliche Mitarbeiterin bei Demenz Support Stuttgart. Projekte: Evaluation von Pflegeoasen, Entwicklung und Durchführung von Fortbildungskonzepten, Prozessbegleitung ambulanter Wohngemeinschaften. Veröffentlichungen, Filme und Beratungstätigkeiten. Weiterbildung Systemische Beratung und Therapie.*

# Geschichten von Menschen in prekären Lebenssituationen

## *Menschen passen nicht in Schubladen*

### Diakonische Profile in der Sozialen Arbeit

REGINE GLÜCK

Der Tagestreff für Menschen in Wohnungsnot und in besonderen sozialen Schwierigkeiten in Nürtingen ist eine Einrichtung im Verbund der Wohnungslosenhilfe der Evangelischen Gesellschaft Stuttgart im Landkreis Esslingen. Er bietet seinen Besucher\*innen Aufenthaltsmöglichkeit in einer ansprechenden Umgebung, täglich eine frisch zubereitete Mahlzeit, Möglichkeiten zur Körper- und Wäschepflege und Gelegenheit zu Kontakt und Begegnung. Sofern die Besucher\*innen es wünschen, können sie sich in der angeschlossenen Fachberatungsstelle von Sozialarbeiter\*innen beraten lassen, Unterstützung in aktuellen Notsituationen erhalten und gegebenenfalls in weiterführende Angebote vermittelt werden. Inzwischen nehmen täglich bis zu 35 Personen die Angebote in Anspruch.

Der Start der Einrichtung im Jahr 1997 war nicht einfach. Die Stadt Nürtingen war zunächst überzeugt, eine solche Einrichtung nicht zu benötigen. Umso überzeugter waren die beiden großen Kirchen in Nürtingen, auf deren Initiative die Gründung und die Erfolgsgeschichte zurückzuführen sind. Im Folgenden möchte ich der Frage nachgehen: Inwieweit braucht der Sozialstaat ein diakonisches soziales Profil?

Bei der Suche nach einem besonderen diakonischen Profil der Arbeit in der Wohnungslosenhilfe möchte ich von **6 Thesen** ausgehen, mit denen ich die Eigenart des Projekts „Tagestreff" seit Beginn zu charakterisieren versuche. Weder der kleine, noch, wenn es ihn denn gäbe, der große Unterschied charakterisiert die Einrichtung. Sie ist nicht dadurch definiert, dass sie sich abgrenzt, sondern dadurch, dass sie sich zuordnet und sich als Element in unterschiedlichen Systemen, Strukturen oder Bewegungen beschreibt und begreift. Das Gesamtbild ihrer Beziehungen und Bindungen charakterisiert die Einrichtung. Die verschiedenen Wirkungen, die von ihr ausgehen, verdichten sich zu einem Profil.

Der Tagestreff versteht sich erstens als
**ambulantes, offenes Begegnungs-, Versorgungs-, Beratungs- und Vermittlungsangebot im Rahmen der Hilfen für Menschen in Wohnungsnot und für Personen in besonderen sozialen Schwierigkeiten.**

Mit den Angeboten des Tagestreffs sollen vor allem diejenigen Personen erreicht werden, bei denen Wohnungslosigkeit oder unzureichende Wohnverhältnisse, materielle Armut, durch Gewalt geprägte Lebensumstände oder andere besondere Lebensverhältnisse verbunden sind mit sozialer Isolierung, Problemen bei der Alltagsbewältigung, Verlust familiärer und sonstiger Beziehungen oder anderen sozialen Schwierigkeiten. In ihrem Zusammenwirken lösen diese häufig einen Prozess zunehmender Ausgrenzung und Verelendung aus oder halten ihn in Gang bzw. verfestigen ihn. Personen, bei denen besondere Lebensverhältnisse mit sozialen Schwierigkeiten verbunden sind, haben nach § 67 Sozialgesetzbuch XII einen Anspruch auf Hilfe zur Überwindung dieser Schwierigkeiten, wenn sie aus eigenen Kräften nicht dazu in der Lage sind.

Der Tagestreff, so die Zuordnung in meiner ersten These, ist ein Angebot im Rahmen der Hilfen für Menschen in Wohnungsnot und in besonderen sozialen Schwierigkeiten und damit eine Einrichtung, die Leistungen der Sozialhilfe erbringt. Landläufig werden Menschen, die unter derartigen Bedingungen leben, häufig als „Wohnungslose" bezeichnet. Wir dagegen haben bewusst die Beschreibung „Tagesstätte für Menschen in Wohnungsnot und in besonderen sozialen Schwierigkeiten" gewählt. Warum diese etwas umständliche Formulierung, statt der kurzen, bei der sich doch fast jeder vorstellen könnte, mit wem man es da zu tun hat? Eben deswegen! Viele der ehrenamtlich im Tagestreff Mitarbeitenden sehen als eine der wichtigsten Erfahrungen in ihrer Arbeit, dass sie, je mehr sie unsere Besucher*innen kennenlernen, immer weniger „wissen", was das für Leute sind. *Menschen passen nicht in Schubladen.*

Wir verwenden den Begriff (alleinstehende) Wohnungslose außerdem deshalb nicht gerne zur Beschreibung dieser Zielgruppe, weil der Begriff weniger eine Aussage über die Lebenssituation als vielmehr eine Bezeichnung der Person darstellt. Wie auch die früher lange Zeit verwendeten Begriffe „Nichtsesshafter" (zu dem man allein dadurch wurde, dass man in eine Nichtsesshaften-Einrichtung aufgenommen wurde) oder Obdachloser (der man auch heute noch ist, wenn man in einer Obdachlosenunterkunft eingewiesen wurde) schon gehandhabt wurden bzw. werden, kann man durchaus weiterhin als alleinstehender Wohnungsloser bezeichnet werden, wenn man längst schon wieder eine Wohnung bezogen hat. Der Begriff steht also für weit mehr als die Aussage, dass jemand keine Wohnung hat: nämlich für Eigenschaften der Person, die aus dem Begriff selbst nicht abzuleiten sind.

Was bedeutet es für jemanden, der seine Wohnung verloren hat, dann nicht nur ohne Unterkunft, sondern damit auch ein „alleinstehender Wohnungsloser" geworden zu sein, auf eine Beratungsstelle für alleinstehende Wohnungslose verwiesen zu werden, die ihm weder eine neue Partnerin noch auf absehbare Zeit eine Wohnung vermitteln kann, ihn aber intensiv beraten will? Bedeutet das Etikett für ihn nicht eine zusätzliche Bedrohung seiner Identität – oder eine Regieanweisung für eine neue Rolle? Unter anderem so funktioniert soziale Ausgrenzung.

Wir wollen, und das ist für mich ein Stück diakonisches Profil, vermeiden, die uns aufsuchenden Personen zu etikettieren, sondern nennen möglichst präzise und umfassend – d.h. notwendigerweise abstrakt – die Lebenssituationen, in denen wir unser Angebot für hilfreich halten.

### Angebot in der Hilfe zur Überwindung besonderer sozialer Schwierigkeiten

Hilfe nach § 67 Sozialgesetzbuch XII ist bei Vorliegen der Anspruchsvoraussetzungen eine Pflichtleistung der Sozialhilfe. Soweit im Tagestreff Leistungen der Sozialhilfe erbracht werden, entsprechen sie weitgehend dem „Leistungstyp: Ambulante Hilfe nach § 67 SGB XII in einer Tagesstätte mit Angeboten persönlicher Beratung und Unterstützung. Mit seinem Angebot sieht sich der Tagestreff als Teil des Sozialhilfesystems. Daher tauchen hier all die Fragen auf, die zum Verhältnis zwischen Sozialstaat und Diakonie, zwischen Sozialhilfeträger und diakonischem Leistungserbringer, zwischen sozialstaatlichem System der sozialen Sicherung und der Freien Wohlfahrtspflege, zwischen Sozialstaatsgebot des Grundgesetzes und diakonischem Auftrag gestellt sein wollen.

Ich werde nicht alle diese Fragen stellen, noch beantworten, sondern nur wenige Aspekte schlaglichtartig ansprechen können. Dazu will ich die Frage, von der ich ausgegangen bin, bezogen auf die Geschichte des Tagestreffs zunächst umgekehrt stellen:

*Braucht die Diakonische Soziale Arbeit des Tagestreffs den Sozialstaat?*

Sie braucht ihn. Schon allein zur Finanzierung. Die Beschreibung der Zielgruppe des Tagestreffs entspricht nicht zufällig weitgehend entsprechenden Formulierungen in der Verordnung zu § 67 Sozialgesetzbuch XII. Werden wir dadurch zu reinen Erfüllungsgehilfen des Staates? Ich komme darauf zurück.

Ohne sozialstaatliche, d.h. hier vor allem im Sozialgesetzbuch abgesicherte Rechte könnte den Menschen im Tagestreff nicht in der beschriebenen Weise geholfen werden. Erstens bilden die Leistungsansprüche der Besucher*innen auf persönliche Hilfe die Basis für die längerfristige finanzielle Absicherung der Arbeit des Tagestreffs. Zweitens besteht die konkrete Hilfe, die wir leisten, vielfach in der Unterstützung zur Durchsetzung von Ansprüchen auf soziale Leistungen nach dem Sozialgesetzbuch und nach anderen Leistungsgesetzen. Diese Unterstützung ist nach der oben genannten Verordnung eine zentrale Aufgabe der Persönlichen Hilfe. Man könnte noch ein Drittes hinzusetzen: Der Tagestreff, wie alle Einrichtungen der Diakonie, braucht den rechtlichen Rahmen des Sozialstaates zur nachhaltigen Absicherung der angebotenen Hilfen, zur Sicherung der Rechte der Klient*innen (auch gegenüber den helfenden Institutionen), zur Sicherung und weiteren Entwicklung der Qualität der Arbeit und zum verantwortlichen Umgang mit anvertrauten Mitteln.

Auch wenn uns die Vorschriften der Sozialgesetze eigentlich nie ganz zufriedenstellen können, ohne diese Regelungen wäre die diakonische soziale Arbeit nicht nur sehr viel weniger, sie wäre auch weniger verlässlich, wahrscheinlich auch zufälliger, häufig willkürlicher und insgesamt weniger diakonisch profiliert.

*Braucht der Sozialstaat Projekte wie den Tagestreff in Nürtingen?*

Eine Initiative für eine Tagesstätte in Nürtingen hat es von dieser Seite nicht gegeben. In den Planungen war sie nicht vorgesehen. Dass in Nürtingen eine Einrichtung wie der Tagestreff gebraucht wird, haben andere gesehen: die Lokalzeitung, die Geld aus einer Weihnachtsaktion zur Verfügung stellte, die evangelische und die katholische Kirche, die die Initiative zu dem Projekt ergriffen haben, die zahlreichen Frauen und (wenigen) Männer aus den Kirchengemeinden und der Bürgerschaft, die sich zur Mitarbeit bereit erklärten, usw.. Sie haben sich, um es etwas geschwollen auszudrücken, quasi zum Anwalt des Sozialstaates gemacht.

Der Sozialstaat, das Sozialstaatsgebot des Grundgesetzes, entwickelt sich nicht aus sich selbst. Er braucht gesellschaftliche Kräfte, die die Realisierung des Sozialstaatsgebotes und die Weiterentwicklung des Sozialstaates zu ihrem Anliegen machen und zwar auf allen staatlichen Ebenen. Ebenso braucht der Sozialstaat, braucht die Sozialhilfe, um ihre Leistungen bedarfsgerecht weiterzuentwickeln, die konkrete Diakonische Soziale Arbeit, er braucht die diakonischen Initiativen und Projekte wie den Tagestreff.

Der Tagestreff versteht sich zweitens als
**dezentrales Angebot für den Bereich Nürtingen im Verbund der Einrichtungen der Wohnungslosenhilfe der Evangelischen Gesellschaft im Landkreis Esslingen.**

Mit der zweiten These wird die Zugehörigkeit der Einrichtung zur Diakonie benannt. Der Tagestreff wurde 1998 nach der Projektentwicklungs- und Aufbauphase von dem Träger übernommen. Für die Evangelische Gesellschaft war damit eine erste Entscheidung für eine Dezentralisierung der bis dahin auf die Kreisstadt Esslingen konzentrierten Hilfen für Menschen in besonderen sozialen Schwierigkeiten verbunden. Mit dem Tagestreff Nürtingen wurde die Hilfe leichter zugänglich, gerade auch für die Menschen, die bisher zu den vorhandenen Fachdiensten keinen Zugang gefunden oder diesen abgebrochen hatten. Die Erfahrungen des Tagestreffs haben gezeigt, dass der Bedarf häufig erst dann sichtbar wird, wenn Hilfe ortsnah, niederschwellig, verbunden mit Grundversorgungsangeboten, auf jeden Fall aber ohne Vorleistungen und ohne den Zwang zur „Vordefinition" angeboten werden kann. Diakonie geht zu den Menschen – und wartet nicht, bis diese zu ihr kommen.

Dezentralisierung heißt meines Erachtens auch, sich mit seinem Angebot als Teil des örtlichen Hilfenetzes zu begreifen. Das hat organisatorische Konsequenzen für den Träger. Um die Chancen nutzen zu können, die das Projekt für die Hilfe vor Ort bietet, ist Flexibilität gefordert. Der Träger muss seine Handlungs- und Entscheidungsabläufe auf die örtlichen Gegebenheiten abstimmen und auf den Charakter der Einrichtung. Im Bewusstsein der ehrenamtlich Mitarbeitenden und der Förderer des Tagestreffs ist der Tagestreff auch ihr Projekt und so wird es weiterhin, weitgehend zu Recht, auch in der Öffentlichkeit gesehen. Sie erwarten Transparenz und Beteiligung.

Der Tagestreff versteht sich drittens als
**ein ergänzendes Element mit vernetzender Funktion im System sozialer Hilfen im Bereich Nürtingen.**

Der Tagestreff versteht sich als Teil des örtlichen Hilfesystems in Nürtingen und Umgebung. Für die Hilfesuchenden ist die Einbindung der Einrichtung in die örtlichen Strukturen und deren Wirksamkeit vor Ort noch wichtiger als die Einbindung in die Fachstrukturen. Sieht man eine der wichtigsten Aufgaben darin, Menschen, die in einer schwierigen Lebenssituation sich nicht (mehr) selbst helfen können und die geeignete Hilfe auch nicht von Dritten erhalten, bei der Klärung ihrer Situation zu helfen, sie über Hilfemöglichkeiten und Ansprüche zu informieren, sie zu motivieren mögliche Hilfen anzunehmen, diese gegebenenfalls zu vermitteln und wenn es nötig wird, sie auch bei der Durchsetzung der Ansprüche zu unterstützen, dann gelingt das nur, wenn die örtlichen Verhältnisse bekannt und in vielfältiger Weise vernetzt sind. Der Kooperation und Vernetzung mit anderen Diensten in der Kommune und Region hat der Tagestreff von Anfang an großes Gewicht beigemessen. So wurde auf Initiative des Tagestreffs hin die Bildung eines sogenannten Forums Sozialer Dienste angeregt, in dem sich weiterhin eine Vielzahl Sozialer Dienste, die im Raum Nürtingen tätig sind, in regelmäßigen Treffen austauschen und so ihre Kooperation verbessern.

Der Tagestreff versteht sich viertens als
**eine von beiden großen Kirchen gemeinsam ideell getragene und finanziell geförderte Initiative gemeindenaher Diakonie.**

Der Tagestreff geht, wie gesagt, unter anderem zurück auf eine gemeinsame Initiative der evangelischen und der katholischen Kirche in Nürtingen. Er hat sich daher von Anfang an bewusst als ökumenische Initiative verstanden. Für einige Mitarbeiter*innen und Förderer liegt und lag darin eine wichtige Motivation für ihr Engagement. Durch das Angebot zur ehrenamtlichen Mitarbeit eröffnet die Einrichtung den Gemeindemitgliedern beider Kirchen eine Gelegenheit, im Sinne von „gelebter Kirche" selbst konkret diakonisch aktiv zu werden. In der Erfahrung von Gemeinschaft mit den Besucher*innen entsteht Gemeinde im eigentlichen Sinn. Auf diese Weise erfuhr und erfährt der Tagestreff viel Rückhalt in den Nürtinger Kirchengemeinden, eine Verbindung, die letztlich auch den Besucher*innen des Tagestreffs zugute kommt: Nur eine Einrichtung, die selbst integriert ist, kann auch für ihre Besucher integrativ wirksam werden.

Die Erfahrung hat gezeigt, dass das Projekt darüber hinaus auch Menschen, die der Kirche eher fern stehen, eine Chance bietet, Kirche und Diakonie aus einem anderen Blickwinkel zu sehen und vielleicht auch Berührungsängste abzubauen. Dies setzt unter anderem voraus, dass die beteiligten Institutionen, also Kirchen und diakonischer Träger, den Mitarbeiter*innen Interesse und Anerkennung entgegenbringen und an den Inhalten und Zielen der Arbeit, den Arbeitsbedingungen, dem Engagement und den Nöten der Mitarbeiter*innen interessiert sind.

Der Tagestreff versteht sich fünftens als
**ein Projekt, das durch breites bürgerschaftliches Engagement über den kirchlichen Rahmen hinaus im örtlichen Gemeinwesen verwurzelt ist.**

Von Anfang an arbeiten jeweils bis zu 30 ehrenamtlich Tätige mit großem Engagement mit nahezu professioneller Zuverlässigkeit im Tagestreff mit, nicht nur still dienend, sondern durchaus auch offensiv in der Öffentlichkeit, manche bereits seit 20 Jahren und länger. Der Tagestreff bietet seinen Mitarbeiter*innen eine Möglichkeit, konkret und wirksam gegen Ausgrenzung, Verarmung und Verelendung tätig zu werden; im Kontakt mit den Besucher*innen andere Lebenswelten kennenzulernen und sich in einem Team engagierter freiwillig Tätiger mit ihren jeweiligen Interessen und Fähigkeiten einzubringen.

Ehrenamtliches Engagement in der Arbeit mit Randgruppen hilft Brücken bauen – für die Besucher*innen, für die es unter Umständen seit langem die erste Gelegenheit ist, mit „normalen" Bürger*innen außerhalb von Ämtern und Behörden in Kontakt zu kommen, in einen Kontakt, der freiwillig erfolgt und daher besonders hoch gewichtet wird; für die ehrenamtlich Tätigen, da sie im Kontakt mit gesellschaftlich Ausgegrenzten lernen können, mitgebrachte Klischee- und Normvorstellungen, die sich häufig zunächst an den gesellschaftlich weitgehend üblichen Schablonen orientieren, aufzubrechen und an der Realität der betroffenen Menschen zu überprüfen.

In der diakonischen Arbeit mit Ausgegrenzten und Benachteiligten muss der Blick über den einzelnen hinaus gehen, auf die konkreten Lebensverhältnisse der Menschen und die zugrunde liegenden gesellschaftlichen bzw. sozialstaatlichen Bedingungen – und darf dabei dennoch den einzelnen Menschen und dessen persönliche Problematik, inklusive aller Schwächen, nicht aus dem Auge verlieren. Um diese Zusammenhänge immer wieder deutlich zu machen, ist ständige Begleitung der ehrenamtlich Tätigen durch Fachkräfte erforderlich.

Der Tagestreff versteht sich sechstens als
**eine Einrichtung, in der durch die Verbindung, Ergänzung und wechselseitige Förderung des verlässlichen Engagements Ehrenamtlicher und der professionellen Sozialarbeit den Besucher*innen neue Integrationschancen eröffnet werden.**

Die Verbindung von professioneller Sozialarbeit und ehrenamtlicher Tätigkeit ist doppelt wirksam, wenn es darum geht, die konkreten Lebensverhältnisse von Ausgegrenzten und Benachteiligten öffentlich zu machen, an das Verantwortungsbewusstsein von Mitbürger*innen aus Kommune, Politik und Kirchengemeinden zu appellieren und sich zugleich stark zu machen für die Rechte und für bessere Lebenschancen für diesen Personenkreis.

Nicht nur die kleine Nürtinger Einrichtung zeigt, dass Diakonie etwas bewegen kann, wenn sie Engagement in den Kirchengemeinden und der Bürgerschaft zu wecken versteht. Noch haben viele Menschen innerhalb und außerhalb der Kirchen die Erwartung an die Kirchen, dass sie die Kräfte sind oder werden, die soziale Gerechtigkeit, sozialen Ausgleich und gesellschaftliche Solidarität engagiert vertreten. Dies kann Diakonie, dies können Kirche und Diakonie leisten, wenn sie sich so organisieren, dass sie Raum bieten für vielfältiges Engagement, wenn sie Bewegung auslösen und Bewegung und Beteiligung zulassen. Auf der Suche nach Profilen für die Diakonie dürfte man im Baumarkt nicht nach den Zierleisten schauen, weder nach Leitbildleisten, Erscheinungsbildern, noch reduzierten Einheitslogos, sondern nach trittsicheren Arbeitsschuhen. Es ist das Gewicht der in ihr tätigen Menschen, das einen nachhaltigen Eindruck macht und Spuren hinterlässt.

**Regine Glück,** *geboren 1951, verheiratet, drei erwachsene Söhne. Studium an der Pädagogischen Hochschule Reutlingen für Grund- und Hauptschullehramt. Aufbaustudium Diplom-Sozialpädagogik an der Universität Tübingen. Werkverträge und ehrenamtliches Engagement in verschiedenen Bereichen. Auf- und Ausbau der Hilfen für Menschen in Armut, Wohnungsnot und Ausgrenzung in Nürtingen. Leitung der Einrichtungen der Wohnungslosenhilfe in Trägerschaft der Evangelischen Gesellschaft Stuttgart e.V. im Landkreis Esslingen. Seit mehr als 20 Jahren Stadträtin im Gemeinderat Nürtingen mit dem Schwerpunkt Soziales.*

# Wenn die Tage kürzer und die Nächte länger und kälter werden

## Geschichten von Menschen auf der Straße

BERTHOLD RATH

**Wohnungslos in Deutschland**

*Nach Schätzungen, die die Bundesarbeitsgemeinschaft Wohnungslosenhilfe BAGW im November 2019 veröffentlicht hat, waren im Jahr 2018 in Deutschland 678.000 Menschen wohnungslos, also ohne Unterkunft mit einem Mietvertrag. Seit der Schätzung vor fünf Jahren hat sich diese Zahl verdoppelt! Ein Teil der Menschen ohne Wohnung ist obdachlos. Geschätzt sind es in Deutschland 41.000 Menschen, die auf der Straße, in Parks, in Unterführungen, in Bus- oder Bahnhaltestellen usw. leben.*

**§ 67 Sozialgesetzbuch XII**

*Leistungsberechtigte (sind) Personen, bei denen besondere Lebensverhältnisse mit sozialen Schwierigkeiten verbunden sind, (für sie) sind Leistungen zur Überwindung dieser Schwierigkeiten zu erbringen, wenn sie aus eigener Kraft hierzu nicht fähig sind ...*

Die Tage werden kürzer, die Nächte länger und kälter. Es ist Herbst, der Winter steht vor der Tür. An kalten Tagen halte ich es nicht lange aus, draußen zu stehen oder gar zu sitzen – wenn dann noch Regen, Wind oder Schnee dazukommt, noch viel weniger. Wie sehne ich mich dann nach einem geschützten, warmen und trockenen Raum, einer heißen Tasse Tee oder Kaffee, die mich von innen her aufwärmt!

Inzwischen ist es der zehnte Winter, in dem ich in der Wärmestube, einer niedrigschwelligen Einrichtung für wohnungslose Menschen, arbeite. Zu finden ist die Tagesstätte im Haus der Diakonie, der Zentrale der Evangelischen Gesellschaft - eva - in der Stuttgarter Innenstadt. Dort bekommen Menschen Hilfe in schwierigen / prekären Lebenssituationen: kostenlosen Tee, günstigen Kaffee, günstige oder kostenlose Speisen, einen Ort zum Bleiben, Reden, Spielen, Lesen und vieles mehr. Außerdem gibt es die Möglichkeit, sich zu duschen, Wäsche zu waschen, ein Schließfach zu mieten, an Programmangeboten teilzunehmen oder für ein Beratungsgespräch mit einer Mitarbeiterin oder einem Mitarbeiter. Während der Coronapandemie besteht das Angebot weiter, jedoch in veränderter Form und unter entsprechenden Vorsichtsmaßnahmen.

Die Tage werden kürzer, die Nächte länger und kälter... Wenn es Herbst ist und wenn der Winter kommt, dann gibt es viele, viel zu viele Menschen, die keinen warmen, trockenen und sicheren Ort zum Leben haben, auch in unserer reichen Stadt. In Gesprächen oder bei Gruppenführungen ist dies häufig Thema: „Warum leben bei uns immer noch viele Menschen auf der Straße?" „Wie viele Obdachlose gibt es denn in Stuttgart?" „Das müsste doch nicht sein!" „Es gibt doch so viele Einrichtungen für Obdachlose!". Gelegentlich kommt der Vorwurf hinzu: „Selbst schuld, wenn die auf der Straße sind!"

Ich versuche dann, ins Gespräch zu kommen, erzähle vom – recht gut ausgebauten – Stuttgarter Hilfesystem für wohnungslose Menschen und von Netzwerken, Erfrierungsschutz und den Beratungsstellen, von unserer Arbeit als Team von hauptamtlichen und ehrenamtlichen Mitarbeitenden, von (Alters-)Armut und Spendenbereitschaft, von fehlendem Wohnraum und politischen Fehlentwicklungen, die seit Jahren Armut zementieren! Wir reden über soziale Kälte, menschliche Wärme und Nächstenliebe und Verständnis, und manchmal erzähle ich einfach Geschichten von Menschen, die zu uns in die Einrichtung kommen und mit denen wir im Kontakt sind.

> **Wohnungslos in Stuttgart**
>
> *Die Zahl der wohnungslosen Menschen liegt in Stuttgart bei ca. 4000 Personen, geschätzt leben in Stuttgart 80 - 100 Menschen auf der Straße. Vermutlich ist die Zahl aber höher…*

Zum Beispiel erzähle ich von Gerhard (alle Namen im Beitrag sind geändert). Gerhard lebte viele Jahre auf der Straße. Er wurde arbeitslos, Probleme mit seiner Partnerin haben ihn damals aus der Bahn geworfen. Sie ist inzwischen verstorben, nach vielen Jahren macht er sich aber immer noch Vorwürfe. Sein Gesundheitszustand nimmt immer mehr ab, das Herz pumpt nicht mehr richtig. Man sieht ihm sein Leben an, seine Haut ist so rau und rissig wie sein Leben. Er hatte bereits alle Einrichtungen des Hilfesystems durchlaufen, als ich mit ihm vor einigen Jahren zum ersten Mal intensiver ins Gespräch gekommen bin. Gerhard ist inzwischen über 70 Jahre alt und übernachtet nun doch – notgedrungen – in einem Männerwohnheim. Es geht nicht mehr anders, er fühlt sich aber dort auch nicht wohl. Er fühlt sich nicht ernstgenommen, gegängelt durch Regeln und Vorschriften.

Viele Jahre hat er sich das nicht gefallen lassen, lebte in alten Fahrzeugen und auf Friedhöfen. „Ich friere lieber, dafür habe ich aber meine Freiheit!" Er spielt darauf an, dass es für ihn psychischen Stress bedeutet, in einer Obdachlosenunterkunft sein zu müssen. Sowohl in Bezug auf die Mitbewohner*innen als auch die Mitarbeiter*innen: „Stell Dir vor, da kommen die jungen Mädchen – er meint damit die Sozialpädagoginnen – und die schreiben mir vor, was ich tun darf und was nicht! Ich bin jetzt so alt, das tue ich mir doch nicht an…!"

Begegnungen mit Nikolai: Ich kenne Nikolai von der Vesperkirche und von der Wärmestube. Schon lange haben wir uns nicht mehr gesehen. Es ist Herbst, ich treffe ihn zufällig beim Einkaufen in der Stadtmitte, habe eigentlich nicht viel Zeit, habe es eilig. Doch ich entscheide mich, mir die Zeit zu nehmen. Nikolai lebt auf der Straße, er stammt aus Osteuropa und lebt seit etwa zehn Jahren in Deutschland. Er spricht fließend Englisch, sein Deutsch ist etwas gebrochen.
Heute ist er guter Dinge. „Stell Dir vor, die Leute vom Supermarkt … komm, ich zeige Dir etwas…" Er führt mich in einen Hinterhof und zeigt mir seine Bleibe: „Die Leute vom Supermarkt haben mir erlaubt, hier zu übernachten." Er schließt das Tor zu einem

garagenähnlichen Abstellraum, in dem früher einmal Gefahrstoffe deponiert waren, auf. Der Wind zieht oben und unten durch, Blätter und Müll liegen auf dem Boden. Er zeigt mir, wie er alles gestaltet hat, mit Kisten und Kartons. Ich frage ihn, was er im Winter macht. „Da finde ich etwas", antwortet er. Er verrät mir, dass er, wenn es an sehr kalten Tagen gar nicht mehr geht, in eine Notunterkunft kann. Aber er gibt deutlich zu erkennen, dass für ihn das nur im absoluten Notfall in Frage kommt: „Viele Leute, viel Alkohol, Drogen und Zappzerapp!". „Aber auch hier machen manchmal Leute Party und pinkeln vor meine Tür und lassen den ganzen Müll liegen. Nicht dass Sie denken, der Müll wäre von mir – ich bekomme dann den Besen vom Supermarkt und mache alles sauber!"

Gesundheitlich ist Nikolai angeschlagen. Er zeigt mir seine Herztabletten, die er jeden Tag einnehmen muss. Und er zeigt mir seine offene Haut: „Das kommt vom Stress, ich war schon beim Hautarzt." Früher hat er u. a. in der Gastronomie gearbeitet. Doch zurzeit geht es nicht. Und wegen Corona ist es noch schwieriger geworden. Er hat Kontakt zu zwei diakonischen Einrichtungen, sein Fahrrad hat er von einem Sozialarbeiter geschenkt bekommen: „Das ist für mich sehr wertvoll!" Er macht sich mit seinem Schlüsselbund zu schaffen: „Ich muss noch aufräumen, und heute helfe ich noch jemandem."

Ich bin auch auf dem Sprung, was er auch spürt. Ich bin aber froh, dass ich mir die Zeit genommen habe. Zum Schluss sagt er: „Heute habe ich wieder viel geredet!" Ich beschwichtige und sage ihm von Herzen, dass ich ihn für seinen Lebensmut, Willen, seine Bescheidenheit und Kreativität bewundere. Ich schenke ihm etwas von meinem Einkauf. Sofort überlegt er, wem er etwas davon weitergeben kann. Und ich versichere ihm, dass ich niemandem von seinem Deal mit dem Supermarkt erzähle, er macht mit seinen Fingern einen angedeuteten Reißverschluss an den Mund. Er ist froh, dass es noch Menschen gibt, die mal ein Auge zudrücken. Ich bedanke mich für sein Vertrauen. Nikolai ist ein gläubiger Mensch. „Gott segne dich!" sagt er zu mir am Schluss. Ich

wünsche ihm das auch von Herzen. Während ich es ausspreche, habe ich die Ahnung, wie viel stärker seine Worte wirken …

Nachdem wir eine knappe halbe Stunde gestanden sind, ist mir kalt. Ich setze mich in mein Auto, fahre los und schalte automatisch die Sitzheizung auf die Stufe 3.

Es ist Mitte November, unsere letzte Begegnung ist zwei Wochen her. Ich treffe Nikolai unterwegs, es geht ihm heute nicht gut. „Stell dir vor, die vom Supermarkt haben ein Schloss drangemacht, ich darf da nicht mehr übernachten!" Und ein Zettel war drangeklebt, in Deutsch und in meiner Landessprache. „Ich solle mich an eine soziale Einrichtung wenden". Seine Sachen sind eingeschlossen, irgendjemand hat an der falschen Stelle geplaudert oder es bewusst verraten. Die Enttäuschung ist ihm anzumerken, und auch die Wut. Er ballt seine Faust.

Mir wird wieder bewusst, wie unsicher und ausgeliefert jemand ist, der auf der Straße lebt. Nikolai hat aber längst einen anderen Schlafplatz gefunden. Unsere heutige Begegnung dauert nicht lange, er fährt weiter – fast symbolisch – aus dem Schatten in die Sonne. Trotz der Enttäuschung macht er beim Abschied den Daumen hoch …

Ende November: Wir treffen uns wieder mit dem Fahrrad. Ich halte an. Er zeigt mir seinen Schlafsack, der richtig gut ist. „Wo ich herkomme, ist es im Winter noch viel kälter!" Wir philosophieren über das Leben und dessen Ende. „Wir Menschen planen, aber ein anderer hat es in der Hand, auch das Ende." Er hilft heute wieder einem Freund, aber sein Herz macht ihm zu schaffen. Wir verabschieden uns mit dem Coronagruß und „God bless you" – und bleib gesund und fahr nicht so schnell mit dem Fahrrad!"

Marco: Auf dem Weg zur Arbeit fahre ich mit dem Fahrrad an der Theodor-Heuss-Straße vorbei. An einem Lüftungsschacht sehe ich seit einiger Zeit Marco liegen oder sitzen. Wir kennen uns auch von der Vesperkirche. Es ist kalt, bald kommen die Tage mit Minusgraden. Er liegt da mit einer leichten Decke und nur mit einem auseinandergefalteten Karton als Unterlage. Ich wecke ihn, spreche ihn an, und nach etwas Überlegen kennt er mich. „Du bist doch von der eva!" Wir kommen ins Gespräch und ich weise ihn darauf hin, dass er zu uns kommen kann. Und tatsächlich kommt er zu eva's Tisch, dem Mittagessensangebot, ich gebe ihm einen Schlafsack und eine Isomatte mit und biete ihm an, bei der Zentralen Notübernachtung anzurufen. Er versichert mir, dass er dort nicht mehr hingehen wird, weil er zu viele schlechte Erfahrungen gemacht hat.

Ende November, heute Nacht gab es wieder Minusgrade. Ich sehe, dass Marco ganz ohne Decke und Unterlage unter dem Lüftungsschacht liegt. Ich frage mich: „Wo sind der Schlafsack und die Isomatte geblieben?" Es ist manchmal schier zum Verzweifeln! „Gibt es denn keine Lösung …?"

Ein paar Tage später sehe ich ihn wieder bei Minusgraden in der Theodor-Heuss-Straße liegen. Heute ist Marco wenigstens zugedeckt. Und ich sehe neben ihm zwei neu aussehende Schlafsäcke liegen. Vermutlich haben Passanten ihm diese unbemerkt hingelegt? Ich freue mich darüber, dass es Menschen gibt, die die Not anderer Menschen wahrnehmen und helfen. Und mir bleibt die Frage, welche wirkliche und nachhaltige Lösung in Sicht ist? Ich wünsche ihm sehr, dass er bald einen Raum findet, in dem es warm und trocken ist und wo er sicher leben kann, das ganze Jahr über - aber vor allem jetzt, da die Tage kürzer und die Nächte länger und kälter werden …!

*Berthold Rath, Jahrgang 1967*
*Berufe: Bäcker, Diakon, Sozialwirt. 1993–2005 Jugendreferent.*
*2005–2011 Dozent in der Diakon\*innen-Ausbildung.*
*Seit 2011 Soziale Fachkraft / Diakon in der Tagesstätte*
*„Wärmestube", eva Stuttgart.*

# *Fünfzehn Mark oder ein NATO-Verpflegungspaket*

## Die Auseinandersetzung um den Tagessatz für Nichtsesshafte

ANDREAS WOLF

### Ein Blick zurück

Als in den Vorbereitungen für meinen beruflichen Abschied aus der Wohnungslosenhilfe bei mir die Frage auftauchte, was man denn nach über 45 Jahren als Fazit ziehen kann, habe ich mal im Archiv nachgeschaut. Bevor ich etwas auswählen konnte, hat Corona einen Strich durch alle Planungen gemacht, und so fiel die Feier dem Virus zum Opfer. Bei einem Treffen im Herbst 2020 erhielt ich dann von den ehemaligen Kolleg*innen einen Abschiedsgruß, in dem sie notiert hatten, welche Eigenschaften sie bei mir gesehen hatten. Unter anderem stand da: „Recht, Recht, Recht … und rechthaben" sowie „Geduld".

Da diese beiden Beschreibungen in meiner Wahrnehmung in der Wohnungslosenhilfe wichtig bleiben werden, eignet sich das Thema auch für eine Geschichte aus diesem Bereich der Sozialen Arbeit. Dass es sich um Geschichte im Sinne von Historie handelt, zeigt nicht nur der Begriffswechsel von der Nichtsesshaftenhilfe zur Wohnungslosenhilfe, den man auch in vielen Beiträgen der Fachzeitschrift „Gefährdetenhilfe" zwischen 1976 und 2000 verfolgen kann, sondern auch der tiefgreifende Wandel im Jahr 2005 vom Bundessozialhilfegesetz (BSHG) zu den Sozialgesetzbüchern II und XII, die für heutige Sozialarbeiter*innen zum Standardhandwerk gehören. Mit dem Bundesteilhabegesetz (Sozialgesetzbuch IX) findet ab 2020 erneut ein „Paradigmenwechsel" statt, der viele Teile des Sozialgesetzbuches XII zur „(Rechts-)Geschichte" werden lässt.

Nun ist man, wie so oft in der Sozialarbeit, schnell bei den Grundsätzen der Arbeit angelangt, wie auch wir sie im Studium debattiert, theoretische Positionen daraus entwickelt und darauf basierend konkrete sozial- und gesellschaftspolitische Forderungen aufgestellt haben. In der Praxis hat sich dann aber schnell ein Dilemma gezeigt, das nicht nur in diesem Arbeitsfeld die Handlungsfähigkeit erheblich beeinträchtigen kann. Zu diesem Dilemma hat der damalige Geschäftsführer des Evangelischen Bundesfachverbands Karl-Heinz Marciniak nicht nur mir einen entscheidenden Hinweis gegeben, der meine Arbeit geprägt hat und zu dem meine Geschichte gut passt: „In dem Dilemma zwischen gesellschaftlicher Notverursachung und individuellem Leid hat sie (die Sozialarbeit) dazu zu verhelfen, dass das Leiden der Betroffenen öffentlich wird und dass dieses Leiden, sei es auch nur auf Zeit, überwunden oder gelindert wird" (Gefährdetenhilfe 3/88).

## Rahmenbedingungen der 1980er Jahre

Nach einigen Jahren Erfahrung in der stationären Nichtsesshaftenhilfe, die damals das zentrale Angebot dieses Hilfesystems war, wechselte ich 1986 in die Sozialberatungsstelle Herford, die sich im Aufbau befand. Im selben Jahr hatte das Bundesverwaltungsgericht entschieden, dass die Sozialhilfegewährung für Nichtsesshafte grundsätzlich in Bargeld zu erfolgen habe (das sogenannte „Tagessatzurteil" vom 16.1.1986). Nachdem in einer durch die Beratungsstelle initiierten Arbeitsgruppe sehr zügig auch im Kreis Herford eine solche gesetzeskonforme Regelung abgesprochen wurde, was wir in einem ersten Konzept 1989 noch positiv erwähnen konnten, kam es aus Sicht der Verwaltung zu einer „Sogwirkung", nach dem Motto „alle Nichtsesshaften aus Ostwestfalen kommen nach Herford, um den Tagessatz zu bekommen". So wurde die Regelung 1990 wieder geändert. Fortan erhielten Personen, die sich nur kurz in Herford aufhalten wollten, beim ersten Mal einen Tagessatz in Geld. Bei allen weiteren Vorsprachen konnten sie eine Barleistung nur erhalten, wenn sie sich verpflichteten, ein Beratungsangebot der Beratungsstelle anzunehmen. Lehnten sie dies ab, erhielten sie als „Ermessensleistung" ein NATO-Verpflegungspaket, das man von der Bundeswehr einkaufte, als Sachleistung, „die ein Überleben sichert". Diese eindeutig rechtswidrige Praxis wurde begründet mit einem „Verstoß gegen Mitwirkungspflichten", eine bis heute zu findende Argumentation, um „vertreibende Hilfen" zu begründen.

In unserer Konzeption war schon damals die „Rechtsdurchsetzung" als Aufgabe enthalten, und so schrieben wir im Jahresbericht 1992: „Wenn unser Auftrag tatsächlich ist, (…) die Ursachen der Schwierigkeiten des Hilfeempfängers festzustellen, sie ihm bewusst zu machen und auf die Inanspruchnahme der für ihn in Betracht kommenden Sozialleistungen hinzuwirken, (…) und dies ist gesetzlich verankert, dann werden wir auch weiterhin viel Zeit darauf verwenden müssen, hier und in der Region eine rechtskonforme Praxis der Sozialhilfegewährung für Wohnungslose einzufordern."

Dass sowohl die Situations- wie auch die Aufgabenbeschreibung keine Herforder Spezialität oder, wie es auch vielfach im Hilfesystem hieß, „ideologische Verblendung" war, zeigt ein Blick in die Konzeptdiskussion zur damaligen Zeit, hier am Beispiel eines Positionspapiers der Bundesarbeitsgemeinschaft Wohnungslosenhilfe, das nach vielen Diskussionen 1990 veröffentlicht wurde: „Aufgabe der ambulanten Hilfe muss es sein, sowohl dem einzelnen Hilfesuchenden bei der Durchsetzung seiner Rechte und Ansprüche nach dem Bundessozialhilfegesetz behilflich zu sein, als auch vor Ort durch sozialpolitische Aktivitäten dafür zu sorgen, dass alleinstehende Wohnungslose generell alle im Bundessozialhilfegesetz vorgesehenen Hilfen erhalten. Beschränkung auf Beratung und Betreuung des Einzelfalls reicht nicht aus, wenn der zuständige Sozialhilfeträger eine rechtswidrige Praxis ausübt. Jahre nach dem klarstellenden „Tagessatzurteil" des Bundesverwaltungsgerichtes gibt es noch immer den organisierten Rechtsbruch gegenüber den wohnungslosen Armen. Noch immer wird in vielen Gemeinden die rechtlich zustehende Hilfe generell verweigert oder willkürlich gehandhabt."

Soweit ich mich erinnere, war die Stadt Stuttgart eine der ersten Kommunen, die an diesem Punkt Mitte der 1980er Jahre ohne Wenn und Aber zu einer rechtskonformen Praxis überging und dafür von anderen Kommunen wie auch von Teilen des Hilfesystems heftiger Kritik ausgesetzt war. Damit gab es für unsere seit 1987 durchgeführte Befragung der 70 Sozialämter im Regierungsbezirk Detmold (Ostwestfalen-

Lippe) neben dem ursprünglich relevanten Grund der Dokumentation von Sozialhilfepraxis nun auch einen „sozialpolitischen" Anlass, den wir über einen Bericht öffentlich gemacht haben. Und wir formulierten im Begleitschreiben an die Sozialämter und Kreise in der Region Ostwestfalen-Lippe: „Wie unsere Umfrage im Regierungsbezirk Detmold erneut gezeigt hat, ist die Herforder bzw. Bielefelder Regelung nicht die einzige Merkwürdigkeit (wir würden es eigentlich auch eher als „Sozialhilfemissbrauch durch den Kostenträger" bezeichnen). Die Ausgrenzung wohnungsloser Bürger findet in Ostwestfalen-Lippe weiterhin schon bei der Basisversorgung statt. …" So aber mussten wir weiterhin ein Stück weit Monitorfunktionen übernehmen. Dabei stellte sich dann leider auch heraus, dass die Hilfegewährung in vielen Einrichtungen der Wohnungslosenhilfe ebenfalls sehr zu wünschen übrig ließ.

## Wie wir es gemacht haben

Unsere Sozialberatungsstelle für alleinstehende Wohnungslose hatte 1987 sehr pragmatisch damit begonnen, mittels Umfragen bei den Sozialämtern die konkrete Praxis der Hilfegewährung für Wohnungslose herauszufinden. Wir hatten es zuerst einfach einmal ausprobiert und dann über einen Zeitraum von sechs Jahren wiederholt. Die Umfragen hatten immer einen Rücklauf von über 90 %, sodass wir auch mit einer gewissen empirischen Evidenz argumentieren konnten. Und wenn auch aus der Rückschau und der Erfahrung größerer wissenschaftlicher Studien für mich die wissenschaftliche Relevanz unserer Umfragen nicht besonders hoch anzusetzen ist, so haben sie eine praktische Relevanz gehabt, die manchen großen Studien nicht unbedingt zu eigen ist.

Bei diesen Umfragen gab es immer wieder Hinweise auf die restriktive Praxis von Ämtern, die wohlklingend umschrieben wurde. So antwortete ein Sozialamt im Jahr 1992 (nach dem vierten Anschreiben): „… leider sehe ich mich außerstande, den mir zugesandten Fragebogen auszufüllen. Die hierin enthaltenen Fragen sind zu vereinfachend dargestellt, als dass sie mit kurzen Angaben beantwortet werden können. Um dem Problem einigermaßen gerecht zu werden, müsste man wesentlich differenzierter vorgehen. Der hierfür notwendige Arbeitsaufwand ist wiederum so umfangreich, dass ich ihn nicht leisten kann. Die Fälle von Wohnungslosigkeit nehmen derartig zu, dass ich meine gesamten Kapazitäten darauf verwenden muss, der Klientel zu helfen … ."

Obwohl uns immer bewusst war, dass unsere Umfragen keine statistisch eindeutigen Ergebnisse erbringen konnten, sondern wohl eher als Tendenzaussage zu bewerten waren, ergab sich insbesondere durch die jährliche Wiederholung eine Dokumentation, die sich auch heute noch spannend liest. Bevor einige Ergebnisse dargestellt werden, lässt sich vorab schon sagen, dass sich durch eine solche Aktion das umsetzen lässt, was konzeptionell immer wieder als „sozialpolitische Aktivität" beschrieben wird. Zudem haben sich jedes Jahr (kleine) Verbesserungen der Alltagspraxis ergeben, die für die Hilfesuchenden nicht gering geschätzt werden sollten.

## Die Ergebnisse der Umfragen

In den ersten Jahren zeigten die Ergebnisse unserer Umfragen, dass überwiegend eine rechtswidrige Hilfegewährung stattfand; in der ersten Befragung 1987 meldeten lediglich 3 Kommunen zurück, dass der Tagessatz als Bargeld gewährt werde, ansonsten gab es Gutscheine oder Sachleistung im Wert von 2 bis 10 DM (der korrekte Tagessatz war damals 13 DM, was sich aus dem Regelsatz eines Haushaltsvorstands ergab), 1992 waren es noch fünf Kommunen, die ausschließlich Sachleistungen gewährten. Allerdings berechneten 1992 nur drei Kommunen den Tagessatz in korrekter Höhe von damals 17 DM.

Nicht nur wir haben diesen Erfolg als Ergebnis jahrelanger Bemühungen und Interventionen gesehen, die durch unsere Umfragen wesentlich gestützt wurden; mit der Umfrage 1992 gab es weitere Bemühungen mit unserer Unterstützung bzw. auf unsere Anregung hin, die dann ab 1993/94 (endlich) auch Reaktionen der Politik wie der Sozialverwaltungen auf höherer Ebene zur Folge hatten (Rundverfügung des Regierungspräsidenten im Regierungsbezirk Detmold sowie Anfragen im Landtag NRW).

Geschmälert wurde dieser Erfolg durch die Strategie der Verwaltung, den Tagessatz an eine Beratungspflicht zu koppeln. So mussten wir in unserer Auswertung, die dann auch in der Fachzeitschrift „Gefährdetenhilfe" 3/93 veröffentlicht wurde, feststellen: „Nicht verändert worden ist die Regelung, nach der Hilfesuchende, die nicht bleiben wollen, nur ‚einmal im Leben' einen Tagessatz erhalten; danach gibt es solange NATO-Esspakete, wie ein Verbleiben in Herford und die Annahme des Hilfeangebots nach § 72 Bundessozialhilfegesetz abgelehnt wird." Während nun aber das Ziel der Hilfe nach § 72 Bundessozialhilfegesetz war, den betroffenen Menschen die Hilfen zukommen zu lassen, die ihnen tatsächlich eine „Teilnahme am Leben in der Gemeinschaft" ermöglichen sollten, führte die Koppelung der monetären Hilfen an eine Art „Zwangsberatung" eher dazu, dass die Menschen mobil blieben und bleiben mussten. Dies warf man ihnen wiederum als „Wandertrieb" oder „Nichtsesshaftigkeit" vor. Damit erreichte die Hilfe nicht ihr Ziel, die besonderen sozialen Schwierigkeiten zu überwinden.

Und auch im Verbund der damals wenigen Einrichtungen der Wohnungslosenhilfe gab es keineswegs eine vorbehaltlose Unterstützung unserer Aktivitäten. Als wir mit den Ergebnissen der Umfragen 1992 die Oberkreisdirektoren und Landräte des Regierungsbezirks anschreiben wollten, baten wir die damals 22 Einrichtungen im Regierungsbezirk, unsere Initiative zu unterstützen. Das Ergebnis war ernüchternd: Elf Einrichtungen wollten das Schreiben mit unterzeichnen, auf neun Anfragen erhielten wir keine Antwort und zwei Einrichtungen teilten mit, dass sie den Brief nicht mit unterschreiben möchten, in einem Fall begründet damit, „um die erreichten erheblichen Verbesserungen nicht zu gefährden", die allerdings deutlich unter den gesetzlichen Regelungen lagen. Wir kommentierten dies damals mit einem Hinweis auf einen heute noch lesenswerten Artikel von Karl-Heinz Marciniak[1], der dort sinngemäß formuliert, dass Sozialarbeiter*innen die Möglichkeit, armen Klienten materielle Leistungen zu gewähren, sehr oft nicht als Chance, sondern als Problem erleben. Das dürfte manchmal auch heute noch Gültigkeit haben.

### Konsequenz: Rechtsverwirklichung

Der zuvor beschriebene Erfolg wurde getrübt durch die sogenannte „Durchwanderer-Regelung". Wir versuchten deshalb immer wieder, diese Regelung auf Einzelfallebene anzugehen. Nach einigen vergeblichen Versuchen, einen betroffenen Menschen

---

1  Marciniak, K.-H., Der Dank ist in Raten zahlbar, in: Sozialmagazin 11/79

zu einem Widerspruch zu motivieren, gelang uns dies im Frühjahr 1992. Der Widerspruch wurde erwartungsgemäß abgelehnt. Im Oktober 1992 konnten wir eine Klage beim Verwaltungsgericht Minden einreichen, nachdem wir dem Betroffenen unsere Unterstützung und auch die Unterstützung eines Fachanwalts aus Hannover, inklusive einer Kostenübernahmeerklärung durch das Diakonische Werk Herford, zugesagt hatten. Zur mündlichen Verhandlung Mitte Mai 1993 kamen wir in Minden zu dritt vor die Kammer, der Betroffene als Kläger, sein Rechtsanwalt aus Hannover und ich als Beistand. Zu Beginn der Verhandlung erklärte der Vertreter des Kreissozialamtes, dass es sich ja gar nicht um einen typischen Fall eines „Durchreisenden" handele. Man könne also die beantragte Leistung, dreimal den Tagessatz von 16 DM, auszahlen. Der Richter war sichtlich froh, diesen Vergleich präsentieren zu können, und nach fünf Minuten war die Verhandlung zu Ende.

Wer nun glaubte, dass mit dieser Entscheidung eine grundsätzliche Änderung der Praxis in Herford und Ostwestfalen-Lippe gekommen sei, sah sich getäuscht, da sich nach Ansicht vieler Ämter diese Einzelfallentscheidung keineswegs generalisieren ließe. Auf unsere Hinweise an die Ämter, die Praxis nun endlich rechtskonform zu gestalten, erhielten wir von einem Amt die Antwort, man habe gemeinsam mit den anderen Trägern beim Deutschen Verein für öffentliche und private Fürsorge ein Gutachten in Auftrag gegeben, das zur Frage der „besonderen Gewährung von Hilfe zum Lebensunterhalt für Durchreisende" Aussagen machen solle. Ein solches Gutachten ist unseres Wissens nie erstellt worden, und nach weiteren Interventionen kam es schließlich Mitte der 1990er Jahre zu einem stillschweigenden Verzicht auf die jahrelang mit allen Mitteln verteidigte Durchwanderer-Regelung.

## Fazit

Aus der Rückschau gesehen sind wir seinerzeit recht naiv und unbeschwert an die Umfragen und deren Folgen herangegangen: Wir haben sie, vorbei an allen Strukturen und unter weitgehendem Absehen von vorgegebenen wissenschaftlichen Standards einfach durchgeführt, einerseits, weil wir es als staatsbürgerliche Aufgabe sahen, dem geltenden Recht „auf die Sprünge zu helfen", andererseits war uns wichtig, das Konzept unserer Einrichtung wie auch den Stand der Fachdiskussion ernst zu nehmen. Es hat viel Zeit und Mühe gekostet, die ganze Sache zu starten und an vielen Stellen zu rechtfertigen. Mit den ersten Ergebnissen und der dann folgenden regelmäßigen Veröffentlichung zeigte sich aber auch, was man erreichen kann, wenn man im Kleinen wirkt. Neben den Veränderungen der Praxis, wenn auch im Schneckentempo, und schließlich einer regionalen gesetzeskonformen Gesamtregelung war ein weiteres positives Ergebnis, einzelne Hilfesuchende zu befähigen, ihre Angelegenheiten mit und ohne institutionelle Unterstützung besser zu verfolgen. Außerdem gab es im Hilfesystem selbst nochmals eine Diskussion um das Thema „Rechtsdurchsetzung", was bis heute aktuell geblieben ist.

Als Erfahrung aus diesem historischen Projekt gab es für uns in der Beratungsstelle und später im Sozialberatungsdienst als Komplexeinrichtung ein Wissen um die Ressourcenfrage, also die schon im Vorfeld zu bearbeitenden Fragen von Aufgabenverteilung, Umschichtung von Zeiten und Aufgaben usw., damit der Alltag der Institution nicht unter die Räder kommt. Außerdem war für uns seitdem eine gewisse Hartnäckigkeit, andere haben das als Sturheit oder Bockigkeit bezeichnet, in konzeptionellen Fragen prägend, weil wir gesehen haben, wie schwer es ist, eine pragmatisch verankerte, rechtswidrige Praxis zu ändern, wenn es in erster Linie um das Wohl und Interesse von Hilfesuchenden gehen soll und nicht um das von Einrichtungen und Ämtern.

In unserem Artikel in der Ausgabe 2 der „Gefährdetenhilfe" 1993 schrieben wir abschließend: „An dieser Stelle, zur Gewährleistung von Öffentlichkeit, würden wir auch eine „Monitorfunktion" von Beratungsstellen ansiedeln, die solange erforderlich ist, wie wohnungslose Menschen in der Sozialhilfegewährung eine Sonderbehandlung erfahren." Es bleibt dabei: Eine „Missbrauchsvermeidungsstrategie", die das Aufspüren und Abwehren von sogenannten Missbräuchen als zentrale Aufgabe sieht, ist oftmals nur Ausdruck davon, dass gewährte Hilfen nicht ausreichen, um den vorhandenen Bedarf zu decken. Es ist letztlich nur die Verhinderung einer bedarfsgerechten Hilfe. Und das entspricht in keiner Weise dem Grundgedanken eines sozialen Rechtsstaats.

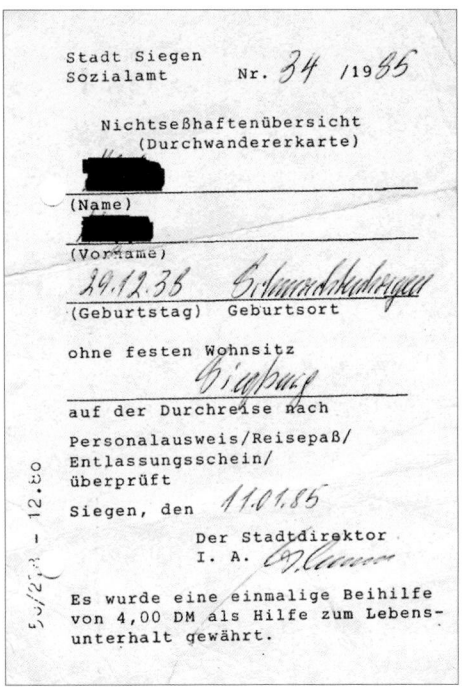

*Eine typische „Durchwandererkarte" aus den 1980er Jahren*

**Andreas Wolf,** *geboren 1955, Diplompädagoge, Schwerpunkt Sozialarbeit. 1980–2020 in der Wohnungslosenhilfe tätig, im Ruhestand seit 2019. 2012–2019 wissenschaftlicher Mitarbeiter Fachhochschule der Diakonie (Bielefeld), nebenberuflich verschiedene selbstständige Tätigkeiten, u.a. Firma d & w, Lehraufträge und Beteiligung an Forschungsvorhaben. Veröffentlichungen zum Thema Wohnungslosenhilfe und Sozialarbeit.*

# *Kultur ist, wie der ganze Mensch lebt*

## Besondere Theaterbühnen in Esslingen

WERNER BOLZHAUSER

Als ich Mitte der 1980er Jahre die Arbeitsstelle bei der Evangelischen Gesellschaft Stuttgart (eva) antrat, betrat ich Neuland. Zuvor hatte ich in Westberlin an der Pädagogischen Hochschule Politologie studiert und an einer Hauptschule in Berlin-Neukölln unterrichtet. Danach hatte ich als Pädagogischer Mitarbeiter an Volkshochschulen im Raum Hannover gearbeitet.

*Und jetzt?* Not- und Armutsverwaltung in der Teilstationären Einrichtung, dem Übergangswohnheim in Esslingen am Neckar! Ansprechpartner, Disziplinierer, Hausinstandhalter, Putzmann und vieles mehr. Dies bei Wechselschicht bis 22 Uhr und Wochenenddienst bis Mitternacht bei 20 Männern, untergebracht in Zwei- oder Dreibettzimmern sowie einer Übernachtungsmöglichkeit für eine Nacht in einem eigenwillig konstruierten Vierbetten-Raum im Keller.

### Der Beginn: Das können wir auch!

Und in diese kurzzeitige Schlafstätte kam eines Nachts ein durchreisender Wohnungsloser aus Mühldorf / Inn. Er war auf dem Weg nach Kassel, wo Schauspieler seine selbstverfassten literarischen Texte lesen wollten. Das lange Gespräch und die persönliche Lesung blieben hängen: So etwas können wir auch! In der Folgezeit sprach ich Bewohner des Heims darauf an, ihre Gedanken auf Papier zu bringen. Ich sammelte. Ich „überredete" einen Esslinger Obdachlosen, Philosophisches zu liefern. Dafür durfte er im Übergangswohnheim für Nichtsesshafte duschen. Die Unterscheidung zwischen städtischen Obdachlosen und Nichtsesshaften ohne festen Wohnsitz wurde nach dem Bundessozialhilfegesetz in den 1980er Jahren eng ausgelegt. Ich schmückte das Ganze mit alten Berberliedern und unter anderem auch mit der Projektion einer von mir aufgegebenen Zeitungsanzeige: „Obdachloser sucht Wohnung" und „Obdachloser sucht Arbeit". Als genug Textmaterial vorhanden war, ging es an die Inszenierung. Wir wollten keine Lesung nach der Art „Tisch – Stuhl" vor Publikum. Die Idee „oben – unten" verfestigte sich und wir bauten aus Gerüstelementen ein zweistöckiges Bühnenbild, eine Brücke symbolisierend. Das Geschehen auf der Brücke war Spielort der negativen Erfahrungen, die die Spieler beim Betteln auf der Straße machten. Im Schutze der Brücke lasen Akteure, in Schlafsäcke gehüllt, eigene Texte und Lebensgeschichtliches. Das Gerüst hatte ein Bewohner mit Styropor verkleidet, im Stil der Esslinger Pliensaubrücke. Dabei half, dass er in seiner Jugend beim Bau von Karnevalskulissen aktiv war.

„Auf hoher See" von Slavomir Mrozek    „Drei Tage Farbe im Leben"

So kam es 1988 zur ersten Aufführung mit acht Mitwirkenden: „TEXTE VON UNTERWEGS" auf einer Nebenbühne der Württembergischen Landesbühne. Volles Haus, nachdenklicher Applaus. Wir spielten das Stück weitere fünf Mal an verschiedenen Orten.

### Und die Bewohner hatten Feuer gefangen

Die Arbeit an einem zweiten Stück konnte beginnen. Daraus wurde ein Straßentheaterprojekt quer durch Esslingen, gespielt an den Orten, wo Esslingens Wohnungslose wohnten: – zum Beispiel im Park – und ihrer Arbeit: – Betteln in der Fußgängerzone – nachgingen. 80 Zuschauer*innen zogen bei dem Projekt „WIR ÜBER UNS" mit den zehn Darstellerinnen und Darstellern eine Stunde lang durch die Stadt.

### Und weiter ging´s

Bis heute folgten weitere 18 Theaterprojekte, von Brecht bis Turrini, von Artaud bis Dario Fo. Dabei waren die selbst entwickelten Projekte die intensivsten: „Obdachlose nähern sich Oskar Schlemmer", eine zweijährige Beschäftigung mit Oskar Schlemmer und dem „Triadischen Ballett" – „Hundskälte, 5 Minidramen", eine Schreibkooperation von Schriftsteller*innen und Texten von Wohnungslosen – „Fidelio", ein Theaterprojekt nach Beethovens Freiheitsoper in Kooperation mit der Neuen Arbeit gGmbH und dem Jobcenter des Landkreises Esslingen. Dieses Projekt war als Arbeitsgelegenheit für Langzeitarbeitslose auf ein dreiviertel Jahr angelegt. Die Vermittlungsquote bei den 14 Mitwirkenden in Arbeitsverhältnisse lag bei erstaunlichen 70 %! Alle Stücke wurden fünf bis zehn Mal, auch an unterschiedlichen Orten, aufgeführt, außer „Obdachlose nähern sich Oskar Schlemmer". Diese außerordentliche Produktion ging bisher 57 Mal über die Bühne.

### Aber nicht nur Theater

Nicht nur Theaterprojekte sind in den über 30 Jahren der kulturellen sozialen Arbeit entstanden. Vier Kunstworkshops zählen auch zur Erfahrung. „Drei Tage Farbe im

# GESCHICHTEN VON MENSCHEN IN PREKÄREN LEBENSSITUATIONEN

*Demo für bezahlbaren Wohnraum*

*„Nietzsche der Rocker"*

Leben" – „Heimat" – „Eine Woche auf Draht" und das zwei Jahre beanspruchende Kunstprojekt „überLeben", Großskulpturen im Tierpark Nymphaea in Esslingen. Auch in die Politik sind wir abgetaucht. 1990 bauten wir im Vorfeld der Esslinger Kulturwoche „Stadt im Fluss" einen überdimensionalen Rucksack aus Glasfaser. Dieser schwamm bei den Kulturtagen auf einem Ponton auf Esslingen zu. Ob die Stadt ihm wohl ein Zuhause gibt? Er stand dann lange am Neckarufer als „Mahnmal gegen Wohnungsnot".

Unmittelbar, nachdem er auf Esslingen zugeschwommen war, kam ein Bewohner auf die Idee, diese Aktion gegen Wohnungsnot auch in die damalige Bundeshauptstadt Bonn zu tragen. Und wir bauten einen elf Meter langen und sechs Meter breiten Katamaran, auf den wir den Rucksack als unser Zuhause stellten! Möglich war dies, weil ein gelernter Bootsbauer aus Oranienburg nach dem Mauerfall im „goldenen Westen" auf der Straße gelandet war. In rekordverdächtigen drei Monaten bauten wir den „OPTIMISTEN". Keiner der mitwirkenden Bewohner hatte "linke Hände"! Am 20. Juni 1991 schipperten wir fünf vor zwölf von Esslingen nach Bonn los, begleitet von einem dreiköpfigen ARD-Fernsehteam. Eine Woche intensives Erleben mit dem Abschluss der Übergabe des „Appells der kleinen Leute an die große Politik nach bezahlbarem Wohnraum" mit 3000 Unterschriften an die drei Esslinger Bundestagsmitglieder.

## Kultur ist, wie der ganze Mensch lebt

Kann Kulturarbeit mit und von Wohnungslosen ein Bestandteil der Sozialarbeit sein? Meine Antwort: ja, unbedingt! Kulturarbeit sollte fester Bestandteil der Sozialarbeit werden! Bei den meist langen Vorbereitungsphasen der Projekte sind generelle Qualifikationen erlernbar oder können sich verfestigen. Tagesstruktur, Verlässlichkeit, Selbstorganisation, Verantwortlichkeit, Teamarbeit. All dies sind Grundlagen für ein Leben jenseits der Wohnungslosigkeit. Was sich entwickeln oder verändern kann? Im individuellen Bereich auf jeden Fall das Selbstbewusstsein, etwas gemacht und geschafft zu haben, von bisher unbekanntem und ungewohntem Tun. Auf der Bühne zu stehen oder eigene Kunstwerke öffentlich auszustellen führt zu sozial-kultureller Anerkennung. Wo sonst kommen Wohnungslose in Kontakt mit einem theater- und kunstinteressierten

Personenkreis? Bei allen öffentlichen Auftritten war beispielsweise Esslingens Kulturbürgermeister anwesend.

## Raus aus der institutionellen Sozialarbeit

1999 gründete ich mit Kolleg*innen, Wohnungslosen und Kulturengagierten den Verein „Kultur am Rande". Nach unzähligen Diskussionen über die „Pflichtaufgaben" von Sozialarbeit wie Beratung in rechtlichen Angelegenheiten, Umgang mit Geld und Schulden, Sucht, Wohnungssuche, Arbeitsvermittlung, Krisenintervention und vielem mehr blieb der Kulturarbeit letztlich die zweite Reihe, die „Kür".

Ein Funke Hoffnung bleibt: Kultur ist, wie der ganze Mensch lebt!

**Werner Bolzhauser,** *geboren 1949 in Esslingen. Nach Abitur am Wirtschaftsgymnasium Esslingen zwei Semester Psychologie / Philosophie Universität Tübingen, danach 8 Semester Pädagogische Hochschule in Westberlin, Wahlfach Politologie. Fünf Jahre Lehrer an einer Hauptschule in Berlin-Neukölln, vier Jahre Pädagogischer Mitarbeiter an einer Volkshochschule im Raum Hannover. 1986–2009 Sozialarbeiter, Mitarbeiter bei der Evangelischen Gesellschaft Stuttgart, Verein Heimstatt Esslingen, Integrationsbetrieb ArBeg Wernau, Berberdorf Esslingen. Seit 1999 Gründer und Vorsitzender des ehrenamtlich arbeitenden Vereins Kultur am Rande Esslingen.*

# Vesperkirche

## Ein Rastplatz für Leib und Seele

BÄRBEL GREILER-UNRATH

Ich steige aus dem Auto. Noch gibt es Parkplätze rund um den Nürtinger Martin-Luther-Hof. Der Hausmeister hat seine Arbeit schon getan und die vereisten Gehwege freigelegt. Es ist typisches, kaltes Vesperkirchenwetter. Noch ehe ich die Tür öffne, kommt mir Kaffeeduft entgegen. Spätestens im Windfang vermischt er sich mit der Sauerkrautwolke von gestern. Noch ist alles ruhig, die Kaffeemaschine dampft vor sich hin. „Guten Morgen Bärbel!" tönt es hinter der Zeitung hervor. Die gut gelaunte Stimme gehört zu Lothar Schmid (alle Namen im Beitrag sind geändert). Er hat noch keinen Vesperkirchentag verpasst, es sei denn, sein Enkel hat Geburtstag oder er muss seinem „Chef" helfen. Der rüstige Rentner ist der Kaffeemann und deshalb zeitig dran. Bis die anderen Helferinnen und Helfer kommen, müssen die ersten zehn Liter Kaffee fertig sein. Lothar Schmid ist ein „Schaffer". Mit über 80 Jahren gehört er zu den ältesten Mitarbeitern. Für „seine" Vesperkirche tut er alles.

Im Vesperkirchenbüro erwartet mich eine Nachricht auf der Mailbox. Ute Gall kann heute nicht kommen, sie ist krank. Ein Blick auf die Tagesliste sagt: Ein Ausfall ist zu verschmerzen. Per Mail kommt die Planung für den Fahrdienst. Jeden Tag werden Menschen von zu Hause abgeholt und wieder zurückgebracht. Oft alte und gebrechliche Menschen, manche auch mit Behinderung. Sie schaffen den Weg alleine nicht mehr, aber freuen sich auf die Gemeinschaft mit den anderen in der Vesperkirche. Heute steht Frau Haspel wieder drauf. Die sehbehinderte Dame tut sich schwer, hinten im Bus aus- und einzusteigen. Hier müssen wir überlegen, wie das besser klappt. Noch während ich mir Notizen mache, steht Holger Walz in der Tür. Heute der Mitarbeiter für den Fahrdienst. Er ist arbeitslos und hat vor drei Wochen angerufen: „Ich hab Zeit. Gibt es für mich was zu tun?" Vier Tage in der Woche fährt er nun den Vesperkirchenbus. „Für Frau Haspel brauchen wir eine Lösung" sage ich. „Sie tut sich schwer, hinten einzusteigen". „Bei mir steigt sie immer vorne ein, dann geht das." sagt Holger, grinst, schnappt sich Schlüssel und Liste und macht sich auf den Weg.

Ich muss noch Aushänge für den heutigen Tag aktualisieren und mache mich mit meinen Zetteln auf den Weg ins Foyer. An einem Tisch sitzt Jelena Yannatou. Die Seniorin trägt Kunstpelz (oder ist er echt?) und hat ihren Stammplatz eingenommen. Es ist noch nicht einmal 10 Uhr – die Vesperkirche öffnet eigentlich erst um 11:30 Uhr für die Gäste. „Weißt du", sagt sie mir in ihrem unverwechselbaren griechischen Akzent, „ob ich zu Hause sitze und Langeweile habe oder hier in Vesperkirche, ist egal. Aber hier ist warm. Und gibt Kaffee und Zeitung." Ich setze mich für drei Minuten zu ihr und höre zu, was seit gestern in ihrem Leben passiert ist. Dann hänge ich meine Zettel auf und bestelle auf dem Rückweg in Richtung Büro telefonisch Äpfel – weil die vorhandenen wohl nicht reichen werden. Draußen ist es kalt, aber trocken, ein Indiz für viele Gäste. Mein Bauchgefühl sagt 300 mindestens.

Im Foyer wird es laut. Eine „VABO-Klasse" einer Nürtinger Schule ist angemeldet zum Mithelfen. VABO bedeutet „Vorbereitung auf die Berufsausbildung ohne Sprachkenntnisse". Alle sind geflüchtete, junge Männer. Jeder hat seine Geschichte. Klassenlehrer Thorsten Grünewald und ich versuchen gemeinsam, mit der Gruppe in den Tag zu starten. Sie sollen lernen, auf Menschen zuzugehen, Kontakt zu bekommen, die deutsche Sprache zu üben. Alle basteln sich einen Button, auf dem ihr Name steht. Derweil trudeln auch die anderen Ehrenamtlichen ein. Jeden Tag sind es mindestens 50 von ihnen, die die Vesperkirche – einem Ameisenhaufen gleich – zum Leben bringen. Die Schüler*innen wurden inzwischen unter die Fittiche genommen von Hanna Neu, die an diesem Tag für die Organisation des Bedienens verantwortlich ist. Kurz und knapp gibt sie mit Händen und Füßen Anweisungen. 180 Stühle werden von den Tischen genommen. Kerzen, Blumentöpfe, Gläser und Speisekarten finden ihren Weg auf die Tische. Derweil im Büro eine kurze Besprechung mit dem Klassenlehrer. Zwei der überwiegend muslimischen Schüler haben Bedenken, weil sie in einer christlichen Kirche sind. Es steht die Frage im Raum, ob diese Schüler bei der Andacht und beim Wort zur „Mitte des Tages" den Raum verlassen könnten. „Nein", sage ich, und bitte darum, dass die Schüler das aus einer kritischen Beobachterrolle sehen. Am Ende des Tages haben sie Gelegenheit, uns allen Rückmeldung zu geben, wie sie unseren Glauben und wie wir ihn in der Vesperkirche leben, empfinden. Das überzeugt.

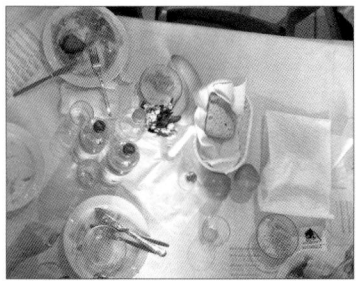

*Ein gedeckter Tisch*

Um 10:30 Uhr beginnt die Besprechung für alle Mitarbeiterinnen und Mitarbeiter. Während meine Kollegin mit der Andacht startet, kann ich die Anmeldeliste durchgehen. „Herr Bauer fehlt", denke ich beim ersten Überfliegen der Liste. Er ist eigentlich jeden Tag da. Und normalerweise rechtzeitig. Ich mache mir Sorgen. Wenn er nicht auftaucht, muss ich mindestens anrufen. Die Lücke an seinem Arbeitsplatz können wir durch Verschiebungen im Plan schließen.

Es ist 11:15 Uhr. Die ersten Gäste stehen in der Kassenschlange. Zielsicher marschiert Lotte Tipaldi an der Schlange vorbei und auf mich zu. „Mein Engel!" ruft sie mit Tränen in den Augen, und fällt mir um den Hals. „Guck mal, das hab ich grade aus meinem Briefkasten gefischt!" Ich überfliege den Brief. Ein Schreiben der Stadtwerke. Sollten die Rückstände aus dem Vorjahr nicht binnen zehn Tagen bezahlt sein, wird der Strom abgestellt. „Ich versteh's nicht. Und ich weiß doch gar nicht, wo ich's hernehmen soll!"

schluchzt sie mit tränenerstickter Stimme. Ich verspreche ihr, mich zum Kaffee zu ihr zu setzen. Inzwischen ist Herr Bauer aufgetaucht und erzählt mir von seiner verflossenen Liebe Edith. Wegen ihr hat er gestern Abend nicht schlafen können und Medikamente genommen. Und was getrunken. „Ein Gläsle oder zwei". Jetzt ist er aber da und eilt zu seinem Arbeitsplatz. Ich überlege, ob ich ihn nach Hause schicke zum Duschen oder ob ich ihm das als Hausaufgabe für morgen ans Herz lege.

Im Foyer bildet sich, neben der Kasse, eine Zweitschlange mit Stühlen. Es ist Frisörtag. An ihrem freien Tag kommt Friseurin Bettina Gasser in die Vesperkirche und macht „neue Haare". Für viele ist es der einzige Friseurbesuch im Jahr. Seit es einen Wartebereich mit Stühlen gibt, ist nicht mehr so viel Streit, wer als nächstes dran kommt. Einmal in drei Wochen reicht es für alle, die wollen. Genauso ist es mit dem Arzt, Rechtsanwalt, Nähstube, Haustiersprechstunde: wer Kummer hat, soll Hilfe bekommen. Mitten im Chaos steht Maria vor mir. „Für dich! Für Danke!" – sie strahlt mich an und hält mir eine Jack Daniels- Flasche mit verwaschenem Etikett entgegen. Maria lebt seit vielen Jahren in Deutschland, hat aber Familie und einen Olivenhain in der Türkei. Die Oliven lässt sie zu Öl pressen. Fünf Liter bekommt sie immer von ihrem Neffen zugeschickt. Und eine Flasche davon schenkt sie mir. Mich erinnert sie immer an Maria aus der Bibel, die ihr wertvolles Öl Jesus schenkt. Deshalb habe ich sie auch Maria genannt. Ihren wirklichen Namen konnte ich mir seltsamerweise nie merken. Übrigens ist es das beste Olivenöl, das ich kenne.

*Impression hektische Küche*

In der Essensausgabe ist es laut. Die Anlieferung des Essens und die Temperaturkontrolle läuft, zwei der Schüler packen kräftig mit an. An der Suppenstation richtet sich Bekir Yilmaz ein. Im dritten Jahr ist er dabei. Und immer schöpft er Suppe aus. Das kann er gut. An dieser Stelle weiß er, was zu tun ist. Und er kommt klar mit seinen wenigen Deutschkenntnissen. Das Sprachelernen fällt dem Mittfünfziger schwer. Er hatte nie damit gerechnet, in seinem Alter noch einmal von vorne anfangen zu müssen. Seine Flucht nach Deutschland war die einzige Alternative zur politischen Haft im Heimatland.

An der Kasse geht die Bonrolle aus. Da muss ich helfen, denn Hilde Berner hat das noch nie gemacht. Ihre Kassenkollegin, Eve Dreger, ist ihr dabei auch keine Hilfe. Sie geht auf die 90 zu und kann nur noch die Bontaste drücken. Am Ende des Tages tat sie das 324 Mal. Dreimal pro Woche sitzt sie an der Kasse und drückt mit einem Strahlen im Gesicht die große, rote Taste, die auch eine zitternde Hand nicht verfehlt.

Es ist 13 Uhr. Der Gong ertönt. Der Betrieb wird für einige Minuten unterbrochen. Es wird nicht bedient. Es wird nicht gespült. Alle lauschen dem „Wort zur Mitte des Tages", für das heute die Pfarrerin einer diakonischen Einrichtung in der Stadt verantwortlich ist. Nach einer kurzen Geschichte wird ein Lied gesungen. Werner Fink ist Stammgast und bringt immer seine Trompete mit. Routiniert begleitet er den einfachen Kanon „Danket, danket dem Herrn…". Nicht alle singen mit. Manche essen weiter, während andere das Besteck zur Seite legen. Für viele eine heilsame Unterbrechung des Tages.

Nach Schulschluss kommt noch einmal ein größerer Ansturm. Heute dabei: Sandra Dan mit drei ihrer fünf Kinder. Sie warten, bis ihr Stammplatz frei wird: der Tisch neben der Spielecke. Sandra ist alleinerziehend. Vesperkirche ist für sie die schönste Zeit im Jahr. „Weißt du", so erzählt sie, „wann kann ich an einen Tisch sitzen und ich werde bedient? Nie. Essengehen kann ich mir nicht leisten. Und wohin soll ich auch mit den fünf Kindern? Für mich sind die drei Wochen hier Urlaub."

Ich sitze mit Lotte Tipaldi am Nebentisch, das Schreiben der Stadtwerke vor mir. Die Tränen laufen, als sie mir ihre Einkommensverhältnisse und ihre Situation schildert. Zum Glück habe ich immer Papiertaschentücher in der Tasche. Wir vereinbaren, dass ich bis morgen einen Beratungstermin bei der Diakonischen Bezirksstelle für sie organisiere. Sie ist noch skeptisch, weil sie weiß: sie muss ihre finanzielle Lage offenlegen. Und ein kleiner Vorwurf: „Warum gibst du mir nicht einfach Geld?" ist auch dabei. Dass sie lernen muss, ihre finanzielle Situation im Blick zu behalten, findet sie im Moment nicht so wichtig.

In der Café-Ecke wird es laut. Schon von weitem erkenne ich das Problem an der Stimme: Horst Schlesinger ist wieder mit der Kuchenauswahl nicht zufrieden. Er ist zu kurz gekommen im Leben. Sicher nicht nur einmal. Entweder ist kein Kuchen da, der ihm schmeckt – oder das Stück ist zu klein. Täglich. Die Ehrenamtlichen im Café sind genervt und haben keine Zeit, mit ihm zu diskutieren. Ich gehe hin und frage, ob ich helfen kann. Vorwurfsvoll bekomme ich erklärt, dass es bestimmt noch Käsekuchen im Kühlschrank hätte. Man enthalte ihm den vor. Ich erkläre ihm auch heute wieder, dass der Kuchen demnächst alle ist. Und wir jeden Tag nur eine begrenzte Anzahl an Kuchen bekämen. Und wir die Sorten nicht wüssten. „Müsst ihr halt mehr Käsekuchen bestellen!" Ich atme tief durch und drücke ihm einen Teller mit Zwetschgenkuchen in die Hand. Er wird laut. „Ich lass mich nicht verarschen! Ich hol die Polizei!" „Die ist schon da, um was geht es?" fragt Matze Krehl, Kriminalkommissar mit Vesperkirchen-Logo auf der Schürze, der mit dem Tablett in der Hand am Nebentisch abräumt. Stille im Raum. Lachen. Horst Schlesinger grinst. Der Kriminalkommissar grinst. Der Zwetschgenkuchen ist wohl doch essbar.

Kuchenbüffet

Inzwischen wird zusammengeräumt. Die letzten Gäste verlassen die Vesperkirche. Man will schnell alles erledigt haben, damit Zeit ist für die Abschlussrunde im Team. Die Schürzen sammeln sich auf einem großen Berg im Foyer. Punkt 15 Uhr sitzen wieder alle auf ihrem Stuhl. „Wie war's? Was gibt es zu erzählen?" Ich stelle die Frage bewusst offen. Es sollen nicht nur Schwierigkeiten Raum bekommen. Auch Schönes, Witziges, Ermutigendes soll geteilt werden. Es wird herzhaft gelacht. Da meldet sich Mohammad, einer der Schüler. Er kann am besten von allen Deutsch. „Sie haben gesagt, wir sollen sehen, wie Christen sind. Wir wollen nächste Mal wieder kommen. So geht für uns klar. Ich habe jetzt Respekt." Hanna Neu greift das Gesagte auf und gibt Feedback: „Ihr habt euch auch große Mühe gegeben, euren Job gut zu machen. Und ich habe gelernt, wie Bitte und Danke in der Sprache heißt, die Beshda spricht.". „Morgen eine Person mehr zum Spülen bitte." Heiner Merz erinnert daran, dass es auch Optimierungsbedarf gibt, und ich mache mir Notizen. „Geht in den Feierabend mit dem Segen Gottes!" So endet auch dieser Vesperkirchentag – wie viele Vesperkirchentage vor ihm und viele nach ihm. Sie gehen. Zurück in ihre eigene Welt, Gäste wie Mitarbeitende. Zurück in den Alltag. Aber alle mit einem Stückchen Heimat im Herzen. Ganz im Sinne von Romano Guardini, der einmal sagte: „Das ist aller Gastfreundschaft tiefster Sinn, dass einer dem anderen Rast gebe auf dem Weg nach dem ewigen Zuhause."

Seit 2007 gibt es die Nürtinger Vesperkirche. Für drei Wochen öffnen sich jedes Jahr im Januar / Februar die Türen der Lutherkirche – im Durchschnitt für rund 300 Menschen täglich. Unter dem Motto: „Gemeinsam an einem Tisch" bezahlt jede*r, was individuell möglich ist, aber mindestens einen Euro. Darüber hinaus finanziert sich das Projekt durch Spenden. Es gibt für alle Gäste einen warmen Mittagstisch mit Kaffee und Kuchen zum Nachtisch. Kulturelle Angebote wie Konzerte und Kinoabende sowie unterschiedliche Angebote zur Unterstützung im Alltag bereichern das Angebot. Eingeladen sind nicht nur Menschen mit kleinem Geldbeutel, sondern bewusst alle, denen Begegnungen und die Gemeinschaft mit Menschen unterschiedlichster Herkunft wertvoll sind. Pro Saison sind rund 400 ehrenamtliche Helfer*innen im Einsatz.

*Blick in den Kirchenraum*

**Bärbel Greiler-Unrath**, *Jahrgang 1978, eine Tochter.*
*Diakonin, Erzieherin und Heilpraktikerin für Psychotherapie.*
*Leitung der Nürtinger Vesperkirche von 2014 bis 2020.*
*Seit 2002 in verschiedenen Aufgaben im Evangelischen Kirchenbezirk Nürtingen tätig: In den ersten Jahren in der Jugendarbeit. Nach Elternzeit und verschiedenen Weiterbildungen derzeit mit den Schwerpunkten Inklusion, gelebte Vielfalt und Kooperation Kirche – Gemeinwesen.*

# *Eine Messgröße sozialer Arbeit, ein Fall und die Folgerungen*

MARTIN STEINBRENNER

Was ist Sozialarbeit wert? Lässt sich Erfolg in der sozialen Arbeit messen? Wenn ja, wie? All das sind Fragen, die kontrovers diskutiert werden. Andere „Branchen" haben es da einfacher. Da kann Erfolg auf Erträge in Heller und Pfennig reduziert ausgewiesen werden. Es ist sehr schwierig oder unmöglich, Messgrößen für eine „erfolgreiche" Sozialarbeit aufzustellen. Das heißt aber nicht, dass im Einzelfall Erfolg nicht objektiv messbar wäre. Einen solchen Fall gab es im Sommer 2019 für „eva hilft zu Recht". Die Messgröße in diesem Fall: Geld.

„eva hilft zu Recht" ist ein Projekt der Evangelischen Gesellschaft Stuttgart e.V. (eva), mit dem soziale Fachkräfte und ihre Klienten bei der Rechtsdurchsetzung vorwiegend im Bereich des Sozialrechts unterstützt werden. Ein von der Sozialpsychiatrie und „eva hilft zu Recht" unterstützter Hilfesuchender, Klaus K., hatte am 24. Juli 2019 folgende Mail an „eva hilft zu Recht" versandt:

> *Sehr geehrter Herr Steinbrenner,*
>
> *anbei erhalten Sie wie gewünscht eine Kopie des heute eingetroffenen Bescheids sowie Frau M.s Antwort auf meinen Widerspruch. Wie schon angekündigt, wurde allen meinen Anträgen stattgegeben. Der finanzielle Schaden, den Sie mir gemeinsam mit Herrn W. erspart haben, berechnet sich wie folgt:*
> *ALG II für Januar bis Mai 2019: € 5226,65*
> *Einzusetzendes Vermögen ab Juni 2019: € 5167,82*
> *Rückzahlung für den Bewilligungszeitraum Juli bis Dezember 2018: € 6048,90*
> *In der Summe: € 16.443,37*
> *Herzlichen Dank nochmal für Ihren Einsatz. Ich wünsche Ihnen und Herrn W. alles Gute und eine weiterhin erfolgreiche Zusammenarbeit.*
> *Freundliche Grüße*
> *Klaus K.*

## Was war geschehen?

Klaus K., ein Mann mittleren Alters, wird aufgrund einer psychischen Erkrankung mehr und mehr aus seinem geregelten bürgerlichen Leben gerissen. Schließlich muss er im Sommer 2018 Arbeitslosengeld II beim Jobcenter beantragen. Dies wird ihm auch zunächst bewilligt. Im Herbst 2018 kommt das Jobcenter jedoch zu der Erkenntnis, der Leistungsberechtigte habe Vermögen in Form zweier Lebensversicherungen. Diese müsse er nun für seinen Lebensunterhalt einsetzen. Weitere Unterlagen werden angefordert. Gleichzeitig kündigt das Jobcenter Rückforderungen und die Einstellung der Leistungen an.

Klaus K. bemüht sich umgehend, alle nötigen Unterlagen zusammenzustellen und legt diese im Jobcenter vor. Daraufhin wird er erneut aufgefordert, die – bereits abgegebenen – Unterlagen vorzulegen. Auch dieser Aufforderung kommt Klaus K. nach, zusätzlich meldet er sich telefonisch im Jobcenter. In den folgenden Wochen und Monaten erhält er mehrmals weitere Aufforderungen zur Mitwirkung, flankiert von Versagungsandrohungen, schriftlichen Anhörungen, Ablehnungsbescheiden sowie Aufhebungs- und Erstattungsbescheiden.

Zunehmend machen sich bei Klaus K. Ratlosigkeit und Verzweiflung breit. Seine Anträge und Widersprüche gehen anscheinend in der Behörde verloren, werden verschleppt oder nicht bearbeitet. Das für solche Fälle vorgesehene Verwaltungsverfahren mit Anhörung, Widerspruch usw. wird von der Behörde beziehungsweise der für ihn zuständigen Leistungsgewährerin im Jobcenter schlicht nicht angewandt – warum auch immer. Schließlich wendet sich Klaus K. im Frühjahr 2019 an Frau M., eine Sozialarbeiterin, die er von früher kennt und zu der er Vertrauen hat. Diese versucht nun ihrerseits, beim Jobcenter zu intervenieren. Letztlich bleibt sie jedoch ebenso erfolglos wie Klaus K. selbst. Da sie ebenfalls nicht weiter weiß, nimmt sie schließlich im Juni Kontakt mit „eva hilft zu Recht" auf. Klaus K. ist zu diesem Zeitpunkt bereits fast ein halbes Jahr ohne Einkommen. Bei der Krankenkasse gehen keine Mitgliedsbeiträge vom Jobcenter ein. Der Krankenversicherungsschutz ist nicht mehr gewährleistet, Rechnungen der Krankenkasse folgen. Die Eltern von Klaus K. übernehmen seine Mietkosten, ein Freund leiht ihm Geld. Essen kann er in dem Arbeitsprojekt, in dem er arbeitet. Am schlimmsten ist das Gefühl, behördlicher Willkür völlig hilflos ausgeliefert zu sein.

Das sind Lebensumstände, die für Außenstehende kaum vorstellbar sind. Gerade so unvorstellbar wird für Außenstehende sein, dass es einer Behörde im sozialen Rechtsstaat Deutschland mit seinem ausdifferenzierten sozialen Sicherungssystem möglich ist, einen Bürger völlig unversorgt zu lassen. Dabei gehört doch das Jobcenter zum letzten staatlichen „Auffangnetz", mit dem Auftrag, das grundgesetzliche Gebot der Menschenwürde zu sichern und zu wahren.

Ein erstes Treffen mit dem Mitarbeiter bei „eva hilft zu Recht", Martin S., kann Grundsätzliches klären. So stellt sich zweifelsfrei heraus, dass die zwei Lebensversicherungen von Klaus K., deren Auflösung und Verwertung gefordert worden waren und aufgrund derer weitere Leistungen verweigert wurden, zum sogenannten geschützten Vermögen gehören. Das heißt, dass diese nicht für den Lebensunterhalt eingesetzt werden müssen.

Nun ist zwar nicht jede Lebensversicherung als geschütztes Vermögen zu werten, in dem Fall jedoch handelt es sich nachweislich der vorliegenden Unterlagen tatsächlich um ein derart geschütztes Vermögen. In den beiden Versicherungsverträgen wurde unwiderruflich vereinbart, dass das Guthaben nicht vor dem Renteneintrittsalter verwertet, also ausbezahlt werden darf. Ein Tatbestand, den der Gesetzgeber in § 12 Abs. 1 Ziffer 3 Sozialgesetzbuch II eindeutig geregelt hat. Ein Blick ins Gesetz oder die eigenen Verwaltungsvorschriften hätte in den Amtsstuben des Jobcenters für Klarheit sorgen können, dass es sich hier um geschütztes Vermögen handelt, das nicht angetastet werden darf. Ein Vermögen, an das Klaus K. gar nicht hätte herankommen können. Die wiederholten Aufforderungen seitens des Jobcenters ignorieren diese Tatsache.

Martin S. von „eva hilft zu Recht" nimmt nach seinem ersten persönlichen Kontakt mit Klaus K. und der Sichtung aller Unterlagen sofort mit der Leitung des zuständigen Jobcenters Kontakt auf. Auch ihr gegenüber muss Martin S. sehr beharrlich auftreten und auf die eigentlich unstrittige Rechtslage hinweisen, bis sie sich schließlich des Falles von Klaus K. annimmt und sich nun selbst kundig macht. Mit dem Ergebnis, dass sich das Jobcenter bei Klaus K. entschuldigt, ebenso bei Martin S. von „eva hilft zu Recht". Sämtliche negativen und falschen Entscheidungen und die Rückforderungen der bereits erfolgten Zahlungen werden zurückgenommen, die Überweisung der vorenthaltenen Geldleistungen an Klaus K. beauftragt.

Ein bitteres Fazit: Die persönliche Ansprechpartnerin im Jobcenter hat ihre Aufgabe der Fallführung hier nicht ausgeübt. Die Leitung ist ihrer Pflicht zur Kontrolle nicht nachgekommen. Beide haben eine ganz offensichtlich überforderte Mitarbeiterin gewähren lassen. Herr K. wurde auf formale Verwaltungswege verwiesen, die wiederum von der Mitarbeiterin nicht ordnungsgemäß umgesetzt und torpediert wurden. Zusammengefasst: Es lag ein schwerwiegendes Behördenversagen vor. Klaus K. wurde über Monate hinweg nicht einmal das Existenzminimum zugestanden. Allein auf sich gestellt und ohne massive Intervention seitens des Mitarbeiters Martin S. von „eva hilft zu Recht" wäre er nicht zu seinem Recht gekommen. Mit einem für derart strittige Fälle von der Sozialgerichtsbarkeit eigentlich vorgesehenen Antrag auf einstweiligen Rechtsschutz wäre Herr K. überfordert gewesen. Diesen Weg hätte er auch gar nicht gekannt. Die Folgen weiterer Leistungsverweigerung der Behörde für den psychisch erkrankten und verzweifelten Hilfesuchenden wären für diesen unabsehbar gravierend und mit Sicherheit verhängnisvoll für sein weiteres Leben gewesen.

Das Beispiel zeigt, dass die freie Wohlfahrtspflege als parteiliches Gegenüber zur öffentlichen Wohlfahrtspflege, also der Sozialverwaltung, unabdingbar ist. Rechtlich ist zwar eine umfassende Beratung aller Hilfesuchenden Aufgabe der öffentlichen Sozialverwaltung. In der Praxis ist das aber nicht immer der Fall. Es lässt sich nachvollziehen, dass im sicher sehr fordernden Alltagsgeschäft der Jobcenter auch fehlerhafte Entscheidungen getroffen werden, sei es bei der Anerkennung der Kosten der Unterkunft, bei Sanktionen oder Aufrechnungen, bei der Berücksichtigung von Einkommen oder Vermögen.

Regelmäßig wird aber die Bitte der Wohlfahrtsverbände, behördenunabhängige Beratungs- und Unterstützungsangebote für Bezieher von „Hartz IV"-Leistungen zu fördern, abgelehnt. Begründung: Mit den vom Jobcenter erbrachten Leistungen würde jeder und jede Einzelne hinreichend beraten und unterstützt. Nicht nur das Beispiel von Klaus K. zeigt, dass darauf nicht immer Verlass ist.

Wobei wir wieder beim Geld angelangt wären. Armut hat viele Facetten. Der Mangel an materiellen Mitteln gehört zu den entscheidendsten. Ihn zu bekämpfen ist eine vordringliche Aufgabe. Hilfesuchende laufen immer wieder Gefahr, durch unzulängliche oder unrichtige Verwaltungsentscheidungen ihr Existenzminimum nicht mehr sichern zu können und dadurch in äußerst bedrohliche und prekäre Situationen zu geraten. Wie hoch der Schaden durch fehlerhafte Entscheidungen bundesweit ist, wird kaum zu beziffern, aber sicher sehr hoch sein. Ein Beispiel für eine Größenordnung im Einzelfall dafür ist die Email, die Klaus K. nach erfolgreichem Abschluss des Eingreifens von „eva hilft zu Recht" an Martin S. geschrieben hat.

Verhinderte Schadenssummen können also durchaus eine geeignete Messgröße für den Erfolg behördenunabhängiger Hartz-IV-Beratungen durch Träger der Freien Wohlfahrtspflege sein. Gleichzeitig sind sie ein Indikator für die Rechtskonformität behördlichen Verwaltungshandelns. Es sollte im Interesse der Behörde liegen, sich daran messen zu lassen. Das gemeinsame Ziel solcher Angebote müsste sein, die Schadenssumme als Messgröße kontinuierlich zu verringern. Wir betrachten daher die Angebote zu unabhängigen Hartz IV-Beratungen als eine Chance für staatliche und kommunale Stellen, Rechtsverwirklichung und existenzsichernde Transferleistungen für jede Bürgerin und jeden Bürger im konkreten Einzelfall sicherzustellen. Die Finanzierung dieser Angebote wäre eine messbare Maßnahme im Kampf gegen Armut und damit letztlich eine Investition in den sozialen Rechtsstaat und in sozialen Frieden.

**Martin Steinbrenner**, *Jahrgang 1958, Diplom-Sozialarbeiter. Viele Jahre in der Wohnungslosenhilfe in Stuttgart und im Evangelischen Bundesfachverband Existenzsicherung und Teilhabe (EBET) e.V. tätig, einige Jahre Lehrbeauftragter an der Evangelischen Hochschule für Sozialwesen in Ludwigsburg, seit zehn Jahren in der Sozialrechtsberatung der Evangelischen Gesellschaft Stuttgart e.V., seit 30 Jahren Lehraufträge an der Bundesakademie für Kirche und Diakonie.*

# *Schutz für die Seele*

## Hilfen für Menschen in desorganisierten Haushalten

HEIKE BLANKENHORN-FRICK

Der Fachdienst WABE, „Wohnraumarbeit mit Menschen in desorganisierten Haushalten", ist auf Initiative des Landkreises Esslingen aus der Erkenntnis heraus entstanden, dass Wohnungsräumungen selten zu einer nachhaltigen Veränderung des Wohnverhaltens führen. Vielmehr scheint in vielen Fällen professionelle Hilfe erforderlich. Mittlerweile arbeiten vier Fachkräfte des Kreisdiakonieverbandes Esslingen mit den Klient*innen in deren Wohnraum. Ziel dabei ist, die Wohnung von Müll zu befreien, um damit auch drohenden Wohnraumverlust zu verhindern. Den Bewohner*innen will man zu mehr Selbständigkeit und zu einem menschenwürdigen Wohnen verhelfen, und ihnen Möglichkeiten zur Tagesstrukturierung und Wege aus der sozialen Isolation aufzeigen. Finanziert wird dieses Angebot im Rahmen der Hilfe für Menschen in besonderen sozialen Schwierigkeiten durch den Sozialhilfeträger. Dabei geht der Ansatz der Hilfe davon aus, dass dem Klienten nichts gegen seinen Willen aufgezwungen wird und die neue Ordnung dem Wunsch des Klienten entsprechen soll. So werden auch Gegenstände in der Wohnung nur auf Wunsch des Klienten entsorgt. Im Vordergrund steht der Mensch, nicht die Wohnung. Die Sozialarbeiter*innen sind „zu Gast". Ausschlusskriterien, die zu einer vorzeitigen Beendigung der Maßnahme führen können, sind anhaltende fehlende Mitwirkung und Tätlichkeiten gegen Mitarbeitende.

### Wenn das Leben aus den Fugen gerät

Heute Mittag bin ich auf dem Weg zu einem neuen Klienten. Bis es soweit ist, dass ich ins Auto steige, weil ein Mensch in einem desorganisierten Haushalt um Hilfe gebeten hat und bereit ist, unsere Hilfe anzunehmen, liegt bereits ein sehr langer Weg hinter ihm – im wahrsten Sinne des Wortes. Klientinnen und Klienten halten sich in diesem Hilfefeld in etwa die Waage. Aufgrund eines oder meist mehrerer, sie tief erschütternden Ereignisse an einem bestimmten Zeitpunkt in ihrer Lebensgeschichte ist ihr Leben aus den bisherigen Bahnen geraten. Das kann der Tod der Eltern sein, der Verlust der Arbeit, eine Kündigung oder der Eintritt ins Rentenalter, der Verlust von Partnerin oder Partner, der Verlust der Heimat, eine Erkrankung, ein massives Trauma. Die Liste lässt sich lange fortführen, und sehr oft ist es eine Häufung von Ereignissen, die als Krise erlebt werden und nicht mehr bewältigbar erscheinen. Für Außenstehende nicht immer nachvollziehbar, bricht in der Folge für die Betroffenen ihre Welt zusammen. Aus dieser tief empfundenen Erschütterung kann, zumeist langsam und schleichend, eine Desorganisation des Wohnraums der Menschen einsetzen.

Desorganisation – ein sperriger Fachbegriff, für uns von WABE alltäglich. Aber was verbirgt sich dahinter? Kurz zusammengefasst: Es ist die Beschreibung einer Situation, die darin mündet, dass der eigene Wohnraum schließlich nicht mehr nutzbar ist. Das kann so weit gehen, dass sich kein Fenster mehr zum Lüften öffnen lässt, die Küche so vollgestopft ist, dass sie nicht mehr zur Zubereitung von Nahrung genutzt werden kann, alte, verdorbene und frische Lebensmittel nebeneinander stehen, dreckiges Geschirr, Essensreste und Flaschen sich stapeln, Tische, Stühle, Betten, Bad unter Unmengen von Kleidungsstücken, Zeitschriften, Prospekten, Schachteln und Altpapier verschwinden. Oft ist auch die Toilette nicht mehr zu benutzen, da sie verstopft und völlig verdreckt ist. Das Chaos scheint kaum zu bewältigen – ganz davon abgesehen, dass ja auch kaum Handwerker bestellt werden könnten, um beispielsweise die Toilette wieder in Gang zu bringen. Die Scham verbietet es, Außenstehende und Fremde, ja sogar Bekannte in die Wohnung zu lassen.

## Das äußere Chaos spiegelt das innere Chaos wider

In dieser Situation ist es niemals hilfreich, die Betroffenen einfach aufzufordern, ihre Lage zu ändern. Zwar leiden viele unter ihrem Leben, und sie sind oft auch gewillt, ihre Wohnung und ihr Leben wieder in den Griff zu bekommen. Nicht selten wurden bereits viele Versuche unternommen, Chaos und Desorganisation zu bändigen. Aber das äußere Chaos spiegelt das innere Chaos wider. Ohne eine professionelle und verständnisvolle Unterstützung, die Strukturierungshilfen „für innen und außen" anbietet, sind die Menschen in der Spirale ihrer Desorganisation fest gefangen. Denn neben dem inneren Chaos, für welches die Desorganisation steht, erfüllt die Anhäufung von Gegenständen für die Betroffenen immer auch einen „realen" Zweck. Als traumatisch erlebte Lebenskrisen, Ereignisse oder Verluste können dazu führen, dass die Seele nach Schutz schreit, nach einer unversehrten Heimat. Und die wird gesucht hinter der Barriere einer zugestellten Wohnung, die kein Durchkommen mehr von außen, von anderen Menschen, zulässt.

## 35 Jahre nicht gelebtes Leben

Ich erinnere mich an eine Klientin, die in jungen Jahren mitten im Leben stand, in einer Wohngemeinschaft lebte und erfolgreich in ihrer Arbeit an der Börse war. Eines Nachts wurde sie von einem Gast ihrer Mitbewohnerin vergewaltigt. In der Folge zog sie sich immer mehr zurück, war bald nicht mehr in der Lage, selbständig zu leben, musste schließlich ihre Anstellung aufgeben und zog zurück in die Nähe ihrer Eltern. Sie hatte hier zwar eine eigene Wohnung, aber die Erinnerungen und die Angst vor dem Erlebten verfolgten sie immer weiter, machten auch vor den eigenen vier Wänden nicht halt. Das war für sie, rückblickend gesehen, der Anlass, unbewusst dafür zu sorgen, dass ja keiner mehr ihr zu nahe kommen konnte, auch nicht in ihrer Wohnung. So füllte sie die Wohnung mit immer mehr Papier an, bis unter die Decke. Das Erlebte liegt inzwischen über 35 Jahre zurück, und genauso lange ist sie um ihren Schutz bemüht und hält daran fest. Das sind 35 Jahre nicht gelebtes Leben! Die Klientin ist kurz vor dem Renteneintritt. Sie fühlt sich nun stark genug, sich mit ihrem Trauma auseinandersetzen. Sie macht eine Therapie und kann mit unserer Unterstützung allmählich Zeitungsstapel um Zeitungsstapel gehen lassen.

## Eine kleine Flamme Hoffnung

Sie lässt sich darauf ein, um endlich das zu erreichen, wonach sie sich seit über drei Jahrzehnten in ihrem tiefsten Inneren gesehnt hat. Nach Kontakt zu anderen Menschen, danach, Freunde zu sich in die Wohnung einzuladen und mit ihnen einen unbeschwerten Abend zu verbringen. Dieses Ziel war die kleine Flamme Hoffnung, die die Klientin so lange am Leben hat teilnehmen lassen, egal wie schwierig und einsam, wie verzweifelt und mutlos sie war. Die Hoffnung, dass es auch für sie noch etwas anderes geben darf. Dies ist eines von vielen Schicksalen, denen wir bei unserer Arbeit begegnen.

## Drinnen ist es genauso kalt wie draußen

Inzwischen bin ich bei dem neuen Klienten angekommen. Eigentlich hätte unser Kennenlernen schon vor zwei Wochen stattfinden sollen. Aber zwei Mal hat ihm die Nervosität einen Strich durch die Rechnung gemacht. Kurzfristige Terminabsage. Heute aber klappt es.

Mir macht ein Herr Anfang 60 die Türe auf. Er wirkt ganz verlegen. Ich stelle mich erst mal vor, frage wie es ihm geht. „Soweit ganz gut heute, aber wäre es in Ordnung, wenn wir uns erst mal im Treppenhaus unterhalten würden?" Er sei noch nicht dazu gekommen, in der Wohnung aufzuräumen. Das sei ihm schon sehr peinlich. Kein Problem, sage ich, wir können uns gerne im Treppenhaus unterhalten. Die Nachbarn seien gerade bei der Arbeit, wir würden sie nicht stören, meint er. Es ist Winter, im Treppenhaus ist es kalt. Wir reden uns warm. Er erzählt mir von seinen Plänen mit der Wohnung. Er sei halt ein Sammler, Schiffsmodelle hätten es ihm angetan. Ob er schon immer hier leben würde? Nein, er sei aus Polen. Schiffsmechaniker sei er gewesen. Wäre ein toller Beruf gewesen, eine gute Zeit, Gewerkschaftsarbeit und so. Dann sei er übergesiedelt. Ob er mir doch noch schnell die Wohnung zeigen darf? Ja gerne! Gerade so schaffen wir es durch die Tür, die nur einen Spalt breit aufgeht. Kleider, Flaschen, Schiffsmodelle, Papier, gefüllte Einkaufstaschen…. Ob ich so etwas schon mal gesehen hätte? Ja, habe ich. Er sei sich nicht sicher, ob er mir das zumuten könne. Jetzt sei er aber ganz erschöpft. Ob wir das Gespräch beenden könnten? Ja gerne. Ich würde nächste Woche wiederkommen, ob das in Ordnung sei? Ja, meint er, wäre schon okay. Durchgefroren fahre ich ins Büro zurück. Die Woche darauf treffen wir uns erneut. Diesmal darf ich gleich in die Wohnung. Es ist immer noch Winter, drinnen ist es genauso kalt wie draußen. Wir überlegen gemeinsam, was ihm wichtig wäre. Die Flaschen raus. Also fangen wir an. Blaue Müllsäcke füllen sich mit Pfandflaschen. Während wir über Gegenstände steigen und Flaschen einsammeln, fängt er an zu erzählen. Bespitzelung, Gefängnis, Misshandlung. Bilder, die nicht mehr aus dem Kopf gehen. Alkohol hilft da kurzzeitig. Aber danach kommt immer der Absturz. Keine Kraft, Scham, Verzweiflung. Was passiert mit mir, wenn ich rausgehe, die Wohnung verlasse??? Den Alkohol bringt der Lieferservice, die leeren Flaschen holt er nicht ab. Wäre es eine Idee, das zusammen zu tun? Ja, vielleicht schon, aber nicht heute. Okay. Warum ist es eigentlich so kalt in der Wohnung? Mit der Heizung kommen die Schmerzen zurück, wenn es kalt ist, fühlt er nichts, das sei besser für ihn. Genug für heute.

Beim nächsten Hausbesuch eine Woche später sind die Pfandflaschen weg. Ja, sein alter Chef aus der Radwerkstatt, in der er bis vor einigen Jahren gearbeitet hätte, wäre vorbeigekommen, um mal nach ihm zu sehen. Der sei über 70 und würde das manchmal machen. Sei ein feiner Mensch. Der hätte das Pfandgut mitgenommen und ihm das Geld gebracht. Ja, er sei der Einzige, der nach ihm sehen würde.

## Schicht für Schicht durch die Wohnung und durch das Leben

So arbeiten wir uns langsam Schicht für Schicht durch seine Wohnung und sein Leben. Vieles ist auch für mich schwierig auszuhalten. Trotzdem gelingt es uns, auch mal zu lachen. Nach einem Jahr ist die Wohnung wieder nutzbar. Aber alleine zurechtkommen wird er nicht mehr. Dazu sind die Wunden, die das Leben ihm zugefügt hat, zu groß. Gemeinsam suchen wir nach Unterstützung für ihn. Eine Hilfe, die verlässlich einmal pro Woche zu ihm kommt und ihn unterstützt. Nicht mehr, aber auch nicht weniger. Jemand, der ihn bei Abstürzen auffängt, der ihn zum Arzt begleitet und ihm sagt, dass auch er es in der Wohnung warm haben darf, oder der eben einfach nur da ist.

**Heike Blankenhorn-Frick,** geboren 1967. 1985 bis 1988 Ausbildung zur Bankkauffrau, danach Erwerb der fachgebundenen Hochschulreife an der Technischen Oberschule in Stuttgart. 1990 bis 1993 Studium an der Berufsakademie Stuttgart mit dem Abschluss als Diplom Sozialarbeiterin (BA). 1995 bis 2005 Ausbildung in Transaktionsanalyse im ITAS Institut und 2004 Weiterbildung zur psychotherapeutischen Heilpraktikerin. 1993 bis 2001 Sozialarbeiterin bei der Großen Kreisstadt Kirchheim unter Teck, zuerst in der Flüchtlingsbetreuung, dann im Bezirkssozialdienst und ab Januar 1999 bis Dezember 2001 zusätzlich verantwortlich für Jugendhilfeaufgaben. Seit 2002 Sozialarbeiterin beim Kreisdiakonieverband im Landkreis Esslingen, von 2000 bis 2006 in der Schuldnerberatung. Nach sechs Jahren Elternzeit erneut in der Schuldnerberatung und seit 2015 im Fachbereich WABE, „Wohnraumarbeit mit Menschen in desorganisierten Haushalten".

# Selbsthilfe-Geschichten

## *Schätze heben – Nüsse knacken*

Die Vielfalt einer Selbsthilfeorganisation
von an Multiple Sklerose Erkrankten

GERTRAUD SIELER

**1977** Zuerst war es Betroffenheit über die junge Frau in unserer Gemeinde, die so kaputt wirkte, mit dem fröhlichen Mann im Rollstuhl und dem Sohn. Sie beeindruckte mich, und zugleich tat sie mir leid. Warum half ihr niemand? Dann war es der „Vogelverein" im Wochenblatt der Gemeinde, AMSEL. Beim näheren Lesen erkannte ich, dass es ja was ganz anderes war. MS. Offenbar eine Krankheit. Ach ja, die von dem Mann im Rollstuhl. Warum hatte ich während meiner Kinderkrankenschwestern-Ausbildung nichts über diese Krankheit gehört? Ach, mit 20 bis 40 Jahren kriegt man das. Na klar, dass das dann in unserem Unterrichtsstoff nicht drin war. Aber was ist es denn nun genau? Was mit Muskeln, was mit Nerven? Und dann läutete irgendwann bei mir das Telefon. Ob ich mir vorstellen könnte, einmal im Monat einen Bastelabend mit MS-Erkrankten zu leiten? Das sind die bei der AMSEL. – Gut, einen Abend im Monat! Und dann wusste ich bald, was MS bedeutete. Meine Seele war eingefangen!

Ich war mobil, und Gleichaltrige waren durch die MS in ihren vier Wänden gefangen! Die Krankheit konnte ich ihnen nicht abnehmen, aber meine Zeit konnte ich teilen. Also stieg ich bei der AMSEL ein. Ich wollte, dass diese Menschen Wünsche haben konnten und es jemanden gab, der sie verwirklichen half. Ihr Leben sollte lebenswert sein und sich nicht nur in ihren vier Wänden abspielen! Ich war plötzlich betroffen, ohne selbst oder in der Familie betroffen zu sein. Zu den regelmäßigen Bastelabenden holten wir, die Leiterin und ich, einen Rollstuhlfahrer im Ort und eine gehbehinderte Frau vier Orte weiter ab und brachten sie am Ende des Abends wieder nach

Hause. Weitere zwölf Leute kamen selbst. Bei Veranstaltungen mit Leuten aus anderen Kontaktgruppen suchte ich mir immer einen Extraplatz aus. Er war bei Menschen, mit denen man nicht aufs Klo gehen musste. Ich konnte mir meine Hilfe dabei nicht vorstellen. Doch dann war ich eines Tages mit einer sehr netten Frau im Rollstuhl im Gespräch, und sie sagte plötzlich, ganz unverhofft: „Hilfst du mir schnell auf dem Klo?" In Blitzesschnelle ging mir durch den Kopf, dass sie ja nicht erst x Leute fragen will, bis endlich jemand hilft, also antwortete ich: „Wenn du mir sagst, was ich machen muss und ich das kann, dann schon." Es war viel einfacher, als ich es mir gedacht hatte. Ab da war es kein so großes Problem mehr. Allerdings weiß ich, wie schwierig das für mich selbst wäre, wenn ich auf diese Hilfe angewiesen wäre!

Zuerst organisierten wir neben dem Bastelabend kleine Ausflüge, Kino-, Theater- und Konzertbesuche. Und immer wurde alle Mühe durch die entspannten, fröhlichen Gesichter der Betroffenen und ihrer Partner*innen belohnt. Rauskommen, was erleben und nicht die alleinige Verantwortung für alles haben, das war das Gefühl der Angehörigen. Helfer vom Roten Kreuz gingen in dieser Zeit öfters mit der Gruppe mit. Das war eine große Hilfe, denn kleine Missgeschicke passierten unterwegs immer wieder. Im Sommer 1979 flogen wir mit der Kontaktgruppe nach Berlin. Was für ein Erlebnis für uns alle! Zwar hatten wir schon beim Abflug große Schwierigkeiten. Die Aufzüge in Stuttgart funktionierten nicht! Aber wir schafften es trotzdem. Die Beeinträchtigten im Rollstuhl, die Angehörigen und wir Leitenden hätten noch vor zwei Jahren nicht gedacht, dass das möglich sein würde. Es war ein Auftrieb und viel Spaß für alle.

**1981** meldete sich ein Krankengymnast bei uns. Er erzählte uns, was er sich alles vorstellte, was er für nötig und wichtig ansah. Wir fanden das alles sehr verlockend, aber wir hatten kein Geld. Gefragt, wie er sich das finanziell vorstellt, bekam er einen finsteren Gesichtsausdruck und sagte donnernd: „Entweder ich mache das ohne Bezahlung, oder ich mache es nicht!" Dieser bärtige griechische Athlet war zu uns gekommen, um uns seine Mitarbeit kostenlos anzubieten. Es war toll! Er gab viel von seinem aufmunternden Optimismus an die Betroffenen weiter.

**1982** wurde unsere erste Zivildienststelle genehmigt. Ab Oktober war dann der erste Zivildienstleistende, das „Mädchen für alles", bei uns, ein lieber, unkomplizierter, fröhlicher Zivi. Er versorgte einen schwer betroffenen Mann im Rollstuhl in dessen Wohnung, holte ab und zu auch einen zweiten Betroffenen dazu und nahm mit ihnen die Einsatzleitung für Fahrten wahr. Ein Auto hatten wir inzwischen für Transporte geschenkt bekommen, liebevoll „der Kübel" genannt. Er tat uns lange sehr gute Dienste. Das zweite Auto wurde uns ein Jahr später fast geschenkt. Doch zum Einsatz von inzwischen drei Zivis brauchten wir dringend ein weiteres Transportmittel.

Ab und zu gab es Missverständnisse, weil wir Nichtbetroffene einfach manches nicht verstehen konnten. Eine Frau im Rollstuhl wollte zwischen Weihnachten und Neujahr ins Theater gehen. Mühsam hatte ich einen Zivi überredet, dass er es macht, denn eigentlich war für ihn „frei" angesagt. Aber diese Frau hatte nicht viel Schönes im Leben, und ich wollte ihr diesen Wunsch erfüllen. Mittags um 15 Uhr rief sie mich an, um den Termin abzusagen. Umständlich erklärte sie mir, dass sie im Moment einen starken Tremor habe. Deshalb gehe es nicht. Mir war im Hinterkopf, dass ich nun dem Zivi absagen müsste, der sicher wütend reagieren würde, weil er etwas anderes dafür zurückgestellt hatte. Ich verstand ihre Absage auch nicht und fragte gereizt, ob das so gewichtig sei, sie müsste ja nur in ihrem Rolli sitzen, und da fiele das gar nicht auf. Und dann kam's: sie wollte nicht gehen, weil sie sich nicht schminken konnte mit diesem Tremor!

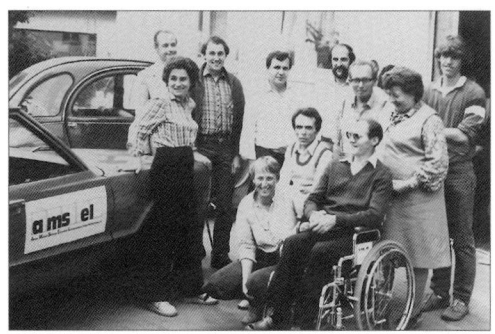

*1982 - das erste Auto*

Ich platzte: „Ist dir jetzt eigentlich das Theater wichtig und dass du raus kommst oder dass du geschminkt bist?" Sie legte einfach auf, und erst dachte ich, der Hörer sei ihr aus der Hand gefallen, doch als ich zurückrief, war es nicht belegt, und sie nahm nicht ab. Ein Jahr kam sie nicht mehr in die Gruppe, so sehr hatte ich sie mit meinem unbedarften Satz verletzt. Doch ehrlich, ganz wirklich kann ich das heute noch nicht verstehen!

**1983** Weil es absehbar war, dass wir in ein bis zwei Jahren einen behindertengerechten Bus brauchten, beantragten wir diesen bei Aktion Sorgenkind. Der Schreck war fast größer als die Freude, als schnell die Genehmigung kam, denn wir konnten unseren Anteil von 20 000 DM nicht bezahlen. Ich rief die Lokalredakteurin der örtlichen Zeitung an. Bei einer Arbeitsgruppe hatte ich sie kennengelernt. Sie hatte auch dafür gesorgt, dass unsere Zivis öffentlich bekannt gemacht wurden. All meine Sorgen schickte ich per Telefon einfach auf ihren Schreibtisch, und dann kamen wir wirklich in den Genuss der Weihnachtsaktion! Oft besuchte ich in dieser Zeit die Redaktion. Aber es war immer wie „ins Heiligtum vordringen", wenn ich zu dieser Lokalredakteurin kam. Dabei war sie eigentlich weder steif noch unzugänglich. Wahrscheinlich war mein Respekt vor ihr so groß! Sehr engagiert setzten sich alle bei der Zeitung für uns ein. Sie schrieben und berichteten von uns und der MS. Je engagierter sie schrieben, umso nettere Ideen entstanden bei Geschäftsleuten in der Stadt und in der Umgebung, um uns finanziell zu helfen. Bei vielen Veranstaltungen war jemand von uns vor Ort mit dabei, und es war ein riesiger Erfolg. 90 000 DM bekamen wir! Auf einen Schlag waren alle finanziellen Sorgen weg, und wir hatten einen behindertengerechten Bus. Wenig später waren wir mit einer Gruppe im Kino. Jetzt hatten wir es leichter mit dem behindertengerechten Bus. Während wir ausluden, lief jemand auf der anderen Straßenseite und sagte, „Guck, da ist unser Bus!" Erst wusste ich nicht, was das bedeuten sollte.

*Der erste behindertengerechte Bus*

## SELBSTHILFE-GESCHICHTEN

Später reimte ich es mir so zusammen, dass das jemand war, der auch gespendet hatte. Unser Bekanntheitsgrad war durch diese Weihnachtsaktion enorm gewachsen.

**Dezember 1983** Der Gesangsverein Liederkranz und der Akkordeonverein veranstalteten ein Konzert in der kleinen evangelischen Kirche. Die Kirche war brechend voll und das Ganze ein Erfolg für Sänger, Akkordeonspieler und für die AMSEL. Das gefiel uns allen und so kam es, dass dieses Konzert am dritten Adventssonntag jedes Jahr stattfand. Immer waren auch viele MS-Betroffene da. Wir erzählten etwas über uns und was uns bewegt und bekamen immer etwa 1200 DM an Spenden.

**1984** beschäftigten wir bereits vier Zivis. Eine mir unbekannte Patientin rief mich an. Sie war mit ihrem kleinen Sohn wieder zu ihren Eltern gezogen, nachdem alles immer schwieriger geworden war. Von ihrem Mann lebte sie getrennt. Es war ein offenes, gutes Gespräch. Ich riet ihr, dass sie sich doch bald wieder eine eigene Wohnung suchen solle, denn zu Hause sei man eben Kind. Plötzlich keifte jemand im Hintergrund, sie solle jetzt endlich aufhören, diese ewige Telefoniererei koste schließlich Geld. Es war ihr Vater, der sich so aufregte. Ich war entsetzt und bestärkte sie, dass sie wirklich allein mit ihrem Sohn leben solle. Sie suchte sich eine Wohnung und Zivis halfen ihr lange Zeit, das Leben zu meistern.

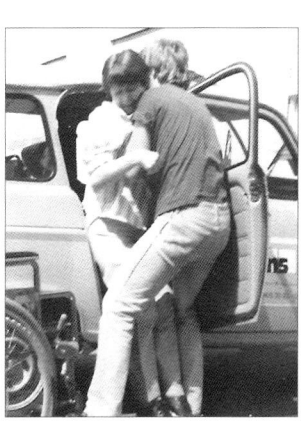
*Ziviarbeit ist nicht leicht*

**1987** Ein Patient kam nach einem Schub praktisch nicht mehr aus dem Haus. Die Treppen aus dem ersten Stock wurden zu einem unüberwindlichen Hindernis. Es gab zwar das Haus der Schwiegermutter, die gestorben war, aber in dieser kleinen Wohnung musste einiges behindertengerecht umgebaut werden. Wer sollte das bezahlen? Alle Versuche, an Geld zu kommen, scheiterten. Da hatte ein Lehrer an der Berufsschule eine Idee. Er holte sich bei der Schule, der Handwerkskammer und den Berufsgruppen das Okay und verlegte seinen Unterricht in diese Wohnung. Zwölf Lehrlinge begannen nach Lehrplan mit dem Innenausbau. Mauern wurden gesetzt, Wände gefliest, verputzt und verfugt. Alles schafften die Berufschüler nicht. Da sprangen die Schulkameraden des Betroffenen samstags ein. Handwerker berechneten nur die Materialkosten und halfen, Firmen beteiligten sich mit Sachspenden und es kamen 16 000 DM Spenden zusammen. Die örtliche Bank gab ein Darlehen und der Gemeinderat übernahm die Bürgschaft. Sagenhaft, welch ein Zusammenspiel möglich war! So entstand wider allen Erwartens eine behindertengerechte Wohnung.

**1990** Ein freundlicher Herr rief an. Er wollte uns einen Scheck überreichen. Ich schlug ihm vor, in unseren Treff am Donnerstagnachmittag zu kommen und dort den Scheck zu überreichen. So würde er sehen können, wohin das Geld geht und die, die es bekommen sollten, könnten sehen, woher es kommt. Er sagte zu. Und dann kam er. Er kam nicht allein. Er hatte sich Verstärkung mitgebracht. Die beiden Männer wurden freundlich begrüßt und erzählten, dass sie in einer kleinen Firma Maschinen bauen.

Die Belegschaft hatte bei einer Weihnachtstombola Geld gesammelt, der Betrieb eine runde Summe daraus gemacht und nun wollten sie uns das geben. Sie ließen sich viel erzählen, waren bewegt von dem, was sie hier erlebten und verbrachten bei Kaffee und Kuchen mit uns den Mittag. Es wurde der Anfang einer langen Freundschaft zwischen einem kleinen Weltunternehmen und der AMSEL Kontaktgruppe. Jedes Jahr im Januar oder Februar kam der Brief. Und er kam jedes Jahr! Neben der großzügigen finanziellen Hilfe war immer zu spüren, wie sich die Gruppe mitgetragen fühlte, und das ermutigte und half gleichermaßen. Sie hielten den Kontakt all die Jahre. Und dann waren wir in einem Jahr in den Betrieb eingeladen. Eine Freude für alle! Als wir in die Kantine kamen, hingen da in Bilderrahmen alle sechs handgeschriebenen Bedankungsbriefe von uns, die kopierten Schecks dazu und Bilder von den Weihnachtsfeiern in der Firma. Die Produktionshalle war so geräumt, dass wir zwischen den Maschinen mit den Rollstühlen durchfahren konnten. Mit glänzenden Augen guckte ein Patient, der noch nicht allzu lange berentet war, den Maschinen zu. Es war spannend. Gleichzeitig erlebten die Mitarbeiter*innen, was MS wirklich ist. Am Schluss regnete es fürchterlich. Doch auch da fanden die Mitarbeiter Abhilfe. Die Halle wurde schnell so geräumt, dass unsere Autos in die Halle fahren und wir im Trockenen einsteigen und verladen konnten. Es war für alle ein beeindruckendes Erlebnis und wir waren sehr dankbar. Es war eine Art, die uns unendlich gut tat, weil sie uns ein Stück ins normale Leben mit Beruf und Arbeit mit hinein nahm!

Im Sommer arbeitete ein neuer Zivi bei uns, der sich aber schnell versetzen ließ. Er sagte einmal über eine schwer betroffene Patientin, dass er nicht einsehe, ein Stück Fleisch zu versorgen. Das tat mir körperlich weh.

**1995** Einmal sang eine Frau in der Kirche. Ich kannte sie nicht. Als sie vom Mikro zu ihrem Platz ging, dachte ich, wie läuft sie denn? Aber sogleich schimpfte ich mit mir, dass ich nun schon überall MS sehe. Wenige Wochen später sah ich sie wieder. Als sie aufstand und zur Toilette ging, war ich mir fast sicher, sie hatte MS oder etwas ähnliches. Zurückkommend steuerte sie direkt auf mich zu und fragte, ob sie einmal mit mir reden dürfe? Ich antwortete, „ja, natürlich. Ich weiß es auch schon." Sie war sehr verwundert. Und dann erzählte sie mir von ihrer MS.

*Mit Zivis im Wald spazierengehen*

**1997** besaßen wir drei behindertengerechte Busse und sechs Pkw zum Transport der Patient*innen. Die Transporte wurden von zehn bis vierzehn Zivis, die in unserer Gruppe ihren Zivildienst leisteten, durchgeführt. Viele Spender*innen hatten dazu beigetragen und uns geholfen.

**1998** Eines Nachts gegen drei Uhr läutete meine Haustürglocke. Ich fuhr hoch, und mein erster Gedanke war, „etwas ist mit einem unserer Söhne". Mein Mann war zuerst in die Klamotten gekommen, und als er öffnete, stand die Polizei vor der Tür. Ich wurde gefragt, ob ich eine Frau Sowieso kenne? „Ja, sie hat mich gestern recht verzweifelt angerufen. Ich weiß noch nicht viel, außer dass ...". Um zwei Uhr nachts fand die Polizei die an MS erkrankte Frau. Sie hatte einen Selbstmord angekündigt und irrte im Rollstuhl in der Stadt herum. Zunächst wurde sie untergebracht. Nachdem wir eine Wohnung gefunden und mit geschenkten Möbeln ausgestattet hatten, konnte sie mit ihren Kindern dort wohnen und wurde von Zivis versorgt.

Im Juni 1998 fuhren wir nach Oberstdorf. Es waren wunderschöne Erlebnistage. Der Clou: Mit fünfzehn Rollifahrer*innen fuhren wir gemeinsam die dreigeteilte Fahrt auf das schneebedeckte Nebelhorn in 2200 m Höhe. Eine wunderschöne Aussicht, traumhaft schön mit Paragleitern, die neben uns starteten, und strahlendem Sonnenschein. Das war ein Erlebnis, das für viele einmalig war. Angehörige, Zivildienstleistende, eine junge Frau, die ein Freiwilliges Soziales Jahr ableistete sowie zwei Sozialpädagogikstudent*innen der Berufsakademie Stuttgart als Helfer*innen und ich als Kontaktgruppenleiterin bewältigten diesen organisatorischen Aufwand. Alleine ist einem dies doch oft zu groß und zu viel.

**2000** Seit April meldeten sich 16 neu erkrankte junge MS Patient*innen. Wir mussten unbedingt etwas für sie tun: wenigstens ein Treffen organisieren oder eine Treffmöglichkeit. So entstand die Gruppe U 40, ein Stammtisch. Einen jungen Betroffenen hatte ich überredet, dass er beim ersten Mal auf alle Fälle dabei ist, damit ich nicht alleine dasitzen müsste. Nachdem alle Einladungen geschrieben und ich sicherheitshalber das Lokal angerufen hatte, stellte sich heraus, dass dieses Restaurant an diesem Tag geschlossen ist. Also umdisponieren. Alle Umschläge aufmachen und Kleber drüber. Das fängt ja gut an. Aber wer rechnet damit, dass ein Lokal am Dienstag zu hat! Und dann war das Treffen im Februar ein voller Erfolg. Zehn Leute waren da. Sie teilten ihre Erfahrungen und ihre Sorgen. Es war, als ob sie sich schon lange kennen würden. Im März waren es dreizehn, eine nette vielversprechende Runde, die auch die Neuen gut aufnahm. Auch im April und Mai waren viele da, und jedes Mal gesellte sich jemand Neues dazu. Sie knüpften auch außerhalb der Gruppe Kontakte und riefen sich gegenseitig an. Das war eine wunderbare Entwicklung, die völlig anders war als in der bisherigen Gruppe.

Viele Jahre des Aufbaus einer gut funktionierenden Gruppe lagen hinter uns. Etliche ehrenamtlich engagierte Betroffene arbeiteten all die Jahre mit, so dass Selbsthilfe in der Gruppe Wirklichkeit wurde. Durch die Zivildienstleistenden und Frauen im Freiwilligen Sozialen Jahr und durch die Fahrzeuge konnten Betroffene ihre Wünsche nach Erlebnissen in der Gruppe und allein, mit Unterstützung von Zivis, verwirklichen. Auch hat sich die Gruppe im Kreis einen bedeutsamen Namen gemacht und ist bei Planungen der Städte und des Landkreises im sozialen Bereich im Bewusstsein. Die Sorgen und Nöte der MS-Kranken werden hier zumeist ernst genommen. Unsere Öffentlichkeitsarbeit, die Präsenz bei Stadtfesten und Märkten und unsere regelmäßige Pressearbeit helfen uns dabei sehr.

Dass wir zur Erstellung des ersten Altenhilfe- und Behindertenplanes des Landratsamts eingeladen wurden, war eine Ehre und ein Erfolg. Wir wurden gehört und damit die Nöte der Betroffenen und ihrer Angehörigen wahrgenommen. Mit dabei waren weitere Behindertengruppen, die in ihrer inneren Struktur, ihrer Leistungsfähigkeit und ihrem Angebot unterschiedlich waren. Der jeweilige Bedarf führte zu gewünschten und erforderlichen Maßnahmen, um die Situation von beeinträchtigten Menschen zu verbessern. Pläne veralten oft schnell durch Gesetzesänderungen, gesellschaftliche, wirtschaftliche oder politische Entwicklungen. Auch bei den Fortschreibungen des Planes waren wir in die Besprechungen einbezogen. Das war für uns ein klares Bekenntnis zur Partnerschaft mit den Landkreisgremien und bedeutete, dass auch bei schwierigerer Haushaltslage die gemeinsamen Ziele beibehalten werden würden. Diese Zusammenarbeit mit qualifizierten Mitarbeiter*innen des Landratsamts und anderen Behindertenorganisationen war eine große Hilfe für die Ausgestaltung der Behindertenhilfe im Landkreis und eine wichtige Anerkennung der Arbeit in den Behindertenorganisationen. Dafür waren und sind wir sehr dankbar.

Die Forschung ist inzwischen sehr viel weiter gekommen, neue Medikamente verlangsamen die Krankheitsverläufe der MS-Erkrankten, und die Jüngeren können hoffen, dass sie nicht zuhause alleingelassen, hoffnungslos ohne medizinische Hilfsmittel und ohne Hilfe von außen zurechtkommen müssen. Es war ein Aufbruch in eine neue Zeit mit einer Hilfsorganisation an der Seite, die mitkämpft, gute Informationen für Betroffene und ihre Angehörigen verbreitet, Wochenendangebote zu ganz verschiedenen Themen macht und die Gesellschaft über die Krankheit und ganz spezielle Nöte informiert. Über Jahre wurde so eine wertvolle Hilfe für Betroffene und Angehörige aufgebaut, die bis heute wirkt. Viele Menschen haben in unterschiedlicher Weise mitgeholfen, dass dies möglich wurde, amtlich, ehrenamtlich, unentgeltlich, mit kleinem und großem Einsatz. Wunderbar, wenn Gesellschaft so zusammensteht!

**Gertraud Sieler**, *geboren 1943 in Ulm*
*Ausbildungen zur Kinderkrankenschwester, Erzieherin und Religionspädagogin. Verheiratet, zwei Söhne. Ein Sohn starb 2003 bei einem Autounfall. Zwei Enkelkinder. 25 Jahre, von 1975 bis 2000, ehrenamtliche Mitarbeit, Aufbau und Leitung der AMSEL-Kontaktgruppe Wernau. Parallel dazu, von 1974 bis 1987, Gemeinderätin im Ehrenamt vor Ort. Von 1977 bis 2010 im Schuldienst. Ab 2006 bis heute ehrenamtliche Hospizbegleiterin. Seit sechs Jahren ehrenamtlich aktiv in der Flüchtlingsarbeit vor Ort.*

## Sozialpsychiatrie erlebt und reflektiert

### Der mühsame Weg zu einem respektvollen Diskurs

RAINER HÖFLACHER

Mit 19 Jahren ging es bei mir mit dem Leiden los. Nachdem ich eine absolut unauffällige Kindheit und Jugend mit einem dauerhaft unterstützenden Elternhaus hatte, erkrankte ich an einer schizoaffektiven Psychose, erlebte fürchterliche Wahnvorstellungen, psychotische Ängste und später jahrelang schwere Depressionen. Inzwischen komme ich auf siebzehn Klinikaufenthalte, auch mit Zwangsbehandlungen, circa fünfundzwanzig akute psychotische Schübe und drei Psychotherapien. Mitte der 1990er Jahre stand ich knapp vor der Heimeinweisung und musste meine Arbeit in einer Werkstatt für Menschen mit Behinderung beenden, weil ich dort überfordert war. Ich konnte zwar Anfang der 1990er Jahre noch kurze Zeit als Softwareentwickler arbeiten, aber mit 35 Jahren musste ich dann 1996 in die Frührente. Mein Leben änderte sich grundsätzlich zum Positiven, als ich um die Jahrtausendwende damit begann, mich in der Selbsthilfe zu engagieren. Neben meiner Partnerin, meinen Eltern und Freunden war das entscheidend für mich. Nach meiner besonders schweren Zeit zwischen 1992 und 1998, als ich endgültig nicht mehr in meinem Beruf arbeiten konnte, hatte ich eine sinnvolle Tätigkeit gefunden, die zu einer Herzensangelegenheit wurde. Bis heute bin ich hier intensiv beschäftigt, und meine Beschäftigung kommt einer Anstellung gleich, nur ohne den entsprechenden Druck eines Arbeitgebers. Ein weiteres wesentliches Ereignis war meine Heirat mit 49 Jahren, als ich dann zum ersten Mal mit einer Frau auch zusammenwohnte. Das wirkte sich noch weiter stabilisierend auf mich aus, und ich war die letzten neun Jahre nur einmal in einer psychiatrischen Klinik. Soviel in aller Kürze zu meinem Werdegang bis heute.

Zuerst kam ich ausschließlich mit medizinisch-psychiatrischer Behandlung in Kontakt. Im Jahr 1981 nach vier Monaten geschlossener Station im Stuttgarter Bürgerhospital wurde ich für mich ganz unerwartet entlassen. Damals hatte noch niemand eine Ahnung von Entlass-Management. Ich bekam eine Adresse von einem Psychiater in die Hand gedrückt, ohne eine Medikamentierung wurde ich nach Hause geschickt, und meine Eltern mussten sehen, wie sie mit mir klarkamen.

Erst 1987 kam ich mit der Sozialpsychiatrie in Kontakt. Damals befanden sich die Sozialpsychiatrischen Dienste (SpDi) in Stuttgart gerade im Aufbau, und meine Psychiaterin empfahl mir, dorthin zu gehen, weil ich damals sämtliche Kontakte verloren und nur noch meine Mutter zur Ansprache hatte. Ich erinnere mich, dass ich den Dienst betrat und ein paar stumme Menschen sah, die ihre „inneren Widerstände sortierten".

Da sah ich mich wirklich nicht dabei. Ich hatte Gespräche mit einem netten, freundlichen und kompetenten Sozialarbeiter. Als ich einmal sagte, dass mir die gesunden Menschen so fremd vorkämen, sagte er „Wissen Sie Herr Höflacher, eigentlich bin ich ja auch einer von ihnen". Das gefiel mir. Als ich dann in Böblingen meine Ausbildung weiter machen konnte, ging ich nicht mehr in den SpDi.

Fünf Jahre später hatte ich meine zweite Stelle in Haiterbach verloren und kam verzweifelt und niedergeschlagen mit 32 Jahren zurück nach Stuttgart ins Elternhaus. Dort sollte ich weitere neun Jahre wohnen. Schwer depressiv ging ich also wieder in den SpDi und traf dort wieder auf den freundlichen Sozialarbeiter. Der SpDi war inzwischen ganz zentral in Bad Cannstatt an den Wilhelmsplatz umgezogen. Ich musste immer wieder stationär in die Klinik. Neben der Behandlung durch meine Psychiaterin waren aber die Gespräche mit dem Sozialarbeiter und der Besuch der Tagesstätte meine Rettung. Total vereinsamt gelang es mir dort, nach und nach Freundschaften zu schließen. Ich kam dort auch mit Menschen in Kontakt, mit denen das Schicksal nicht so gnädig umgegangen war wie mit mir, die einen äußerlichen und innerlichen Abstieg hinter sich hatten. Aber ich gewann diese Menschen lieb. Letztendlich saßen wir doch alle im selben Boot, und ich weiß nicht, was aus mir geworden wäre, hätte ich nicht zurück ins Elternhaus gekonnt. So musste ich nicht ins Heim und auch nicht ins Ambulant Betreute Wohnen. Wobei mir letzteres vielleicht sogar besser getan hätte als die Rundum-Vollversorgung im „Hotel Mama".

Ich habe dann viele Psychiatrie-Erfahrene kennengelernt, aber auch viele Sozialarbeiter*innen. Man merkte damals besonders deutlich die unterschiedlichen Menschenbilder und das unterschiedliche Krankheitsverständnis im Vergleich zu den Pflegekräften in der stationären Psychiatrie. Sicherlich gab es auch darunter bemühte und empathische Mitarbeitende, aber meistens habe ich die gleich wieder vergessen, wenn ich aus der Klinik kam, und die Sozialarbeiter*innen begleiteten dann wieder meinen Alltag und kannten mich als den Rainer, der ich eher war als der psychotische und depressive Patient auf Station. Ich weiß aber, dass andere Psychiatrie-Erfahrene durchaus positiv prägende Erlebnisse mit Pflegekräften hatten. Aber sieht man von meinem ersten Psychiatrieaufenthalt ab, so hatte ich das nicht, vielleicht auch aufgrund der genannten Erfahrungen beim ersten Mal. Aber das wäre eine andere, zu persönliche Geschichte.

Obwohl die stationäre Arbeit die Mitarbeitenden immer noch in ihrer Haltung und in ihrem Verhalten stark beeinflusst, so sind die Unterschiede zu den Sozialarbeiter*innen lange nicht mehr so deutlich. In den Kliniken wird verstärkt darauf geachtet, dass die Pflegekräfte einen ganzheitlichen Blick auf die Patienten bekommen, obwohl das dort besonders schwierig ist, da die Pflegekräfte die Patienten eben nur in der Sondersituation Klinik kennen lernen und das auch nur für kurze Zeit. Aber man bemüht sich wenigstens um eine bio-psycho-soziale Perspektive, was heißt, dass anerkannt wird, dass psychische Erkrankungen immer durch die Person selbst, durch ihr Umfeld und durch ihre Körperbiologie bedingt werden. Auch beschäftigt man sich nun im stationären Kontext mit genesungsorientierten Ansätzen und kommt immer mehr weg von der rein defizitorientierten Pathogenese.

Mir persönlich kamen früher die Sozialarbeiter*innen viel lockerer, flexibler und toleranter vor als die Pflegekräfte. Allerdings haben die Pflegekräfte auf Station zusätzlich die Aufgabe, für Ruhe und Ordnung zu sorgen und müssen öfters eine gewisse Härte zeigen, als ihre Kolleg*innen im ambulanten Setting.

Übrigens habe ich zu dem oben beschriebenen freundlichen Sozialarbeiter*innen aus den 1980ern heute immer noch Kontakt. Aber inzwischen als innerlich verbundene Kolleg*innen bei unserer gemeinsamen psychiatriepolitischen Arbeit. Die Beziehung Sozialarbeiter-Klient haben wir beendet, und aus dem engagierten Sozialarbeiter ist ein prominenter Bereichsleiter bei der Caritas geworden.

Nun möchte ich mir im zweiten Teil dieses Textes noch ein paar Gedanken zur Sozialpsychiatrie im Allgemeinen machen. Vorwegschicken möchte ich, dass sich meine Einschätzung inzwischen aus einer vorwiegend regionalen Sicht speist, da ich mich seit einigen Jahren von der Bundesebene zurückgezogen habe und das Geschehen dort kaum noch mitbekomme.

Die Sozialpsychiatrie ist aus einer kritischen Grundhaltung heraus entstanden, als es in den 1970er Jahren offensichtlich wurde, dass die unmenschlichen Zustände in den großen psychiatrischen Kliniken außerhalb, meist in ländlichem Umfeld, dringend der Reform bedürfen und die Patient*innen in der Gemeinde zusammen mit anderen Bürger*innen leben sollten. Das soziale Umfeld wurde in den Blick genommen, und die Sozialpsychiatrie hatte einen betont politischen Anspruch. Die Forderungen gingen damals bis hin zur Auflösung der psychiatrischen Kliniken nach dem italienischen Vorbild.

Inzwischen ist in der Psychiatrie viel passiert. Etliche Ideen und Konzepte sind auf den Weg gebracht worden und setzen sich immer weiter durch. Begriffe wie zum Beispiel Gemeindenähe, integrierte und sektorenübergreifende Versorgung, Zwangsvermeidung, Selbsthilfe, Teilhabe, Partizipation, Recovery und Empowerment sind angekommen oder sind gerade dabei anzukommen. Auch wenn ich meine eigene Biografie betrachte, so wird der heftigen Psychiatriekritik immer mehr der Boden entzogen, weil die Zustände sich doch stark gebessert haben. Sicherlich gibt es immer noch Unrecht und Willkür in der Psychiatrie und die Stigmatisierung hat für bestimmte Krankheitsbilder sogar zugenommen. Aber diese extrem skandalösen, menschenunwürdigen Verhältnisse wie früher haben wir in der Psychiatrie heute kaum noch. Für mich liegt der Schwerpunkt eher darauf, Verbesserungen des Systems zu erreichen als grundlegende Reformen anzustoßen. Ich habe das Gefühl, im Großen und Ganzen sind wir auf einem guten Weg.

Ich denke, damit muss die Sozialpsychiatrie umgehen und trotzdem attraktiv bleiben. Deren Akteure sollten von kämpferischen Streitern zu kompromissbereiten Gestaltern werden, auch wenn das von bestimmten Gruppierungen als Rückschritt betrachtet wird. Ich finde, dass die Zeit der radikalen, fundamentalistischen Kämpfer für Recht und Gerechtigkeit in der Psychiatrie dem Ende entgegengeht. Gefragt sind Menschen, die die Probleme aus verschiedenen Perspektiven betrachten können und bereit sind, den mühsamen Weg des respektvollen und achtsamen Diskurses zu gehen. Hier sind Humanität, Menschenwürde und Gerechtigkeit immer noch die zielführenden Werte, und die Sozialpsychiatrie hat dabei immer noch ihre Daseinsberechtigung, aber eben auf andere Weise.

**Rainer Höflacher**, *Jahrgang 1961, verheiratet, keine Kinder, wohnt in Teningen bei Freiburg, arbeitete als Informatiker bis 1992, seit 1999 engagiert in der Selbsthilfe bzw. Selbstvertretung Psychiatrieerfahrener. Vorsitzender des Landesverbands Psychiatrie-Erfahrener Baden-Württemberg e.V.. EX-IN-Trainer und Projektmitarbeiter bei EX-IN Südbaden. Stellvertretender Vorsitzender Selbsthilfe mit Köpfchen (SmK) e.V. Freiburg.*

# Peter Benzenhöfer, ein Pionier der Selbstvertretung

## Ich will frei leben, frei lieben, frei sterben

DÖNDÜ OKTAY

*Dieser Beitrag entstand auf der Grundlage eines Interviews mit Peter Benzenhöfer, das Interview führte Döndü Oktay.*

Peter Benzenhöfer erlebte den Wandel von Fremdbestimmung zur Selbstbestimmung sowohl auf menschlicher als auch auf institutioneller Ebene und hat einen wesentlichen Teil dazu beigetragen, die Selbstbestimmung und die Teilhabe am gesellschaftlichen Leben von Menschen mit Behinderung zu stärken und zu erweitern. Er geht heute noch einen Schritt weiter und fordert nicht nur Selbstbestimmung und Teilhabe, sondern gelebte Gleichberechtigung. „Menschen ohne Behinderung haben einfach Glück", sagt er, denn diese starteten mit anderen Ausgangsvoraussetzungen. Eine Wohnung oder eine Arbeit zu finden, in den Urlaub oder in die Kneipe zu gehen, das alles sei einfach sehr viel schwieriger für Menschen mit Behinderung. „Ich bin ein Mensch wie du, und ich will auch so leben: frei und selbstbestimmt…" „Ich will frei leben, frei lieben, frei sterben", so bringt er es zum Ausdruck. Die gleichen Möglichkeiten für Menschen mit Behinderung zu schaffen – dafür setzt er sich ein und macht es sich zu einer Lebensaufgabe.

Peter Benzenhöfer besuchte das damals klassische Sondersystem, den Schulkindergarten und die Sonderschule. „Wir wurden früher total abgeschnitten von der Gesellschaft. Wir hatten gar keine Möglichkeit, jemanden, der als normal betrachtet wird, kennenzulernen. Heute finde ich das schon besser. Da gibt es integrative Kindergärten. Damit fängt es schon an. Das nimmt den Menschen ganz schön viele Hemmschwellen. Das hätte ich mir gewünscht, als ich noch klein war. Da wäre mein Kindsein oder Erwachsenwerden normaler verlaufen. Ich hätte weniger Hemmungen gehabt, da wäre vielleicht auch die Akzeptanz besser gewesen. Wenn es um Akzeptanz ging, das hatte man sich alles erkämpfen müssen." Er berichtet, dass ihm in seiner Kindheit nicht wirklich bewusst war, dass er eine Behinderung hat. Er lebte in einem separaten und geschützten System. Erst später im Jugendalter, als er begann, auch seine Freizeit außerhalb des Sondersystems zu gestalten, erkannte er, dass da was „anders" ist. „Mir wurde das erst nach und nach bewusst, warum ich so angeguckt worden bin", so Peter Benzenhöfer.

Heute würde er bei einer Wahl zwischen einem Sonderpädagogischen Beratungs- und Bildungsangebot und einer Regelschule sehr gerne die inklusive Regelschule besuchen. Er glaubt, dass man dadurch mehr Chancen auf echte Teilhabe am gesellschaftlichen Leben hat. Auch die Teilhabe am Arbeitsleben sei durch den Schulbesuch auf eine gewisse Weise vorbestimmt. Die heutigen inklusiven Möglichkeiten seien eine Errungenschaft und eine echte Chance für viele Menschen mit Behinderung, vor allem im Bereich der Bildung und im Arbeitsleben.

Gerade in seinen jungen Jahren hatte er immer das Gefühl, dass er als Mensch nicht ernst genommen wird. Er erinnert sich, dass er sich selbst vor allem zu Beginn nicht gerne im Sondersystem der Werkstatt sehen wollte. Es bedrückte ihn, nach seiner Schullaufbahn in die Werkstatt für Menschen mit Behinderung gehen zu müssen und sah sich hier nicht passend aufgehoben. Es fühlte sich wie eine Erniedrigung an, neben all den anderen mehr oder minder behinderten Menschen. Der Wendepunkt kam, als er bemerkte, dass viele seiner Kolleg*innen fremdbestimmt waren und sogar manchmal Machtpositionen von den Betreuer*innen ausgenutzt wurden. Die Behindertenhilfe war früher von einer Haltung des „Beschützens" und damit einhergehend der Fremdbestimmung gegenüber Menschen mit Behinderung geprägt. Menschen mit Behinderung wüssten nicht, was für sie gut sei, das wüssten die Eltern und Angehörigen sowie die Fachleute schon am besten – so zumindest der damalige Tenor. Das war für ihn kaum auszuhalten und so entwickelte sich bei ihm der Wunsch, dass Menschen mit Behinderung Gehör finden und mit ihren Wünschen und Bedürfnissen ernst genommen werden. Peter Benzenhöfer erkannte, dass er Sprachrohr für viele seiner Kolleg*innen sein könnte und lernte somit seine Passion kennen. „Ich spreche für Menschen mit Behinderung, die nicht für sich eintreten können und ich spreche für mich, weil ich am besten weiß, was gut für mich ist".

Heute ist er ein höchst engagierter Selbstvertreter in der Werkstatt für Menschen mit Behinderung der Lebenshilfe Pforzheim / Enzkreis e.V. und hat schon fast seit Beginn des Bestehens des Werkstattrats den Vorsitz inne. Im Gegensatz zu heute war das Bestehen eines Werkstattrats damals nicht selbstverständlich. Es gab keine Gesetze und Vorbilder. Um sich besser für die Belange der Beschäftigten einzusetzen, setzte er sich mit anderen Beschäftigten in den 1990er Jahren für einen Werkstattrat ein und gehört damit zu den Pionieren der Selbstvertretung. Durch die Arbeit im Werkstattrat, knüpfte er schließlich Kontakte zu Personen auf Landesebene und konnte auch hier die Belange von Menschen mit Behinderung politisch vertreten. Der Pionier war jahrelang auf Landesebene aktiv als Mitglied und später auch als Vorsitzender des Beirats Menschen mit Behinderung des Landesverband Baden-Württemberg der Lebenshilfe für Menschen mit Behinderung e.V.. Im Jahr 1998 wurde er als einer der ersten Selbstvertreter in den Vorstand des Landesverbands Baden-Württemberg der Lebenshilfe e.V. gewählt. Damals wurde in der Mitgliederversammlung heftig diskutiert, ob man Menschen mit Behinderung so viel Verantwortung übertragen könne. Schmunzelnd erinnert er sich, dass sich der damalige Geschäftsführer und der Vorstandsvorsitzende für die Besetzung auch durch Selbstvertreter*innen vehement eingesetzt hatten. Heute ist es zu seiner Freude fast eine Selbstverständlichkeit, dass Menschen mit Behinderung in den Orts- und Kreisvereinigungen der Lebenshilfen in Baden-Württemberg in verschiedenen Gremien mitbestimmen.

Die eigenen Interessen und die anderer Menschen mit Behinderung zu formulieren und für diese einzustehen, erforderte vor allem damals ein hohes Maß an Selbstvertrauen. Als „abgestempelter Mensch mit Behinderung" und mit der Erfahrung, als „nicht normal" zu gelten, war damals sein Selbstbewusstsein nicht groß. Er beschreibt, wie er sich ein stabiles Selbstbewusstsein erst erkämpfen und im Laufe der Jahre festigen musste. „Der Mensch wächst mit seinen Aufgaben und mit dem, was er erlebt", so Peter Benzenhöfer. Dabei braucht es Verbündete und starke Unterstützer. Er sei sich sicher, dass die Selbstvertretung und der jetzige Stand der Rechte von Menschen mit Behinderung ohne das Zutun von engagierten und von Idealismus geprägten Fachleuten sowie weiteren motivierten Selbstvertreter*innen nicht so weit wären, wie es heute der Fall sei. So habe man ihn in der Zusammenarbeit mit anderen „abgeholt" und thematisch mitgenommen, auf sprachlicher aber auch auf inhaltlicher Ebene. Geholfen habe, dass man sich gegenseitig Wertschätzung entgegen brachte und wirklich ehrlich wissen wollte, was der andere zu sagen hat.

„Man spürt, wenn man sich echt wahrgenommen fühlt. Das gelingt nur, wenn man die Meinungen und Interessen des anderen auch zulässt", erklärt er. Auch das ist ein wichtiger Baustein für echte Inklusion. Die gute Zusammenarbeit zwischen den Menschen mit Behinderung, den Angehörigen und den Fachleuten hat zu vielen Meilensteinen in der Entwicklung der Behindertenhilfe geführt. Diesen Menschen ist er dankbar. Was er auf keinen Fall möchte, ist, eine Alibi-Funktion zu übernehmen. „Dabei sein" genügt nicht, sondern auf Augenhöhe mitdiskutieren und mitentscheiden, ansonsten kann er heute jederzeit für sich einstehen und notfalls diesen Gremien auch den Rücken kehren. Er betont, dass er als Mensch mit Behinderung nichts extra haben möchte, aber die gleichen Rechte wie jeder andere Mensch auch. Respekt, Akzeptanz und das Bewahren der Würde eines jeden Menschen hat ihn angetrieben, viele Stunden der Anstrengung, Diskussionen und Aushalten in Gremien und bei Sitzungen auf sich zu nehmen. Er weiß, dass Normvorstellungen Gift für Inklusion sind, und ist der Meinung, dass nicht behinderte Menschen ohne Grund zu oft idealisiert werden. Viele Menschen sprächen von „normalen" Menschen. Er stelle sich dann oftmals die Frage, was denn normal sei, denn schließlich gäbe es unter den Menschen ohne Behinderung ebenfalls so viele verschiedene Menschen, da könne es nur schwierig werden, Normvorstellungen zu klassifizieren. Schließlich passen nicht alle Menschen in eine „normale" Schublade. „Alle Menschen sind erstmal besonders", so Peter Benzenhöfer. „Ein Mensch bleibt ein Mensch, mit oder ohne Behinderung", ergänzt er. Das Wort Behinderung trüge auch eine schwere Tücke in sich und solle am besten in eine abschließbare Schublade gesteckt werden. Sobald man das Wort Behinderung benutze und einem Menschen zuweise, drücke man diesem direkt einen Stempel auf. Besonders gefährlich sei das, wenn der Mensch auf seine Behinderung reduziert werde und man nicht den Menschen sehe, sondern nur den Umstand der Behinderung. Er wünscht sich, dass der Mensch als Mensch im Vordergrund steht und nicht das, was ein Mensch könne oder habe.

Das Recht auf Selbstbestimmung ist für ihn eine Herzensangelegenheit. Er berichtet, dass er neben der Selbstbestimmung sehr gerne auch eine umfassende Selbstständigkeit genießen würde. Das gehe aber aufgrund seiner Behinderung nicht. Er braucht Unterstützung und erhält diese zum großen Teil durch seine Eltern und vor allem durch seine Mutter. Sie helfen ihm nicht nur bei den alltäglichen Verrichtungen, sondern haben sich immer schon stark für ihn eingesetzt und ihn begleitet sowie gestärkt. Ein vorhandener Unterstützerkreis kann ein ungeheurer Vorteil für Menschen mit Behinderung sein, um in unserer Gesellschaft zurechtzukommen. Ohne einen Unterstützerkreis hingegen wäre es sehr schwierig, und genau dann wäre es umso wichtiger, behinderungsbedingte Aufwendungen ausgeglichen zu bekommen. Er ist sich sicher: „Ein Mensch mit Behinderung, der kann alles schaffen, wenn er Unterstützung kriegt."

Im Laufe der Jahrzehnte nimmt er allerdings doch eine Veränderung in Bezug auf die Akzeptanz von Menschen mit Behinderung in der Gesellschaft wahr. Es gibt zwar immer noch mitleidige oder fragende Blicke, aber es scheint selbstverständlicher geworden zu sein, Menschen mit Behinderung zu akzeptieren. Vielleicht liegt es aber auch daran, dass er im Laufe der Jahre selbstbewusster wurde und über die Kommentare und die Blicke hinwegsehen kann bzw. es nicht mehr so wahrnimmt. Er wünscht sich, dass Menschen einfach als Menschen wahrgenommen werden und es selbstverständlich wird, barrierefrei und gemeinsam zu leben, zu lieben und zu sterben.

**Peter Benzenhöfer**, *geboren 1969, gehört zu den Pionieren der Selbstvertretung. Er ist Vorsitzender des Gesamtwerkstattrates der Lebenshilfe Pforzheim/Enzkreis e.V. und war viele Jahre im Landesverband Baden-Württemberg der Lebenshilfe für Menschen mit Behinderung e.V. in diversen Gremien aktiv, unter anderem als Vorsitzender im Beirat für Menschen mit Behinderung und als stellvertretender Vorsitzender des Landesvorstandes.*

**Döndü Oktay**, *geboren 1987, arbeitete nach jahrelanger Tätigkeit in der direkten Assistenz von Menschen mit Behinderung während Ausbildung und Studium beim Landesverband Baden-Württemberg der Lebenshilfe e.V.. Hier zunächst als Bildungsreferentin im Freiwilligendienst und anschließend als Referentin und Fachberaterin. Die Qualifizierung als Systemische Beraterin (DGSF) folgte. Heute arbeitet sie als Fallmanagerin für die Landeshauptstadt Stuttgart. Zudem ist sie als freiberufliche Referentin und Übersetzerin zum Thema Leichte Sprache tätig.*

# Verschiedene Geschichten

*Wie wird man Sozialarbeiter?*

Erinnerungsbilder

MANFRED TRETTER

Meine Berufstätigkeit liegt nun schon einige Jahre zurück, und die Erinnerung an Einzelheiten ist verblasst. Mehr noch aber stellt sich die Frage, wie schreibt man über Dinge, die lange zurückliegen? Der heute darüber schreibt, weiß viel mehr, als der ins Berufsleben stolpernde blinde junge Mann von damals. Ich empfinde in der Rückschau auf das Arbeitsleben eine schmerzhafte Ablagerung des Ungenügens und erlebter Grenzen. Da sind die konkreten Dinge, die einem blinden Menschen das Leben insgesamt erschweren und auch den Beruf bestimmen. Mobilität: Man kann nicht leicht überall dort hinkommen, wo man spontan sein möchte. Büro: Zum Lesen und Schreiben muss man technischen Aufwand mit Hilfsmitteln betreiben. Wahrnehmen und Reagieren: Es ist schwieriger, den Überblick über die Dinge und Menschen in einer Situation zu bewahren und entsprechend zu handeln. Selbstbewusstsein: Es ist ein mühsamer Weg, sich von dem Anpassungsdruck zu befreien, der von Familie und Gesellschaft in den fünfziger Jahren auf ein behindertes Kind ausgeübt wurde. Das brave, ängstliche Kind, das ich einmal war, zurück zu lassen und selbstbewusst einen Platz im Leben und im Beruf zu behaupten, war für mich eine ständige Lebensaufgabe. Die Einschnürungen der frühen Lebensjahre hinterließen auch später das Grundgefühl von Unfreiheit und hemmten nicht zuletzt die Entfaltung im Beruf. Für die Unterstützung behinderter Menschen im Arbeitsleben gibt es im Schwerbehindertenrecht Nachteilsausgleiche, womit ein Teil der Schwierigkeiten behoben werden kann, zum Beispiel durch die Anstellung einer Assistenzkraft. Ein Unbehagen der Abhängigkeit bleibt dennoch.

Schon auf meinem Weg in den Beruf hat mich die Psychiatrie besonders angezogen. Begegnungen in Praktika und erste Fachlektüre haben mich sehr in ihren Bann geschlagen. Als ich mich Mitte der siebziger Jahre dafür zu interessieren begann, befand sich die Psychiatrie in Bewegung. Um Grundfragen des Faches, was ist psychische Erkrankung, was hilft bei seelischem Leiden und wie soll die Hilfe organisiert sein, wurde heftig gestritten. Bestehende Institutionen wurden kritisch gesehen. Die Misere insgesamt wurde regierungsamtlich von einer Untersuchungskommission aufgezeigt, und Reformen wurden gefordert. Die Gemeindepsychiatrie mit Hilfsangeboten für Patient*innen zu Hause wurde ausgebaut. Selbsthilfe und Selbstorganisation waren Schlagworte. Angehörige und Freiwillige erhielten besondere Aufmerksamkeit. Neue Organisationen traten auf den Plan, die für den fachlichen Austausch sorgten und gesundheitspolitische Forderungen vertraten. Wortführer einer neuen Psychiatrie traten in Erscheinung. Zu nennen ist besonders Professor Klaus Dörner, der mit der Psychologin Ursula Plog das bahnbrechende Lehrbuch „Irren ist menschlich" erstmals 1980 herausbrachte. Mein beruflicher Beginn war im Sozialdienst in einem Großkrankenhaus, das sich im schwierigen Prozess der Modernisierung befand. Ein Höhepunkt des beruflichen Gelingens war für mich ab 1991 die Arbeit in Esslingen, als es möglich wurde, aus kleinen Anfängen eine wichtige Einrichtung zu entwickeln. Es ging um den Ausbau von Begegnungs- und Beschäftigungsangeboten zur Tagesstruktur, seither unter dem Namen „ZAK", Zentrum für Arbeit und Kommunikation, bekannt.

Wie wird man nun also als blinder junger Erwachsener zum Sozialarbeiter? Es gibt ganz praktische Antworten: Weil der erreichte Bildungsabschluss passte, ein starkes gesellschaftliches Interesse vorhanden war, ein vages Gefühl, mit den Erfahrungen als Heimzögling etwas anfangen zu können, und schließlich weil eben nichts anderes zur Verfügung stand. Das Spektrum der Berufsmöglichkeiten für Blinde ist klein. Die siebziger Jahre waren günstig für „etwas Soziales". Die Lebensentscheidungen junger Leute wurden wesentlich auch von den Zufälligkeiten der sonderpädagogischen Bildungslandschaft jener Zeit bestimmt.

### Das Taschentuch

Beim Umzug vor einigen Jahren ist mir ein Stapel Taschentücher in die Hand gekommen, große Tücher aus Leinen, gebügelt, gefaltet und exakt aufeinanderliegend. Eines davon trug einen aufgenähten Streifen Stoff mit meinem Vor- und Zunamen, notwendige Kennzeichnung für alle meine Sachen, damit die Stücke aus der Wäscherei wieder zurück gelangen konnten. Dieses Fundstück führt zurück ins Schuljahr 1960/61, als alles für die Aufnahme ins Internat der Stuttgarter Blindenschule vorbereitet werden musste. Gesprochen wurde über das kommende große Ereignis nicht viel. Wege waren zu absolvieren. Besuche beim freundlichen Augenarzt schon seit Jahren. „Lassen wir den Jungen noch ein Jahr springen." Ein Aufschub. Dann später der Gang zum Bürgermeister des Dorfes unweit von Schwäbisch Hall, wo die aus der Tschechoslowakei vertriebenen Eltern sesshaft geworden waren. „Der Junge kann doch nicht hinter dem Ofen sitzen bleiben." Schulterklopfen und weiter. Der Ältere weiß später, es ging um die Übernahme der Heimkosten. Sonntag nach Ostern ist da (damals Schuljahresbeginn), und die große Reise beginnt. Ein Auto kommt mit der Familie eines älteren Schülers. Die Mutter fährt mit, große Anspannung, und es passiert ein Missgeschick, Erbrechen unterwegs. Die Mutter übernachtet bei Verwandten in der Stadt. Am Tag darauf schaut sie durchs Fenster ins Klassenzimmer. Eine Begegnung mit dem Kind gibt es nicht mehr. Später zu den Ferienzeiten geht die Reise mit dem Zug, die Dampflok hält in Wilhelmsglück, von wo aus der Fußweg ins Dorf führt. Wilhelmsglück heißt Bergbau, Salz, lange schon eingestellt nach einem schweren Grubenunglück. Längst ist die Bahnstation geschlossen. Erinnerungen des Kindes, später Erzähltes und immer wieder Abschiedstränen ins Taschentuch mit dem aufgenähten Namen, Schatten auf dem gebügelten Leinen bis heute.

## Räume und Stimmen

Im Schlafsaal der Kleinen standen die Betten eng beieinander, etwas abseits war die Reihe der Schränke. Den älteren Schülern wurde etwas mehr Platz zugestanden. Später gab es erste bauliche Verbesserungen. Die Mauern des Blindeninternats konnten das Leben auf die Dauer nicht aussperren. Wir wurden älter, und die Welt wurde lauter. Popmusik und Politik drangen herein. Der Einzug von Geräten der Unterhaltungsindustrie brachte die neuen Klänge. Aus großen Kästen dröhnte die Rockmusik, die gerade ins Radio kam. Eine besondere Rolle spielten Tonbandgeräte für uns. Die Blindenbibliotheken hatten in den fünfziger Jahren damit begonnen, Bücher aufzusprechen und auf Tonbändern auszuleihen. Erst waren es wenige Apparate. Nach einiger Zeit hatten die meisten Schüler einen eigenen Bestand an Geräten. Mir ist besonders im Gedächtnis geblieben, als kleine Taschenradios aufkamen, die man bequem überall mitnehmen konnte, auch in den Schlafsaal auf das Kopfkissen. Wenn abends etwas Ruhe eingekehrt war, konnte man aus den Betten ganz verschiedenes Radiogeflüster hören. Musik war dabei, auch späte Fußballübertragungen, und man stieß beim Drehen am Knopf auf die Stimmen der Geistesgrößen, die Vorträge hielten und Gespräche führten. Ich blieb bei diesen Stimmen. Verstanden habe ich damals wenig, und immer wieder kam der Schlaf dazwischen. Aber der Sound der alten Meister, Männer zumeist, ist mir unauslöschlich im Gedächtnis geblieben. Leicht könnte ich Heinrich Böll, Siegfried Lenz, Ingeborg Bachmann, Martin Walser und Günter Grass mit Namen begrüßen, wenn sie jetzt einträten. Diese nächtlichen Stimmen von damals begleiten mich im Chor mit vielen anderen bis heute. Das Tor zur Literatur öffnete sich dem Jugendlichen von damals. Die strengen Regularien von Schule und Heim hatten ihren Stachel verloren. Es gab also ein Leben außerhalb der Blindenwelt, das mächtig anzog. Ins Haus kamen junge Männer, Wehrdienstverweigerer, sogenannte Ersatzdienstleistende, die zu wichtigen Gesprächspartnern wurden.

## So wird man Sozialarbeiter

Am Ende meiner Schulzeit stand ein Ereignis, das mir den Weg in die soziale Arbeit unwiderstehlich machte. Die hessische Universitätsstadt Marburg ist eine Stadt der Blinden. Nach militärischer Order wurde die dortige Augenklinik bestimmt, sich der erblindeten Soldaten des Ersten Weltkrieges anzunehmen. 1916 begann man mit Rehabilitationsmaßnahmen, um den Erblindeten wieder in ein ziviles Leben zu helfen. Jetzt befinden wir uns im Jahr 1973 und folgende. Die Schülerwohnheime waren zu klein geworden und baulich ganz veraltet. Im Internat sollte ein großer Qualitätssprung nach vorn gemacht werden. Die Pläne für einen zentralen Heimneubau auf dem Schulgelände waren ausgearbeitet. Ein heftiger Streit entbrannte in der Folgezeit darüber, ob das die richtige Entwicklung der Einrichtung sein sollte. Unter den Mitarbeiter*innen des Heimes gab es heftigen Widerstand gegen diese Pläne. Angeführt vom damaligen Heimleiter, der ein anderes Konzept verfocht. Seine Argumentation untermauerte er mit neueren sozialwissenschaftlichen Untersuchungen aus den USA. Erst wenige Jahre zuvor waren grundlegende Arbeiten des Soziologen Irving Goffman im Suhrkamp-Verlag publiziert worden. „Asyle" und „Stigma" waren zwei Buchtitel mit Sprengkraft für ein altes Fürsorgesystem. Gegen das Monument aus Stein stand ein Konzept dezentraler Wohngruppen mit zunehmender Unabhängigkeit für die Schüler*innen, integriert in die Stadt Marburg. Das Credo der grundsätzlichen Neuausrichtung mit zunehmender Selbstständigkeit, Eigenverantwortung und Öffnung obsiegten schließlich. Von Anfang an stand das nicht fest. Schülervertretung und Heimbeirat hatten sich von den neuen Einsichten begeistern lassen und stritten für die Sache. Im Bildungswesen für Blinde und Sehbehinderte verfügen die Marburger Einrichtungen bis heute über viel Strahlkraft. Der Mann, der wortgewaltig und mit dem Nachdruck seiner Körperfülle für die neue Richtung kämpfte, war Kurt Senne. Er wurde später in der Region Esslingen gut bekannt, denn er unterrichtete zwei Jahrzehnte lang an der Esslinger Hochschule. Lange vor der Zeit ist er einem Krebsleiden erlegen.

## Wegzehrung für die lange Strecke

Unmittelbar vor meinem Berufseinstieg 1981 konnte ich mit einer Gruppe nach Italien reisen. Die demokratische Psychiatrie dort hatte große Wirkung auf die Szene in Deutschland. Zahlreiche Kontakte bestanden in die Zentren der Reform. Unsere Gruppe besuchte Arezzo und Genua, wo Begegnungen arrangiert waren. Die mit viel Nachdruck geforderte Absage an die Anstalt und der Versuch zur politischen Ermächtigung der Ausgeschlossenen machten großen Eindruck auf uns.

In meinem beruflichen Kalender stand jedes Jahr im Herbst ein fester Termin, das verlängerte Reisewochenende zur Jahrestagung der Deutschen Gesellschaft für soziale Psychiatrie. Diese Organisation fasste berufsübergreifend alle zusammen, die an einer Erneuerung der Psychiatrie interessiert waren. Vorträge und Gesprächsrunden brachten viele Anregungen von überall her. Besonders überzeugten mich die Beiträge des Münchner Sozialpsychologen Heiner Keupp, der zum weiten Themenfeld Psyche und Gesellschaft forschte und bei den Tagungen immer wieder auftrat. Neben dem fachlichen Austausch erinnere ich mich an viele persönliche Begegnungen und an Kulturprogramme am Rande der offiziellen Tagung. Man reiste zurück mit dem Gefühl, dazu zu gehören und mitzuschreiben an einer Landkarte zur Verortung der Seele, dort, wohin man zum Treffen gereist war und zu Hause, wo man gestärkt weiter machte. Die Beschäftigung mit der Geschichte der Psychiatrie setzte in den 1980er Jahren stark ein. Die Beteiligung am sogenannten Euthanasieprogramm 1939/40 bedeutet ein schweres Erbe, mit dem man sich auseinandersetzte.

Mein Arbeitsplatz war in der gemeindepsychiatrischen Tagesstätte. Das Angebot zur Tagesstruktur dort sollte mit Begegnung und Beschäftigung die Stabilität im Alltag unterstützen. Neben der Routine des täglichen Betriebes gehörten auch die Höhepunkte im Verlauf eines Jahres, Feste, die wir feierten und Reisen, die man unternahm. Es gab besondere Angebote, oft von externen Mitarbeitern gemacht, wie z. B. Kunstprojekte. Sie boten Anlässe für Veranstaltungen und Ausstellungen, wichtige Möglichkeiten für Kontakte in die Stadt und zur örtlichen Politik.

Die in Marburg beheimateten Blindenorganisationen boten in Seminaren berufsbezogenen Austausch unter dem Aspekt der eigenen Behinderung. Man diskutierte in kollegialem Geist und probierte Handlungsalternativen aus. Eine letzte Erfahrung: Immer wieder bekam ich zu hören, dass sich Menschen ermutigt fühlten, wenn sie sich mein Beispiel eines aktiven Lebens vor Augen führten. Ich reagierte darauf meist zurückhaltend. War das eine leicht hingeworfene Freundlichkeit oder enthielt dies doch einen festen Kern? Ja, die gegenseitige Ermutigung durch das Tun des Anderen spielt eine wichtige Rolle dabei, die Kräfte der Selbsthilfe zu stärken. Gut, wenn diese positive Wirkung, solidarisch untereinander zu empfinden, von unterschiedlichen Gruppen Behinderter geteilt werden kann.

**Manfred Tretter**, *geboren 1953 in Schwäbisch Hall, Schule in verschiedenen Blindeninstitutionen, Studium der Sozialen Arbeit an der Hochschule Esslingen, ab 1981 überwiegend im psychiatrischen Bereich berufstätig. Eintritt in den Ruhestand 2007*

## Bewährungshilfe im Wandel

HEINZ HEER

Nach knapp 40 Jahren Tätigkeit als Bewährungshelfer bin ich seit Frühsommer 2017 im Ruhestand. Direkt nach dem Studium begann ich meine Arbeit im Herbst 1979 an der Nürtinger Dienststelle der Bewährungshilfe. Unsere damaligen Bezirke reichten von Nürtingen über Kirchheim nach Weilheim, Wendlingen und der Schwäbischen Alb bis Schopfloch. Hinzu kamen noch die Städte Filderstadt und Leinfelden. Wir waren damals vier Bewährungshelfer. Unterstützt wurden wir von einer Justizfachangestellten. Ich war über 25 Jahre im Filderbezirk tätig. Der große Landbezirk brachte mit sich, dass ich viel mit dem Auto unterwegs war, um die Probanden zu erreichen.

Die sogenannten Bewährungsprobanden wurden mir vom Gericht zugewiesen. Entweder war ihre Strafe in einer Verhandlung zur Bewährung ausgesetzt worden oder es handelte sich um Haftentlassene, deren Strafe nach guter Führung auf Bewährung ausgesetzt wurde. Vom Gericht wurden sie formal verpflichtet, Kontakt zu ihrem Bewährungshelfer zu halten und die vom Gericht festgesetzten Auflagen zu erfüllen. Die gesetzlichen Grundlagen für die Bewährungshilfe finden sich im Jugendgerichtsgesetz sowie im Strafgesetzbuch.

Wird ein Jugendlicher nach Jugendstrafrecht verurteilt, wird die Jugendstrafe, wenn das Strafmaß nicht höher als zwei Jahre ausfällt, meistens zur Bewährung ausgesetzt. Die Bewährungszeit beträgt in der Regel zwei Jahre und ist mit Weisungen und Auflagen verbunden, zum Beispiel Kontaktaufnahme zur Drogenberatung, gemeinnützige Arbeit und Schadenswiedergutmachung.

Ähnlich verhält es sich im Erwachsenenstrafrecht, wo bei Strafaussetzung einer Freiheitsstrafe das Bestellen eines Bewährungshelfers ins Ermessen des Gerichtes gestellt ist. Kriterien hierbei sind oftmals die psychosoziale Situation des Delinquenten, wie beispielsweise eine Suchtproblematik oder eine finanzielle Problemsituation, aber auch die Gefährlichkeit des Probanden, zum Beispiel bei Sexualdelikten. Bei über 95 Prozent der unterstellten Personen handelt es sich um Männer. Frauen hingegen machen bei den zu betreuenden Personen bis jetzt nur einen geringen Teil aus. Auch in den Statistiken der Strafgerichte tauchen sie deutlich seltener als Männer auf. Hält sich der Betroffene an die Regeln und Auflagen, wird nach Ablauf der Bewährungszeit die Strafe erlassen. Im negativen Falle aber kann es zu einer Bewährungszeitverlängerung oder gar zum Widerruf der Strafaussetzung kommen.

Für mich als Bewährungshelfer war es entscheidend, einen guten Arbeitskontakt zu dem jeweiligen Bewährungsprobanden aufzubauen, um Hilfeprozesse einleiten zu können. Eine weitere Straffälligkeit sollte vor allem dadurch verhindert werden, dass es zu einer Stabilisierung im persönlichen Bereich kommen konnte. Dafür war das soziale Umfeld in der Familie, im Freundeskreis und nicht zuletzt im Beruf von immenser Bedeutung. Hierbei war es für mich immer wichtig, auch die engen Bezugspersonen in die Arbeit mit einzubeziehen. Ein gutes persönliches und soziales Netz ist entscheidend für eine gute Resozialisierung und Stabilisierung. Im Laufe der Jahre bin ich in viele hunderte Haushalte gekommen. Meine Tätigkeit führte mich in Hütten und Paläste, wobei die Hütten überwogen. Zwei Fallbeispiele sollen einen Einblick in meine Arbeit geben.

## David

David M., 19 Jahre, wurde wegen Diebstahls, Beleidigung und Widerstandshandlung zu einer sechsmonatigen Jugendstrafe, ausgesetzt auf zwei Jahre zur Bewährung, verurteilt. So landete dieser Fall bei mir auf dem Schreibtisch. Der junge Mann hatte einen recht unglücklichen Lebensverlauf, aufgewachsen in Heimen ohne Kontakt zu Mutter und Vater. Sehr holprig durchlief er Schulen ohne Abschluss. Im Alter von 18 Jahren fiel er aus der Jugendhilfebetreuung heraus. Er wurde dann im Rahmen einer Obdachlosenunterbringung in eine Unterkunft einer kleinen Gemeinde eingewiesen und lebte zeitweilig von Gelegenheitsjobs und Sozialhilfe. Immer stärker geriet er in Suchtkreise, Alkohol und Drogen dominierten seinen Alltag. Er lebte in den Tag hinein ohne sonderliche Perspektiven. Die Kontaktaufnahme in dieser Phase war sehr schwierig. Auf Einbestellung erschien er nicht, angemeldete Hausbesuche waren erfolglos, auch bei unangemeldeten Besuchsversuchen war er nicht zu erreichen. Letztendlich wurde aufgrund dieser Unzulänglichkeiten das Gericht eingeschaltet. Einen vom Gericht anberaumten Anhörungstermin hielt er nicht ein, so dass es schließlich zu einer polizeilichen Vorführung kam. Bei der nun erfolgten richterlichen Anhörung versprach David, künftig die Termine einzuhalten, denn einen Widerruf der Strafaussetzung zur Bewährung wollte er unbedingt vermeiden. Nach diesem verstolperten Bewährungsstart entwickelte sich nach längeren Gesprächen schließlich eine konstruktive Beziehung. Er bemühte sich, das Herumhängen mit seinen Saufkumpels zu reduzieren und seinen Tagesablauf neu zu strukturieren. Auch ein Hilfsangebot von einem Freund nahm er an. Eines Tages erschien er mit dem Vater des Freundes bei mir im Büro und teilte mir mit, dass er im Hause des Freundes in einem Dachzimmer wohnen durfte. Es grenzte fast an ein Wunder, dass er, der lange ohne Arbeit war, einen Arbeitsplatz fand, der ihm auch zusagte. Von nun an ging er regelmäßig einer Arbeit nach. Den Alkohol hatte er ganz gemieden und sich von seinem alten Freundeskreis getrennt. So langsam konnte er Eigenständigkeit entwickeln. Der weitere Bewährungsverlauf erwies sich von da an als stabil. Pünktlich und zuverlässig hielt er seine Termine ein. Vor allem die Abkehr von früheren Saufkreisen verstärkten seine positive Persönlichkeitsentwicklung in der Bewährungszeit, die in Gesprächen mit mir und anderen Bezugspersonen gefestigt wurde. Es hat einige Zeit gebraucht, aber letztendlich war die Verurteilung und die Bewährung der notwendige Druck, dass bei David der Groschen gefallen war. Nach Ablauf der zweijährigen Bewährungszeit konnte aufgrund der Straffreiheit und der günstigen Entwicklung die Jugendstrafe erlassen werden.

## Frank

Frank B., 45 Jahre, wurde nach Verbüßung von zwei Drittel seiner Haftzeit nach drei Jahren aus der Strafhaft entlassen. Er war von Prognose und Delikt her ein schwieriger

Fall. Der Verurteilung lag ein Sexualdelikt zugrunde, auch hatte er wegen Körperverletzungsdelikten schon eine Jugendstrafe verbüßen müssen.

Seine Ehe war gescheitert, zu seinen Geschwistern hatte er keinen Kontakt mehr. Seine Mutter, die mit einem neuen Partner zusammenlebte, konnte ihn in der separaten Dachwohnung aufnehmen, aber nur, weil der Lebenspartner der Mutter einen geschickten Handwerker im Hause gebrauchen konnte. Frank B. war gelernter Fachhandwerker.

Frank B. war nach seinen Vorerfahrungen mit der Strafjustiz mir gegenüber sehr skeptisch und zugeknöpft. Erst nach einigen Gesprächen – Termine hielt er pünktlich ein – taute er auf und fasste etwas Vertrauen. Ein großes Problem war anfänglich die Suche nach einer qualifizierten Arbeit. Da er aber eine gute Ausbildung hatte und Arbeitstätigkeit vorweisen konnte, wurde er über eine Zeitarbeitsfirma in einen Industriebetrieb vermittelt. Er war dort für die Maschinenwartung zuständig. Im Laufe der Zeit fand er sich gut in seine neue Arbeit ein, und die Firma übernahm ihn als festen Mitarbeiter.

Allerdings litt er sehr darunter, dass die Beziehung zu seiner Frau gescheitert war. Er hatte keine weiteren Kontakte und fühlte sich als schwarzes Schaf in der Familie. In dieser Phase wurde eine nicht bewältigte Suchtproblematik wieder virulent. Besonders an langen Wochenenden kam es in Gaststätten, in denen er Gesellschaft suchte, zu alkoholischen Abstürzen. Erstaunlich war jedoch, dass er es immer schaffte, seine Arbeit zu halten und seine Problematik zu verbergen. Nach außen hin sah alles geordnet aus, innerlich stand er aber vor einem Abgrund. Die innere Krise spitzte sich zu, über die Weihnachtsfeiertage wurde er volltrunken noch rechtzeitig aus dem kalten Neckar geborgen, in den er gestürzt war. Er wurde aufgrund seines Zustandes in die psychiatrische Klinik gebracht und blieb dort stationär für kurze Zeit. Diesen Aufenthalt verbarg er durch eine Krankmeldung bei seinem Arbeitgeber. Im Laufe des Klinikaufenthaltes kam es zu Gesprächen, in denen er sich seinen behandelnden Ärzten gegenüber öffnen konnte. In der Klinik lernte er auch eine Patientin kennen, zu der er eine feste Beziehung entwickelte. Vor ihr musste er sich nicht verstellen und als starker Mann aufspielen.

Nach dem Klinikaufenthalt gab es keine Probleme am Arbeitsplatz. Der Alltag ging weiter wie gewohnt. Allerdings hatte er nun eine Freundin an seiner Seite, die in seine Vorgeschichte eingeweiht war. Frank B. zog aus der Dachwohnung aus. Zusammen mit seiner Freundin fand er eine größere Wohnung. Beide kamen mit dem Zusammenleben gut zurecht. So gut, dass sie sogar in einer Nachbargemeinde ein altes Haus erwerben konnten. Frank B. renovierte und gestaltete aufgrund seines handwerklichen Geschicks vieles selbst. Parallel hierzu fanden psychologische Beratungsgespräche statt, in denen er sich mit seinen persönlichen Problemen auseinandersetzte.

Der Bewährungsverlauf blieb weiter in stabilen Bahnen, so dass nach Ablauf einer dreijährigen Bewährungszeit die Reststrafe erlassen wurde.

Mein beruflicher Alltag wurde nicht nur durch den Außendienst und die persönlichen Gespräche bestimmt. Auch viele schriftliche Arbeiten wie Aktenvermerke, Bewährungsberichte, Schreiben an Gläubiger, Ämter usw. nahmen viel Zeit in Anspruch. Hinzu kamen richterliche Anhörungen bei Konflikten, Stellungnahmen in Hauptverhandlungen und diverse Kontakte zu Ämtern und weiteren sozialen Hilfeeinrichtungen. Insgesamt war es eine bunte Palette an Kooperationspartnern, mit denen ich es zu tun hatte. Es war diese Vielfalt der Aufgaben, die mich an meinem Beruf gereizt haben.

Belastend hingegen war die große Zahl der Probanden. Jeder Kollege – wir waren über viele Jahre ein rein männliches Kollegium – betreute damals im Schnitt 70 bis 90 Probanden, teilweise aber auch mehr. Das bedeutete natürlich, Betreuungsschwerpunkte zu setzen. Dabei darf man nicht vergessen, dass Bewährungshilfe immer eine sensible Balance zwischen Hilfe und Kontrolle erfordert. Der Einzelne soll nicht nur in seinem persönlichen Werdegang unterstützt werden, sondern es sollen auch weitere Straftaten verhindert werden.

Viele Probanden konnten ihre Bewährungszeit erfolgreich hinter sich bringen. Die Widerrufsquote war sehr niedrig. Das zeigt, wie wichtig die Arbeit eines Bewährungshelfers auch für das Allgemeinwohl ist.

Ich benütze hier in meinem Beitrag immer die männliche Form, aber im Laufe der Zeit wurde die Bewährungshilfe immer weiblicher. Zu Beginn meiner Tätigkeit hatte ich überwiegend männliche Kollegen, aber das änderte sich zunehmend. Kurz vor meinem Ausscheiden aus dem Dienst hat sich das Personaltableau nahezu vollständig gewandelt. Heute ist die Bewährungshilfe in Nürtingen wie auch in anderen Bezirken überwiegend in weiblicher Hand.

Auch die Organisationsform hat sich im Laufe der Zeit nicht nur einmal geändert. Zu Beginn meiner Tätigkeit waren wir alle Landesbeamte und direkt dem Landgericht Stuttgart unterstellt. In den Jahren 2005 bis 2007 wurden die Dienststellen des Landgerichts Stuttgart und des Landgerichts Tübingen sogenannte Pilotbezirke für eine Privatisierung der Bewährungshilfe. Nach einem Beschluss der damaligen Landesregierung wurden wir dann ab 2007 endgültig dem österreichischen Verein Neustart gGmbH zugeordnet. Die „Klicksozialarbeit", das Anklicken und die Datenerhebung im PC, wurde immer bedeutsamer. Eine Fülle neuer Regelungen und Vorgaben überschütteten unseren Arbeitsalltag. Gegen diese Übernahme durch einen privaten Träger wurde durch einen Kollegen vor Gericht Klage erhoben. Über eine lange Prozessphase wurde letztendlich vor dem Bundesverwaltungsgericht in Leipzig der Klage positiv stattgegeben. Dieses Verfahren dauerte über zehn Jahre. Der österreichische Träger Neustart wurde deshalb 2017 durch einen landeseigenen Betrieb abgelöst. In den Jahren der Privatisierung wie auch danach wurden die Mitarbeiter nicht mehr ins Beamtenverhältnis übernommen, sondern sind jetzt Angestellte im öffentlichen Dienst des Landes Baden-Württemberg.

Das Arbeiten in der Bewährungshilfe hat sich im Laufe der Jahre verändert. Heute versucht man durch eine Kategorisierung der Probanden die Bewährungshilfe professioneller zu machen. Statt aufsuchender Sozialarbeit wird nun viel Zeit aufgewendet, um Daten zu erfassen und die Sozialarbeit danach gezielt auszurichten.

Ob sich dieses Konzept bewährt und auch den „Kunden" der Bewährungshilfe nützt, wird die Zeit erweisen. Ich jedenfalls bin froh darüber, dass ich lange Zeit in einem kollegialen System arbeiten und auch durch mein aufsuchendes Arbeiten eine berufliche Zufriedenheit entwickeln konnte.

Die Zeiten ändern sich auch in der Sozialarbeit. Ob`s zum Besseren ist?

**Heinz Heer**, *Jahrgang 1952, verheiratet, zwei erwachsene Kinder und zwei Enkel. Lehre zum Industriekaufmann. Studium der Sozialarbeit an der Fachhochschule Esslingen. Von 1979 bis Juni 2017 Bewährungshelfer. Seit Juni 2017 im Ruhestand.*

# *Soziale Geschichten von der Straße und von Leiderfahrenen*

MANUEL WERNER

Wo sind die Ärmsten der Armen in Nürtingen zu finden? Sicherlich unter obdachlosen, bettelnden und arbeitsuchenden Menschen. Vor allem, wenn sie aus Ländern wie der Slowakei, Rumänien oder Ungarn stammen, oft nur zeitweise hier sind und danach zurück müssen zu schlechten Lebensperspektiven. Verstärkt wird dies, wenn sie zusätzlich noch – vor allem in den Herkunftsländern, aber auch hier – diskriminierenden Reaktionen ausgesetzt sind. Wie der Antisemitismus entspringt der Antiziganismus üblen Wurzeln, hat schon viel Unheil bereitet und kommt in fast allen Gesellschaften vor. Er ist jedoch meist weniger bewusst, findet weniger Widerspruch und bewirkt daher von Vielen geteilte Ausgrenzung und Diskriminierung ganzer Bevölkerungsgruppen.

Finanzielle Armut und sozialen Reichtum erlebte ich bei Minderheiten wie auch bei Angehörigen der Mehrheitsbevölkerung in diesen osteuropäischen Ländern.

## Jurek

Jurek (alle Namen im Beitrag geändert) war ausgerüstet wie ein Globetrotter. Stets hatte er einen großen Tourenrucksack mit Regenüberzug, Schlafsack und Isomatte bei sich. Auch besaß er einen kleinen Gaskocher und wusste, wo es in Nürtingen die günstigsten Kartuschen dafür gab, was er mir gerne verriet, nutze ich doch, wie er wusste, auch ab und zu Gaskocher. Denn einmal, als meine Freundin Monika dort im Tagestreff kochte, war in Nürtingen stundenlang Stromausfall, und es konnte deswegen nicht gekocht werden. Unruhe breitete sich aus, nur nicht bei Jurek, der alles wach und gelassen wie immer beobachtete. „Kein Problem!", sagte ich, und holte mit meinem Fahrrad zwei Gaskocher von mir daheim. Zum Glück gab es Fisch, das geht schnell, und so brieten wir den Fisch auf dem Balkon für die fünfzehn Gäste.

Jurek schnorrte niemanden an, er war zufrieden mit dem, was er auf der Straße erbettelte, mit dem, was ihm die Menschen ab und zu in seinen Becher warfen. Er war aber auch gesund und noch nicht alt. Und er hatte etwas von einem Lebenskünstler. Auch war er auf Zack und stellte sich bei Deutschen oder denen, die er für solche hielt, mit der deutschen Version seines Vornamens vor: „Georg!" Jurek war nicht raumgreifend, setzte sich nicht in den Hauptraum, sondern ins andere Zimmer, um die Ecke, stets an einen Einzeltisch oder Zweiertisch. Nie stand sein großer Rucksack jemandem im Weg. Er war unauffällig, unaufdringlich, und er war still. Doch er freute sich außerordentlich, wenn ich ihn begrüßte, und er freute sich umso mehr, sich immer wieder mal mit mir im Tagestreff beim Essen oder Kaffeetrinken zu unterhalten. Wahrgenommen zu werden tat ihm sichtlich gut. Platte machte er mal da mal dort, nie in der Innenstadt, immer außerhalb, eher versteckt, mal in einem Zelt, mal in einer Hütte am Waldrand, gepiesackt von einem Landwirt, dessen Bauernhof in der Nähe lag. Nur wenige nehmen wohl täglich eine solch lange Strecke Fußweg auf sich. Er duschte im Tagestreff und wusch dort seine Wäsche. Wenn es regnete oder sehr kalt war, hielt er sich dort auch länger auf. Wenn nicht, trank er noch gemütlich seinen Tee, drehte sich eine, und ging dann wieder.

Er erzählte mir gerne Erlebnisse wie dieses, als ein Inhaber eines Geschäftes, in dessen Nähe er bettelte, in der Schweiz die Polizei holte und die ihn fragte, was er dort mache. „Was meinst du?" habe er dem fragenden Polizisten geantwortet. „Betteln!" habe der geantwortet. „Nein, ich sitze nur da." Und was der Becher vor ihm solle? „Was meinst du, was ich mit dem mache?" „Betteln!" „Wenn du meinst …". Schließlich habe die Polizei im Beisein des Inhabers Gefängnis angedroht. „Wenn du meinst! Da habe ich es dann warm und trocken!" Die Polizei habe daraufhin dem Inhaber ein Achselzucken gezeigt und sei unverrichteter Dinge abgezogen.

Es machte Jurek Vergnügen, solche Geschichten erzählen zu können. Ein andermal erzählte er, man habe ihn nicht nach Holland rein gelassen, deshalb sei er jetzt wieder hier. Nur ein einziges Mal bat er mich um etwas, über all die Jahre. Ob ich eine Isomatte für ihn hätte, er habe vor, seine Freundin aus Ungarn kommen zu lassen. Meine Freundin Monika hatte noch eine Isomatte im Keller, und die bekam Jurek für seine Freundin am selben Nachmittag. In den nächsten Wochen und Monaten sah ich ihn mit seiner Freundin. Und er und sie waren weiterhin zufrieden, auch wenn das Outdoorleben sicherlich nicht immer vergnügungssteuerpflichtig war.

Den Schnee und die winterliche Nässe mochte er natürlich nicht so. Einmal erzählte er mir von einem tollen Plan: den Winter in Südfrankreich am Strand zu verbringen. In Monaco oder Nizza oder so. Das hätte doch was, da gebe es sicher eine Möglichkeit, irgendwo am Strand zu schlafen, und betteln könne man sicherlich auch dort. Ich nahm ihm diesen Plan sofort ab und fragte ihn, was das koste. Auch dies wusste er bereits: „Mit dem Fernbus so zwanzig bis dreißig Euro. Hin." Das sei erschwinglich, das sei kein Problem, das sei schnell erbettelt, Kaffee und so koche er sich ja selbst. Ich gab ihm dennoch für diesen Plan zehn Euro, als Reisezuschuss, das war außer der Isomatte das einzige Mal, dass ich ihm etwas gab. Er wollte das Geld zunächst nicht annehmen. „Oh, nein. Das musst du nicht." „Ich weiß." „Dann schreibe ich dir eine Karte." „Okay." Nach einer Minute Dasitzens fiel ihm etwas ein. Er kramte einen Zettel aus dem Rucksack. „Schreib mir doch deine Adresse da auf." Ich notierte ihm meine Adresse und hatte die Angelegenheit nach einem halben Jahr vergessen. Er war ja auch nicht mehr in Nürtingen zu sehen. Im Winter öffnete ich eines Tages meinen Briefkasten, und was war darin? Eine frankierte und gestempelte Postkarte aus Südfrankreich, mit einem kurzen Gruß drauf.

## Paul

Was aber, wenn man keinen Gaskocher hat? Paul, geboren im Badischen, war Stammgast im Tagestreff, bis er dann in ein Pflegeheim vermittelt wurde, wo er seinen Lebensabend verbrachte. Einmal ließ er im Gespräch mit mir den Begriff Bodenseekocher fallen. Ich konnte damit nichts anfangen, hatte keine Idee dazu, was ihn bass erstaunte. „Da nimmst du doch einfach irgendeine Dose, eine Bierdose oder eine Konservendose. Deckel weg, mit dem Messer zwei Einschnitte machen, aber aufpassen, dass du dich nicht schneidest, und das dann hineinbiegen, Spiritus rein, und fertig ist der Bodenseekocher!" Wieder was gelernt!

Herbst 2014. Die Südwestpresse titelte für das ganze Land und damit auch für Nürtingen auf der ersten Zeitungsseite: „Stuttgart geht gegen organisierte Bettler vor. Geplante neue Regeln machen sogar Haft möglich." Die Bildunterschrift daneben erläuterte: „Auch diese Demutshaltung wird als aggressives Betteln gewertet. Künftig sollen der Frau dafür härtere Sanktionen drohen." Denn Stuttgarts Innenstadt soll „vor allem" von „gewerbsmäßigen" Bettlern gleichsam ‚gesäubert' werden, „Bettelbanden" aus „Osteuropa" solle das Handwerk gelegt werden. Ein Kommentar mit der Überschrift „Hier nicht!" forderte dazu auf. Dann ging es weiter, fokussiert auf die Herkunft: „Stadt will Bettler empfindlich treffen." Dieser Artikel sprach von „einer ethnischen Minderheit aus der Slowakei", von „Clans". Jeder Leser wusste sofort, wer damit gemeint war. Eine Einrichtung aus Stuttgart wurde als Kronzeugin der Anklage präsentiert: „Die Bettler aus der Slowakei" hätten „mittlerweile Hausverbot", denn wenn es etwas „umsonst gegeben" habe, hätten sie „massenhaft Hilfsgüter mitgenommen". Später, als ich mich bei einem Runden Tisch in Stuttgart für solche Bettlerinnen und Bettler einsetzte, erfuhr ich, dass einem offenbar als „ausländisch" erkennbaren Bettler dort von der Polizei das gesamte Geld abgenommen wurde, das er für gesammelte Pfandflaschen erhalten hatte. In Nürtingen hingegen besserte ein Deutscher und „deutsch" Aussehender exzessiv durch genau dasselbe Vorgehen sein Einkommen auf, seit Jahren vollkommen unbehelligt. Zweierlei Maß?

## Jan Holub

Von den damaligen Artikeln in der Südwestpresse weiß Jan Holub am selben Tag nichts. Er stellt nur fest, dass die Passanten weniger geben. Acht Euro am Tag sind es sonst bei ihm, wenn es halbwegs gut läuft, jetzt viel weniger. Er weiß nicht, warum er öfter als sonst hört: „Geh arbeiten!"

„Vorsicht, Mafia, Bettelbande, aufpassen, das sind Kriminelle!" hält ein Mann eine Viertelstunde lang Passanten belehrend von Jan ab, es ist der Nürtinger Flaschensammler. Eine Frau sagt zu Jan: „Ich rufe die Polizei!", tut so, als telefoniere sie, will Jan damit zum Verschwinden bewegen. Doch einschneidender ist das Gerede und Geschreibe von der „Bettelmafia". Ich und Mafia, denkt er, komisch, wie die Leute auf so etwas kommen. Denn die Mafia hat Geld, wir nicht. Klar, sie meinen, er müsse einem „Clanchef" das meiste abliefern, darum sei er bedürftig. Aber bei ihm ist das nicht so, er ist aus eigener Initiative mit dem Fernbus hierher gefahren. „Hau ab, dreckiger Zigeuner!", hört er. „Ich bin auch rot im Gesicht, wenn ich bettle!", erläutert er leise. Er meint damit nicht die beißende Kälte. Er meint die Schamesröte. Doch er tut sich das der Familie wegen an, gehört zu keiner organisierten „Bettelbande", wenn auch sein Bruder ebenfalls in der Innenstadt bettelt und einen Plastikbecher vor sich stehen hat. Ich fuhr wegen einer Beerdigung in seinen Herkunftsort in der Slowakei und durfte bei ihm und seiner Familie übernachten, bei seiner selbst errichteten, garagengroßen Hütte auf einem ehemaligen Müllplatz. Da sah ich deren Armut und deren Verhältnisse mit eigenen Augen und bekam auch die Diskriminierung hautnah mit. Mitten in der EU hungerten diese Familien und waren froh, als ich ihnen Brot, Butter und Wurst mitbrachte, was einen Jubel bei den Kindern auslöste! Doch wenn man so will, bettelt Jan Holub „gewerbsmäßig". Denn er sitzt zeitweise Tag für Tag stundenlang in der Unterführung oder vor dem Kaufland, obwohl das nicht gut für seine Thrombose ist. „Vielleicht Gott wird helfen", sagt Jan. Doch Gott hat keine anderen Hände als unsere …

Zum Glück hilft der Nürtinger Tagestreff Roma wie anderen auch, Hausverbot für sie ist dort nicht mal im Keim angedacht, wieso auch. Die dort Tätigen sehen wie auch die Straßenzeitung Trottwar – selbstverständlich – keine Gründe, Minderheiten komplett auszuschließen und zu diskriminieren oder gegen andere auszuspielen. Und schon gar nicht diktieren sie so etwas der Presse. Auch die dortigen Gäste lesen an diesem Tag die ausliegende Zeitung, die wieder einmal die unheilvollen Klischees auflädt, wie bei anderen Lesern auch, im ganzen Land. Doch manche wissen: Jan ist in Ordnung. Denn sie kennen ihn. „Du, ich habe noch einen zweiten Fön daheim. Den bringe ich morgen mit, für die Frau von Jan! Ist für Weihnachten!", sagt eine Besucherin des Tagestreffs. Trotz Handicap hat die Spenderin zwei Putzstellen, weil ihre Rente nicht reicht.

### Eine Familie

Seit Ende 2013 unterstütze ich mit anderen ehrenamtlich Tätigen eine Familie, die aus einem Westbalkanstaat mit etlichen minderjährigen Kindern nach Deutschland gekommen ist. In einer marginalisierten und informellen Elendssiedlung in der Hauptstadt des Herkunftsstaates wurde deren „Schuppen", eine Slum-Hütte aus Karton und Holz, in der Nacht von Mitgliedern der Dominanzbevölkerung abgefackelt, während die Kinder und die Eltern darin schliefen. Die Einwohner der Elendssiedlung, Roma, wurden hierbei gnadenlos mit Eisenstangen und Knüppeln vertrieben. Heute stehen dort eine Tennisanlage und andere Sportplätze. Zuvor war die Familie derart tyrannisiert worden, dass sie sich nicht traute, die Kinder in die Schule zu schicken, zumal sie hinterher aufgrund struktureller Rassismen dort wahrscheinlich eh keine Arbeit erhalten hätten, so die Erfahrungen der Elterngeneration. Anders in Deutschland. Die Kinder gehen sehr gerne in die Schule. Fleißig und schnell lernte die Familie Deutsch. Sobald er dies durfte, begann der Mann, hier zu arbeiten und machte auch den Führerschein, damit er unbefristet angestellt wurde. Mittlerweile sind in Deutschland Zwillinge dazugekommen, bei deren Geburt ich dabei war. Das eine Baby wärmte der Vater unter seinem Anorak, das andere ich. Als diese beiden jüngsten Kinder in den Kindergarten durften, begann auch die Frau, trotz Haushalt und Kinderreichtum in Teilzeit zu arbeiten. Sie finanzierten alsdann ihre Wohnung und andere Auslagen selbst. Von Beginn an begannen sie, sich auch hierzulande sozial zu engagieren, zum Beispiel beim Übersetzen. Sie sind Christen, unternahmen jedoch gegenseitige Unterstützung etwa in der Kinderbetreuung und beim Kochen jetzt schon jahrelang mit einer muslimischen syrischen Familie, Geflüchtete wie sie. Wir sind gute Freunde geworden. Oft sind wir bei ihren Festen eingeladen – sehr sozial ist es, andere zu Weihnachten oder ähnlichen Festen einzuladen, die Familie tut es. Schlussendlich bestanden die Eltern sogar die Prüfung des Orientierungskurses. Dieses Jahr wirkte die Mutter dieser Familie in Stuttgart an einem Vortrag über die Lebenssituation im Herkunftsland mit. Zum Glück ist die Familie solchen Lebensperspektiven nicht mehr ausgesetzt.

## Jaro

Jaro, ein Rom aus der Slowakei, lebte hier weit über ein Jahr auf der Straße. Das war im Winter sehr hart, und er durfte sich dann bei guten Menschen auch in einer Scheune einrichten und eine Küche und ein Bad benutzen, später ein Zimmer. Er ist ein feiner Mensch, mit vielen Manieren und viel Anstand. Ich half ihm bei vielerlei anfänglichen Alltagsnöten, ein Koch unterstützte ihn, bei Behörden Fuß zu fassen, ich half wiederum bei Bewerbungen und Vorstellungsgesprächen. Jaro fand letztendlich Arbeit in der Paketverteilung, was auch in Corona-Zeiten unentbehrlich ist. Trotz Fulltime-Job kann er wegen des niedrigen Einkommens nur in einem kleinen Kellerzimmer wohnen. Als mir einmal der Laptop kaputt ging, schenkte er mir seinen. Als er hörte, dass eine Roma-Familie in Mazedonien für den nachhaltigen Lebensunterhalt noch Geld für eine fahrende Säge benötigte, spendete er hierfür. Denn er hatte in den Augen der Organisatorin dieser sachgebundenen Spendenaktion gesehen, wie viel es ihr ausmachte, dass das Spendenziel nicht erreicht war.

## Manfred

Manfred lebt ebenfalls nicht auf der Straße, sondern in einer kleinen Wohnung. Er ist gesundheitlich beeinträchtigt und schon jahrelang Gast im Tagestreff. Er ist wachsam im Sozialen und setzt sich dafür ein, dass alles seine Ordnung hat, auch wenn es nicht ihn betrifft. Seit er im Tafelladen eine Arbeit gefunden hat, wurde seine Welt wieder größer. Am liebsten erzählt er jetzt von seiner Arbeit, von den Mitarbeiter*innen, mit denen er sich prima versteht.

## Elsbeta

Anders ging es Elsbeta. Nach zwei Wochen Betteln schaffte sie auf eigene Faust, in einem Hotel Arbeit als Zimmermädchen zu finden! Sie versorgte damit ihre Familie. Ihr Mann kümmerte sich um den Haushalt und das Kind. In ihrem Herkunftsland hatte sie wegen Diskriminierung nie Arbeit erhalten. Doch wegen Corona verlor sie diese Arbeit. Das ist schon ein Dreivierteljahr her. Wenn ich manche Menschen über vergleichsweise weniger einschneidende Corona-Einschränkungen klagen höre, denke ich an diese Frau, die deswegen so lange komplett keine Arbeit mehr hat.

Die, wie ich finde, sozialsten Geschichten zu dieser Thematik sind kurz, wie auch die besten Antworten kurz sind: Meine Freundin Monika kocht wie etliche andere Ehrenamtliche dort im Tagestreff immer wieder ein Mittagessen für die Gäste, jahrein, jahraus, auch in Covid-19-Zeiten, dies kann dann aber momentan lediglich abgeholt werden. Hut ab vor den Frauen und Männern, die dort konstant und zuverlässig immer

wieder ein leckeres Mittagessen zaubern, das für manche mitunter die einzige Freude am Tag ist! Immer wieder gibt es Gäste, die dies auch für den Preis von einem Euro fünfzig nicht als selbstverständlich hinnehmen und sich für das gute Essen bedanken! Hut ab auch vor Doktor Martin, der alle ohne Unterschied medizinisch behandelt! Immer wieder gibt es auch Gäste, die sich gegenseitig helfen! Ebenfalls vielsagend: Eine im Herkunftsland wegen Diskriminierung stets arbeitslos gewesene Frau, arbeitet nun in Deutschland in einem Pflegeberuf und kocht ab und zu gute Suppe für Bettlerinnen und Bettler hier!
Warum werden Menschen, die finanziell schwach sind, so oft als sozial schwach bezeichnet?

Weshalb stören uns Bettlerinnen und Bettler, auch wenn diese mit einem Becher vor sich nur still dasitzen? Warum ist das Denken in Kategorien so schwer aus den Köpfen zu vertreiben? Was macht den Wert eines Menschen aus?

**Manuel Werner**, *Jahrgang 1958, lebt in Nürtingen. Er erfuhr selber Hilfe und Unterstützung. In den für dieses Buch erzählten Geschichten ist ihm wichtig, die sozialen Kompetenzen der erwähnten Personen darzustellen. Ehrenamtlich unter anderem im „Arbeitskreis Sinti/Roma und Kirchen in Baden-Württemberg", im „Solifonds Perspektiven für Menschen aus ‚sicheren Herkunftsstaaten' in Osteuropa" und in „Kultur für alle Nürtingen" tätig. Er ist Mitglied im „Freundes- und Förderkreis des Tagestreffs Nürtingen". 2015 wurde Manuel Werner für seine sozialpolitische Reportage in der Straßenzeitung Trott-war der Sonderpreis „Flucht und Migration" der Diakonie-Journalistenpreis verliehen. In der Reportage ging es um die Frage, warum Roma aus der Slowakei nach Deutschland zum Betteln kommen.*

# Erfahrungen einer Rückkehrberaterin

JOHANNA ROTH

Ich arbeite beim Caritasverband als Beraterin für Menschen mit Migrations- und Fluchterfahrung über die Möglichkeit, freiwillig in ihr Heimatland zurückzukehren. Meine berufliche Tätigkeit stößt in meinem privaten Umfeld immer wieder auf großes Interesse. Ich werde dabei meist nach den Schwierigkeiten und den damit verbundenen Belastungen gefragt. Lange habe ich etwaige Probleme verneint, da für mich die Freude an meiner Arbeit im Vordergrund steht. Weil sie jedoch sehr facettenreich ist, bin ich mir bewusst, dass ich sie differenzierter darstellen müsste. Hier möchte ich meine Arbeit anhand des Beratungsfalles von Herrn Ahmed (Name geändert) darstellen und konkretisieren.

## Die Beratung zur freiwilligen Rückkehr

In der Beratungsarbeit zur freiwilligen Rückkehr unterstütze ich die Klient*innen, damit sie eine gut informierte Entscheidung über die mögliche Rückkehr ins Herkunftsland treffen können. Als Wohlfahrtsverband ist uns dabei besonders wichtig, dass die Beratung freiwillig, vertraulich und ergebnisoffen ist. Je nach individueller Situation geht es um Themen wie Wohnen, Arbeiten und Gesundheit. Gemeinsam wird eine umfassende Zukunftsperspektive entworfen, damit der Neustart im Herkunftsland gelingen kann.

Die Gründe, warum Menschen sich für eine freiwillige Rückkehr entscheiden, sind unter anderem Heimweh nach Familie und Freunden, Tod eines Familienmitglieds oder Verbesserung der Sicherheitslage im Heimatland. Die Mehrheit der Klient*innen ist allerdings aus aufenthaltsrechtlichen Gründen dazu verpflichtet, Deutschland zu verlassen. Oft bleibt nur noch die „Wahl" zwischen einer Abschiebung oder einer freiwilligen Rückkehr.

Eine Abschiebung abzuwenden, eine Rückkehr in Würde zu ermöglichen und eine Perspektive für ihr Leben im Herkunftsland zu entwickeln: Das sind Gründe, warum mir die Arbeit in der Rückkehrberatung wichtig ist.

## Herr Ahmed

Herr Ahmed kam mit seiner Flüchtlingsberaterin zur Rückkehrberatung. Er lebte schon seit vielen Jahren in Deutschland. Er hatte einen Asylantrag gestellt, der jedoch abgelehnt wurde. Vor kurzem hatte er von der Ausländerbehörde eine Aufforderung zur Ausreise bekommen. Wir sprachen über seine Perspektiven im Herkunftsland und wie ich ihn unterstützen könnte.

Im Erstgespräch erfuhr ich, dass Herr Ahmed schon seit vielen Jahren stark alkoholabhängig ist. Bevor er nach Deutschland kam, arbeitete er in einem anderen Land unter sehr schlechten Arbeits- und Lebensbedingungen als Gastarbeiter im Baugewerbe. Zu dieser Zeit hatte er begonnen, Alkohol zu trinken. In Deutschland hatte er nie eine Arbeitserlaubnis erhalten. Er konnte sich keine Tagesstruktur aufbauen und keine sozialen Kontakte knüpfen. Das sind natürlich sehr schlechte Voraussetzungen für die psychosoziale Gesundheit eines Menschen und eine gelingende Integration, geschweige denn für eine erfolgreiche Entzugsbehandlung.

Herr Ahmed musste vor Planung seiner Ausreise noch persönliche Angelegenheiten klären und so vergingen einige Monate, bis er wieder in die Beratung kam. Er war in sehr schlechter physischer und psychischer Verfassung. Die Flüchtlingsberaterin berichtete, dass für ihn eine gesetzliche Betreuung angeregt worden war, da er nicht mehr in der Lage sei, sich um seine gesundheitlichen Belange zu kümmern.

Er berichtete, dass sein Vater vor einigen Wochen im Heimatland verstorben war. Er befand sich in Trauer, und zusätzlich fühlte er sich verantwortlich, als ältester Sohn für seine hochbetagte Mutter zu sorgen. Es war ihm wichtig, zeitnah in sein Heimatland zurückkehren zu können. Es war erschreckend, wie sehr sich sein Gesundheitszustand in den vergangenen Monaten verschlechtert hatte. Er hatte im Beratungsgespräch große Wortfindungsstörungen und vergaß immer wieder, dass wir über seine Rückkehr sprachen. Der körperliche Abbau und seine geistige Verwirrtheit waren enorm. Sein Zustand machte mich sehr betroffen. Seinen Wunsch, zurückzukehren, konnte ich gut nachvollziehen, machte mir jedoch Sorgen, ob er in seinem Land überleben würde. Ich fragte mich, ob er überhaupt in der Lage sei, seine Situation einzuschätzen und die Entscheidung für eine Rückkehr allein treffen zu können.

## Schwierige Entscheidungen

Immer wieder gibt es Klient*innen, deren Gesundheit oder Sicherheit im Herkunftsland nicht gewährleistet sind, zum Beispiel durch Krieg, politische Verfolgung oder fehlende medizinische Versorgungsmöglichkeiten. Es ist wichtig, dass die Klient*innen die Entscheidung für oder gegen eine Rückkehr selbst treffen können. Ich informiere sie und bespreche mit ihnen, wenn es mögliche Risiken gibt, und wie diese gemindert werden können. Jedoch sehe ich auch meine moralische Verantwortung für die Klient*innen. Wenn die Situation im Heimatland sehr unsicher und ihr Leben in Gefahr ist, kann ich die Unterstützung der freiwilligen Rückkehr ablehnen. Das ist keine einfache Entscheidung, und die Gründe für und wider eine freiwillige Rückkehr müssen deshalb gut abgewogen werden.

## Entscheidungshilfen

Im Fall von Herrn Ahmed war zu diesem Zeitpunkt noch keine Entscheidung nötig. Es war ein Betreuungsverfahren angeregt worden, das noch im Gange war. Weiterhin fordert die zuständige Organisation, über welche die Ausreise (unter anderem Reiseweg und Flugbuchung) organisiert wird, dass bei Menschen mit Erkrankungen eine Flugtauglichkeitsbescheinigung vorgelegt wird. Es gab also zwei Stellen, die eine Aussage über die gesundheitliche Verfassung von Herrn Ahmed treffen würden. Da ich zu diesem Zeitpunkt noch keine profunde Entscheidung treffen konnte, kam mir dies entgegen. Ich erhoffte mir, dadurch eine bessere Sicht der Dinge. Bis dahin bereitete ich alles für seine Rückkehr vor.

Es fanden weitere Beratungsgespräche mit ihm und der Flüchtlingsberaterin statt. Es gab einige ernste Zwischenfälle, die mit dem Alkoholkonsum von Herrn Ahmed in Verbindung standen. Mehrere qualifizierte Entzüge blieben erfolglos, und er war nicht in der Lage, die Abstinenz durchzuhalten. Meine Befürchtung wuchs, dass er aufgrund seiner schlechten gesundheitlichen Verfassung den Termin seiner geplanten Ausreise nicht erleben würde. Selbst wenn er gesundheitlich zu einer Ausreise in der Lage sein würde, hatte ich Bedenken, ihn bei seiner Ausreise zu unterstützen, denn im Gegensatz zu seinem Heimatland hätte er in Deutschland gute Behandlungsmöglichkeiten und ein unterstützendes Sozialsystem. Ich befand mich in einem Zwiespalt zwischen der Sorge um seine Gesundheit und der Unterstützung seines Rückkehrwunsches. Dann bekam er von seinem Arzt die Flugtauglichkeit bescheinigt. Ihm wurde attestiert, dass er in der Lage sei, die Rückkehrentscheidung selbstständig zu treffen und dass er ohne Unterstützung reisen könne. Es ist problematisch, das Attest eines Arztes anzuzweifeln. Aber ich verstand nicht, warum seine gesundheitlichen Einschränkungen darin nicht benannt waren. Die Bescheinigung sah ich nicht als hilfreich für meine Entscheidungsfindung an. Ich hatte weiterhin starke Zweifel, ob es richtig ist, die Ausreise des Klienten zu unterstützen. Vom Betreuungsgericht gab es immer noch keine Entscheidung, diese konnte sich noch länger hinziehen. Ich musste mir nun darüber klar werden, wie ich zu einer Entscheidung kommen könnte.

Es ist mir wichtig, gute, professionelle und möglichst objektive Abwägungen im Sinne der Klient*innen, zu treffen. In schwierigen Fällen ist es hilfreich, diese bei der regelmäßigen Supervision mit anderen Rückkehrberater*innen einzubringen. In der Supervision schilderte ich meine Befürchtung, dass Herr Ahmed die angedachte Rückkehr in sein Heimatland nicht überleben würde. Ich verdeutlichte, dass es im Sinne meines Klienten notwendig wäre, in Deutschland behandelt zu werden und eine Rückkehr erst nach seiner Gesundung erfolgen sollte. Andererseits besteht aber der Wunsch von ihm, zurückzukehren, was ich verstehe und auch respektieren möchte. Die anderen Rückkehrberater*innen berichteten von eigenen, ähnlichen Fällen und notwendigen schwierigen Entscheidungen. Es tat mir gut, von meinen Kolleg*innen Verständnis zu bekommen sowie mich über meinen Fall und seine Problematik austauschen zu können. Ein Kollege stellte mir die entscheidende Frage: Wenn ich als Rückkehrberaterin davon ausginge, dass Herr Ahmed nicht mehr lange leben würde, wäre es dann nicht besser, wenn er die Möglichkeit erhielte, in seinem Heimatland im Kreise seiner Familie zu sein?

## Entscheidung und Ausreise

Die Supervision veranlasste mich dazu, den Fall zu überdenken und neu zu bewerten. Herr Ahmed war schwer krank, und dass er in Deutschland gesund werden würde, war unwahrscheinlich. Es war der Wunsch des Klienten, zu seiner Familie zurückzukehren. Dies hatte er klar zum Ausdruck gebracht. Da eine Entscheidung des Betreuungsgerichts immer noch nicht vorlag und noch Monate dauern konnte, war er auch rechtlich in der Position, Entscheidungen für sich selbst zu treffen. Seine fehlenden Perspektiven in Deutschland und sein dringender Wunsch, zurückzukehren, hatten für mich mehr Gewicht, als meine Befürchtungen. Vielleicht würde seine Rückkehr für seine Gesundung sogar unterstützend wirken. Aufgrund dieser Abwägungen traf ich die Entscheidung, ihn zur freiwilligen Rückkehr zu begleiten.

Trotz der Flugtauglichkeitsbescheinigung des Arztes konnte man den Klienten nicht alleine reisen lassen. Es bestanden zu große gesundheitliche Risiken. Deshalb meldete ich ihn als medizinischen Fall zur Ausreise an, so dass er Unterstützung bekommen würde.

Zu dieser Unterstützung zählte unter anderem, dass er auf seiner Reise durch einen Arzt begleitet werden würde. Weiterhin wurde in Absprache mit dem Klienten geklärt, wo er die erste Zeit im Heimatland wohnen würde. Über verschiedene Fördergelder würde er in den ersten Monaten nach seiner Rückkehr medizinische Unterstützungsleistungen bekommen. Mit seiner Schwester wurde ausgemacht, dass er die erste Zeit bei ihr leben könnte. Sie wurde über seine Krankheit und seinen gesundheitlichen Zustand informiert. Wenn es ihm besser ginge, würde er zu seiner Mutter ziehen, um für sie zu sorgen. Seine Mutter sollte nichts von seiner Alkoholsucht wissen, da Alkoholkonsum in seiner Kultur ein Tabuthema darstellte. Herr Ahmed war sich deshalb sicher, dass er seine Alkoholsucht im Heimatland in den Griff bekommen und abstinent werden würde. Ich war sehr skeptisch, ob dies erfolgreich sein könnte. Um sein Vorhaben, abstinent zu werden, zu unterstützen, wurde organisiert, dass Herr Ahmed vor seinem Flug erneut einen qualifizierten Entzug in einer Klinik machen konnte. Von dort würde er zum Flughafen gebracht und auf seinem Flug von einem Arzt begleitet werden. So hatte er gute Chancen, den Flug zu überstehen und gesundheitliche Risiken zu minimieren. Ich war froh, dass wir die Reise und die Situation vor Ort bestmöglich vorbereiten konnten. Dann wurde die freiwillige Rückkehr wie geplant durchgeführt. Von der medizinischen Begleitung bekam ich nach der Ausreise die Rückmeldung, dass Herr Ahmed die Reise gut überstanden hatte und von seiner Schwester am Flughafen abgeholt wurde.

## Resümee

Kommt heute aus meinem Umfeld die Frage nach Problemen und Schwierigkeiten, die meine Arbeit mit sich bringt, so verneine ich diese nicht mehr, sondern beantworte sie differenzierter. Ich berichte über Beratungssituationen, die sehr sensibel sind und aus verschiedenen Blickwinkeln betrachtet werden müssen. Insbesondere wenn Klient*innen in ein Land zurückkehren, wo sie zum Beispiel aufgrund von gesundheitlichen Einschränkungen, Verfolgung oder Krieg in Gefahr sind. Es gilt sowohl mit den Klient*innen, als auch für mich als Beraterin, zwischen Rückkehrwunsch und Sicherheit der Klient*innen abzuwägen und verschiedene Sichtweisen und Möglichkeiten zu berücksichtigen.

Eine Rückkehr in ein Land, in dem mit großen Gefahren für Gesundheit und Sicherheit zu rechnen ist, lässt sich nicht ohne Bedenken durchführen. Ich denke jedoch, dass dieses Abwägen notwendig und wichtig ist, um schwierige Situationen und damit einhergehende Emotionen bewusst wahrzunehmen. Dies ist für mich auf der einen Seite ein wichtiger Hinweis, um gut für mich zu sorgen, damit meine Arbeit nicht zur Belastung wird. Auf der anderen Seite ist es für mich ein wichtiger Hinweis, um einen Schritt zurücktreten zu können und möglichst objektiv zu bleiben. So kann ich professionell beraten und bei Bedarf eine Entscheidung treffen, die meine persönlichen Bedenken berücksichtigt, aber sich nicht darauf reduziert. Denn der Wunsch der Klient*innen steht für mich im Vordergrund, und diesem möchte ich nur widersprechen, wenn es wirklich notwendig ist. Meine Klient*innen zu unterstützen, und gute Grundlagen für ihre Rückkehr zu schaffen, ist für mich das Wichtigste. Dies zu erreichen, stellt für mich den Ausgleich zu schwierigen Situationen und Entscheidungen dar und gibt mir Freude bei meiner Arbeit. Deshalb mache ich die Rückkehrberatung sehr gerne.

Herr Ahmed meldete sich nach einigen Monaten bei mir. Er konnte wieder klar und verständlich sprechen. Er berichtete, dass es ihm gut gehe und er keinen Alkohol mehr trinken würde. Er sandte mir Bilder, auf denen er gesund und zufrieden aussah. Das zeigte mir, dass es die richtige Entscheidung war, seine Rückkehr zu unterstützen. Wir sind noch regelmäßig in Kontakt, und er wohnt inzwischen bei seiner Mutter. Ich wünsche ihm von Herzen alles Gute.

**Johanna Roth**, geboren 1986, hat an der Pädagogischen Hochschule Freiburg studiert. Nach ihrem Bachelor in Erziehung und Bildung hat sie dort den Master in Erziehungswissenschaft mit dem Schwerpunkt Erwachsenenbildung/Weiterbildung erfolgreich abgeschlossen. Nach dem Studium arbeitete sie mehrere Jahre beim Landesverband Baden-Württemberg der Lebenshilfe e.V. als Bildungsreferentin im Referat Freiwilligendienste. Seit 2016 arbeitet sie beim Caritasverband Mannheim e.V. und ist dort als Koordinatorin im Bereich Hilfen für Flüchtlinge und als Rückkehrberaterin tätig. Sie begleitet und berät Klient*innen aus fast allen Kontinenten bei der freiwilligen Rückkehr in ihr Herkunftsland.

# *Diskriminierung und Menschenwürde*

ANNA FELDBEIN

> *"It is not our difference that divides us.*
> *It is our inability to recognize,*
> *accept and celebrate those differences."*
> Audre Lorde

Im Büro für Diskriminierungskritische Arbeit in Stuttgart geben wir regelmäßig Workshops zum Fachverständnis von Diskriminierung. In diesen Workshops erarbeiten wir gemeinsam mit den Teilnehmer*innen mal mehr, mal weniger interaktiv das Modell zur Diskriminierung nach Vorlage der Anti-Bias Werkstatt. Das Modell verdeutlicht, ausgehend von den eigenen Erfahrungen, die eigenen Verstrickungen in gesellschaftliche Unterdrückungsverhältnisse und rückt den Machtaspekt ins Zentrum. Wir versuchen dabei, so gut es geht, von der individuellen Ebene wegzukommen und die strukturelle und systematische Dimension von Diskriminierung aufzuzeigen.

Bei der gemeinsamen Erarbeitung des Modells fragen wir die Teilnehmer*innen nach anderen Wörtern für Diskriminierung. Eine Teilnehmende antwortet auf diese Frage mit „Herabwürdigung", worauf eine kurze Diskussion entsteht, ob dieser Begriff, also ob das Konzept „Würde", in Bezug auf Diskriminierung nicht zu weit geht. Hinter dieser Frage steckt eine ganz bestimmte Annahme oder vielleicht auch Hoffnung. Diese wird unablässig wiederholt, so dass sie dadurch wahr(er) werden kann: Alle Menschen sind gleich an Würde. Alle Menschen sind gleich viel wert. In der Theorie stimme ich dem selbstverständlich zu. Aber diese Theorie entspricht nicht unserer gesellschaftlichen Realität. Dies deutlich zu sehen und dann auch auszusprechen, tut weh. Diskriminierung ist die Verletzung unserer Menschenwürde, und Diskriminierung geschieht im Alltag, im Beruf, in der Schule, in den Medien, im Krankenhaus, auf der Polizeistation und bei Gericht.

Diskriminierung ist real, weil bestimmten Menschen mehr Wert zugemessen wird als anderen. Jenen, die als wertvoller gelten, wird anders zugehört, indem sie ernst genommen werden und indem ihnen mehr geglaubt wird. Sie bekommen auch andere Möglichkeiten, gehört zu werden: In den meisten Redaktionen, Filmteams, in Theatern, im Literaturbetrieb liegt nach wie vor und mehrheitlich der Fokus auf den Erfahrungen von *weißen* Cis-Männern. An dieser Stelle ist es durchaus berechtigt zu fragen, was dieses konkrete Beispiel mit Würde zu tun hat. Und genau hier liegt auch die Schwierigkeit: Würde ist unglaublich komplex und gleichzeitig nicht relativierbar. Ich versuche mich im Folgenden dieser Komplexität anzunähern, obwohl ich schon jetzt weiß, dass dies auf wenigen Seiten kaum möglich ist. Ich sehe diesen Text also als Versuch einer Annäherung, die unvollendet bleiben wird.

## Woher kommst du?

Die Suche nach einer Antwort auf die Eingangsfrage beginne ich mit dem Verständnis von Diskriminierung, auf dem meine Arbeit beruht.
Diskriminierung ist ein „System der Unterdrückung, das die sozialen Hierarchien in unserer Welt bestimmt" (Dr. Emilia Roig). In diesem System können wir vier verschiedene, ineinandergreifende Dimensionen der Diskriminierung verorten: individuell, strukturell, institutionell und historisch. Die individuelle Diskriminierung ist diejenige, die wir am besten kennen. Sie kann offenkundig rassistisch oder sexistisch sein. Sie kann aber auch auf weniger offensichtliche Weise wirken und schwieriger einzuordnen sein. Wenn mich beispielsweise völlig fremde Menschen an der Ampel danach fragen, woher meine Nase denn komme. Sie fragen das, weil ihnen meine Nase nicht deutsch genug aussieht. Aber: wie sehen deutsche Nasen aus? Die Form meiner Nase verführt Menschen immer wieder dazu, Vergleiche mit irgendwelchen orientalischen Fantasien anzustellen. Aber ich bin kein Objekt, ich bin eine Person, mit einer Geschichte, die auch von Vertreibung und Vernichtungsversuchen gekennzeichnet ist.

Auch wenn die Frage „Woher kommst du?" im ersten Moment harmlos scheint, ist sie es nicht. Sie entscheidet darüber, wer dazu gehört und wer nicht. Diese Frage zwingt mich dazu, mich zu dieser Geschichte zu positionieren. Am einfachsten ist es, nur einen Teil der Wahrheit zu sagen oder auch zu lügen, das zu sagen, was die Leute hören wollen. Und das immer und immer und immer wieder. In der Mittagspause, an der Kasse im Supermarkt oder eben an der Ampel. Diese Selbstverständlichkeit, der zufolge Menschen rund um die Uhr dafür parat stehen, mit anderen teils traumatischen Familiengeschichten von Flucht oder Adoption zu teilen, offenbart sehr viel vom Selbstverständnis der Fragenden. Von ihrem Anspruch und ihrer Berechtigung jederzeit und überall Fragen zu stellen und Antworten zu erwarten. Und dies impliziert noch etwas anderes. Die, die diese Frage stellen, wollen eigentlich wissen, wann ich dorthin, wo ich herkomme, wieder zurückgehe. Weil ich nicht hierhergehöre, auch nicht in Zukunft. Nicht so wie sie. Und sie erwarten eine Antwort, weil sie denken, ich sei ihnen etwas schuldig, weil ich in „ihrem Land" lebe.

In Diskussionen rund um diese Frage kommen fast schon reflexartig immer wieder die Entschuldigung: „Aber das ist doch nicht böse gemeint!" Das sei nur Neugier, also etwas Gutes. Die Person interessiert sich für dich. Du bist es wert, dir wird Zeit gewidmet. Die Sache ist, dass das nicht stimmt. Mutlu Ergün-Hamaz' Sesperado beschreibt in seinen geheimen Tagebüchern „Kara Günlük"[1] mehrere Strategien, um auf diese Frage zu antworten. Eine ist, der fragenden Person die unlogischste Geschichte zu erzählen, um diese Gier nach etwas Exotischem zu befriedigen. Denn wenn meine Antwort „Bremen" lautet, reicht das nicht aus. Ganz egal, ob diese Antwort stimmt oder nicht, weil es überhaupt nicht um mich geht. Es geht darum, dass die fragende Person ihre Macht über mich ausübt. Meine Lieblingsantwort aus „Kara Günlük" ist übrigens: „Aus meiner Mutter."

---

1    Mutlu Ergün-Hamaz: Kara Günlük. Die geheimen Tagebücher eines Sesperado. Unrast Verlag 2012

Die institutionelle Diskriminierung geht zwar auch von Individuen aus, allerdings befinden sich diese in machtvollen Positionen in Institutionen wie Schule, Polizei oder Justiz. Machtvoll bedeutet in diesem Zusammenhang nicht unbedingt, dass eine Person eine besonders hohe Position auf der Hierarchie-Leiter haben muss. Wie beispielsweise in der Sachbearbeitung einer Ausländerbehörde, in der Person A einen Antrag positiv bewertet und Person B nicht, obwohl es sich um den gleichen Antrag handelt. Bestehende Freiräume können hier zugunsten einer Person genutzt werden oder eben nicht. Gleichzeitig geht es aber natürlich auch um machtvolle Positionen, die einzelne Menschen und ganze Menschengruppen stark benachteiligen oder bevorzugen können und damit das Leben dieser Menschen formen und definieren, wie Richter*innen, Journalist*innen, Lehrer*innen oder Polizist*innen.

Strukturelle Diskriminierung beschreibt Roig bildhaft, und wie ich finde sehr treffend, als „Skelett unserer Gesellschaft. Die Infrastruktur hinter Diskriminierung sozusagen". Dies spiegelt sich beispielsweise in Gesetzestexten wider, wie etwa bei der Residenzpflicht für Asylsuchende. Diese und andere Regelungen im Ausländer- und Asylrecht weisen parallele Strukturen und Effekte zu Verordnungen, die zur Kolonialzeit aufgesetzt wurden und, die die Kolonisierten unter eine duale Rechtsordnung stellten.[2] Ein anderes Beispiel sind die Ehegesetze und die damit verbundenen steuerlichen Ent- bzw. Belastungen, die in heterosexuellen Beziehungen die Frauen benachteiligen und weiter zur ungleichen Verteilung von Care-Arbeit oder dem Gender Pay Gap beitragen.

Die historische Dimension zeigt auf, wie vergangene Systeme und Ereignisse heute unsere Welt prägen. Wir können beispielsweise nicht über die Unterrepräsentation von Frauen in der Schweizer Politik sprechen, ohne zu erwähnen, dass sie erst 1971 das Wahlrecht bekamen. Wie auch zu anderen historischen Zeitpunkten spielte die Wissenschaft hier eine entscheidende Rolle. Lange Zeit wurde sie als Rechtfertigung für die Unterdrückung verschiedener gesellschaftlicher Gruppen genutzt. Pseudowissenschaftliche Theorien hielten Frauen von Machtpositionen fern. Es hieß, Frauen dürften nicht an Universitäten oder in die Politik gehen, weil dadurch Energie von der Gebärmutter ins Gehirn wandert – mit der Folge, dass sie weniger fruchtbar würden. Wissenschaft war nie nur neutral oder objektiv – sie ist von denen, die dieses Wissen produzieren, weitestgehend geprägt.

Gehen wir zurück zu Deutschlands Rolle als Kolonialmacht. An diesem Beispiel können wir sehr gut die Verschränkungen der Dimensionen nachzeichnen: Weder im Schulunterricht noch im breiten gesellschaftlichen Diskurs spielt die Deutsche Kolonialzeit eine große Rolle. Dieser Teil der deutschen Geschichte ist nur wenigen Menschen, die sich aus eigener Initiative dazu informieren und weiterbilden, in vollem Umfang bekannt. Dabei haben die 30 Jahre deutscher Kolonialgeschichte große Auswirkungen auf unsere heutige Gesellschaft, und diese Zeit ist keinesfalls abgeschlos-

---

2   Vgl. Cengiz Barskanmaz: Rassismus, Postkolonialismus und Recht – Zu einer deutschen Critical Race Theory, 2008 Nomos Verlag S. 299 ff.

sen oder aufgearbeitet, wie zum Beispiel die Diskussion zu Straßennamen oder über gestohlene Museumsobjekte.

Ein weiterer Aspekt ist, dass immer wieder im Öffentlichen wie im Privaten darüber debattiert wird, ob rassistische Wörter, die ihren Ursprung in der Kolonialzeit haben, weiterhin verwendet werden dürfen. Auch in dieser Diskussion fällt oft das Das-war-doch-keine-Absicht!-Argument abwechselnd mit dem entrüsteten „Das habe ich schon immer so gesagt!" Gäbe es ein tiefgehendes historisches Verständnis vom Kolonialismus und für seine Wirkweisen bis in die heutige Zeit, wäre solch eine Diskussion überhaupt nicht denkbar und noch weniger sagbar. Es wäre indiskutabel, dass hinter diesen Bezeichnungen ein System steckt, welches Menschen herabwürdigt und ihnen ihr Mensch-Sein abspricht, mit dem Ziel die Ausbeutung ihrer Arbeitskraft und ihres Landes zu legitimieren.

Wenn es keinen gesamtgesellschaftlichen Konsens zu diesen Fragen gibt, kommen wir nicht weiter, denn Diskriminierung ist in unsere gesellschaftliche Struktur eingeschrieben. Unsere Gesellschaft baut darauf auf, dass bestimmte Gruppen mehr Macht haben. Und wenn eine Gruppe mehr Macht hat, bedeutet das zwangsläufig, dass eine andere weniger davon hat. Und dies bedeutet schlussendlich, dass dieser Gruppe weniger Wert zu- und damit Würde abgesprochen wird.

## Menschenwürde im Recht

Oft sprechen wir über Würde, ohne weiter zu differenzieren. Die wenigsten können in Worte fassen, was genau sie meinen, wenn sie Würde beschreiben wollen. Dabei wissen wir alle, wie sich Würde anfühlt. Dieses Wissen ist in uns, wir müssen nur manchmal danach suchen. In dem Workshop „Die un(an)tastbare Würde des Menschen begreifen?!" hat die Menschenrechtspädagogin Melz Malayil dazu aufgefordert, unsere Augen zu schließen und an einen Augenblick mit einem geliebten Menschen zu denken, bei dem wir uns besonders glücklich gefühlt haben. In der Auswertung sammelten wir Worte, die beschreiben, wie wir uns in diesem Augenblick gefühlt und was die geliebten Menschen gesagt oder getan haben. Die gewählten Worte der unterschiedlichen Teilnehmer*innen wiederholten sich: Liebe, gehalten, angenommen werden. Es wurde sichtbar, dass das Erleben von Würde sich ähnelt. In dieser kleinen, aber wirkungsvollen Übung wurde die Universalität von Würde sichtbar.

Worüber sprechen wir genau, wenn wir Würde meinen? Die Würde des Menschen ist als Wesensmerkmal unantastbar und unverletzbar. Das bedeutet, dass wir würdig sind, weil wir Mensch sind. Das bedeutet auch, dass Würde nicht von Leistung abhängt. Niemand kann uns Würde zu- oder absprechen, weil Würde unveräußerlich ist. Sie kann auch nicht verwirkt werden, denn Würde wohnt jedem Menschen ab Geburt inne. Dazu beinhaltet Würde einen Achtungsanspruch, dieser formuliert, dass wir uns gegenseitig als verantwortungsvolle Individuen begegnen. Er beinhaltet, dass ich sein kann, so wie ich bin, ohne die Erwartungen und Vorstellungen anderer Menschen erfüllen zu müssen. Dass ich, mit all meinen Eigenschaften, Fähigkeiten, wie auch Verletzlichkeiten wahrgenommen, ernstgenommen, wertgeschätzt und respektiert werde. Ich bin als Mensch aus mir selbst heraus wertvoll. Dieser Achtungsanspruch ist sehr wohl verletzbar und deshalb schutzbedürftig. Er wird immer dann verletzt, wenn Menschen zum Objekt gemacht werden.

Menschenwürde als innerer Wert und als Selbstzweck ist kein *trending topic* und kommt per se nicht im medialen oder gesellschaftlichen Diskurs vor. Wir betrachten sie als selbstverständlich. Dabei ist es sie, an der viele rechtliche Fragen geklärt werden. Zu einer engen Verknüpfung von Menschenwürde und Rechtsfragen kam es erst nach dem Zweiten Weltkrieg, und zwar in der Formulierung zentraler Menschenrechte in der deutschen Gesetzgebung. Im vielzitierten Artikel 1 des Grundgesetzes heißt es folglich: „Die Würde des Menschen ist unantastbar. Sie zu achten und zu schützen ist Verpflichtung aller staatlichen Gewalt."

Ich kann mich gut an meinen Philosophielehrer erinnern, als er, ausgestattet mit allerlei ihm unsichtbaren Privilegien, bedeutungsschwer den kurzen Gesetzestext aufsagte. Nach einer theatralisch nachdenklichen Pause verortete er die Quelle zum Gesetzestext in den „Errungenschaften" der Aufklärung. Konkret in Kants Kategorischem Imperativ, welchen dieser 1785 in der „Grundlegung der Metaphysik der Sitten" beschrieb und in der Würde des Menschen mit dessen potenzieller Fähigkeit, vernünftig zu handeln, begründet. Auch bei der Recherche zu diesem Text stieß ich immer wieder auf Kants Imperativ. Wenn es darum geht, Fragen z. B. zu Sterbehilfe, Schwangerschaftsabbrüchen, der Behandlung von Gefangenen oder dem Sozialhilfesystem zu bewerten. In den meisten Fällen wird er von denen herangezogen, die nicht direkt von den Konsequenzen betroffen sind. Dabei wird selten erwähnt, dass Kants Imperativ nur für bestimmte Menschen galt. Dazu ist der gängige Diskurs nicht in der Lage, seine eurozentristische Perspektive zu verlassen und anzuerkennen, dass Menschenrechte weit vor Kants Zeit zum ersten Mal formuliert wurden. Und zwar 539 v. Chr. in Babylon, auf dem Kyros-Zylinder, der inzwischen weltweit als erste Charta der Menschenrechte anerkannt ist. Von Babylon aus verbreitete sich der Gedanke der Menschenrechte nach Indien und schließlich auch nach Europa. Auch in anderen Teilen der Welt wurden und werden Menschenrechte formuliert und gelebt, wie beispielsweise in der südafrikanischen Philosophie Ubuntu. Aus Xhosa übersetzt, bedeutet Ubuntu „Ich bin, weil wir sind". Dieser prägnante Satz zeigt, dass wir verantwortlich sind, wenn eine Person nicht in Würde leben kann, niemand in Würde leben kann.

Unter Federführung von Eleonor Roosevelt wurde die Allgemeine Erklärung der Menschenrechte formuliert und am 10. Dezember 1948 veröffentlicht. Die Menschenrechtscharta ist die Basis für viele Gesetze, die unser Leben im heutigen Europa regeln. Roosevelts Verständnis von Menschenrechten schließt sich an Ubuntu an: Wenn Menschenrechte an einem Ort keine Berechtigung haben, haben sie nirgendwo Berechtigung. Eine schöne Vorstellung, die sicherlich vielen Menschen als Kraftquelle gedient hat. Jedoch entspricht diese Vorstellung nicht unserer gesellschaftlichen Realität. Die

Diskussion, wem Würde zukommt, und wichtiger, wem nicht, wird seit jeher geführt. Dabei wurden an unterschiedlichen Stellen der Geschichte unterschiedliche Gruppen von Menschen ausgeschlossen, und sie werden es immer noch.

In der Allgemeinen Erklärung für Menschenrechte steht dieser zentrale Satz: „Alle Menschen sind frei und gleich an Rechten geboren." Doch was genau bedeutet das? Wenn wir mit der Universalität der Würde antworten, könnte die Antwort so lauten: Würde als universeller Wert begründet universelle Rechte und steht allen Menschen gleichermaßen zu, unabhängig von ihrer Herkunft, ihres Geschlechts, ihres Alters, ihrer sexuellen Orientierung, ihres Bildungsgrades, ihrer Gesundheit oder ihres Status. Diese Rechte wurden in einem langen historischen Prozess erkämpft, und zwar von denen, die Unterdrückung, Ausbeutung und Diskriminierung erfahren haben.

Unterdrückung, Ausbeutung und Diskriminierung sind aber immer noch Realität für sehr viele Menschen. Ja, auch hier in Deutschland. Wir leben in einem kapitalistischen System, das geprägt ist von patriarchalen und rassistischen Vorstellungen. Bestimmte Menschen werden zu Objekten von Erwartungen, Wünschen, Interessen, Zielen, Beurteilungen und Bewertungen. Wir sprechen über Menschen in konstruierten Kategorien und entschieden über ihre Köpfe hinweg.

## Was also tun?

Die menschliche Würde ist unantastbar. Alltägliche Erfahrungen von Menschen, die immer wieder medial inszeniert werden, um zum Beispiel zu klären, ob es Rassismus in Deutschland gibt, zeichnen sehr oft ein anderes Bild. Zahlreiche Studien zeigen, dass bestimmte gesellschaftliche Gruppen von systematischer Diskriminierung betroffen sind und entsprechend ungleiche Teilhabechancen haben. Die Machtverhältnisse in diesem Land und weltweit schaffen diese diskriminierenden und rassistischen Strukturen.

Es reicht also nicht aus, zu sagen: ich bin gegen Diskriminierung. Was für viele schon ein großer Schritt ist, weil sie damit anerkennen, dass Diskriminierung existiert. Wir müssen anfangen, anzuerkennen, dass Diskriminierung Teil unserer Sozialisation ist. Das heißt, dass wir selbst, unser Denken, Fühlen und Handeln, in ein System verwoben sind, das Machtungleichheit produziert. Weil uns beigebracht wurde, dass bestimmte Menschen weniger wert sind als andere oder sie selbst für ihre Situation verantwortlich sind. Unsere Verwobenheit äußert sich auch darin, dass wir von dieser Ungleichheit profitieren und Angst haben, Macht zu verlieren. Diese Angst ist gleichzeitig ein Instrument von Systemen, die auf Machtungleichheit aufbauen. Anstatt uns gegen das System zu stellen, versuchen wir unsere Position in diesem System zu stärken, damit wir besser darin überleben können. Dabei übersehen wir, dass Zugang zu Macht, Geld und Ressourcen auf Kosten unserer Würde, unserer Menschlichkeit und unserer Menschenrechte gesichert werden.

Was können wir tun? Wir können in einen Dialog mit denen treten, die sonst selten gehört oder gefragt, die nicht repräsentiert werden oder gelernt haben zu schweigen, und von ihnen lernen. Wir können einen Raum schaffen, in dem wir über Diskriminierung sprechen können, ohne dass Erfahrungen abgesprochen und als zu emotional oder zu unglaubwürdig abgestempelt werden. Einen Raum, in dem alle Stimmen gehört werden. Wir müssen unsere alltäglichen Routinen, Annahmen, von dem, was als „normal" gilt, kritisch hinterfragen und Konsequenzen daraus ziehen, auch wenn das erstmal unbequem für uns ist.

Die gute Nachricht ist, dass diskriminierendes Denken, Sprechen und Handeln erlernt ist. Das heißt, wir können es wieder verlernen. Aber das passiert nicht von allein, an diesen Prozess müssen wir alle gemeinsam und aktiv ran. Es ist ein kontinuierlicher und lebenslanger Lernprozess, der schmerzvoll und schamvoll ist. Am Ende steht eine Realität, in der wir alle sein können, mit allem was uns ausmacht. Eine Realität, in der wir alle Aspekte unseres Selbst akzeptieren und respektieren können.

**Anna Feldbein**, *Jahrgang 1986, ist Theater-, Film- und Medienwissenschaftlerin und arbeitet im Büro für Diskriminierungskritische Arbeit in Stuttgart. Freiberuflich ist sie als Trainerin in den Bereichen Empowerment und rassismuskritische Arbeit tätig. Ehrenamtlich engagiert sie sich im Netzwerk gegen Rassismus Karlsruhe und in dem Verein Empowerment! KA, einer Anlaufstelle für alle, die von Rassismus betroffen sind und sich gegen diesen selbst stärken möchten.*

# Geschichten aus Forschung und Lehre

## Langer Atem

Von der Fachschulausbildung zum Hochschulstudium

LORE MIEDANER

Meine Fachschulausbildung und meine Berufserfahrung zeigten mir schon in den 60er Jahren des 20. Jahrhunderts, dass grundlegende Verbesserungen in elementarpädagogischen Einrichtungen für Kinder dringend notwendig sind. Nur dann könnten Kinder in ihren Lebenschancen und damit auch in ihren Bildungsbiographien so gut wie möglich unterstützt werden. Aber beim späteren Rückblick auf mein Berufsleben stellte ich fest, dass grundlegende Veränderungen oft viele Jahrzehnte brauchen und dass dafür fast immer ein unübersehbarer Anlass notwendig ist. Das gilt auch für die Höherqualifizierung der Fachkräfte für die sozialpädagogische Arbeit mit Kindern, die inzwischen zaghaft begonnen hat.

### Meine Ausbildung zur Kindergärtnerin und Hortnerin

Von 1963 bis 1965 absolvierte ich eine – wie ich fand - vielseitige und anspruchsvolle theoretische und praktische Ausbildung zur Kindergärtnerin und Hortnerin in Stuttgart. Schon damals stellten sich mir verschiedene Fragen, zwei davon waren: Warum findet „unsere Ausbildung" auf einem geringeren intellektuellen Niveau statt, als die der Lehrer, obwohl Kinder vor der Schule einer ganz besonders einfühlsamen Begleitung bedürfen, die großes Fachwissen und viel Interesse und Empathie voraussetzt? Warum sieht die politische Gestaltung eine Zweiteilung in Normalkindergärten für

Kinder aus Familien vor, die dem bürgerlichen Familienmodell entsprechen, und denjenigen in Tagheimen, die aus anderen familiären Situationen kommen und ein Ganztagsangebot benötigen, und warum haben diese Einrichtungen, die auch Krippen und Horte umfassen, überwiegend einen schlechten Ruf in der Öffentlichkeit?

Zeigte sich daran, dass der damaligen Politik kleine Kinder und insbesondere Kinder aus belasteten Familien weniger wert waren als Kinder aus sogenannten Normalfamilien und Schulkinder? Zu diesem Schluss kam ich jedenfalls, als ich die Aussagen von Politikern aus Baden-Württemberg bis in die 80er Jahre des 20. Jahrhunderts hinein zur Kenntnis nahm. Für die Arbeit mit Kindern vor der Schule braucht es nur „einen Eimer und eine Sandschaufel" und „Bildung beginnt in der Schule" waren solche markanten Aussagen. Für kleinere Kinder galt offensichtlich nur Betreuung als Ziel und nicht Bildung. Und für Kinder erwerbstätiger Mütter wollte man möglichst wenige Plätze in Kindertagheimen schaffen, weil man sonst den Bedarf fördere. Mütter sollten zu Hause bleiben und nicht etwa nach Selbstverwirklichung im Beruf streben. Berufstätige Mütter, deren Kinder in Tagheimen waren, titulierte man als Rabenmütter und ihre Kinder als arme, vernachlässigte Schlüsselkinder. Das verkannte nach meiner Ansicht die damalige Lebensrealität völlig, denn schon seit Anfang des 20. Jahrhunderts waren fast *30 Prozent der Frauen erwerbstätig*. Sie *mussten* meist zum Familieneinkommen beitragen oder waren gar die alleinigen Versorgerinnen der Familien. 1960 lag der Anteil erwerbstätiger Frauen dann bei etwa 34 Prozent. Da die Plätze in Kindertagheimen aber ein rares Gut waren, mussten sie oft nach Härtefallkriterien vergeben werden, das heißt viele Familien, die einen Platz gebraucht hätten, bekamen keinen. Wie zynisch war dies: Man schuf nicht genügend ganz besonders gute Plätze für Kinder, die häufig schon unter schlechten Lebensbedingungen lebten, und bemühte sich nicht, Frauen und Familien aus belasteten Verhältnissen zu entlasten und zu unterstützen. *Politikerinnen*, die *vielleicht* andere Prioritäten gesetzt hätten, gab es damals nur wenige.

## Meine ersten Berufsjahre

Im Jahr 1965 begann ich meine Berufstätigkeit. Eigentlich wollte ich mit Schulkindern in einem Hort arbeiten, aber die Abteilungsleitung für Kindergärten und Kindertagheim der Stadt Stuttgart „vertraute" mir die Leitung eines eingruppigen Normal-Kindergartens in einem ländlich geprägten Vorort mit zugezogener städtischer Bevölkerung an.

Angefüllt mit Idealen und großem Elan begann ich meine Arbeit, hatte ich doch in der Ausbildung viel für diese verantwortungsvolle Tätigkeit gelernt. Mir ging es nicht, wie es der Kindergartenpädagogik in späteren Jahren oft rückwirkend unterstellt wird, einfach um die Betreuung und Aufbewahrung der Kinder, sondern wir waren auf Betreuung, Erziehung und Bildung vorbereitet worden, und das wollte ich auch umsetzen.

Ich wurde also Tante Lore mit der vorgeschriebenen weißen Schwesternschürze, die Sterilität und Pflege ausstrahlte. In „meiner" Kindergartengruppe waren über 50 Kinder von drei Jahren bis zum Schuleintritt in einem überschaubaren Raum. Er war mit Kindertischen und -stühlen bestückt, außerdem gab es einen Tisch und einen Stuhl für mich als Kindergärtnerin. Des Weiteren hatte die Stadt Spielmaterialien bereit gestellt.

Der Tageslauf war weitgehend vorgegeben, was ich bei den vorhandenen räumlichen Bedingungen und der großen Kindergruppe auch durchaus sinnvoll fand. Die Kinder kamen vormittags von 8 bis 12 Uhr und nachmittags von 14 bis 16 Uhr. Über

Mittag gingen sie nach Hause. Der Kindergartentag begann für die Kinder mit dem Freispiel, danach gab es den Morgenkreis mit gegenseitiger Begrüßung und ersten Liedern oder Kreisspielen. Dem folgte der gemeinsame Toilettengang mit Händewaschen, und anschließend vesperten wir zusammen. Daran schlossen sich, je nach Wetter, entweder freies Spielen im Hof, Kreisspiele oder auch gezielte Beschäftigungen an. Der Nachmittag verlief ähnlich. Er war jedoch insofern entspannter, als meistens weniger Kinder anwesend waren als am Vormittag. Als besondere Zerreißprobe empfand ich, dass Eltern üblicherweise während der Freispielzeit kamen, um den Kindergartenbeitrag zu bezahlen, oder dass sie beim Bringen der Kinder in ihrem Gesprächsbedarf oft kaum zu bremsen waren. Das nahm viel Zeit in Anspruch, die ich eigentlich für die nach und nach eintreffenden Kinder gebraucht hätte, zur speziellen Begrüßung und für Einstiegshilfen, was sie tun oder wo sie spielen könnten. Auch bei ihren Rollenspielen wäre es manchmal gut gewesen, wenn ich in Form von Spiel-Tutoring hätte neue Impulse einbringen können.

Damit unter diesen Bedingungen beide Seiten zu ihrem „Recht" hätten kommen können, sowohl Kinder als auch Eltern, hätte man mindestens zu zweit sein müssen.

Ein anderer Stressfaktor war der Frühdienst in einem entfernten Kindertagheim. Mein Arbeitstag begann dort einmal in der Woche morgens um 6 Uhr. Mütter, die arbeiten gehen *mussten*, brachten ihre Kinder im Alter von 0 bis 6 Jahren. Viele der Kinder weinten, wenn sie wie vorgesehen „abgegeben" wurden, und mussten getröstet werden. Das war unendlich anstrengend, weil teilweise kein Spielzeug zur Verfügung stand, denn die Leiterin des Kindertagheimes hatte die gut gemeinte, aber unrealistische Idee, der Frühdienst solle sich mit den Kindern befassen und sie nicht mit Spielzeug abspeisen. Aber wie macht man das, wenn einen die Kinder kaum kennen und wenn ständig neue, traurige Kinder ankommen, für die man nichts zur Verfügung hat, um sie abzulenken und ihnen den Übergang zu erleichtern? Eine Diskussion darüber gab es damals nicht, daher gab es auch keine Eingewöhnungsphasen im fachlichen Repertoire.

Im Frühdienst sollte ich um halbacht Uhr abgelöst werden, damit ich zum Bus rennen konnte, denn spätestens um 8 Uhr musste ich mit der Arbeit in „meinem Kindergarten" beginnen. Wenn die Ablösung nicht pünktlich kam, geriet ich in ein Dilemma: für wen soll ich die Verantwortung übernehmen, für die Kinder hier oder für „meine Kinder im Kindergarten", die oft schon vor 8 Uhr am Kindergartentörchen, an einer Straße warteten?

### Die Alltagsrealität: Strenge und Sterilität

Die Arbeitsrealität war von strengen Vorgaben der Stadt gekennzeichnet, die die alltägliche Arbeit für die Kindergärtnerinnen[1] oft schwer machten. Ein Beispiel: Als ich meinen Dienst antrat, gab es eine unübersehbar geschlechtsspezifische Raumaufteilung. Der für die Jungen vorgesehene Baubereich lag im Zentrum des Raums, und für die Mädchen war eine Puppenecke vorgesehen. Ich fand den Baubereich an seinem Ort zu dominant und zu laut, und zudem gab er der Tätigkeit der Jungen eine unangemessene Bedeutung. So räumte ich um und verlegte ihn in eine Ecke. Doch das war ein Sakrileg. Als die Vorgesetzte zu einer überraschenden Kontrolle kam, rügte sie mich sehr, weil

---

[1] Ich verwende die weiblichen Berufsbezeichnungen, damit die überwiegende Anzahl von Frauen in diesem Arbeitsfeld nicht unsichtbar wird.

ich den Raum eigenmächtig umgestaltet hatte, ohne um Erlaubnis zu fragen. Ebenso ärgerlich fand sie, dass es bei uns eine Kiste mit sogenanntem wertlosem Material gab, das die Kinder mitgebracht hatten und das sie zur Ergänzung der städtischen Spielzeugausstattung benutzen konnten, wie zum Beispiel Tannenzapfen, Steine, Holzstücke, Federn, Korken usw. Auch prüfte sie, ob ich Staub gewischt hatte und ob der Schrank nicht 10 Zentimeter weiter rechts gestanden und ich ihn eigenmächtig verschoben hatte. Solche unnötigen autoritären Kontrollen setzten auf Disziplinierung und Angst und nicht auf Beratung und Unterstützung, die ich in meinen ersten Berufsjahren gut hätte gebrauchen können.

## Pädagogische Orientierung

Das Bild vom Kind, das uns in der Ausbildung gelehrt wurde, betonte unter anderem die Bildungsfähigkeit der Kinder und damit auch unsere Aufgabe, „gezielte Beschäftigungen" durchzuführen. Das war aber unter den gegebenen Rahmenbedingungen in einer so großen altersgemischten Gruppe ein eher schwieriges Unterfangen. Ganz gut möglich war es, Geschichten zu erzählen, Kreisspiele zu machen und viele Kinder mit Bewegungsliedern und Fingerspielen zu begeistern und andere wenigstens „bei der Stange zu halten". Weil ich dennoch gezielte Bildungsangebote in Kleingruppen machen wollte, verlegte ich sie in die Freispielzeit, zum Beispiel backten wir, bastelten Geschenke für familiäre Ereignisse oder Laternen für den Laternenumzug und mehr. Trotz aller Hektik liefen die gezielten Beschäftigungen in etwa so ab, wie ich es gelernt hatte. Ich dachte mir etwas mehr oder weniger Passendes aus und führte es mit den Kindern durch. Mein Ehrgeiz war damals, solche Dinge altersangemessen möglichst reihum mit allen Kindern durchzuführen. Auch dies strengte sehr an, denn es fehlte die notwendige Ruhe: Eltern kamen, Kinder wollten ihre Spielergebnisse oder ihre gemalten Bilder zeigen, brauchten Hilfe bei Konflikten, mussten auf die Toilette und setzten vor Begeisterung, dass sie mit Wasser spielen konnten, den Waschraum unter Wasser. Ein deutlicher Bruch hinsichtlich dieser instruktionistischen Angebotsform entstand bei mir, als ich feststellte, dass meine Angebote nicht immer auf das Interesse der jeweiligen Kinder stießen. So wählte ich auch andere Formen, unter anderem arbeitete ich mit dem „Stummen Impuls", wie ich in einer späteren Ausbildung erfuhr. Zum Beispiel hatte ich bei Wanderungen auf der Schwäbischen Alb Versteinerungen gesammelt. Die legte ich ohne etwas zu sagen auf niedrigen Schränkchen aus. Bald machten sich die Kinder gegenseitig auf die Dinge aufmerksam und überlegten, ob die Tiere lebendig sind, wie sie sich anfühlen und woher sie kommen. Daraus ergab sich eine längere Projektreihe. Einige Kinder interessierte das so sehr, dass sie mit ihren Eltern auf die Schwäbische Alb fahren wollten, um Versteinerungen zu suchen. Das hat mich begeistert, und ich wählte immer häufiger solche Formen, wenngleich sie nicht der damaligen Lehrmeinung entsprachen. Daneben behielt ich aber auch die stärker „instruktionistische" Form bei, denn ich fand je nach Situation der Kinder beide wichtig.

## Inklusion

Den Begriff der Integration oder gar den heutigen der Inklusion gab es damals in der pädagogischen Arbeit noch nicht, aber die Idee war handlungsleitend für mich. Eltern, mit einem dreijährigen Jungen und seinem älteren Bruder mit geistiger Behinderung fragten mich, ob ich beide Jungen in den Kindergarten aufnehmen würde. Ich vereinbarte dies zunächst probeweise. Für den behinderten Jungen war es eine große Stütze, dass sein kleiner Bruder mit im Kindergarten war. Er kam mit Freude, und die anderen Kinder verhielten sich selbstverständlich und liebevoll ihm gegenüber. Sie lernten schnell, dass man ihn daran hindern konnte, ihre großen Bauwerke unbedacht zu „zerstören", indem man ihn ablenkte oder mich zu Hilfe rief. Meine Erfahrung war: Es ist möglich, Kinder mit Behinderungen in den Kindergarten aufzunehmen, aber zur adäquaten Unterstützung des behinderten Kindes müssten die Rahmenbedingungen wesentlich verbessert werden. Dies bestätigte sich für mich, als ich ab 1979 in einem Forschungsprojekt zur „Integration von Kindern mit besonderen Bedürfnissen" als wissenschaftliche Referentin am Deutschen Jugendinstitut, München[2], mitarbeitete.

## Gemeinwesen

Sehr überraschend war für mich damals, wie sehr der Kindergarten im Ort akzeptiert war. Den Laternenumzug führte die Feuerwehrkapelle an. Den Rektor der Grundschule konnte ich dafür gewinnen, hin und wieder in den Kindergarten zu kommen, um die späteren Schulkinder kennen zu lernen und mit ihnen mit Orffschen Instumenten zu musizieren. Aus den zu dieser Zeit üblichen Mütterabenden wurden auf Anregung von Müttern Elternabende. Hausbesuche waren bei einem großen Teil der Eltern sehr erwünscht, und einige Mütter schlugen sogar vor, dass man sich über Erziehungsfragen austauscht. Insgesamt suchte man viele Gespräche mit mir, die mich allerdings zeitlich und teilweise auch inhaltlich überforderten. Unsere Ausbildung hatte mich nicht ausreichend auf die vertrauensvolle Zusammenarbeit mit Eltern vorbereitet.

Erstaunt hat mich des Weiteren, dass Schulkinder unterschiedlichen Alters in den Ferien vielfach in „ihren" alten Kindergarten kamen und einfach mit dabei waren. Das ging allerdings nicht immer reibungslos vonstatten, sondern war eine zusätzliche Aufgabe, hatte diese „Gruppe" doch auch eigene Bedürfnisse. Die „Ehemaligen" kamen zudem oft vor den großen Festen und baten mich, in meiner Mittagspause mit ihnen Geschenke für ihre Familienmitglieder zu basteln. Bei den Kindergartenfesten war der Raum immer prall gefüllt, es kamen Eltern und Großeltern. Wenn jemand nicht konnte, entschuldigte man sich.

So zeigten sich viele Bereiche, aus denen man so manches in Richtung eines Familien- oder Gemeindezentrums hätte entwickeln können, wenn es von Amts wegen erlaubt oder gewünscht gewesen wäre und wenn es die Rahmenbedingungen zugelassen hätten. Zum Beispiel schwebte mir eine Kinderkleidertauschbörse vor, dabei hatte ich besonders die Eltern im Blick, die weniger eingebunden waren und auch weniger Geld zur Verfügung hatten.

## Konfrontation mit politischen Auffassungen

Mich beschäftigte die Frage also von Anfang an, wie Einrichtungen für Kinder und ihre Familien aussehen müssten, die auf eine Verbesserung und Bereicherung ihrer Lebensbedingungen abzielen. Aber ich hatte keinerlei Handwerkszeug für politische Beteiligung und Einflussnahme. Dass sie auch nicht erwünscht war, zeigte sich bei einer

---

[2] Das ist ein sozialwissenschaftliches Forschungsinstitut, das im Wesentlichen aus Bundesmitteln finanziert wird.

Dienstbesprechung, die Fortbildung genannt wurde. So hatte sich die Vorgesetzte über eine junge Erzieherin geärgert, der manche amtlichen Vorgaben nicht einleuchteten. Die Vorgesetzte stellte uns daraufhin die Frage, was Demokratie sei, und beantwortete sie mit der Aussage gleich selbst, Demokratie sei Einfügung. Meine Einwurf, Demokratie sei Mitgestaltung, wurde übergangen. So blieben solche „Fortbildungen" weit hinter dem zurück, was ich in meiner familiären Erziehung und in der Schule gelernt hatte. Woran lag das? War das amtliche Klima noch zu sehr in der autoritären Vergangenheit unseres Landes verhaftet?

Somit passten weder die Rahmenbedingungen im Kindergarten und Kindertagheim noch die Personalführung zu den pädagogischen Idealen, die uns in der Ausbildung vermittelt worden waren. Aber ohne Utopie kein Fortschritt! Zudem gab es – bei aller Qualität der Ausbildung – gemessen an den Erfordernissen und Möglichkeiten eine ganze Reihe blinder Flecke. Auch fand ich es angesichts der hohen Anforderungen kränkend, wenn ich immer wieder gefragt wurde, ob man für diese Arbeit etwas lernen müsste.

## Harte bildungspolitische Konfrontation führt zu großen Veränderungen

Ende der 1960er Jahre verließ ich den Kindergarten, um meine Arbeit an einer „Sonderschule für bildungsschwache Kinder und Jugendliche" aufzunehmen, wie diese damals hießen. Ich wollte unter den gegebenen Bedingungen nicht mehr im Kindergarten arbeiten, verfolgte aber die Entwicklungen weiter. Ab den 1970er Jahren stellte ich fest, dass sich die Gesellschaftstruktur zunehmend veränderte. Die Berufstätigkeit von Müttern wurde immer häufiger von der Wirtschaft gewünscht und langsam in den Einrichtungen weniger diskriminiert. Zudem führte die „Einwanderung" der sogenannten Gastarbeiter, regional unterschiedlich, zu einem hohen Anteil an Kindern mit Migrationshintergrund in den Einrichtungen. In der Folge verbesserte man die Rahmenbedingungen wesentlich. Auch Eingewöhnungszeiten für „neue" Kinder wurden eingeführt, so dass sie nicht mehr plötzlich von ihren Eltern getrennt wurden, sondern die Kindertageseinrichtung als spannende Erweiterung ihrer häuslichen Umgebung erleben konnten und nicht als Ort, vor dem man Angst haben muss, weil Mama oder Papa nicht da sind. Die Personalführung wurde unterstützender, und Kindergartenbeiträge mussten schon lange nicht mehr in der Einrichtung kassiert werden. Auch die diskriminierende Trennung in Kindergärten und Kindertagheime wurde aufgegeben, so dass Eltern und Kinder heute die für sie passenden Betreuungszeiten wählen können, wenngleich das Ganztagsangebot noch immer unzureichend ist. Und infolge der Diskussion bei den Vereinten Nationen und im Deutschen Bildungsrat (1973) geriet die Integration von Kindern mit Behinderungen stärker in den Blick, in Baden-Württemberg allerdings erst ab Mitte der 1980er Jahre.

Leider zeigten die Anerkennung von Kindergärten als Bildungseinrichtungen durch den Strukturplan für das Bildungswesen des Deutschen Bildungsrats (1970) und die elementarpädagogischen Weiterentwicklungen zum Beispiel durch das Modellprojekt „Curriculum Soziales Lernen" (Situationsansatz) in den 1970er Jahren wenig Breitenwirkung. Der Grund lag wohl darin, dass diese Projekte zunächst „nur" in der Praxis ansetzten, also weder die Ausbildung einbezogen noch durch Fachberatung ausreichend unterstützt werden konnten. Zudem wurden sie erst 1990 mit dem

Inkrafttreten des Kinder- und Jugendhilfegesetzes (SGB VIII) in verbindliche politische Strukturen gefasst.

Zum entscheidenden und unübersehbaren Anstoß für einen starken quantitativen und qualitativen Ausbau der Kindertageseinrichtungen, einschließlich der sozialpädagogischen Angebote für Schulkinder, wurde dann der PISA-Schock von 2001. Durch internationale Vergleichsuntersuchungen war festgestellt worden, dass das deutsche Bildungssystem keineswegs so gut war, wie viele politisch Verantwortliche angenommen hatten. Insbesondere wurde die Bildungsbenachteiligung von Kindern in schlechteren Lebenssituationen offensichtlich, was lange Zeit ignoriert worden war. Also flammte die längst überfällige Diskussion neu auf, welche Verbesserungen im deutschen Schulsystem erforderlich sind, um *allen* Kindern gute Bildungschancen zu eröffnen. Diese Diskussion erfasste mit kurzer Verzögerung auch den Bildungsbereich Kindertageseinrichtung.

In der Folge wurden gesetzliche Grundlagen verabschiedet, ein bundesweiter Rechtsanspruch auf einen Platz in einer Kindertageseinrichtung oder der Kindertagespflege für Kinder von einem Jahr bis zum Schuleintritt eingeführt (2013) und ein pädagogischer Orientierungsplan mit Schwerpunkt auf der Arbeit mit 3 bis 6 jährigen Kindern erarbeitet. Um ihn gab es zunächst viele Auseinandersetzungen. Die Angebote für Kinder unter 3 Jahren wurden zwar stark ausgebaut, aber gemessen am Bedarf gibt es noch immer nicht genügend Plätze. Am Deutschen Jugendinstitut hatten wir schon in den 1980er Jahren betont, dass für mindestens 40 Prozent dieser Kinder ein Platz zur Verfügung stehen müsste. Zudem ist das Recht auf einen Ganztagsplatz für Grundschulkinder noch in weiter Ferne, wenngleich auch hier immer mehr Angebote in einem unübersichtlichen „Strauß" an Möglichkeiten vorhanden sind. Außerdem lässt vielerorts die Qualität in allen Formen der Kindertagesbetreuung zu wünschen übrig, wobei Baden-Württemberg jedoch im Durchschnitt eine gute oder sogar sehr gute Kind-Personal-Relation hat.

## Aufbau des Studiengangs Kindheitspädagogik

Die durch die PISA-Studie angestoßene Bildungsdiskussion gab uns an der Hochschule Esslingen die Möglichkeit, einen schon lange angedachten Studiengang für die sozialpädagogische Arbeit mit Kindern zu konkretisieren. Für eine Ansiedlung im Bereich der Sozialen Arbeit sprach die traditionelle *sozialpädagogische Verortung* der Arbeit mit Kindern im Vorschulalter in Deutschland, die in der OECD-Studie Starting Strong von 2004 mit ihrem ganzheitlichen ökosozialen Entwicklungs- und Bildungsverständnis von Kindern als richtungweisend auch für andere europäische Länder hervorgehoben wurde. Das bedeutete für uns gleichermaßen, die Ressourcen der Sozialen Arbeit als auch die Erkenntnisse der recht rudimentären frühpädagogischen Bildungsforschung für eine Konzeption des neuen Studienganges zu nutzen.

An unserer Hochschule konnte ich den Aufbau des Bachelor-Studienganges federführend unter Beteiligung anderer Kolleginnen und Kollegen entwickeln, wobei insbesondere meine Kollegin Nina Kölsch-Bunzen von Anfang an maßgeblich dabei war. Während der Entwicklungsarbeit stand ich in ständigem Austausch mit anderen Hochschulen, etwa über die Bundesarbeitsgemeinschaft Bildung und Erziehung und das von der Robert-Bosch-Stiftung initiierte Hochschulnetzwerk Bildung und Erziehung in

Baden-Württemberg. So wollten wir auch der Sackgassengefahr des Erzieherinnenberufs entgegenwirken.

Wir entschieden uns nicht für die Einrichtung eines Aufbaustudienganges, der die Erzieherinnenausbildung vorausgesetzt hätte, sondern für einen grundständigen Studiengang. Damit wollten wir zur breiteren Anerkennung des Praxisfeldes Kindertageseinrichtung beitragen und gleichzeitig den „Verbrauch" an Lebenszeit für einen Studienabschluss nicht weiter erhöhen. Erzieherinnen mit Hochschulzugangsberechtigung sollten deshalb eine Anerkennung ihrer Vorbildung im Umfang von 60 Creditpoints oder zwei Semestern erhalten.

Das Bachelor-Studium der „Kindheitspädagogik" dauert – wie das der Sozialen Arbeit – in Baden-Württemberg sieben Semester mit einem integrierten Praxissemester. Es qualifiziert für die sozialpädagogische Arbeit mit Kindern von 0 bis etwa 10 Jahren. Mir war dabei wichtig, dass die Studierenden in die Lage versetzt werden, die Persönlichkeits- und Bildungsentwicklung von Mädchen und Jungen über die Altersstufen, die institutionellen Übergänge und die sozialen Schranken hinweg kompetent begleiten zu können.

In die Studiengangsentwicklung gingen neben den aktuellen fachlichen Erkenntnissen natürlich viele Anstöße aus meiner Berufsausbildung und meiner pädagogischen Berufspraxis mit Kindern in den verschiedenen Feldern, einschließlich der École Maternelle, in Frankreich, ein, sowie aus einer berufsbegleitenden Ausbildung für die Arbeit mit Kindern mit geistiger Behinderung. Mein Studium der Sozialpädagogik, mein Hochschulstudium und meine Forschungstätigkeit am Deutschen Jugendinstitut sowie meine Forschungs- und Lehrtätigkeit an der Hochschule Esslingen hatten mir zudem ermöglicht, meine Vorstellungen von guter Arbeit in Kindertageseinrichtungen weiter zu konkretisieren. So wurde mir sehr wichtig, dass Kinder als neugierige, interessierte, aktive Lernende gesehen werden und nicht primär als zu Belehrende. Außerdem wollte ich den Gedanken verankern, dass Familien so entscheidend und prägend für Kinder sind, dass Kindertageseinrichtungen auch ein Ort sein müssen, an dem sich Eltern mit ihren Fragen und Themen willkommen fühlen. Kindertageseinrichtungen sollten sich somit auch zu Familien- oder Gemeindezentren entwickeln können, in denen Eltern in ihrer jeweiligen Lebenssituation Unterstützung finden.

Der Studiengang sollte also für zwei forschungsbasierte Schwerpunkte qualifizieren. Erstens für die emphatische Unterstützung und Gestaltung von altersangemessenen, inklusiven und ganzheitlichen Betreuungs-, Erziehungs- und Bildungsprozessen für einzelne Kinder und Kindergruppen nach den fachlichen und gesetzlichen Vorgaben. Zweitens für sozialraumorientiertes Bildungsmanagement in Leitungs- und Führungspositionen, das die vertrauensvolle Zusammenarbeit mit Eltern, mit den Fachkräften anderer Institutionen sowie auch die Mitarbeit bei der fachlichen und fachpolitischen Weiterentwicklung der Arbeitsfelder auf den verschiedenen Ebenen einschließt.

### Resümee

Wenn ich die Zeit von den 1960er Jahren bis heute überschaue, so ist das Feld der sozialpädagogischen Arbeit mit Kindern von ständigen Weiterentwicklungen gekennzeichnet. Der wichtigste Schub führte infolge der PISA-Studie von 2001 unter anderem zum bundesweiten Aufbau früh- und kindheitspädagogischer Studiengänge, meist im Bereich der Sozialen Arbeit. Damit fand ein zaghafter Einstieg in die Verbesserung der Qualifikationsstruktur von Fachkräften statt, die ich seit meiner eigenen Berufsausbildung im Blick hatte und die als wichtiger Motor für die fachliche Weiterentwicklung des gesamten Feldes gilt. Dies bedeutete zugleich den Anschluss an europäische Standards, denn die meisten Länder bilden ihre Fachkräfte auf Hochschulniveau aus.

Für die Hochschulen bedeuten diese Studiengänge eine Erweiterung ihres Qualifikationsspektrums. In den Hochschulen schärfen sie den Blick dafür, dass gute Betreuung, Erziehung und Bildung von Kindern von Anfang an zusammen mit der Unterstützung von Familien in unterschiedlichen Lebenssituationen dazu beiträgt, Kindern Lebens- und Bildungschancen zu eröffnen, damit viele Probleme gar nicht erst entstehen, mit denen sich Soziale Arbeit sonst befassen muss.

Zu meiner Freude zeigte sich in den ersten Berufsverbleibsstudien, dass die Absolventinnen und Absolventen problemlos in Arbeitsfelder einmünden und schnelle und gute Aufstiegschancen haben. Allerdings ist die Berufseingangsbesoldung nach wie vor nicht angemessen geregelt. Insgesamt sind die Absolvent*innen als Vertreter*innen ihrer eigenen Interessen und als Mitgestalter*innen ihres jeweiligen Arbeitsfeldes gefragt. Dabei müssen sie meiner Meinung nach auch dafür Sorge tragen, dass das dringend erforderliche Arbeitsfeld der Fachberatung weiter ausgebaut und profiliert wird, um die Qualität der Arbeit in den Einrichtungen zu sichern.

Meine persönliche „Professionsgeschichte" fand mit dem Aufbau des kindheitspädagogischen Studiengangs an der Hochschule Esslingen einen überaus befriedigenden Abschluss.

**Prof. Dr. Lore Miedaner** *(i.R.), Jahrgang 1944*
*1965 Abschluss als Kindergärtnerin und Hortnerin am Fröbelseminar des Schwäbischen Frauenvereins Stuttgart. Berufspraxis zunächst in einem Kindergarten, später an einer Sonderschule für bildungsschwache Kinder und Jugendliche. Teilnahme am Austauschprogramm für deutsche Kindergärtnerinnen und französische Lehrerinnen in Barbezieux. 1974 Abschluss als Sozialpädagogin an der Hochschule Bremen. Studium der Europäischen Ethnologie, Erziehungswissenschaft und Soziologie an der Universität Marburg, Promotion zum Thema: „Die Stuttgarter Mütterschule 1916–1945. Lernen, nicht Gebären wird ausschlaggebend für die Mutterschaft." 1979 bis 1994 Wissenschaftliche Referentin am Deutschen Jugendinstitut, München. 1994 bis 2008 Professorin für Sozialpädagogik an der Hochschule Esslingen, federführender Aufbau des Studienganges Kindheitspädagogik.*

# Aus der Sprachlosigkeit zur Berufung

JULIA GEBRANDE

Als Professorin der Sozialen Arbeit blicke ich nunmehr auf eine langjährige Geschichte zurück, in der meine eigenen biographischen Entwicklungen eng verwoben sind mit den gesellschaftlichen, politischen und professionellen Prozessen der Sensibilisierung für sexualisierte Gewalt und der Entstehungsgeschichte der spezialisierten Fachberatungsstellen. In diesem Beitrag möchte ich daher persönlich und fachlich auf den Wandel der Sozialen Arbeit blicken und anhand von fünf Lebensphasen die Etablierung und Professionalisierung der Fachberatungsstellen bei sexualisierter Gewalt nachzeichnen.

Lange Zeit war sexualisierte Gewalt ein Tabu. Genauer gesagt: Nicht der sexuelle Missbrauch war ein Tabu, sondern darüber zu sprechen. Dementsprechend gab es weder Hilfe für betroffene Kinder, Jugendliche oder Erwachsene noch Sanktionen für die übergriffigen Täterinnen und Täter. Selbst in offensichtlichen Fällen wurde der Tatbestand des sexuellen Missbrauchs geleugnet, vertuscht und verheimlicht und damit die alte Ordnung wieder hergestellt nach dem Motto „Es kann nicht sein, was nicht sein darf" (Enders 2014, S. 11).

## Was davor geschah: die erste Welle der Thematisierung

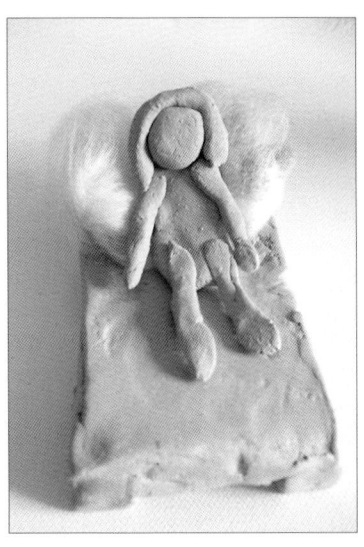

In einer Zeit, in der ich selbst noch gar nicht auf der Welt war, soll meine thematische Reise beginnen: Die 1968er veränderten die gesellschaftlichen Diskurse. Es kam durch die sexuelle Revolution und Liberalisierung einerseits zu einer Enttabuisierung von Sexualität und andererseits zu einer problematischen Entgrenzung. Das unausgesprochene Verbot über sexualisierte Gewalterfahrungen zu sprechen, wurde vor allem von der Frauenbewegung verurteilt und gebrochen. Unter dem Motto „Das Private ist politisch" wurde in den 1970er Jahren in geschlechtshomogenen Gesprächsgruppen erstmalig über Alltagssexismus, über Vergewaltigungen und über Gewalt in Paarbeziehungen gesprochen. In der Folge sind viele „Frauennotrufe" als Beratungs- und Anlaufstellen gegründet worden. Etwa zehn Jahre sind danach noch vergangen, bevor in den 1980er Jahren auch die eigenen sexuellen Missbrauchserfahrungen in der Kindheit als weibliche Sozialisationserfahrungen thematisiert werden konnten. Ende der 1980er und Anfang der 1990er Jahre gründeten sich so in vielen Städten Selbsthilfeinitiativen, die mit viel Empörung, Engagement und Durchhaltevermögen die weitverbreitete sexuelle Gewalt gegen Mädchen und Frauen ins öffentliche Bewusstsein trugen. Wildwasser – Arbeitsgemeinschaft gegen sexuellen Missbrauch an Mädchen e.V. in Berlin – war 1982 bundesweit die erste aus einer Fraueninitiative entwickelte Selbsthilfegruppe, aus der im Laufe der Jahre Schutz- und Beratungsstellen gegen sexualisierte Gewalt entstanden.[1] Weitere Projektgruppen wurden in vielen Städten und Gemeinden ins Leben gerufen, in denen sich Ehrenamtliche und später Professionelle für Mädchen und Frauen, für ihre Rechte auf sexuelle Selbstbestimmung und gegen sexualisierte Gewalt in unserer Gesellschaft engagierten – so 1991 auch Wildwasser

*Ängste bewältigen*

*Therapiearbeit*

Esslingen e.V.: Angefangen hatte die ehrenamtliche Arbeit in Esslingen in einem kleinen Raum im Jugendzentrum KOMMA über einer Motorradwerkstatt – was ich nur aus Erzählungen kenne. In dieser Zeit war ich noch Schülerin und fing erst langsam an, mich für Politik zu interessieren.

## Die Phase der Gründung: Studium und Aufbruch

Als Studentin der Sozialarbeit/Sozialpädagogik bin ich dann 1999 zu dieser ehrenamtlichen und basisdemokratischen Projektgruppe dazugestoßen. Im Rahmen meines Praxissemesters in einer Tagesstätte für Menschen mit psychischen Erkrankungen wurde durch meine Anleiterin mein Bewusstsein für die Zusammenhänge von sexualisierter Gewalt und den Folgen für die bio-psycho-soziale Gesundheit der Betroffenen geweckt. Sie motivierte mich, mich ehrenamtlich bei dem Verein Wildwasser Esslingen e.V. zu engagieren. Zu diesem Zeitpunkt war bereits auf kommunalpolitischer Ebene die Finanzierung von Räumlichkeiten erkämpft worden, um ein ehrenamtliches Beratungsangebot für betroffene Frauen vorhalten zu können. Nach wenigen Wochen übernahm ich die telefonische Beratung – damals dienstagabends von 19 bis 21 Uhr – und bibberte dem ersten Anruf entgegen: Was sollte ich sagen, wenn jemand anrief? Nach diesem Sprung ins kalte Wasser begann ich mich mit meinen Mitstreiterinnen immer tiefer ins Thema einzuarbeiten, wir bildeten uns fort, lasen, diskutierten und betrieben viel Öffentlichkeitsarbeit. Heute kann ich vor allem aufgrund der Erfahrungen mit meinen Klientinnen, die ich im Laufe der Jahre beraten und begleitet habe und die mich vertrauensvoll an ihrer Lebensgeschichte haben teilhaben lassen, dass es

---

[1] In den 1990er Jahren erfolgte eine wichtige Erweiterung des Hilfsangebots, als auch der sexuelle Missbrauch von Jungen in den Blick geriet. So gründete sich beispielsweise 1995 Tauwetter e.V., eine erste Selbsthilfe-Beratungsstelle für betroffene Männer. Insgesamt ist die Zahl der Angebote für Jungen und Männer aber nach wie vor unzureichend.

vor allem darauf ankommt, zuzuhören, dem Unglaublichen Glauben zu schenken und präsent zu sein. Besonders schön wurde dieser Zusammenhang später in den Interviews meiner Dissertation mit dem Bild eines „Landeplatzes" beschrieben, „auf welchem die Botschaften und Signale […] landen können oder nicht" (Gebrande 2014, S. 208). So konnten wir mit der Zeit lernen, was für Menschen mit sexuellen Missbrauchserfahrungen hilfreich sein und unterstützend wirken kann und wie wir sie auf ihrem Weg der Aufarbeitung nach Kräften unterstützen können. Nachdem in langwierigen Verhandlungen die Vertreter*innen der Parteien für unsere Idee gewonnen werden konnten, Fachpersonal für betroffene Kinder und Frauen anstellen zu können, war es im Jahr 2000 dann endlich soweit: Der Verein konnte eine Fachberatungsstelle eröffnen. Als anerkannter Träger der freien Jugendhilfe ist Wildwasser Esslingen e.V. seitdem Anlaufstelle für Kinder, Jugendliche, Frauen und Männer, die sexualisierte Gewalt erleben oder erlebt haben, und ist aus dem Hilfenetz der Stadt und des Landkreises Esslingen nicht mehr wegzudenken.

**Die Etablierung der Fachberatungsstellen gegen sexualisierte Gewalt und die Entwicklung meiner beruflichen Identität**

2003 machte ich meinen Abschluss als Diplom-Sozialarbeiterin/Sozialpädagogin (FH) und stieg in die Beratungsstelle von Wildwasser Esslingen e.V. als Berufsanfängerin ein. Finanzieren konnten wir die Stelle damals nur über einen Zuschuss zur Eingliederung schwerbehinderter Menschen. Während ich davor niemals auf die Idee gekommen wäre, aufgrund meiner angeborenen Körperbehinderung Nachteilsausgleiche und Förderungen in Anspruch zu nehmen, so bot uns diese Unterstützung für die ersten drei Jahre eine dringend benötigte Finanzspritze. Denn obwohl viele engagierte Fachfrauen und auch -männer im Laufe der Jahre bundesweit ein fast flächendeckendes Unterstützungsnetz für Menschen mit sexualisierten Gewalterfahrungen errichten konnten, blieben es immer Kämpfe um die finanzielle Sicherung der Angebote. Im Jahr 2012 wurde vom Sozialwissenschaftlichen FrauenForschungsInstitut (SoFFI F.) im Auftrag des Bundesministeriums für Familie, Senioren, Frauen und Jugend (BMFSFJ) eine Erhebung des gegenwärtigen Standes der Versorgung bei sexualisierter Gewalt in Kindheit und Jugend durchgeführt. Zentrale Ergebnisse zeigten, dass die Entstehung der spezialisierten Fachberatungsstellen und die entwickelte Angebotsvielfalt mehrheitlich dem Engagement sozialer Bewegungen zu verdanken sind. Das aktuelle Angebot sei breit, fachlich qualifiziert und werde professionell umgesetzt. Die Einrichtungen erhalten ihr Angebotsspektrum trotz begrenzter Mittel und wahren eine für die Betroffenen verhältnismäßig gute Zugänglichkeit. Unterstützungsangebote sind jedoch nicht überall vorhanden und nicht für alle Betroffenen gleichermaßen zugänglich. Die Beratungsstellen werden sehr gut genutzt, sie sind aber finanziell nicht gesichert, und viele sind nach wie vor nicht ausreichend ausgestattet (Kavemann, Rothkegel & Helfferich, 2012, S.134 ff.). Diese Erkenntnisse gelten leider bis heute. Systematisch erarbeiteten wir uns in den letzten Jahrzehnten Grundlagenwissen zu sexualisierter Gewalt sowie Handlungskompetenzen im Umgang mit betroffenen Mädchen, Jungen und Frauen, die damals noch in keiner Ausbildung und keinem Studium vermittelt wurden. In dieser Zeit entwickelte ich zudem meine persönliche professionelle Identität als Sozialarbeiterin und bildete mich weiter zur Fachberaterin für Psychotraumatologie, um die vielen durch sexuellen Missbrauch oder aktuelle Nötigung oder Vergewaltigung traumatisierten Menschen besser unterstützen zu können. Und mit unserem Engagement wuchs der Bedarf ebenso wie unsere Erfahrungen im Umgang mit dem Thema. Das Spektrum der Angebote reichte von der psychosozialen Beratung über die Begleitung zur Polizei und/oder vor Gericht, die Vermittlung in eine Psychotherapie bis hin zum Aufbau einer Stabilisierungsgruppe. Parallel war es zentral, Öffentlichkeitsarbeit zu betreiben, sich politisch für die finanzielle Absicherung der Fachberatungsstelle zu engagieren und Elternabende und direkte Angebote zur Prävention an Kindergärten und Schulen zu entwickeln und durchzuführen.

## Die zweite Welle der Enttabuisierung und die wissenschaftliche Auseinandersetzung mit sexualisierter Gewalt

Im Jahr 2010 entschied ich mich persönlich, Esslingen zu verlassen und nach Hildesheim zu gehen. Dort wurde ich als wissenschaftliche Mitarbeiterin für ein Forschungsprojekt ausgewählt, in dem ich zur Stabilisierung von Kindern mit sexuellen Missbrauchserfahrungen (KiMsta) promovieren konnte. Auch wenn mir der Schritt sehr schwer fiel, bot sich mir doch die einmalige Chance, in diesem bislang wenig beforschten Gebiet wissenschaftlich zu arbeiten und meinen Forschungsschwerpunkt, den ich mit einem Masterstudium und einer Mitarbeit in einem Forschungsprojekt der Hochschule Esslingen parallel aufgebaut hatte, mit meinem Praxisschwerpunkt zu verbinden. Niemals hätte ich gedacht, dass mein Promotionsthema bald auch gesellschaftlich anerkannt und viele weitere politische wie wissenschaftliche Projekte auf den Weg gebracht werden würden. Nie zuvor wurde dem Thema der sexualisierten Gewalt eine öffentliche Aufmerksamkeit wie im Jahr 2010 zuteil (Baader 2012, S.85). So führte die Berichterstattung zu einer Welle von öffentlichen Bekenntnissen: Menschen, die durch Priester, Lehrer*innen, Familienangehörige oder andere Personen, von denen sie abhängig waren und denen sie vertraut haben, sexuell missbraucht wurden, „haben das jahrzehntelange Schweigen gebrochen, erstmalig über ihr Leiden und die lebenslangen Folgen gesprochen" (Geschäftsstelle der Unabhängigen Beauftragten zur Aufarbeitung des sexuellen Kindesmissbrauchs 2011).

Die Politik reagierte mit der Einrichtung des Runden Tisches ‚Sexueller Kindesmissbrauch in Abhängigkeits- und Machtverhältnissen in privaten und öffentlichen Einrichtungen und im familiären Bereich' und der Ernennung einer bzw. eines unabhängigen Beauftragten für Fragen des sexuellen Kindesmissbrauchs sowie durch den Aufbau einer zentralen Anlaufstelle für Betroffene. Im Anschluss an diese zweite Welle wurden auch viele Forschungsprojekte gefördert und Juniorprofessuren eingerichtet. Das Thema der sexualisierten Gewalt kam, während ich meine Doktorarbeit schrieb, in der Gesellschaft und der scientific community an. Während ich in den Jahren vorher immer wieder ungläubige Fragen aus meinem privaten Umfeld bekam, ob es denn wirklich so viele Betroffene gebe, veränderte sich der gesellschaftliche Diskurs. Heute ist das Thema der sexualisierten Gewalt kein Tabuthema mehr, und in vielen Arbeitsfeldern hat eine Sensibilisierung für die Folgen von Traumatisierung stattgefunden.

## Meine Berufung als Professorin und die offene Zukunft der Fachberatungsstellen bei sexualisierter Gewalt

Seit 2014 bin ich wieder zurück in Esslingen, lehre und forsche an der Hochschule Esslingen, an der ich selbst einmal studiert hatte und bin seit vielen Jahren auch wieder im Vorstand von Wildwasser Esslingen e.V.. Die skizzierten Entwicklungen in der Politik und Gesellschaft machen Hoffnung, dass das Thema tatsächlich langfristig in die Wissenschaft und in das Bewusstsein der Öffentlichkeit einfließen kann und Menschen nicht länger wegschauen. Aber angesichts des wellenförmigen Wechselspiels zwischen der Thematisierung und der Tabuisierung von sexualisierter Gewalt besteht auch aktuell die Gefahr, dass sexualisierte Gewalt wieder in Vergessenheit gerät. Es bleibt nach wie vor ein Thema, das Menschen sehr nahegeht und daher auch gerne auf Distanz gehalten wird. Es bleibt daher ein gesellschaftlicher und politischer Auftrag an uns alle, sexualisierte Gewalt weder zu bagatellisieren noch zu dramatisieren, sondern fachliche Entwicklungen der Sensibilisierung und der Präventions- und Schutzkonzepte für Institutionen sowie die Aufarbeitung voranzutreiben. Ich begrüße die aktuellen Entwicklungen, dass auf Bundesebene und nun auch im Land Baden-Württemberg ein Zusammenschluss aller Fachberatungsstellen mit einer eigenen Koordinierungsstelle eingerichtet wird, die die unermüdliche und wertvolle Arbeit der Beratungsstellen sichtbar macht und in die politischen Entscheidungsprozesse einbringt. Es bleibt nach wie vor eine wichtige Aufgabe, die Gesellschaft und insbesondere die Menschen, die mit Kindern, Jugendlichen oder erwachsenen Schutzbefohlenen arbeiten, zu sensibilisieren und ihnen Handlungskompetenzen zu vermitteln, damit sie adäquat Prävention betreiben sowie Betroffene wahrnehmen und unterstützen können.

### Literatur

**Baader**, Meike Sophia (2012): Blinde Flecken in der Debatte über sexualisierte Gewalt. In: Werner Thole (Hrsg.): Sexualisierte Gewalt, Macht und Pädagogik. Opladen: Verlag Barbara Budrich, S. 84–99.

**Enders**, Ursula (2014): Zart war ich, bitter war's. Handbuch gegen sexuellen Missbrauch. Köln: Verlag Kiepenheuer & Witsch.

**Gebrande**, Julia (2014): Kinder mit sexualisierter Gewalterfahrung unterstützen. Bedarfsanalyse von pädagogischen Fachkräften in Kindertageseinrichtungen. Opladen: Verlag Barbara Budrich.

**Geschäftsstelle der Unabhängigen Beauftragten zur Aufarbeitung des sexuellen Kindesmissbrauchs** (2011): Abschlussbericht der Unabhängigen Beauftragten zur Aufarbeitung des sexuellen Kindesmissbrauchs, Dr. Christine Bergmann. Berlin. Online verfügbar unter https://www.fonds-missbrauch.de/fileadmin/content/Abschlussbericht-der-Unabhaengigen-Beauftragten-zur-Aufarbeitung-des-sexuellen-Kindesmissbrauchs.pdf [17.02.2021].

**Kavemann**, Barbara/**Rothkegel**, Sybille/**Helfferich**, Cornelia (2012): Abschlussbericht der Bestandsaufnahme spezialisierter Beratungsangebote bei sexualisierter Gewalt in Kindheit und Jugend. Freiburg.

**Thole**, Werner (Hrsg.) (2012): Sexualisierte Gewalt, Macht und Pädagogik. Opladen: Verlag Barbara Budrich.

**Prof. Dr. Julia Gebrande**, Jahrgang 1978, seit 2014 Professorin für „Soziale Arbeit im Gesundheitswesen" an der Fakultät Soziale Arbeit, Bildung und Pflege der Hochschule Esslingen. Fachliche Schwerpunkte sind klinische Sozialarbeit sowie Soziale Arbeit nach Traumatisierungen und nach sexualisierten Gewalterfahrungen. Ansprechperson der Hochschule für Fragen im Zusammenhang mit sexueller Belästigung. Mitglied im Vorstand von Wildwasser Esslingen e.V..

Diplom als Sozialarbeiterin/Sozialpädagogin (FH) und Master Soziale Arbeit an der Hochschule Esslingen. Viele Jahre Mitarbeit in einer Fachberatungsstelle bei sexualisierter Gewalt (Wildwasser Esslingen e.V.). Akademische Mitarbeiterin im Beratungs- und Forschungsprojekt „SODEMA" – Soziotherapie für Mütter mit depressiven Erkrankungen der Hochschule Esslingen. An der Universität Hildesheim hat sie promoviert und war wissenschaftliche Mitarbeiterin in Forschung und Lehre der HAWK Hochschule für angewandte Wissenschaft und Kunst Hildesheim.

## (Selbst-)Begegnungen

Möglichkeitsräume für Entgrenzungen und Enthinderungsfragen

JO JERG

Rück-Blicke auf historische Entwicklungen der Sozialen Arbeit sind, wie in anderen gesellschaftlichen Bereichen auch, eine Frage nach Kontinuitäten und Wandel in einem festgelegten Zeitraum sowie eine Frage des Standpunkts und Standorts. Das Oppositionspaar Kontinuität und Wandel lässt offen, was als positiv oder negativ zu bewerten ist. Was gilt es zu bewahren, was bedarf einer Veränderung? Die folgenden Ausführungen und Perspektiven beziehen sich auf Arbeits- und Lebenswelten von 40 Jahren (internationale) Integrations- und Inklusionsprozesse aus Forschungsprojekten. Sie kommen aus der Zusammenarbeit in bundesweiten Fach- und Politikgremien, aus 30 Jahren Mitwirkung in einer Eltern-Selbsthilfe, aus der Lehre im Hochschulkontext und aus 20 Jahren Enthinderungsbeauftragter an der Hochschule. Nicht zuletzt basieren sie auf der persönlichen Perspektive aus Freundschaften mit Menschen mit Behinderungserfahrungen. Diese Mischung aus unterschiedlichen Arbeits- und Lebenskontexten erscheint mir als sehr bedeutsam für meinen Lernprozess und entwickelten Standpunkt bzw. für meine Haltung zur Inklusion. Der Fokus der folgenden Erzählung liegt auf folgendem zentralen Entwicklungspfad der Veränderung: In welchen Situationen können sich Möglichkeiten zur Reflexion und Neu-Konstruktion von Wirklichkeiten und Haltungen in Bezug auf „Behinderung" und Behinderungserfahrung ergeben?

Als Essenz einer Entwicklung zwischen Kontinuität und Wandel steht in den Jahrzehnten der folgende Gedanke von Martin Buber wie ein Fels in der Brandung: *„Alles wirkliche Leben ist Begegnung. Wenn wir aufhören, uns zu begegnen, ist es, als hörten wir auf zu atmen."* Mit diesem Ankersatz, dieser „Denke" möchte ich vier ausgewählte Fenster aus meiner mit unzähligen Begegnungen gefüllten Geschichtenwerkstatt öffnen, in denen Funken der Inklusion übersprangen, Momente der Inklusion lebendig wurden und die Substanz der Aussage von Martin Buber fassbar wurde.

### Reisen bildet: Blicke über den Tellerrand und Bewegung durch Zusammenarbeit

Meine ersten (Selbst-)Begegnungen mit dem Thema Behinderung hatte ich als Jugendlicher/junger Erwachsener und erfahrener Jungscharleiter Mitte der 1970er Jahre. Über einen Freund bin ich zu meinen ersten integrativen Sommerzelt-Freizeiten mit Kindern mit und ohne Behinderungen in Bayern gekommen und in den folgenden Jahren auch in ein Leitungsteam für integrative Freizeiten für junge erwachsene Menschen mit und ohne Behinderungen in der Schweiz. Aus diesen Freizeiten ergab es sich auch, dass junge erwachsene Menschen mit einem sehr hohen Pflege- und Assistenzbedarf abwechselnd alle 14 Tage am Wochenende in unsere mit baulichen Barrieren gepflasterte Wohngemeinschaft kamen, in der mehr als die Hälfte der Mitbewohner*innen im Bereich der Sonderpädagogik/Behindertenhilfe arbeiteten. Der Kanon auf den Freizeiten und in unserer Wohngemeinschaft kann so zusammengefasst werden: „Nichts ist unmöglich". Das hat uns beflügelt und angetrieben – auch wenn wir klar sehen konnten, dass dieser Ausschnitt der Wirklichkeit der „Nicht-Alltag" für alle war und es politisch viel zu bewegen gab, um die Machtposition der „Sonderwelten" und ihrer Bewahrer zu überwinden. Sich in politischen und außerparlamentarischen Welten zu engagieren gehörte zum Lebensstil. Im Studium konnte ich neben vielen neuen theoretischen Zugängen über sechs Jahre in der Familienhilfe des Jugendamts in eine Welt eintauchen, die mir bisher völlig fremd war: in eine Lebenswelt, die von außen als völlig verwahrlost bezeichnet wurde, aber aus der unmittelbaren Nähe viele Sinnstrukturen von Bewältigungsmustern erkennen ließ. Möglich wurde dieser Perspektivenwechsel durch einen intensiven Begleitprozess einer Jugendamtsmitarbeiterin. Dieser biografische Background führte dazu, dass ich an meiner ersten Arbeitsstelle in der sogenannten teilstationären Jugendhilfe die Möglichkeiten des fachlichen Austausches auf Landes- und Bundesebene als Motor für die persönliche und professionelle Entwicklung schätzte. Diese Entwicklung von neuen Begegnungs- und Denkräumen hat sich für mich Ende der 1980er Jahre rasant erweitert durch die Gelegenheit, über acht Jahre an einem europäischen Austausch über Standards von Integration/Inklusion teilnehmen zu dürfen. Dieser Gewinn an neuen Perspektiven auf die Welt war und ist unermesslich. Das darauffolgende Arbeitsleben an der Hochschule führte zudem dazu, dass (inter-)nationale Diskurse zum Standard gehören und ständig neue Impulse setzen. Mit anderen Worten: Im Grunde waren es über das gesamte Arbeitsleben hinweg die vielen neuen Begegnungen mit Menschen, mit denen man in einen interessanten Austausch kam und mit denen wieder ganz neue Formen der Zusammenarbeit und Vernetzungsstrukturen entstanden. Von daher ist es im Rahmen der Praxis der Sozialen Arbeit bedeutsam, wie neue Räume geschaffen und für andere Perspektiven eingebunden werden können.

Begegnungen enthalten immer die Möglichkeit, neue Perspektiven entdecken zu dürfen bzw. mit anderen Standpunkten konfrontiert zu werden. In welche Richtung das Pendel schlägt – Öffnung oder Widerstand – hängt sehr davon ab, wie die Kommunikation angelegt ist, ob der eigene Standpunkt verteidigt oder hinterfragt werden darf. Charles Taylor – ein bekannter Philosoph und Politikwissenschaftler – hat in seinen Analysen zu Gleichheit und Differenz den Kern von Entwicklungen damit verbunden, dass die Annahme der Gleichwertigkeit der Menschen es erforderlich macht, eine Haltung einzunehmen, die die Bereitschaft mit sich bringt, mit dem Studium des Anderen zu beginnen, um das Fremde zu verstehen.

## Von Anfang an beginnen, das Gemeinsame zu sehen und die Expertisen von Menschen mit Behinderungserfahrungen und ihren Eltern anerkennen

Eine immer wiederkehrende Grenzerfahrung in der inklusionsorientierten Arbeit war und ist dem Kontext des Gewordenseins bzw. des Werdens die nötige Aufmerksamkeit zu schenken und die nötigen Konsequenzen daraus in Handlungsperspektiven münden zu lassen. Eine tragende Säule in meiner Entwicklung bilden die Begegnungen und Freundschaften mit Menschen mit Behinderungserfahrung und Eltern von Söhnen oder Töchtern mit Beeinträchtigungen. Die Begegnungen mit Expert*innen in eigener Sache und Eltern von Kindern mit Behinderungen (überwiegend Mütter) zeigen bis heute, dass Diskriminierungserfahrungen und nicht endende Barrieren im Biografie-Verlauf zum Alltag gehören. Durch diese Begegnungen in den jeweiligen Lebenswelten wird der Blick auf die Wirklichkeit geschärft und die individuellen Seiten jenseits von Behinderung sichtbar. Ein Beispiel: Es ist unverkennbar und unbegreifbar, dass zum Beispiel im Bildungssystem nicht erkannt wird, dass Ausgrenzung und Aussonderung von Anfang an in exklusive Bildungseinrichtungen fatale Auswirkungen auf das Selbstbild, das Selbstbewusstsein und die Zukunftsperspektiven für Menschen mit Behinderungserfahrungen und ihr Umfeld haben. Alleine die Tatsache, dass ein Kind aufgrund einer Beeinträchtigung nicht selbstverständlich in eine inklusive Kindertageseinrichtung oder Schule aufgenommen wird, ist eine Diskriminierungserfahrung für das Kind und seine Familie. Die Blicke in alle Lebensphasen zeigen immer das gleiche Bild: Je länger ein Mensch in einem Sondersystem verweilt, desto eher wird diese Welt zur Normalität. Gerade im Übergang Schule und Beruf zeigt sich immer wieder diese Grenzerfahrung inklusiver Gestaltungsversuche, weil viele junge Menschen selbst den Weg in die „beschützende" Werkstatt bevorzugen, da dort ihr bisheriger Lebensweg der Exklusion einen „Anschluss" findet. Auch können dort die gewachsenen Freundschaften gepflegt werden. Dazu kommt die Absicherung, quasi eine Sicherheit bis zum Lebensende, die keine weiteren Fragen aufwirft bzw. mit keinem ständigen Kampf verbunden ist. Die Gegenwelt mit einem ähnlichen Ausgang zeigen biografische Erfahrungen von jungen Menschen mit Lernerschwernissen (sogenannte kognitive Beeinträchtigungen), die von Anfang an in inklusiven Settings ihr Bildungs- und Alltagsleben verbringen. Beim Versuch, eine reguläre Arbeitsstelle zu erhalten, sind sie einem System ausgesetzt, das mit sehr begrenzten Vorstellungen von Leistungs- und wirtschaftlichen Verwertungskriterien den Zugang in der Regel auf den ersten Arbeitsmarkt verhindert und die Kompetenzen dieser Personen ausblendet.

Wie soll man sich dem Anderen gegenüber verhalten, zeigen, mit welcher Haltung begegnen? Im Grunde wird die systematische Ausgrenzung von Anfang an damit begründet, dass die Regelsysteme im Bildungssystem nur Frustrationen bei den Kindern und Jugendlichen erzeugen würden. Hier stellt sich generell die Frage, warum die Fachexpert*innen ihre Energie und ihr Wissen nicht auf den gemeinsamen Lernprozess legen. Dies würde erfordern, den Fokus auf eine Kultur der Vielfalt zu legen und sich ständig zu (hinter-)fragen: Sind die „Anderen" so anders? Das sind Fragen, die universell schon immer thematisiert wurden und grundlegende Rechte der Differenz betreffen. Entscheidend ist dabei: Berührt mich das?

## „Vom Letzten her zu denken, mit den Schwächsten beginnen" (Klaus Dörner)

Nach den ersten Jahren meiner wissenschaftlichen Laufbahn durfte ich in den 1990er Jahren eine der ersten integrativen Wohngemeinschaften, in denen auch eine Bewohnerin mit einem umfassenden Assistenzbedarf lebte, über Jahre begleiten. Ein ständiger Konfliktherd zwischen der Eltern-Selbsthilfe, die die Wohngemeinschaft konzipiert hatte, und einem großen Träger der Behindertenhilfe als Leistungserbringer war die besondere Herausforderung, den Rahmen für die gleichberechtigte Teilhabe für eine Person mit umfassendem Assistenzbedarf zu gewährleisten. Obwohl ich viele inklusive Settings in Europa kennenlernen durfte, bedurfte es dieses längeren Begleitprozesses als Schlüsselerlebnis, um zu erkennen und zu verstehen, dass Menschen mit sehr hohem Assistenzbedarf das Bindungselement in einer Gemeinschaft sein können und damit alle klassischen Kompetenzmuster in den Schatten stellen. Hier greift Klaus Dörners Grundsatz „mit den Schwächsten beginnen", der sich bis heute noch nicht etabliert hat und ein exklusives Element in der Entwicklung bleibt. An diesen Paradigmenwechsel wagen sich bis heute die meisten Entscheidungsträger und Fachkräfte nicht heran. Die Folgen sind schon oft thematisiert worden und bilden auch die größten Sorgen in Bezug auf einen inklusiven Entwicklungsprozess, die darin bestehen, dass die derzeitigen Rahmenbedingungen dazu führen, dass sich für den Personenkreis mit geringem Assistenzbedarf Inklusionswege öffnen, während für den Personenkreis mit hohem Assistenzbedarf das Leben in „Restgruppen" in ausgesonderten Settings die einzige Option bleibt. Und das ist eine völlig inakzeptable Perspektive und ein Verlust von Lebensqualität für alle. Ich frage mich immer wieder, warum ich so lange gebraucht habe, diese Fähigkeiten jenseits des hohen Assistenzbedarf zu begreifen. Ist die Leistungsorientierung so fundamental in unseren Köpfen und in unseren Alltagskulturen und -strukturen verankert, so dass eine solche Perspektive eine intensive Auseinandersetzung benötigt?

## Sich berühren lassen – Selbstbegegnungen fördern[1] – Lern-Geschichten weitererzählen

Aus der jahrelangen Begleitforschung habe ich zum Schluss exemplarisch aus einem Reflexionsprozess über ein inklusives Entwicklungsprojekt im Bereich der frühkindlichen Bildung drei zentrale Beispiele aus Lerngeschichten von Mitarbeiter*innen ausgewählt, die aufzeigen, wie Begegnungen es ermöglichen können, das Antlitz des Anderen (Levinas) zu erkennen und wie relevant dies in Bezug auf ein inklusives Denken sein kann. Am Ende dieser

*Das Antlitz des anderen erkennen*

---

[1] Die folgenden Auszüge aus Lerngeschichten der Mitarbeiter*innen in der Kita am Seepark basieren auf der Reflexion im Rahmen des Coaching-Prozesses, den Sabine Kaiser zum Ende des Modellprojekts moderiert hat. (vgl. Jo Jerg 2017. Modellprojekt inklusive Kita am Seepark – Stadt Freiburg. Abschlussbericht der wissenschaftlichen Begleitung. Reutlingen, S.29–36)

persönlichen Lerngeschichten stehen in der Regel Gewinnseiten der Inklusion, die durch Reflexionen eigener Unsicherheiten, Befürchtungen und Vorurteile offen ausgesprochen werden und Ausgangspunkt einer Selbstbegegnung sind, die eine enge Verbundenheit mit den Kindern entstehen lassen. Die Geschichten der Mitarbeiter*innen lehren wie so oft im Leben, dass durch eine offene Haltung intensive Begegnungen ermöglicht werden und dass sich berühren lassen, berührt werden und berührt sein, Wege zu einer inklusionsorientierten Praxis aufzeigen und diese Geschichten wieder Berührungen ermöglichen können.

### Begegnungen können neue Denk- und Konstruktionsräume für Vielfalt schaffen

„Gerade in diesem »Anfangsstadium« meines Kennenlernens von Jan und Tom schämte ich mich tatsächlich über Gedanken, die ich oftmals vorher hatte, wenn ich an Kinder/Menschen mit Down-Syndrom dachte. ... Jan und Tom »belehrten« mich Tag für Tag, welch wundervolle kleine Wesen sie waren. Und auch in meinem Familienkreis berichtete ich so viel von den beiden Jungs und wie sehr ich diese ins Herz geschlossen hatte. Sie sind mir sehr, sehr wichtig. Ich bin sehr, sehr dankbar, dass sie da sind und natürlich ich durch sie mein Blickfeld zum „Krankheitsbild" Down-Syndrom komplett geändert habe. Ich sehe sie wie alle anderen Kinder, als wahre Bereicherung für unsere Gesellschaft." (MA7)

*Begegnungen*

### Bedürfnisse und Interessen des Gegenübers wahrnehmen

„Am meisten habe ich von diesem Mädchen gelernt, mit dem ich anfangs nur sehr schwer zurechtkam. ... Aber ich fand schließlich einen Zugang zu Stella und entwickelte, je mehr ich über die Konflikte nachdachte, ein immer besseres Verständnis ihrer Bedürfnisse, die diese zum Ausdruck brachte. ... Ich lernte damit umzugehen, dass es Tage gab, an denen sie nicht schlief und lernte, dies nicht als persönliches Versagen zu sehen. Ich sah sämtliche Alltagskonflikte nun unter dem Blickwinkel auf ihre Bedürfnisse, und es funktionierte. Und ich glaube, das war der entscheidende Punkt. Das Band, das dadurch zwischen Stella und mir entstand, bewirkte, dass auch die »schwierigen« Situationen bewältigbar wurden." (MA 9)

*Bedürfnisse wahrnehmen*

## Teilgabe ermöglichen – Zugehörigkeit und ein Teil der Gemeinschaft sein

*Teil der Gemeinschaft*

„Ich denke an ein Kind, das körperlich sehr beeinträchtigt ist und schon viel in seinem kurzen Leben erleiden und erdulden musste. Trotzdem steht es so fest im Leben und wird ganz bestimmt seinen Weg gehen. Mich beeindruckt, wie widerstandsfähig Kinder sind, wie sie aus ihrer Situation das Beste machen. … Mich beeindruckt sehr, wie selbstbewusst dieses Kind sein kann, wie selbstverständlich sie den Weg sucht, um all das zu machen, was sie möchte und auch nach Hilfe fragt. Mir zeigt das immer wieder, wie wichtig es ist, dazuzugehören. Egal wer man ist, jeder möchte ein Teil der Gemeinschaft sein, anteilnehmen und seinen eigenen Beitrag leisten. … Immer wieder daran denken, diesem Kind nicht zu viel abzunehmen, sondern immer neue Wege zu finden, wie es teilhaben kann und seinen Beitrag leisten kann – so wie alle anderen." (MA12)

Was bleibt am Ende? Aus der hier eingenommenen Perspektive kann mit Wilhelm von Humboldt formuliert werden: „Im Grunde sind es immer die Verbindungen mit Menschen, die dem Leben seinen Wert geben." Verbindungen stehen für Kontinuität und Wandel zugleich, oszillieren zwischen beiden und stehen für Zusammenhalt und Zusammenarbeit. Eine mögliche und notwendige Fortsetzungsgeschichte lautet: Strukturen in Politik und Gesellschaft entstehen durch entsprechende Haltungen und finden ihren Niederschlag in Gesetzen. Wie können inklusive Strukturen inklusive Haltungen stärken und umgekehrt?

**Prof. Jo Jerg**, Diplompädagoge, Professor für Inklusive Soziale Arbeit, Pädagogik der Frühen Kindheit und Praxisforschung; Leiter des Campus Reutlingen der Evangelischen Hochschule Ludwigsburg.
Forschungsschwerpunkt seit 30 Jahren: wissenschaftliche Begleitung und Beratung von Praxisentwicklungsprojekten im Bereich der Inklusion in unterschiedlichen Lebensbereichen (Elementarbereich, Wohnbereich, Freizeit, Arbeit) überwiegend für den Personenkreis mit Behinderungserfahrung. Beratung von Organisationen, Kommunen und Politik zu inklusiven Entwicklungen.

## *Soziale Arbeit – ganz selbstbewusst und unbescheiden*

BEATE STEINHILBER

Seitdem ich vor zwanzig Jahren an einer damals so genannten Fachhochschule für Soziale Arbeit angefangen habe zu lehren, hat sich vieles in der Praxis, im Theoriediskurs und im Selbstverständnis der Sozialen Arbeit verändert. In diesem Beitrag werde ich auf einige dieser Veränderungen blicken aus der subjektiven Perspektive meiner Erfahrungen als Hochschullehrerin.

„Kann man Sozialarbeit studieren?" fragte mich eine junge Frau, die an unserer Fachhochschule Sozialpädagogik studieren wollte. Aufgrund ihrer geringen Punktzahl rechnete sie sich in Anbetracht des Punktesystems wenig Chancen aus. Ich habe ihr dazu geraten, sich parallel auch auf Sozialarbeit zu bewerben, dafür bräuchte sie weniger Punkte. Ob man das auch studieren könne, fragte sie überrascht zurück. Hier zeigt sich, wie unterschiedlich Sozialpädagogik und Sozialarbeit damals bewertet wurden: die gesellschaftlich höher bewertete Sozialpädagogik und die geringer geschätzte Sozialarbeit. Beide Fächer wurden in zwei unterschiedlichen Studiengängen studiert und auch hochschul-organisatorisch in getrennten Fachbereichen diskutiert und weiter entwickelt.

In der Tradition des Almosenwesens, der sozialen Sicherung, Wohlfahrtspflege und Fürsorgetheorie stand die Sozialarbeit, verbunden mit dem Namen und Wirken von Alice Salomon. Sozialpädagogik – verbunden etwa mit dem Namen und Wirken von Hermann Nohl – stand in der pädagogischen Tradition der Jugend- und Sozialerziehung, Heimerziehung, der Theorien der Bildung und Erziehung. Diese Traditionsstränge weichten mit den Weiterentwicklung der Berufe zunehmend auf, und auch schon als diese junge Frau sich für einen Studienplatz beworben hatte, war die Trennung in der Praxis Sozialer Arbeit längst aufgehoben. Soziale Arbeit ist selbstverständlich weiterhin an sozialen Problemen orientiert, und eine professionelle Fachkraft benötigt administrativ-rechtliche Kompetenzen. Sie versteht ihre Arbeit als eingreifende Hilfe und Unterstützung, aber sie braucht auch Wissen und Fähigkeiten in Bildungs- und Erziehungsfragen. Und in der Sozialpädagogik – orientiert an Erziehung und Bildung – ist ein Blick auf gesellschaftliche, ökonomische und soziale Bedingungen ebenso notwendig. Diese Erkenntnisse, in der Praxis Sozialer Arbeit bereits selbstverständlich, erhielten zunehmend Eingang in die Hochschulen und setzten sich durch. Die beiden Studiengänge und die beiden Fachbereiche wurden 2002 an unserer Fachhochschule zusammengelegt. Das war ein mühsamer Kraftakt, der sich aber gelohnt hat.

In den professionstheoretischen und -politischen Anstrengungen, die Profession Soziale Arbeit zu etablieren, entbrannte in dieser Zeit ein Streit zwischen den Fachhochschulen, die eine Sozialarbeitswissenschaft etablieren wollten, und der universitären Sozialpädagogik vorwarfen, sich unter dem Dach der Erziehungswissenschaft gemütlich eingerichtet zu haben und sich deshalb nicht für die Etablierung einer eigenen Wissenschaft einzusetzen.

Dieser Disput, mit teils polemischen Anfeindungen, ist lange beigelegt, heute wird von einer „Wissenschaft Soziale Arbeit" gesprochen, die an Hochschulen *und* Universitäten gelehrt wird.

Mit dieser Entwicklung ging ein zunehmendes Selbstbewusstsein der Profession einher, und beispielsweise in der Ausgabe von Trott-war im März 2001 wurde geschrieben: Die Soziale Arbeit braucht nicht länger daran zu knabbern, „dass sie von vielen Menschen nicht als vollwertiger Beruf anerkannt wird."

Selbst manche Studierenden waren sich dessen nicht bewusst, wie folgendes Beispiel veranschaulicht: Im Seminar „Frauen gehen ihren beruflichen Weg" hatten meine Kollegin und ich eine Expertin der kommunalen Einrichtung „Frau und Beruf" eingeladen. Sie berichtete über die geringere Arbeitslosigkeit bei Akademikerinnen. Für eine Studentin bei der Diskussion Anlass zu fragen, ob sie nach dem Studium Soziale Arbeit auch Akademikerin sei. Dieses Beispiel zeigt in markanter Weise das damals geringe Selbstbewusstsein der Studierenden.

Schon lange vorher war die Soziale Arbeit aufgerufen, ihre falsche Bescheidenheit endlich aufzugeben und ihren Hang zum Selbstmitleid abzulegen, ganz im Sinne von Hans Thiersch, der in Tübingen lehrte und schrieb: „…nach innen, gleichsam unter uns geredet, wird man konstatieren müssen, dass es in der Sozialpädagogik eine große Anfälligkeit zum Leiden, ja zur Larmoyanz gibt." (Thiersch, 1992: 9)

Meiner Erfahrung und Einschätzung nach haben die Studierenden und die Fachkräfte Sozialer Arbeit in der Praxis inzwischen längst dieses sentimental-weinerliche Selbstmitleid aufgegeben. Sie wissen um ihre Expertise, ihre Kompetenzen, ihre Zuständigkeitsdomäne und agieren als Professionelle.

Dazu beigetragen haben sicherlich auch Seminare und Module, die sich mit professioneller Identität auseinandersetzen und die nach der Umstellung von Diplom auf Bachelor 2005 in unseren Studiengang Soziale Arbeit implementiert wurden. Auf dem Weg vom Diplom zum Bachelor und Master ist ein Praxissemester auf der Strecke geblieben, was heute noch von Lehrenden, Studierenden und von der Praxis zurecht sehr bedauert wird. Ein wertvoller Gewinn aber war und ist das Modul „Entwicklung professioneller Identität", das im Abschlusssemester die Studierenden anregen will, sich mit ihrem je eigenen Weg durchs Studium auseinanderzusetzen, mit ihrem erworbenen Wissen und mit den Kompetenzen, die sie sich angeeignet haben. Den Studierenden soll ermöglicht werden, sich ihrer professionellen Identität bewusst zu werden, sich im Theorie- und Professions-Diskurs verorten zu können und selbstbewusst in die Praxis zu gehen. Dazu setzen sie sich mit Bildern und Selbstbildern von Sozialpädagog*innen auseinander.

In der Wissenschaft und im Studium, in der Theorie und in der Praxis Sozialer Arbeit hat sich vieles zum Positiven verändert, aber es gibt noch genug zu tun, wenn wir etwa an die Zusammenarbeit in interprofessionellen Teams denken oder an die Kooperation mit Ehrenamtlichen.

Gerade in der Zusammenarbeit mit ehrenamtlichen Akteur*innen zeigen sich die hauptamtlichen nicht immer professionell. Das musste ich in meinem Forschungssemester im Herbst 2015 erfahren. In Anbetracht der großen Herausforderung, die vielen Geflüchteten rasch aufzunehmen und angemessen zu begleiten, waren Fachkräfte der Sozialen Arbeit teils stark überfordert und verharrten in Passivität und Komm-Struktur, statt aktiv zu agieren und zu gestalten. (vgl. Steinhilber 2018: 587) An manchem Ort herrschte im Krisenmodus ein ziemliches Chaos, in dem Ehrenamtliche gewichtige Aufgaben einfach übernommen haben, die eigentlich in die Zuständigkeitsdomäne von hauptamtlichen Akteur*innen gehörten. Wären die Ehrenamtlichen damals nicht in dieser Weise so engagiert gewesen, hätte es ein noch größeres Chaos gegeben.

Aber dass die Träger und Fachkräfte so unprofessionell agiert haben, zeigt, dass gerade im Handlungsfeld „Flucht und Migration" noch vieles optimiert werden muss. Und ebenso am Selbstverständnis der hauptamtlichen Fachkräfte, wie Eva Nadai schreibt: „Wenn nun die Sozialarbeitenden (...) sich ihrer eigenen Kompetenzen nicht bewusst sind, können sie diese schwerlich anderen gegenüber überzeugend kommunizieren. Die missglückten Inszenierungen der Sozialarbeitenden (...) haben zur Folge, dass die ‚jurisdictional claims' der Sozialen Arbeit vom Publikum nicht ratifiziert werden. Die Freiwilligen respektieren die Grenzen zwischen professioneller und Laienarbeit nicht, weil sie sie entweder gar nicht wahrnehmen (können) oder aber nicht von deren Legitimität überzeugt sind." (Nadai 2005: 192 f.)

In ihrer empirischen Untersuchung über die Kooperation von haupt- und ehrenamtlichen Akteur*innen in der Bewährungshilfe zeigten sich nach Nadai defensive Strategien der Fachkräfte und deren individualistische Handlungsmuster. Sie folgert, dass die Differenz zwischen Experten und Laien eingeebnet wird und „den Freiwilligen implizit übermittelt [wird], was sie ohnehin schon zu wissen glauben: dass jede und jeder auf der Basis von gesundem Menschenverstand und Lebenserfahrung helfen oder bei der Planung von Hilfe mitreden kann." (Nadai 2006: 596)

Für eine erfolgreiche Zusammenarbeit mit Ehrenamtlichen formuliert Nadai folgende Prinzipien: eindeutige Arbeitsteilung, Zuständigkeitsansprüche, Monopol für bestimmte Aufgaben und eine gekonnte Inszenierung von Kompetenz und Leistung. Letzteres sieht sie als „ausschlaggebend für den Erfolg einer Profession (...) Dies erfordert insbesondere, einen Unterschied zu anderen Formen der Leistungserbringung deutlich zu machen (...) Erfolgreichen Professionen gelingt es, systematisch eine Differenz zwischen Experten und Laien zu installieren und aufrechtzuerhalten." (Nadai 2006: 589)

Bei der Diskussion dieser Thesen von Nadai zeigen sich manche Studierende auch heute noch erschreckt. Aber Professionalität verlangt nun mal mehr als die Beherrschung von Methoden und Techniken zur Erreichung bestimmter Ziele, entscheidend ist die Klarheit über die eigene Berufsrolle als Basis der beruflichen Identität und als Zielfindungsrahmen (vgl. Heiner 2004). Und Rollenklarheit bedeutet, Gewissheit einer eigenen Kompetenzdomäne und eigenständige Expertise (vgl. Heiner 2004)

Eine eher diffuse Wahrnehmung der eigenen Rolle zeigt sich auch in der Zusammenarbeit mit anderen Professionen. In ihrer Masterthesis interviewte eine Studentin Fachkräfte in einer multiprofessionellen Beratungsstelle. Befragt zu deren professionellen Rolle im Team der Berater*innen, hörte sie von einem Sozialarbeiter: „man verliert den Stallgeruch und steht gemeinsam auf der Weide...".

Für diesen Sozialarbeiter spielt die Zugehörigkeit zur Profession der Sozialen Arbeit keine Rolle (mehr), den „Stallgeruch" seiner professionellen Ausbildung hat er abgelegt und dagegen eine „neue berufliche Identität – eine Berateridentität" aufgebaut. Die Professionszugehörigkeit wird durch eine neue Berater*innenidentität quasi neutralisiert, folgert die Masterstudentin.

Sollte er nicht vielmehr stolz sein auf seinen „Stallgeruch"? Er hat doch allen Grund dazu, wenn wir Fritz Schütze lesen, der früher von der „bescheidenen Profession" gesprochen hat und heute ganz unbescheiden die Kompetenzen der Sozialarbeiterinnen wie folgt formuliert: „Sozialarbeiterinnen können in der Fallanalyse derart gut werden, dass ihnen keiner der Akteure der stolzen Professionen [Medizin und Jurisprudenz] oder auch keiner der Akteure der wissenschaftlichen Fundierungsdisziplinen [Pädagogik, Psychologie, Psychotherapie, Soziologie] in dieser Hinsicht das Wasser reichen kann." (Schütze, 2015: 304)

Im Bewusstsein seiner professionellen Identität könnte also diese Fachkraft Sozialer Arbeit selbstbewusst agieren und auf Augenhöhe mit Fachkräften anderer Professionen zusammenarbeiten. Denn gerade Fachkräfte Sozialer Arbeit sind prädestiniert, die interprofessionelle Kooperation zu koordinieren: sie sind es gewohnt, Fachwissen aus anderen Disziplinen einzubeziehen. Sie sind erfahren mit diffuser Allzuständigkeit und haben einen mehrdimensionalen Problembearbeitungsfokus. Sie können mit Ungewissheit umgehen und diese bewältigen (vgl. Wider & Schmocker 2018: 198).

Statt möglichst unauffällig mit den anderen auf der Weide zu grasen, wäre es also vielmehr angebracht, sich selbstbewusst als Professionelle der Sozialen Arbeit zu zeigen und sich anzubieten, die interprofessionelle Kooperation koordinierend zu übernehmen. Statt sich in einer diffusen Gruppe von „sozial Tätigen" zu sehen, sollte sich die Fachkraft primär ihrer Profession zugehörig fühlen.

Dazu bedarf es nicht nur einer selbstbewussten Rollenklarheit, vielmehr eben dieser kollektiven Orientierung, statt individualistischer Handlungsmuster. Denn solange jede*r Sozialarbeiter*in Probleme individuell angeht, bleiben die Folgen auf der kollektiven Ebene der Durchsetzung als Profession ausgeblendet (vgl. Nadai 2006: 596), zielt das Handeln nur auf individuelle Anpassung an die bestehenden Verhältnisse, nicht auf kollektive Durchsetzung von Zuständigkeitsansprüchen der Profession (vgl. Nadai 2005: 191).

Und dazu bedarf es auch, dies sei abschließend bemerkt, dringend einer größeren berufsverbandlichen und gewerkschaftlichen Organisiertheit der Fachkräfte Sozialer Arbeit.

## Zum Nachlesen:

**Heiner**, Maja (2004): Professionalität in der sozialen Arbeit: theoretische Konzepte, Modelle und empirische Perspektiven. Stuttgart

**Nadai**, Eva et. al. (2005) Fürsorgliche Verstrickung. Soziale Arbeit zwischen Profession und Freiwilligenarbeit, Wiesbaden

Nadai, Eva (2006): Helfen als Beruf – Helfen als Freizeitbeschäftigung. Zum Verhältnis von Sozialer Arbeit und Freiwilligenarbeit. In: Dungs, Susanne, Hg.: Soziale Arbeit und Ethik im 21. Jahrhundert. Ein Handbuch. Leipzig, 587–597

Schütze, Fritz (2015): Sozialarbeit als professionelles Handels auf der Basis von Fallanalyse. In: neue praxis, 3/2015, 280–305

Schütze, Fritz (1992): „Sozialarbeit als bescheidene Profession". In: Dewe, Bernd/Ferchhoff, Wilfried/Radtke, Frank-Olaf: Erziehen als Profession. Opladen. S. 132–170

Steinhilber, Beate (2018): Miteinander – gegeneinander? Professionelle und ehrenamtliche Akteur_innen in der Flüchtlings(sozial)arbeit. In: Blank, Beate et. al. Hg.: Soziale Arbeit in der Migrationsgesellschaft. Grundlagen – Konzepte – Handlungsfelder, Wiesbaden, 585–594

Thiersch, Hans (1992): Das Sozialpädagogische Jahrhundert. In: Rauschenbach/Gängler, Hg.: Soziale Arbeit in der Risikogesellschaft, Neuwied, 9–23

Wider, Diana und Beat Schmocker (2018): Interdisziplinarität und Interprofessionalität als Perspektive einer disziplinär ausgerichteten Sozialen Arbeit – ein Ausblick. In: Schmitt, Caroline und Matthias D. Witte, Hg.: Bezugswissenschaften der Sozialen Arbeit, Baltmannsweiler, S. 189–221

**Prof. Dr. Beate Steinhilber,** *Jahrgang 1956*
*Nach dem Studium an der PH Reutlingen im Schuldienst, anschließend Studium der Diplom-Pädagogik bzw. Sozialpädagogik und Empirischen Kulturwissenschaft an der Universität Tübingen. Später ebenfalls dort Promotionsstudium in Erziehungswissenschaft. Seit 1999 Hochschullehrerin an der Evangelischen Hochschule Freiburg mit Seminaren zur Pädagogik und Sozialen Arbeit in der Migrationsgesellschaft, Umgang mit Vielfalt sowie ethnografische Kulturerkundung. In der Praxis Sozialer Arbeit tätig in Nürtingen als pädagogische Leiterin von Lehrgängen für arbeitslose Mädchen und junge Frauen in der GANT, als Dozentin in Alphabetisierungskursen für türkischsprachige Erwachsene in der VHS, und als Projektleiterin die Anlaufstelle für ausbildungs- und arbeitssuchende Jugendliche von inbus mit aufgebaut.*

## Bildnachweis

Fotografie Umschlag: Annette Blunck

Porträtfotos der Autor*innen aus Privatbestand mit Ausnahme von:
Seite 11 (Foto Autorinnen): Dirk Rauchfuss;
Seite 16 (Foto Thomas Meyer): Duale Hochschule Baden-Württemberg, Stuttgart;
Seite 113 (Foto Maren Bäumlisberger): Winfried Reinhardt, Q-prints&service gGmbH;
Seite 133 (Foto Regine Glück): Foto Höss, Nürtingen;
Seite 138 (Foto Berthold Rath): Monika Johna, Vesperkirche Stuttgart;

Seite 50, 51: Friedemann Salzer, privates Fotoarchiv;
Seite 53: Walter Lindenmaier, privates Fotoarchiv;
Seite 62 (Beitrag Helmut Walther): Tabitha Harter;
Seite 92, 93, 94, 95: Jennifer Scherr VILLA e.V., private Sammlungen;
Seite 103, 104: Julia Rieger und Pit Lohse, Kinderkulturwerkstatt, private Sammlungen;
Seite 136, 137: Berthold Rath, privates Fotoarchiv;
Seite 146, 147: Werner Bolzhauser, privates Fotoarchiv;
Seite 149, 150, 151, 152, 153: Bärbel Greiler-Unrath, privates Fotoarchiv;
Seite 159, 160: Heike Blankenhorn-Frick, privates Fotoarchiv;
Seite 164, 165, 166: Gertraud Sieler, private Sammlungen;
Seite 214, 215 (Beitrag Julia Gebrande): Martina Huck, Wildwasser Esslingen e.V.
Seiten 223, 224, 225: Jo Jerg, privates Fotoarchiv.